联邦
史学

以关于纳

Unter b

孙

tu

本书为 2012 年度教育部人文社会科学重点研究基地重大项目"联邦德国史学研究——以关于纳粹问题的史学争论为中心"（12JJD770015）研究成果

目 录

引　言

1933—1945 年，以阿道夫·希特勒（Adolf Hitler，1889—1945）为首的"民族社会主义德国工人党"（Nationalsozialistische Deutsche Arbeiterpartei），[①] 在通过参加议会大选这一"合法"途径攫取了德国国家政权之后，立即废除魏玛共和国的议会民主制，确立了以"纳粹主义"（Nationalsozialismus）[②] 意识形态和政党组织为核心的独裁统治，疯狂扩军备战，大肆侵略扩张，最终挑起了第二次世界大战，并在战争进行过程中屠杀了 600 多万名犹太人，在德国乃至世界历史上留下了最为黑暗的一页。纳粹德国的侵略战争遭到世界"反法西斯主义同盟"[③] 的沉重打击，希特勒政权也在第二次世界大战中土崩瓦解，然而纳粹历史却无法因此而轻松地画上句号。二战结束后，尽管美、英、法、苏等战胜国实行了"非纳粹化"[④] 和"民主化"等"再教育"政策，但在德国，有关纳粹问题的史学争论从未停息。在 1949—1990 年两个德国[⑤]并存且对峙期间，"菲舍尔争论"（Fischer-Kon-

---

① 缩写为"NSDAP"，简称"纳粹党"，创立于魏玛共和国时代，前身是德国工人党，后由希特勒领导。1933 年，纳粹党在议会大选中获胜，希特勒出任总理，魏玛议会民主制终结，纳粹党成为德国唯一政党。1945 年第二次世界大战结束后，美、英、法、苏四大战胜国对德国实行分区占领，解散纳粹党并宣布该党为非法政党。不少论著将之译作"国家社会主义德国工人党"，不妥。

② 即"民族社会主义"的音译，缩写为"NAZI"，简称"纳粹"。

③ 也有学者称之为"反纳粹主义同盟"。

④ 关于"非纳粹化"，参见张沛《凤凰涅槃——德国西占区民主化改造研究》，博士学位论文，华东师范大学历史系，2003。

⑤ 二战结束后，随着意识形态分歧的加剧和冷战的升级，美、英、法、苏四国占领当局把对德国问题的处置纳入了本国战略体系，先后组建了德意志联邦共和国（Bundesrepublik Deutschland，缩写为"BRD"，简称"联邦德国"，1949 年 9 月 20 日成立）和德意志民主共和国（Deutsche Demokratische Republik，缩写为"DDR"，简称"民主德国"，1949 年 10 月 7 日成立）两个德国，并把它们分别纳入了西方资本主义阵营和东方社会主义阵营。自 1871 年德国统一 70 余年后，德国重新陷入分裂状态。

troverse)、"关于德意志特殊道路命题的争论"（Streit über die These vom deutschen Sonderweg）和"历史学家之争"（Historikerstreit）等针对纳粹历史而爆发的重大史学争论就赋予"波恩共和国"[①] 一种"争论文化"的特质。1990 年两德统一后，"关于武装部队[②]罪行展览之争"（Auseinandersetzungen um die Wehrmachtsausstellung）、"戈德哈根辩论"（Goldhagen-Debatte）和"关于 1940—1945 年大轰炸的争论"（Streit über den Bombenkrieg 1940 – 1945）又相继发生，再为联邦德国"克服过去"[③] 增添奇观。时至今日，"纳粹主义的第二段历史"仍未结束，如何面对德意志民族的历史重负，仍是联邦德国政府和社会各界无法回避的严肃问题。

对于联邦德国来说，"当代史就是争议史"。[④] 争论的反复出现反映了联邦德国政治体制和学术研究的自由化和多元化，但也暴露了社会各界对自

---

① 从魏玛共和国起，德国社会就有以政府与议会所在地的名字来称呼其民主政权的传统。"波恩共和国"（Bonner Rebpulik）指 1949—1990 年以波恩为首都的联邦德国，也称作"旧联邦德国"（Alte Bundesrepublik），与 1990 年两德统一后，以柏林为首都的"柏林共和国"（Berliner Republik）或"新联邦德国"（Neue Bundesrepublik）相对。

② 德文写作"Wehrmacht"，旧译为"国防军"。1980 年代有学者指出，纳粹党上台后，"国防军"的性质和组成发生了变化，因此将"国防军"改译为"武装部队"较好。

③ Vergangenheitsverwältung，这是一个德国术语，指的是与沉重的纳粹历史进行有意识的交往。该词语最早出现在柏林福音派学院 1955 年 7 月为举办"1944 年 7 月 20 日刺杀希特勒事件"研讨会而发的邀请函中。随后，该词语被学界广泛接受，但又充满争议。这是一个典型的德语词，仅凭简单的直译完全无法领会其背后包含的诉求与隐喻，在其他民族的语言中尚无法找到可与其完全对应的词语。这一方面是因为，虽然这个词可以直译为"克服过去"，但从逻辑上讲，已经发生的过去是无法被克服的，后人能够克服的只是过去所带来的后果。因此，这一词语预设了一个伪命题，势必无法得出可靠的解释。另一方面，因为事实情况既无明确的目的指向，亦无法结束，既不可以周详地拟定计划，亦不可以经验性地完全掌控，所以"克服过去"无法被精确定义，只能作为充作权宜之计的总括性概念和考量二战后德国人如何面对纳粹历史的标杆性术语来理解。"克服过去"表达的是德国人的一种愿望：让我们整理好过去，从而使对过去的记忆不再成为今日的重负。简而言之，"克服过去"是指一个国家或民族在直面其想要回避的历史时，如何克服其在挣扎过程中遇到的所有困难。具体来说，在德国的语境中，"克服过去"指的是在德意志联邦共和国内所有针对纳粹主义的立法和行政措施；围绕纳粹主义的历史及其罪行展开的争论；以及以掌握、理解和记忆这段历史为目的的，司法的、学术的、政治的、文化的和社会的各种努力。参见 Michael Kohlstruck, Zwischen Erinnerung und Geschichte. Der Nationalsozialismus und die jungen Deutschen. Berlin, 1997, S. 13；P. Reichel, Vergangenheitsbewältigung in Deutschland. Die Auseinandersetzung mit der NS-Diktatur in Politik und Justiz. München, 2007, S. 9。

④ Klaus Große Kracht, Kontroverse Zeitgeschichte. Historiker im öffentlichen Meinungsstreit, in: Sabine Horn/Michael Sauer（Hrsg.）, Geschichte und Öffentlichkeit. Orte-Medien-Institutionen. Göttingen, 2009, S. 15 – 23, hier S. 15.

身历史问题的意见分歧和不同历史意识的彼此冲撞。并且这些争议不仅局限于对历史事实的不同看法，更涉及对德意志历史传统、民族文化和国家政治的不同态度，涉及对联邦德国未来发展的不同期待，其影响远远超出学术研究领域，实系关乎国家民族命运、欧洲乃至世界和平与安全。因此，研究联邦德国关于纳粹主义的重大史学争论具有重要学术价值和现实政治意义。

众所周知，与当代日本相比，联邦德国政府和社会各界对自身历史问题的反省是比较彻底的，其认罪、悔罪、赎罪的态度也是比较诚恳的。然而，联邦德国的历史反思并不是一蹴而就的，其过程也并非一帆风顺。无论在二战后初年还是在当今时代，为纳粹分子鸣冤叫屈、偏袒辩护者一直大有人在。与纳粹主义问题相关争论的反复出现，恰恰表明联邦德国社会并非铁板一块，不仅有各种各样的右翼势力伺机而动，就是在历史学家当中也有不少人千方百计为希特勒开脱罪责、为纳粹历史翻案，直接或间接地要求把纳粹主义"历史化"，使德意志民族"正常化"（Normalisierung），进而成为有"自我意识"的、重振"辉煌"的伟大民族。联邦德国的历史反思可谓"一波三折"，充满变数。研究联邦德国关于纳粹主义的重大史学争论，可以使我们更多地了解联邦德国承载的历史重负，更清楚地认识其在"克服过去"过程中所经历的波折，从而更好地把握当代德国政治和社会文化的脉搏。

研究联邦德国关于纳粹主义的重大史学争论也可为考察和编写联邦德国史学史提供重要的参考资料。在德国，纳粹主义可谓无论如何都无法回避的重大历史问题。与之相应，在德国史学界，纳粹主义也是一个最大、最重要的研究课题。对于这个问题，联邦德国史学家，特别是以德国近现代史和现当代史为专业的史学家，从一开始就进行了多方面研究，发表了大量著作，提出了若干相互竞争和对抗的观点，引发了激烈的论战，不仅为联邦德国史学打上了深刻的"争论文化"的烙印，而且也在很大程度上决定了这一史学的发展方向。可以说，关于纳粹主义的重大史学争论是联邦德国史学史的一个主要组成部分，只有对这些争论进行深入系统的研究，才能够比较准确地书写联邦德国史学史。

研究联邦德国关于纳粹主义的重大史学争论还可以为考察德国近现代和现当代的历史提供十分有益的引导。应当看到，联邦德国史学家围绕纳粹主义问题开展的争论，涉及德国历史文化的许多方面，其中最为重要的问题有：纳粹主义究竟是如何兴起的？它的历史根源何在？其内容和性质是什么？它在德国历史上占有何种地位？它是不是德国历史发展的必然恶果？应当如何看待希特勒发动侵略战争和屠杀犹太人的罪行？如何看待德国人在二战后期所遭受的苦难？如何看待德意志民族的国家历史和它的传统？对于这些问题，联邦德国不同党派立场和学术流派的历史学家提出了多种多样的观点和解说，初看起来似乎都言之有理，颇具学术含量，仔细辨析方知各有用心。有的历史学家对纳粹主义持批判态度，敢于直陈本民族文化传统的弊端，揭露纳粹主义的历史根源；有些历史学家却极力维护德意志民族的声望，想方设法淡化纳粹罪行，千方百计地为纳粹历史翻案。这就要求我们在研究德国历史时，必须提高警惕，谨防盲目接受。对于德国史学家的真知灼见，我们自然应当认真学习借鉴。但若把一些谬论当成"科学研究成果"加以利用，则会误入歧途，甚至助纣为虐。而研究史学争论，既可以丰富我们的学识，又有助于提高我们鉴别是非的能力。

早期的争论大都是在学术界进行的，其平台主要是学术沙龙、大学课堂、专业期刊等学术场域，争论主体也主要是不同学科与领域的研究者，包括但不局限于历史学家，不少政治学家、社会学家和哲学家也都有参与。自1970年代起，随着联邦德国大众消费社会和媒体社会的逐渐形成，对德国史，尤其是对20世纪德国史感兴趣的报刊主编和发行人也越来越主动地参与争论，争论平台从学术场域转向大众媒体，个别争论甚至成为"媒体事件"，专业历史学家的主导地位被非专业历史学家和报人取代。辩论主要在公共领域进行，成为受到普通民众广泛关注，并由社会舆论做出评判的公共论战。大规模的史学论战，比其他任何一种史学研究活动，都更加清晰地展现了狭窄的专业领域与广阔的社会公共领域之间的交互运动。通过研究联邦德国关于纳粹主义的重大史学争论，我们也会对大众媒体在现代社会中的功能和作用、大众记忆文化的形成、专业史学与大众史学的关系以及联邦德国社会精神氛围的变化产生更深刻的认识。

研究联邦德国关于纳粹主义的重大史学争论还有助于我们更深刻地领悟史学与政治的相互作用关系。我们知道，纯客观的历史研究几乎是不存在的，任何史学家都不能完全摆脱政治和社会环境的影响；反过来，无论政治家还是普通民众都迫切期望从历史中为自己的决策和行为寻求合法性依据和先例。从专业方面来说，历史学家的著作和观点自然具有较高的权威性，历史学家也期望从国家和社会的认同中展现自身的价值，甚至期望在意识形态、国家政策和社会文化方面发挥引领作用。历史研究实际上是一项高度的社会政治化运动。史学争论则是争论各方对历史解释权和政治话语权的积极争夺。特别是当史学争论从学术界扩大到公共领域时，这些争论所包含的社会政治潜能就更大化地释放了出来。鉴于纳粹主义问题的高度政治敏感性，研究与之相关的重大史学争论，可以更好地认识和把握历史研究的政治和社会功能，也可以从直接或间接参与这些争论的政治家、社会活动家和一般观众的意向中，领悟政治和社会发展的动向。

对于联邦德国关于纳粹问题的史学争论，西方学者一直非常重视，其研究成果也十分丰硕。特别是在资料搜集整理、个案研究和跨学科理论分析方面，西方学者的努力很有独到之处。相比之下，中国学者的研究十分薄弱，已有的相关论述多为介绍性的，缺乏必要的广度和深度，全面、系统地解析联邦德国关于纳粹问题的重大史学争论的研究性专著至今尚付阙如。

鉴此，我们在 2011 年 10 月 13 日向北京师范大学史学理论与史学史研究中心提交了申报教育部人文社会科学重点研究基地重大项目的申请，并于 2012 年 2 月 29 日获得批准。我们力图在充分掌握原始资料和最新研究成果的基础上，根据历史唯物主义的基本原理和新兴人文社会科学理论，对联邦德国有关纳粹问题的重大史学争论进行一次全面系统的探讨，不仅要彻底搞清历次争论的缘起和进程，还要深刻揭示其特征和实质，科学地总结其后果和影响。特别要深入考察历次争论发生的政治和学术语境，认真辨析争论主体的政治倾向和学术理念，准确把握各种各样的论证方法、解说模式和话语体系，充分揭示联邦德国"克服过去"的复杂性和困难性，科学地预测联邦德国政治发展前景。

自 2012 年 2 月 29 日获得批准立项起，本课题组成员立即按照原定计划，分头开展工作，先后在《史学理论研究》《黑龙江社会科学》《中国海洋大学学报》《理论学刊》《史学史研究》《世界历史》《历史教学问题》等杂志上发表学术论文 11 篇，分别是：

（1）孙立新、张湉：《英国马克思主义史学家蒂莫西·梅森纳粹德国史研究述评》，《黑龙江社会科学》2012 年第 6 期；

（2）范丁梁：《复杂语境中的德国"历史学家之争"》，《史学理论研究》2013 年第 1 期；

（3）孙立新：《1990 年以来联邦德国重大史学争论概述》，《理论学刊》2013 年第 10 期；

（4）张浩：《20 世纪 20—30 年代德国大选新探》，《中国海洋大学学报（社会科学版）》2013 年第 6 期；

（5）孙立新：《联邦德国"新右派"历史修正主义批判》，《史学史研究》2014 年第 4 期（此文为中国人民大学书报资料中心《复印报刊资料·世界史》2015 年第 4 期全文转载）；

（6）范丁梁：《二战后联邦德国史学争论传统的路径演变》，《史学史研究》2015 年第 1 期；

（7）孟钟捷：《统一后德国的身份认同与大屠杀历史争议——1996 年的"戈德哈根之争"》，《世界历史》2015 年第 1 期；

（8）孙立新：《联邦德国极右派政党探研——以"德国民族民主党"为中心》，《武汉大学学报（人文科学版）》2015 年第 2 期（此文为中国人民大学书报资料中心《复印报刊资料·政治学》2015 年第 5 期全文转载）；

（9）孟钟捷：《新世纪以来德国历史研究趋向刍议——以历史学家大会为考察对象的分析》，《史学史研究》2015 年第 2 期；

（10）孟钟捷：《公共历史教育和德国的战争罪责观——以 1990 年代末"武装部队罪行展览之争"为中心的考察》，《历史教学问题》2015 年第 2 期；

（11）徐健：《21 世纪德国学界关于第一次世界大战责任和起源问题的讨论》，《世界历史》2015 年第 6 期。

本书即为项目最终成果。

第一章　联邦德国政界的历史反思

　　1933—1945 年是阿道夫·希特勒和"民族社会主义德国工人党"统治德国的时期。在攫取了国家政权之后，希特勒立即废除了魏玛共和国的议会民主制，确立了以"纳粹主义"意识形态和政党组织为核心的独裁统治。他还大规模地扩张军队，肆无忌惮地对外侵略，最终挑起了第二次世界大战，不仅给受害国人民造成了巨大损失，也给德国人民带来了严重苦难。

　　对于历史上的这一"黑暗"篇章，联邦德国政界的反应是非常复杂的。虽然有不少政治家勇于反省纳粹罪行，满怀忏悔之情地心甘情愿向受害者认罪、道歉，完全承认德国的赔偿责任，并以实际行动积极履行赔偿义务，但不同立场的观点也清晰可见，争议辩论相当激烈。联邦德国政界的历史反思也经历了一个由浅入深不断深化的过程，而在这一过程中又经常有逆转和波折发生。联邦德国政治家对待过去的不同态度不仅与其个人修养、价值观和党派立场有密切联系，也与国内国外的局势变化息息相关，并且往往具有为现实政治服务的功能。各派政治家的历史观对于学术界和公共领域的史学争论有着重要的引领和导向作用。

第一节　占领时期的自我批评与辩解

　　二战结束后，美、英、法、苏四大战胜国首先采取了肢解和占领德国的政策。东普鲁士的北部领土连同柯尼斯贝格市被割让给苏联，南部领土则划归波兰所有。奥得—尼斯河一线成为德波临时国界，该线以东的原德国领土也被并入波兰。德国的其他地方和首都柏林，则由四大国分区占领，由各国军队的最高指挥官担任各占领区的最高长官。而设在柏林，由各占领区最高长官组成的盟国管制委员会则掌握了德国中央政权，对德国实行全面控制和监督，只承认德国在经济上是一个统一的整体，允许德国人建立政党和社团组织。[①]

四大国还以法律手段对纳粹头目进行了严厉惩罚，在全德国范围内开展了大规模"非纳粹化"运动。从 1945 年 11 月 20 日开始，纽伦贝格国际军事法庭以破坏和平罪、战争罪和违反人道罪对 24 名纳粹党政军高官和 6 个组织和团体提起公诉，最终在 1946 年 10 月 1 日判处赫尔曼·戈林（Hermann Göring）、乌尔里希·冯·里宾特洛甫（Ulrich von Ribbentrop）、威廉·凯特尔（Wilhelm Keitel）等 12 人绞刑，鲁道夫·赫斯（Rudolf Hess）等 3 人终身监禁，贝托尔德·施佩尔（Berthold Speer）、卡尔·邓尼茨（Karl Dönitz）等 4 人 10—20 年徒刑，宣判纳粹党领导集团、党卫队和盖世太保为犯罪组织。在国际军事法庭的审判结束后，各占领区在本区范围内也进行了稍低级别的审判。美国占领当局从 1946 年到 1949 年在纽伦贝格进行了 12 次审判，其对象为医生、法官、垄断资本家、外交部官员、最高统帅部成员、个别军事将领和党卫队高级官员。法占区审理了萨尔区资本家赫尔曼·勒希林（Hermann Rölchling）的案件。英占区审判了纳粹德国陆军元帅阿尔布雷希特·凯塞林（Albrecht Kesselring）和埃里希·冯·曼施坦因（Erich von Manstein）等高级军官。在苏占区，除了军事法庭进行审判外，管制委员会还发布了第十号法令，对一些特殊案犯进行处置。在西方占领区总共判处了 5025 名被告，其中 806 人被判死刑，至少有 486 例被执行。[②] 对于纳粹国家机器中的众多官员，即所谓"胁从者"，也实施了解职处罚。[③]

战胜国的"非纳粹化"运动对于铲除纳粹主义残余势力、推进德国民主制度建设发挥了非常重要的作用，也迫使德国社会各界进行历史反思，接受或者重新认识了维护人类尊严等基本价值观。

面对德国战败的事实和在纽伦贝格审判及其后续审判中揭露的大量罪行，许多德国人深感震惊。一些自由派人士、人道主义者和教会领袖也自觉承担起了自我反省和自我教育的重任，积极探讨罪责问题，深刻揭露纳

---

① 科佩尔·S. 平森：《德国近现代史——它的历史和文化》下册，范德一等译，商务印书馆，1987，第 712 ~ 717 页；卡尔·迪特利希·埃尔德曼：《德意志史》第四卷《世界大战时期（1914—1950）》下册，华明等译，商务印书馆，1986，第 153 ~ 165 页。

② Gerhard Werle, Die Bestrafung von NS-Unrecht in Westdeutschland, in: Klaus Marxen, Koichi Miyazawa, Gerhard Werle（Hrsg.）, Der Umgang mit Kriegs-und Besatzungsunrecht in Japan und Deutschland. Berlin 2001, S. 140, 转引自李乐曾《战后对纳粹罪行的审判与德国反省历史的自觉意识》，《中国社会科学网》2013 年 2 月 22 日。

③ 卡尔·迪特利希·埃尔德曼：《德意志史》第四卷《世界大战时期（1914—1950）》下册，第 172 页。

粹主义的邪恶及其对德国人民的毒害，尖锐批评人性的软弱和自私，虔诚地为纳粹政权以德国人民的名义犯下的累累罪行进行忏悔，承认和接受国外受害者提出的赔罪和赔偿要求，大力宣传民主自由思想，疾声呼唤精神和道德的复兴，努力洗刷整个民族所承受的耻辱。

　　1945 年 10 月，新成立的"德国福音教会"发表了《斯图加特认罪书》，公开宣告："我们极其沉痛地说：是我们给许多民族和国家带来了无穷的痛苦。"① 哲学家卡尔·雅思贝尔斯（Karl Jaspers，1883—1969）则在 1946 年出版了《罪责问题》② 一书，声称所有德国人都犯有这种或那种意义上的"罪行"，都要"为我们的政权，为这个政权的行动，为发动战争……为我们让其高踞于我们头上的领导人的行为"负政治责任，勇敢地承担责任并接受这种责任带来的政治后果，承认和接受国外所提出的惩处、负责和赔偿的要求，依个人的良心来独自反省。③

　　不少政治家也能够接受被占领的现实和为世势所要求的社会改革任务，愿意从过去的历史中吸取教训。1945 年 6 月，汉诺威基督教民主联盟（Christlich Demokratische Union）④ 发表《团结德国人的号召书》，宣称："民族社会主义使德国人民陷入到了不幸之中，这在其漫长的历史中还没有先例，它使德国人民在全世界蒙受了羞愧和耻辱，假如我们人民的大多数不屈从于利己主义，这将永远不会发生。"⑤ 同年 7 月 14 日，德国共产党、社会民主党、基民盟和自由民主党（Freie Demokratische Partei）⑥ 共同起草了一份政策公告，号召"共同协力清除德国的希特勒主义残余，并按反法西斯和民主路线重建德国"。⑦ 苏占区德国统一社会党两主席之一的奥托·格罗提渥（Otto Grotewohl，1894—1964）则要求"同过去彻底决裂"，建立全新的教育制度。⑧

---

① 卡尔·迪特利希·埃尔德曼：《德意志史》第四卷《世界大战时期（1914—1950）》下册，第 262 ~ 263 页。

② Karl Jaspers, Die Schuldfrage. Heidelberg/Zürich，1946.

③ 转引自张沛、胡笑冰《略论战后初期西占区德国民族的历史反思》，《历史教学问题》2001 年第 1 期。

④ 德文缩写为"CDU"，简称"基民盟"。

⑤ Micheal Balfour, West Germany: A Contemporary History. New York，1982，p. 111. 转引自张沛、胡笑冰《略论战后初期西占区德国民族的历史反思》，《历史教学问题》2001 年第 1 期。

⑥ 德文缩写为"FDP"，简称"自民党"。

⑦ 转引自张沛、胡笑冰《略论战后初期西占区德国民族的历史反思》，《历史教学问题》2001 年第 1 期。

⑧ 科佩尔·S. 平森：《德国近现代史——它的历史和文化》下册，第 734 页。

　　然而，对于纽伦贝格审判，德国人虽然感到震惊，但又普遍认为这是"胜利者的审判"，是战胜国对战败国提起的诉讼，甚至是报复行为；其审判程序缺乏法律依据，原告就是法官，只对战败国的罪行进行揭露和惩罚。对于战胜国施加的大规模政治审查，德国广大民众也是心怀不满，颇有抵抗情绪。至于战胜国提出的"除了纳粹德国以外别无其他德国，德国人民集体有罪"① 的观点，也只有少数人表示认同，② 大多数人不是坚决拒绝，就是利用各种各样的理由为自己辩解。他们通常把责任推到少数几位顶层决策者身上，在恶魔般的掌权者希特勒及恶贯满盈的纳粹首领与被滥用的、具有强烈义务感和"效忠"精神的轻信者之间划一道界线，把后者说成是无意志的、直接或间接被迫进行合作且对纳粹政体的真正性质认识不清的"牺牲品"。一些职能部门的官员也试图通过强调其业务工作的中立性来推卸或缩小罪责，或者利用"胁从理论"逃避或减轻惩罚。③

　　部分政治家如西占区社会民主党领袖库特·舒马赫（Kurt Schumacher，1895—1952）同样反对"野蛮的集体罪责"说。舒马赫早在 1918 年就加入了德国社会民主党（Sozial demokratische Partei Deutschlands），④ 1930—1933年任国会议员。纳粹统治时期，他因为坚决反对希特勒的政策，被长年关押在集中营中。舒马赫坚信把全体人民判为有罪等于保护真正的罪犯，是不利于对每个参加过纳粹主义运动的人进行个别教育的；社会民主党的过去是无罪的，可以承担领导国家的使命。⑤

　　希特勒和纳粹党的独裁统治和侵略战争不仅使受害国人民蒙受了深重的苦难，而且也给德国人民带来了毁灭性的打击。战争使 2800 万德国士兵伤亡，⑥ 仅在苏德战场，德军与其他轴心国军队的死亡人数就为 600 多万。

① 卡尔·迪特利希·埃尔德曼：《德意志史》第四卷《世界大战时期（1914—1950）》下册，第 177 页。

② 如文学家托马斯·曼（Thomas Mann，1875—1955）就对自己的"民族性格"深感失望，他在 1945 年 11 月 8 日最后一篇为英国广播公司 BBC 撰写的稿件中，沮丧地提到了"令人可怕的民族性的整体罪责"。Hans Erler, Einleitung: Erinnern und politisches Gedächtnis in Deutschland, in: Hans Erler（Hrsg.）, Erinnern und Verstehen. Der Völkermord an den Juden im politischen Gedächtnis der Deutschen. Frankfurt a. M. u. New York, 2003, S. 9 - 19, hier S. 10.

③ Peter Reichel, Vergangenheitsbewältigung in Deutschland. Die Auseinandersetzung mit der NS-Diktatur von 1945 bis heute. München, 2001, S. 67 - 68.

④ 缩写为"SPD"，简称"社民党"。

⑤ 卡尔·迪特利希·埃尔德曼：《德意志史》第四卷《世界大战时期（1914—1950）》下册，第 194 ~ 195、183 页。

⑥ 另一说 1360 万人死亡或被俘。

几乎家家都有亲人丢掉生命。德国东部大片领土丧失，居住在这一地区的
1200多万名德国人被迫离开家乡，长途跋涉进入德国本土，历经千辛万苦，
其中约有200万人在途中或冻死或饿死或被当地居民报复杀害。德国本土也
遭到了惨重的破坏：大多数城乡成为废墟，到处是断垣残壁，埋在瓦砾堆
下的死尸发出的恶臭经久不散；科伦、德累斯顿、维尔茨堡、多特蒙德和
法兰克福等城市几乎被夷为平地，1400万人无家可归。鉴此，不少德国人
极力渲染盟军的"罪行"（例如对德国城市实行的空袭、对德国战俘的虐待
和伤害），宣称犹太人也对纳粹主义负有"连带责任"。还有一些人，特别
是那些战后回归者，即东部流亡者和被驱逐者、复员的或者从战俘营释放
的士兵，只关心自己遭遇的不幸，自认为是受害者、失败者、被凌辱者和
被欺骗者。①

　　部分德国政治家同样为本国同胞所遭遇的不幸鸣冤叫屈。1945年11
月，基督教民主联盟成员特奥多尔·施泰尔策（Theodor Steltzer）在伦茨堡
的一个纪念活动中发言指出，"从根本上说，全体德意志人民"都可以被看
作"纳粹牺牲品"。② 社会民主党人保罗·吕博（Paul Löbe）也声称德意志
人民受到了"双重灾难"：一方面是"本国暴君的践踏"，另一方面是盟军
对德战争的打击。社会民主党人卡罗·施密德（Carlo Schmid）则更进一步
指出，在战争中死亡的战士和平民、战俘和被驱逐者、抵抗运动的参加者
和犹太人一样都是牺牲品。③

　　这种跨党派的意见一致也体现在反对被战胜国当作促进德国民主化的
措施而采取"重新定向"或"再教育"方面。许多政治家都把这类措施看
作傲慢无礼的"思想改造"，不仅加以拒绝，而且还从一种强烈的文化优越
感出发坚决否定其必要性。他们声称自己愿意成为民主派，但不愿意做在
美国、苏联、法国或英国官员的监控下的民主派。④

　　在这种情形下，右翼激进势力趁机宣称，盟国之所以宣称所有德意志
人对于希特勒政权负有"集体罪责"，主要是为了论证其"非军国主义化"
措施，其中包括把职能人员当作战犯予以惩罚，对全体德意志人进行"思

①　Wolfgang Benz, Zum Umgang mit der nationalsozialistischen Vergangenheit in der Bundesrepublik,
　　In: Jürgen Danyel (Hrsg.), Die geteilte Vergangenheit. Zum Umgang mit Nationalsozialismus und
　　Widerstand in beiden deutschen Staaten. Berlin, 1995, S. 47 - 60, hier S. 51.

②　Peter Reichel, Vergangenheitsbewältigung in Deutschland. S. 68.

③　Peter Reichel, Vergangenheitsbewältigung in Deutschland. S. 68.

④　Jürgen Danyel (Hrsg.), Die geteilte Vergangenheit. S. 50 - 51.

想改造",采取诸如拆除德国工业设施和实行经济制裁等。① 除此之外,右翼激进势力还极力为在占领国审判程序中以被判处死刑的被控告者进行辩护,极力复活纳粹主义的"阴魂"。

鉴于受害者群体和自我受害意识如此强烈,把屠杀犹太人只看作众多灾难中的一个就不足为奇了。② 地方官员和当地居民普遍反对在他们的社区保留纳粹犯罪遗迹、建造反纳粹统治和二战受害者纪念馆等措施。他们认为这些纪念场所有损自己的声望,会产生不利的经济后果。他们宁愿集中营所在地盘长满野草或者在其上建造新的屋舍。只有在明确地感到自己也是受害者的地方,人们才愿意,有时甚至是充满激情地进行回忆。来自东部地区的逃亡者和被驱逐者则很快组织起了各种协会,年复一年地举行大型集会,怀念"已丧失的家园",要求收回故土。这些集会不仅得到了学者、研究机构、博物馆和新闻出版部门的支持,也得到了不少保守派政治家的支持。③

第二节　重建时期的有限反思

战胜国最初希望执行一个统一的德国政策,但是随着意识形态分歧的加剧和冷战的升级,四国占领当局把对德国问题的处置纳入了本国战略体系,致使盟国管制委员会形同虚设,各占领区实际上形成了独立的政治实体。1949 年 9 月 20 日,德意志联邦共和国(简称"联邦德国"或"西德")宣告成立。同年 10 月 7 日,德意志民主共和国(简称"民主德国"或"东德")也宣告成立。

民主德国自诩为德国共产党反法西斯抵抗斗争的继承者,是与曾经造成希特勒法西斯政权的垄断资本主义相对立的社会主义国家,与纳粹罪恶毫无关系,也不存在什么历史问题。相反,联邦德国以"历史德国的法律继承人"自居,自然承接了纳粹主义的历史负担,承担了对纳粹罪行进行反思和赔偿的义务。④

1949 年 9 月 12 日,新当选的联邦德国首位总统、自民党主席特奥多

---

① Jürgen Danyel (Hrsg.), Die geteilte Vergangenheit. S. 51.
② Peter Reichel, Vergangenheitsbewältigung in Deutschland. S. 69.
③ Aleida Assmann/Ute Frevert, Geschichtsvergessenheit. Geschichtsversessenheit. Vom Umgang mit deutschen Vergangenheiten nach 1945. Stuttgart, 1999, S. 208.
④ 景德祥:《二战后德国反思纳粹历史的曲折过程》,《学习月刊》2005 年第 7 期。

尔·豪斯（Theodor Heuss，1884—1963）在联邦议院发表就职演讲。他对德国有些人"一心尽快忘却过去的一切"的态度表示担忧，提醒人们不要忘记德国历史上的"重负"，不要忘记德意志人在争取民主方面的无能。① 豪斯还特别提醒人们注意希特勒时代留下的国家分裂的"阴影"，强调德意志民族在过去的 80 年里已发展成为"一个具有独特历史地位的合法的民族"，德国东西两部分同属于一个民族。德国东部的居民是德意志民族的一部分，东部的土地也是德意志人的家园。联邦德国有义务代表东部的德国人的利益，把难民和被驱逐者视为"同胞"，为他们"寻找到一个新的家园"。②

在豪斯的历史反思中，现实政治意图是十分清楚的。通过这种历史反思，他便为民主政治和国家统一这两大政治任务提供了充分论证。

同豪斯一样，基督教民主联盟主席、联邦德国首任总理康拉德·阿登纳（Konrad Adenauer，1876—1967）也十分重视历史反思。他痛恨希特勒和纳粹分子毁掉了德国，认为他们是"使德国的名声在整个文明世界面前备受耻辱和声誉扫地的一班人"。③ 阿登纳还强调德国农民、中产阶级、工人、知识分子对于纳粹主义在德国攫取政权的责任，认为德国各阶层民众把国家搞成了偶像，供奉在祭坛之上，使个人、个人的尊严和作用成了这个偶像的牺牲品。他们的政治意识和责任心很薄弱，没有看清纳粹主义滥用国家权力的危害性。阿登纳也反对唯物主义世界观，认为它进一步夸大了权力的作用，强调集中和体现权力的国家的重要性，贬低道德的意义和个人的尊严。纳粹主义恰恰是从唯物主义世界观中产生的崇拜权力、不尊重个人价值甚至蔑视个人价值的结果。④

阿登纳要求从历史中汲取经验教训，提高德国民众的民主思想和民主觉悟，使之把民主当作一种世界观看待，高度重视个人的尊严、作用和不可让渡的权利。⑤

然而，在初建时期，联邦德国所面临的国际、国内局势还是相当严峻的。联邦德国的成立并不标志着联邦德国的人民已拥有决定自己命运的主权，西方三国通过发布《占领法规》，不仅保留了对联邦德国外交、国防等

---

① 特奥多尔·豪斯：《公正有助于一个民族的兴旺》，朱根主编《世界国家元首政府首脑演说精粹》，百花洲文艺出版社，1995，第 31 页。

② 朱根主编《世界国家元首政府首脑演说精粹》，第 29、30、31～32 页。

③ 康拉德·阿登纳：《阿登纳回忆录 1945—1953》（一），上海人民出版社，1976，第 22 页。

④ 康拉德·阿登纳：《阿登纳回忆录 1945—1953》（一），第 37～39 页。

⑤ 康拉德·阿登纳：《阿登纳回忆录 1945—1953》（一），第 40 页。

事务的领导权以及在德国统一问题和柏林问题上的最终决定权，还保留了对修改《基本法》（Grundgesetz）的审批权和撤换联邦政府的权力。虽然通过货币改革、英美国家的援助和推行社会市场经济，联邦德国的经济开始了迅速的复兴，但仍存在着鲁尔工业的地位问题、萨尔问题和粮食进口以及对美国援助的依赖问题。不仅如此，随着东西方冷战的加剧，德国的分裂也日益明显，在统一社会党领导下的民主德国不断发起反对新旧法西斯的强大宣传攻势。除此之外，还有难民安置问题、对欧洲犹太人所蒙受的物质损失的赔偿问题、纳粹分子残余问题、反犹主义的复活问题、重整军备问题以及民族主义和军国主义的威胁问题。所有这些问题都对联邦德国的政治家提出了巨大挑战，也在相当大的程度上影响着他们的历史反思。

阿登纳坚决反对集体犯罪说，不同意"认为德国人个个都是犯了罪的"的看法。在他看来，德国人也蒙受了许多"不公正待遇"。[①] 虽然不赞成让犯有严重罪行的纳粹分子逍遥法外，认为"真正的罪犯"理应受到严厉惩罚，但他要求放宽有关清除纳粹分子的严格规定，赦免纳粹分子一般的犯罪行为。阿登纳还特别重视为职业军人恢复名誉，他认为真正负有罪责的高级军官的数目是"极其小的"，他们对于原先的武装部队的名誉没有造成"根本性伤害"。应当尽快地使那些被判为"战犯"并被关押在兰德斯贝格、韦尔和韦特里希的武装部队将领"重新获得自由"。[②]

正是在阿登纳的坚持下，联邦德国议院在 1949 年 12 月意见一致地颁布了大赦法，对 1949 年 9 月 15 日以前的全部犯罪行为实行大赦，从中获益的也有上万名罪行较轻的纳粹罪犯和 1945 年的"潜逃者"。1950 年 12 月 15 日，联邦议院又向各州建议统一结束"非纳粹化"运动，各州也纷纷响应。1951 年，联邦议院根据《基本法》第 131 条，通过了恢复 1945 年被撤职的原纳粹官员职位的法律。1954 年夏天，联邦议院通过第二部大赦法，一些直接参与过大屠杀的"行动队"头目也获得了释放。

反对集体犯罪说，要求赦免纳粹分子的一般罪行和恢复职业军人的名誉，所有这一切都不只是一般的历史认识问题，而且是有十分明确的现实政治目的的，这就是：通过对"非纳粹化运动受害者"的社会和政治整合，加强国内和解，为重建家园和重整军备服务。此外，阿登纳也清楚地看到，旧军人群体还是一个相当重要的选民库，而右翼激进势力正在极力争取他们。

① 康拉德·阿登纳：《阿登纳回忆录 1945—1953》（一），第 14、19 页。

② Peter Reichel, *Vergangenheitsbewältigung in Deutschland*. S. 100.

为了与右翼进行竞争，必须对他们加以安抚，争取他们对现政权的支持。①

与第一次世界大战的结局不同，在二战期间，德国人民没有能够以革命的方式推翻希特勒的独裁统治。甚至在同盟国轰炸和盟军日益深入德国国土这种沉重打击的影响下，德国人民也没有能够推翻任何纳粹地方当局。尽管如此，在德国人民中还是存在着不少反抗分子的。不仅被镇压的共产党和社会民主党组织了地下运动，一些教会人士、大学生和政府、军队官员也进行过各种各样的抵抗。其中最著名的就是 1944 年 7 月 20 日武装部队部分高级将领密谋刺杀希特勒的事件，只是时运不济，数千名反抗志士在密谋败露后惨遭杀害。

战争结束后，反希特勒抵抗运动被害志士的亲属和朋友强烈要求得到精神上的表彰和物质上的抚恤。但在开始的时候，这些要求不仅没有得到满足，还受到顽固抵制。重新组织起来的旧纳粹分子和旧士兵极力诋毁这些"政体反对者"，恐吓其亲属。他们宣称"7·20"事件的参与者"毁弃效忠誓言"，"企图在后方谋杀最高统帅"，背叛了自己的民族。② 退役的少将奥托·恩斯特·雷默（Otto Ernst Remer）原为"大德国"警卫营指挥官、挫败谋杀希特勒行动的刽子手，现在则组织了"新纳粹主义"的社会主义国家党。在该党的竞选演讲中，雷默一再吹嘘他阻止"背叛者"的阴谋的功劳，宣称抵抗运动团体是"接受外国金钱的叛国贼"，迟早有一天会被押上"德意志的审判台"。③

雷默对抵抗运动志士的诋毁使原属格尔德勒集团的基督教民主联盟成员、联邦内政部长罗伯特·勒尔（Robert Lehr）深感自己的人格受到了伤害。1951 年夏天，勒尔以私人身份对雷默提出诉讼，控告他"诽谤和辱骂对死者的纪念活动"。勒尔也希望通过法庭审讯澄清抵抗运动者是不是叛逆犯和卖国者的问题。④

不伦瑞克州最高检察长弗里茨·鲍尔（Fritz Bauer）以此为契机，对雷默展开了一场做了充分准备的审讯。法庭没有追究雷默在 1944 年犯下的政治错误，只是指责他在战后 6 年多的时间里，没有放弃旧的观念，是一个"不可教育者"，判处他两年监禁。⑤ 不过，更重要的是，通过雷默审讯，法

① Peter Reichel, Vergangenheitsbewältigung in Deutschland. S. 100.
② 科佩尔·S. 平森：《德国近现代史——它的历史和文化》下册，第 750 页。
③ Peter Reichel, Vergangenheitsbewältigung in Deutschland. S. 100 – 101.
④ Peter Reichel, Vergangenheitsbewältigung in Deutschland. S. 102.
⑤ Peter Reichel, Vergangenheitsbewältigung in Deutschland. S. 105.

庭恢复了"7·20"志士的名誉，肯定他们绝不是卖国贼，而是"出于对祖国的强烈热爱和忘我的甚至是不计一切、甘愿牺牲自我的对本国人民的高度责任感"采取行动的。[①] 法庭还从纳粹统治的极权主义特征出发，论证"第三帝国"中的抵抗运动的合法性，第一次表达了先前仅仅为盟国的法官所主张的纳粹国家是一个不合法的国家的观点。[②]

其他政治家也对抵抗运动做出了积极评价。1952 年 7 月 20 日，联邦德国总统豪斯在写给抵抗运动志士的遗孀安内多拉·勒伯尔（Annedore Leber）的一封公开信中，极力为其在 1945 年被绞死的丈夫洗刷"罪名"，为死者的亲属和后人提供保护。1954 年，豪斯又在柏林自由大学发表讲话，肯定抵抗运动志士不仅拥有高尚的动机，而且"其思想和行动也具有历史的合法性"。他们的牺牲"清除了希特勒强加给我们德意志人的耻辱，……洗刷了遭到玷污的德意志人的名声"。豪斯要求德国人民接受"7·20"事件的遗赠，自觉地捍卫"自由精神"。[③]

为拒绝服从希特勒的武装部队的军官平反昭雪，同样具有现实政治意义，因为从武装部队中找出一些光荣传统，树立正面的英雄和"烈士"形象，有助于改善德国士兵的声誉，缓和反军国主义情绪，论证重新武装和建立新的德国军队的合法性。

然而，在军官当中，新的解说也受到了多方面质疑，其中最重要的问题是：军队的理想是什么，如何看待军队官兵"违背誓言"、采取军事手段袭击军队和国家的最高首领的行为？不少于 60% 的原职业军人对"7·20 集团"持反对态度。因此，政府当局更愿意，并且更一致地选取年代更久远的普鲁士军事改革作为新建德国军队的样板。1955 年 11 月 12 日，联邦德国军队正式创建。之所以选择这一天为建军日，主要是因为它是普鲁士军事改革家格哈德·冯·沙恩霍斯特（Gerhard von Scharnhorst）的 200 年诞辰纪念日。直到 1958 年 7 月，也就是说在雷默审讯 6 年之后，军队总监阿道夫·豪辛格（Adolf Heusinger）才第一次在一个日令中宣称"7·20 行动"是"反对不合法政权和不自由状态的行动"，是"德国最黑暗时期中的一丝光亮"。[④]

---

① Aleida Assmann/Ute Frevert, Geschichtsvergessenheit. Geschichtsversessenheit. S. 199.

② Peter Reichel, Vergangenheitsbewältigung in Deutschland. S. 105.

③ Aleida Assmann/Ute Frevert, Geschichtsvergessenheit. Geschichtsversessenheit. S. 199 – 200.

④ Peter Reichel, Vergangenheitsbewältigung in Deutschland. S. 98, 106.

众所周知，希特勒甫一上台，就开始把其反犹屠犹宣传付诸实践，他发布了一系列政策和命令，严禁犹太人经商，剥夺犹太人的公民权，将犹太人驱逐出德国，焚烧犹太人教堂，捣毁犹太人的店铺和住宅，最终发展为建造集中营、毒气车和毒气室，企图"最后解决"犹太人问题，即从肉体上消灭犹太民族，屠杀犹太人多达 600 万之众，使犹太民族遭遇了灭顶之灾，也上演了人类历史上罕见的一幕大悲剧。

对于纳粹对犹太人犯下的滔天罪行，德国政界领袖几乎无一例外地都表示认罪和忏悔。豪斯总统早在 1949 年 12 月 7 日基督教－犹太教合作协会上就明确表示："这段历史现在和将来都是我们全体德国人的耻辱。"1952年 12 月，他又在布尔根－贝尔森犹太纪念碑前更加清楚地指出，"谁若是想美化或者淡化这些罪行，或者想通过援引所谓的对国家理性的错误利用的做法来加以辩解，谁就是无耻之极。"①

阿登纳同样承认，纳粹主义政府曾对犹太人犯下了"不可言状的罪行"。纳粹分子迫害犹太人"是我们过去历史上最黑暗的一章"，"再也没有比消灭犹太人这种勾当使德国更为名誉扫地而使我们不齿于别国人民的事情了"。② 他在担任总理之后不久，就把调整德国人与犹太人的关系看作自己最重要的任务之一，完全承认本国人民有赔偿的责任。③

但在当时的德国社会中，反对赔偿者大有人在。就是在与基督教民主联盟联合执政的伙伴党基督教社会联盟（Christlich Soziale Union）④、德意志党和自由民主党内部，同样存在着强烈的抵触情绪。黑森州财政部长维尔纳·西尔珀特（Werner Hilpert）甚至故意夸大赔款的总额，毫无根据地把它估算为 370 亿马克，约占当时被估价为 900 亿马克国民财产的 1/3，并且说："要我们凑足这一巨款，无异于要我们打开煤气自杀。"⑤

只有社会民主党人坚决主张履行道义的和政治的赔偿义务。库特·舒马赫在联邦议院以恳求的语气向议员们呼吁："把德国和欧洲的犹太人的命运置于首要地位，并提供必要的帮助，这不是国际社会主义者的义务……这是每一位德意志爱国者的义务。希特勒的野蛮残暴通过灭绝 600 万犹太人性

① Jürgen Danyel（Hrsg.）, Die geteilte Vergangenheit zum Umgang mit Nationalsozialismus und Widerstand in beiden deutschen Staaten. S. 53.
② 康拉德·阿登纳：《阿登纳回忆录 1953—1955》（二），上海人民出版社，1975，第 139 页。
③ 康拉德·阿登纳：《阿登纳回忆录 1953—1955》（二），第 139~140 页。
④ 德文缩写为"CSU"，简称"基社盟"。
⑤ Peter Reichel, Vergangenheitsbewältigung in Deutschland. S. 80.

命使德国人民名誉丧尽。这种名誉丧尽的后果，我们将在不知期限的时间里一直背负。"① 其他社会民主党领袖如卡罗·施密德、阿道夫·阿恩特（Adolf Arndt）、雅各布·阿尔特迈伊尔（Jakob Altmaier）、约阿希姆·利普士茨（Joachim Lipschitz）、鲁道夫·屈斯特迈耶尔（Rudolf Küstermeier）和埃里希·吕特（Erich Lüth）等，也积极要求赔偿犹太人的损失，"与以色列和解"。②

正是在社会民主党人的鼓励下，阿登纳终于在1951年9月27日发表《关于犹太人问题的政府声明》，向以色列提出了进行官方赔偿谈判的建议。他声称，尽管绝大多数德国人与纳粹分子屠杀犹太人的罪行无关，"但是，无法形容的罪行却是以德国人民的名义犯下的，因此德国人民有责任作道德和物质上的补偿"。③

1952年5月20日，联邦德国外交委员会讨论了海牙谈判的情况，并一致决定宣布，"联邦政府和联邦议院对以色列承担的赔偿义务，只有当以色列的赔偿权利得到十分满意的承认时，才算是彻底履行了义务"。④ 即便如此，仍有不少政治家坚持反对的立场。1953年3月18日，在联邦议院就备受国际社会关注的《卢森堡协议》做最后的咨询和表决时，在总人数为402人的联邦议员中有40位以缺席表示抗议，有86位投了弃权票。如果没有在野的社会民主党的支持，批准协议一事很有可能夭折。社会民主党的发言人卡罗·施密德表达了他的党派的希望，即世界人民可以在批准卢森堡协议一事中看到"德意志人民第一个意志的信号"，这就是"弥补纳粹主义暴力统治给德意志人民和其他受到其严重伤害的人民带来的、可怕的灾难"。他还明确补充说，不能对条约做出这样的误解，即"德国人民相信，据此便可以忘记这些犯罪行为了"。⑤

除了"洗刷精神上无限的痛苦"，支持赔款的政治家们还看到了其他一些政治影响。用阿登纳的话来说，这就是"调整我们跟犹太人的关系"，"恢复德国信誉"，提高德国的道义和政治威望，并以赔偿"作为加强人道和宗教宽容的一个贡献而影响全世界"。⑥

---

① Peter Reichel, Vergangenheitsbewältigung in Deutschland. S. 83.

② Peter Reichel, Vergangenheitsbewältigung in Deutschland. S. 74.

③ 科佩尔·S. 平森：《德国近现代史——它的历史和文化》下册，第751页。

④ 康拉德·阿登纳：《阿登纳回忆录1953—1955》（二），第158页。

⑤ Peter Reichel, Vergangenheitsbewältigung in Deutschland. S. 88.

⑥ 康拉德·阿登纳：《阿登纳回忆录1953—1955》（二），第140、167、169、171页。

1956 年，联邦德国议会通过了《纳粹受害者赔偿法》，在以后的几十年里有 400 万人获得了赔偿。但在民间，反对赔偿的情绪依然十分强烈，反犹主义死灰复燃，亵渎犹太人墓地和攻击难民中的犹太人的事件屡屡发生。人们普遍把德国当前的困境归咎于犹太人。与之相应，"新纳粹主义"也开始盛行，民族主义和军国主义的气焰依然十分嚣张。而实际上，纳粹其他受害者当时也未获得任何赔偿。

等到德国成为东西方的外交和宣传战场时，罪责问题和"新纳粹"问题便被置于次要地位了。终结讨论纳粹历史、抵御共产主义的威胁和为"已经卸却重负的"当前创造更大自由空间似乎成为联邦德国政治和社会的最迫切需要了。人们普遍感到有必要删除对纳粹主义的过去的记忆。[①] 国民悼念日也变得越来越抽象和匿名了。[②]

第三节　1960—1970 年代的重大突破

如果说，联邦德国的政治生活在 1950 年代尚没有"真正的、获得新生的觉醒"，[③] 那么自 1950 年代末起，在德国法庭对纳粹罪行的审讯和年轻一代对权威的反叛的影响下，有关"未被清理的过去"的大讨论又在联邦德国兴起了，纳粹对犹太人的大屠杀逐渐成为社会关注的焦点。[④] 而在这一特殊的政治文化中，各党派政治家也争相发言、纷纷表态，从不同方面表达了他们的历史观和政治观。

德国法院和检察院的工作是在 1945 年底和 1946 年初恢复的，但其主管范围最初被占领当局限制在审讯德国人对德国人或对无国籍人士所犯的罪行上。1955 年，在订立了所谓的"处理同战争和占领有关问题条约"后，对德国法院的限制才在联邦德国彻底消失。[⑤] 随后，以联邦德国刑法为基础的对纳粹罪行的审讯频繁举行，并且通过媒体迅速传播，引起了全社会的

---

① Jürgen Danyel（Hrsg.），Die geteilte Vergangenheit. S. 54.

② Aleida Assmann/Ute Frevert, Geschichtsvergessenheit. Geschichtsversessenheit. S. 210 – 211.

③ 科佩尔・S. 平森：《德国近现代史——它的历史和文化》下册，第 749 页。

④ Norbert Frei, NS-Vergangenheit unter Ulbricht und Adenauer. Gesichtspunkte einer Vergleichenden Bewältigungsforschung, in: Jürgen Danyel（Hrsg.），Die geteilte Vergangenheit. Zum Umgang mit Nationalsozialismus und Widerstand in beiden deutschen Staaten. Berlin, 1995, S. 125 – 132. hier S. 126 – 127.

⑤ 卡尔・迪特利希・埃尔德曼：《德意志史》第四卷《世界大战时期（1914—1950）》下册，第 173 页。

关注。在这些审讯中，最重要的有 1958 年在乌尔姆举行的有关武装党卫队的罪行的审讯，1962 年在汉堡举行的有关集中营守卫队和维纪警察的罪行的审讯以及 1963 年在法兰克福举行的、揭露最大的集中营的内情的奥斯维辛审讯。① 另外，鉴于纳粹罪行的众多和调查取证的困难，联邦德国政府还于 1958 年 11 月在路德维希堡成立了"各州司法机关对纳粹罪行中央调查处"，规定其职能是在国内外搜集纳粹犯罪资料，并通过系统的、大规模的研究工作为检察院进行准备性的调查。② 中央调查处的建立和工作进一步推动了纳粹审讯的进行。

新一轮的纳粹罪行审讯极大地打击和震慑了纳粹残余势力，也使联邦德国社会各界受到了一次鞭辟入里的再教育，陷入了政治、司法、道德和历史认同相互交织在一起的痛苦自省和内心拷问，原先的冷漠态度开始发生转变，在道德及良知上进行自我审判的强烈意识陡然而生。③ "第三帝国"不再被看成一个"正常的"国家；犯罪者也不再被看成仅仅奉"上面的命令"行事的受骗者了。④ 在此之前，纳粹罪行大都被笼统地称作"战争罪"，对这种罪行的认识也有相当大的局限性。现在，对犹太人的大屠杀和犹太受难者的表现成为人们关注的焦点。司法机构，或者更确切地说司法机构的个别代表人物，根本不理会保守派一再提出的"了结"要求，不辞辛劳地、一个接一个地披露了纳粹犯罪行为的真相。审判者也把个人罪责置于一种由国家组织和安排的恐怖体制之中，力图说明犯罪者不仅仅是奉"上面的命令"行事，在很大程度上也是出于自愿的。希特勒和纳粹党利用国家机器有计划地蓄意谋杀精神病人、犹太人、妇女、儿童和婴儿的罪行逐渐浮出水面，经历过纳粹时期的德国人所应承担的个人和道德罪责也越来越明显，不是外来的强迫而是个人的信念开始成为反思历史的主要推动力。⑤

1960 年代中叶，席卷西方各国的大学生抗议运动也在联邦德国大学校园内蓬勃兴起。1945 年以后出生、在议会民主制度和多元化社会下成长起

---

① Aleida Assmann/Ute Frevert, Geschichtsvergessenheit. Geschichtsversessenheit. S. 219 – 220.

② 卡尔·迪特利希·埃尔德曼：《德意志史》第四卷《世界大战时期（1914—1950）》下册，第 173 页。

③ 李乐曾：《战后对纳粹罪行的审判与德国反省历史的自觉意识》，《中国社会科学网》2013 年 2 月 22 日。

④ Aleida Assmann/Ute Frevert, Geschichtsvergessenheit. Geschichtsversessenheit. S. 220 – 221. Norbert Frei, NS-Vergangenheit unter Ulbricht und Adenauer. S. 126 – 127.

⑤ Aleida Assmann/Ute Frevert, Geschichtsvergessenheit. Geschichtsversessenheit. S. 220 – 221.

来的"抗议的一代"不仅把矛头指向陈旧的教育制度，也指向了联邦德国的整个政治、社会制度和所有"在社会上有影响的阶层"。提出抗议的大学生们试图推翻家庭、学校、大学和国家中的一切权威，提出了反战、反核和推翻现存资本主义制度等主张。不仅如此，他们还对其上一辈的历史提出了质疑，对他们规避和掩饰在纳粹统治时代的行为的做法表示出极大的不满和愤慨。①

"抗议的一代"迫不及待地打破沉默，清算上一代人的历史，对他们进行公开的政治和道德审判，摆脱不堪重负的历史耻辱。他们通过对父辈的"反叛"，揭开了一个个曾经被捂得严严实实的历史盖子、一桩桩令人颜面扫地的丑闻。许多在政界、文化界和学术界一度潇洒倜傥的大腕和权威纷纷落马，其在纳粹时期的龌龊行径遭到万人唾骂。

在对纳粹罪行的进一步审讯和年轻一代的强烈抗议的影响下，联邦德国政治家的历史反思也发生了较大变化，几乎都对推卸罪责或者抵消恶行的行为表示了拒绝，都承认纳粹罪行是独一无二的、唯一性的。

1965 年 3 月，在有关是否放弃从司法上追查纳粹罪行的问题的议会辩论中，社会民主党人阿道夫·阿恩特感人至深地陈述了个人与公共遗产的关系。他认为自己也是有罪的："因为你们看到，我没有走上街头并且大声呼喊，当我看到犹太人被人从我们当中搜出来并用大卡车运走，我没有佩带黄星并且说：我也是！"阿恩特还对战争罪与谋杀罪做出了明确区分，指出，战争罪是"无节制的作战行为"，但"杀害精神病人和犹太男人、妇女、儿童、婴儿"等犯罪行为是一种"在投入利用全部国家机器的情况下进行的有计划的、蓄意的谋杀"。②

自由民主党人、联邦司法部部长艾瓦德·布赫勒（Eward Buchler）虽然反对改变诉讼时效期，拒绝集体犯罪说，但赞同豪斯总统提出的集体羞愧论，承认负有彻底清理纳粹历史的道义责任。基督教社会联盟议员里夏德·耶格尔（Richard Jäger）则说："无论何人何部门都不能否认至少就数量而言最恶劣的、在第三帝国中犯下的屠杀数百万犹太人的罪行，因为犹太人——这一点必须强调说明——从没有对我国人民犯下任何诸如此类的罪行。"③

---

① Aleida Assmann/Ute Frevert, Geschichtsvergessenheit. Geschichtsversessenheit. S. 226 – 227.

② Peter Reichel, Vergangenheitsbewältigung in Deutschland. S. 67.

③ Jürgen Danyel (Hrsg.), Die geteilte Vergangenheit. S. 56.

1969 年 7 月，古斯塔夫·W. 海涅曼（Gustav W. Heinemann，1899—1976）就任联邦德国第三任总统，成为二战后第一位担任总统一职的社会民主党人。同年 10 月，时任社民党主席的维利·勃兰特（Willy Brandt，1913—1992）当选为联邦德国第四任总理，领导社民党与自民党组成了联合政府。联邦德国由此进入了"社会民主党的年代"，直至 1982 年基民盟－基社盟与自民党结盟后重新执政。1969 年的政权交替，不仅意味着社民党开始主导联邦德国的内政外交，同时也意味着它开始系统地构建自己的一套历史政策。1970 年 5 月 8 日，联邦议会首次就二战结束发表官方看法。自此以后，政治家们终于跳出行政和立法的框架，直接地围绕纳粹主义展开争论。在 1970 年代，社民党－自民党联合政府大力推进了联邦德国正视和反思历史的进程，同时也扩大了与基民盟－基社盟之间的对立。

联盟党强调，俾斯麦帝国虽然不是通过民主途径建立起来的，但是它符合整个德意志民族的意愿。社会民主主义政治家却坚持对俾斯麦及其建立的德意志帝国的批判态度，认为俾斯麦帝国对于"德国的浩劫"的产生负有重大责任。1965 年 4 月 1 日，在基民盟－基社盟庆祝俾斯麦诞辰 150 周年时，就没有一位重要的社民党政治家参与其中。① 1971 年 1 月，值德意志帝国建立 100 周年之际，社民党人更为鲜明地举起了反对的旗帜。勃兰特认为，俾斯麦及其帝国不应该再被视为德国历史进程中的"榜样"。② 海涅曼在 1971 年 1 月 17 日的全德广播电视讲话中指出，1871 年在德国只实现了"外部的统一而没有完整的公民内部的统一"。一方面，他承认俾斯麦的政策（即在排除奥地利的前提下强制性地建立了小德意志的王侯联邦国家），是正确的。但另一方面，他认为帝国的建立不但"摧毁了民主的与民族的意愿之间的联系"，而且"将德国人的民族意识片面地束缚在君主制保守主义的力量上"。在此基础上，海涅曼强调，应该向俾斯麦帝国的历史中去寻找纳粹主义的起因："谁将第一次世界大战当成一次纯粹的不幸，认为德国人不是共犯，谁将 1919 年《凡尔赛条约》的不公当成纳粹夺权的托词，他就始终没有完全理解 1918 年那场崩溃的原因。百年帝国——这不是意味着

①　S. Schubert, Abschied vom Nationalstaat? Die deutsche Reichsgründung1871 in der Geschichtspolitik des geteilten Deutschlands von 1965 bis 1974, in: H. A. Winker (Hrsg.), Griff nach der Deutungsmacht. Zur Geschichte der Geschichtspolitik in Deutschland. Göttingen, 2004, S. 230 – 265, hier S. 232.

②　Willy Brandt, Erklärung des Bundeskanzlers zum Reichsgründungstag, in: Bulletin des Presse – und Informationsamtes der Bundesregierung, 1971, 5, S. 35.

一次凡尔赛，而是两次凡尔赛，1871 年和 1919 年，这还意味着奥斯维辛、斯大林格勒以及 1945 年的无条件投降。"[1]

在此之前，还未有联邦总统以这种方式对历史进行清算。海涅曼的讲话引发了联邦德国政治公共领域中的一场激烈的争论。在野的联盟党人的反对声潮尤为高涨，他们指责海涅曼从德意志帝国到第三帝国的连续性命题，是一种"社会民主主义的历史捏造"，这位总统在对待历史问题时"滥用职权"，是为了给社民党的新东方政策扫清障碍。[2] 虽然海涅曼的论点引发了很多争议，但它标记了联邦德国记忆文化中的一个重要转折点。自此，排挤纳粹历史的政治话语体系被瓦解，用"德意志特殊道路"理论阐释纳粹历史的话语体系得到了官方的认可。它最终成为 1970 年代"联邦德国历史政策的基础共识"。[3] 因为这一阐释模式将德国 20 世纪上半叶的历史视为一段可以被理解与阐释的发展过程，并因此证明，"只要联邦德国"，如勃兰特在 1969 年提出的竞选口号所言，"胆敢拥有更多民主"，它就可以从纳粹历史的重负中解放出来。

社会民主主义历史政策还与勃兰特政府的新东方政策有着紧密联系。

勃兰特曾经是一位反法西斯战士，对纳粹政权有刻骨铭心的仇恨，他痛斥希特勒是个"卖国贼"，认为"纳粹主义不仅是背叛了本国，它也背叛了欧洲"。[4] 勃兰特还批评阿登纳"对待纳粹的同路人和帮凶时尺度不严"，致使后者"在官僚政治中逍遥自在，在经济方面轻而易举地保住了过去的地位，或取得新的地位"。[5] 在他看来，全体德国人，包括被关在集中营里的那些人和反纳粹主义者，都"必须承担责任"，都要对纳粹的政策负责，都"不能逃避其容忍希特勒上台执政这一部分责任"，"不能逃避纳粹屠杀政策所造成的后果"。[6] 勃兰特反对"开脱德国人在他们参与的某些事情上

① G. W. Heinemann, 100. Jahrestag der Reihhsgründung des Deutschen Reiches. Ansprache des Bundespraesidenten zum 18. Januar 1871, in: Bulletin des Presse – und Informationsamtes der Bundesregierung 1971, 5, S. 33 – 35.

② E. Wolfrum, Geschichtspolitik in der Bundesrepublik Deutschland. Der Weg zur bundesrepublikanischen Erinnerung 1948 – 1990. Darmstadt, 1999, S. 258 – 267.

③ D. Langewiesche, Über das Umschreiben der Geschichte. Zur Rolle der Sozialgeschichte, in: Ders, Zeitwende. Geschichtsdenken heute. Göttingen, 2008, S. 56 – 68, hier S. 61.

④ 克·哈普雷希特编《维利·勃兰特——画像与自画像》，复旦大学资本主义国家经济研究所译，上海人民出版社，1976，第 39 页。

⑤ 维利·勃兰特：《会见与思考》，张连根等译，商务印书馆，1979，第 53 页。

⑥ 克·哈普雷希特编《维利·勃兰特——画像与自画像》，第 149、167 页。

的罪责",但也指出,担责任不等于犯罪,不应该因为纳粹领导的犯罪行为而谴责所有德国人,把所有德国人都说成纳粹分子的观点是毫无根据的,把罪名加在群众身上也是没有意义的。如果所有的德国人都属于纳粹党,那么,希特勒肯定不必利用恐怖、盖世太保和集中营来进行统治。① 另外,"责任不能单单限于德国和德国人民方面"。如果西方国家没有让西班牙共和国受到苏联人的操纵支配,如果它们没有让西班牙的民主制度受到伤害以至死亡,那么,它们的行动就会更明智一些了。西班牙内战要是产生了另一种结局,那就肯定会削弱希特勒和墨索里尼的地位,也许还会阻止第二次世界大战的爆发。对于希特勒在德国上台并得以建立其国家机器这个事实,其他国家也都负有一部分责任。西方国家摇摆不定的政策(张伯伦一伙的亲希特勒政策),是造成德国没有活跃的政治反对派这一事实的决定性因素之一。西方国家所采取的自满政策,一再削弱了国内反对派反对纳粹主义政权的力量。②

对于纳粹德国在二战中对苏联和东欧人民,特别是对犹太人造成的巨大伤害,勃兰特感到无比痛苦和羞愧。他认为,联邦德国虽然在"赔偿"方面做出了很大努力,但"这不应减弱我国道德警觉",因为"任何物质支付都无法洗刷战争和纳粹独裁所造成的痛苦和罪恶",德国和德国人民"具有无法推卸的历史义务和历史责任"。③ 1970 年 12 月,勃兰特在访问波兰时,悲戚万分地下跪于华沙犹太人隔离区殉难者纪念碑前,以无比虔诚和沉重的心情表达了德国政府和人民对纳粹政权所犯下的罪行的道歉和忏悔。这一真挚诚恳的举动,成为战后德国政治家反省纳粹历史的最经典的象征,充分表明了勃兰特自觉接受本民族的过去,严肃对待其历史重负,并且绝不让它轻易地被世人遗忘的立场和态度。④

社民党人认为,东西德的分裂是德意志民族为其历史所付出的代价,它的根源不是 1945 年的雅尔塔会议,而是 1933 年希特勒的上台,甚至更往前推,是 1871 年俾斯麦帝国的建立。民族国家无条件的重新统一只是"西德人的生活谎言"。⑤ 联邦德国及其民众要承认两个德国的既存事实,从而

---

① 克·哈普雷希特编《维利·勃兰特——画像与自画像》,第 39、174、168 页。

② 克·哈普雷希特编《维利·勃兰特——画像与自画像》,第 168、95、147 ~ 148、163 页。

③ 维利·勃兰特:《会见与思考》,第 227 ~ 228 页。

④ Aleida Assmann/Ute Frevert, Geschichtsvergessenheit. Geschichtsversessenheit. S. 245.

⑤ E. Wolfrum, Geschichte als Waffe. Vom Kaiserreich bis zur Wiedervereinigung. Göttingen, 2001, S. 87.

重新找到自己的历史位置。"只有欧洲的和平秩序，才能将那些对我们德国人而言与 1945 年关联之事画上历史的句号。"① 而在拒绝承认德国分裂的基民盟－基社盟看来，1972 年《两德关系基础条约》的签署，标志着存在了 101 年的俾斯麦帝国的彻底破产。他们将海涅曼和勃兰特等社民党人视为"帝国的敌人"和"无国之人"。双方的争论直指对"民族"概念的理解。德意志民族何在？它究竟是 1871 年建立的国家民族，还是 1848 年建立的文化民族？保守主义者相信，构成一个民族的基本条件是国家的建立和领土的确定，而非仅仅是意识和愿望。由此，他们为德意志民族画出了一幅从俾斯麦帝国至联邦德国的传承图。社会民主主义者则认为，民族存在的基本条件是民族共同感的形成。而早在 1848 年法兰克福国民议会召开之时，德意志民族就首次作为政治意愿共同体登上了历史的舞台。由此，他们将民主德国也纳入了德意志民族的范畴，并且与联邦德国平起平坐。于是，问题进一步指向以下问题。联邦德国自我认知的基础何在？如果它不是一个将要恢复的民族国家之核心，那么它是什么？社民党的回答是自由运动。从德国的雅各宾派到第三帝国的抵抗运动，德国史上从来不缺少用自由意识武装起来的民众。联邦德国民主体制之历史根源正在于此，它不仅仅是 1945 年战胜国的一纸文书。

如果说在 1950—1960 年代，基民盟－基社盟将联邦德国视为俾斯麦帝国的继承者，通过将第三帝国从德国史中排除来与其相割裂的话，那么在 1970 年代，社民党则重新定义了联邦德国的历史根源和自我认识。社民党人一方面将俾斯麦帝国和第三帝国联系起来，另一方面为联邦德国挖掘自己的奠基石，从而与纳粹主义彻底撇清关系。

1974 年，社会民主党人赫尔穆特·施密特（Helmut Schmidt, 1918—2015）接替勃兰特出任联邦德国总理，继续推行彻底清算纳粹历史的政策。他在一次奥斯维辛集中营解放纪念日活动中发表演讲说：年轻的德国人在遇到波兰的同龄人时，他不必感到不自在，但是他必须知道当时德国人以德国的名义干了些什么。要全体德国人民，特别是战后出生的一代德国人承担战争的罪责是不公平的，但是他们必须承担政治上和道义上的责任：揭露并深刻反省这段最黑暗的历史，保证历史不会重演。②

---

① Willy Brandt, Verpflichtung zum Frieden und Wahrung von Freiheit und Recht, in: Bulletin des Presse-und Informationsamtes der Bundesregierung, 1970, 63, S. 591–592, hier S. 592.

② 李乐曾：《评德国和日本不同的二战史观》，《德国研究》1997 年第 2 期。

社民党人的历史政策把联邦德国政界的历史反思推到了一个激进的高峰，联盟党人虽然大都表示反对，甚至有人指出勃兰特在华沙犹太人隔离区殉难者纪念碑前下跪的举动有辱国格人格，但也有部分联盟党人转向认同。1979 年，在再一次讨论诉讼时效期问题时，社会民主党议员阿尔弗雷德·埃梅里希（Alfred Emmerlich）说，"纳粹主义是在我们的国家中形成并篡夺了政权的，它也利用了德意志国家的权力手段，以我们的名义犯下了它的反人类的罪行"。① 因为纳粹主义和与之同类的暴力体制至少在其统治初期获得了大部分民众的支持，所以德意志人的罪责具有某种特殊性，即使许多人是在排除或者说忽视了其犯罪特征的情况下表示支持的。基督教民主联盟议员约翰·巴珀提斯特·格拉德尔（Johann Baptist Gradl）则从反对党的立场出发拥护国家理性。他说："我们大家都能够理解这样的意愿，即最终停止一再使人想起那些可怕事情的回忆，特别是现在新的、与纳粹罪行毫无个人联系的一代人已经成长起来了！今天凡是不到 50—55 岁的人都不可能亲身参与过那些犯罪活动。但是，我们所有人，不管是年轻的还是老的，都不可以回避我国人民的历史。"② 1979 年，联邦德国施密特政府彻底取消了追究纳粹分子杀人罪诉讼时效期，这就意味着，至少从理论上说，随时随地都可以对纳粹主义的暴力犯罪加以制裁，即使这类犯罪是事后很长时间才被发现的。任何人都不允许在画报、电视和回忆录中公开宣扬纳粹言论。到 1990 年代中期，联邦法院已对 105000 名被控告的纳粹罪犯进行了调查审理，判决生效的有 6500 多例。③

1979 年 1 月，联邦德国各州地方电视台在 4 个晚上连续转播了美国电视系列片《大屠杀》。④ 在联邦德国的 6000 万居民当中，有 2000 万人收看了该节目。电视片讲述的一个受纳粹迫害的犹太人家庭的悲惨命运极大地震撼了这些观众的心灵。奥斯维辛开始成为德国人历史意识中的一个重要内容，对于"第三帝国"、纳粹对犹太人所犯的罪行以及追诉纳粹罪行的时效问题，大部分德国人都有了新的认识和观点上的转变，都开始思索：我们普通人是不是也有罪？德国人开始对纳粹罪行感到敏感了。在《大屠杀》播放前，主张放弃对纳粹罪犯的追诉的人尚多达 51%，播放后，坚持这一

---

① Jürgen Danyel（Hrsg.），Die geteilte Vergangenheit. S. 57.
② Jürgen Danyel（Hrsg.），Die geteilte Vergangenheit. S. 57.
③ Jürgen Danyel（Hrsg.），Die geteilte Vergangenheit. S. 54 – 55.
④ Holocaust. Die Geschichte der Familie Weiß，englisch 1978；deutsch Januar 1979.

主张的人只有 35% ；反对者却由 15% 增加到 39% 。[1]

"大屠杀"成为文学创作的一个新的主题，左翼作家如君特·格拉斯（Günter Grass，1927 出生）等人，写作了一系列文学作品，从不同角度对纳粹时期人性的扭曲进行深刻的解剖。"最后的解决方案"也第一次受到学术性的评估，灭绝营、突击队、武装部队、外交部等各种官僚机构、暴力组织和普通人在大屠杀中扮演的角色得到了认真讨论；优生学也成为大屠杀研究中的一个分支。[2] 希特勒是否早就有屠杀犹太人的意图或动机？是希特勒还是德国官僚机器决定了大屠杀的政策？希特勒是否早就做出了大屠杀的决策？希特勒是否发出过大屠杀的命令？希特勒能够随心所欲地实现他的意图吗？是他本人决定了政策还是他被迫做出决策？蓄谋论者（Intentionalist）和功能论者（Funktionalist）围绕着这些问题展开了激烈争论。老一代学者普遍认为，希特勒的愿望和意图决定了纳粹德国大屠杀的政策和时间表；国家机器，主要是党卫军，只是忠心耿耿地实现了这一愿望。新一代的历史学家认为，纳粹德国的国家机器并不是完全按照"元首"（Führer）的意图和政策运转的，大屠杀更多的是国家官僚机构几乎自主运转而产生的符合逻辑的结果。[3] 最终，单一性的因果联系（如经济解释论或对反犹主义因素的强调）让位于功能主义式的结构分析（如中央机构与占领地区之间的矛盾、当地不同团队之间的合作问题、财政管理和劳动管理之间的分歧）。

联邦德国政府同样做出了积极反应，在学校教育和成人教育领域，讲述纳粹对犹太人的大屠杀的课程得到了加强。更多的德国政治精英公开表现出他们反省纳粹历史的自觉意识和政治责任感，在法律上、政治上开始认真严肃对待追诉纳粹罪行的问题，并把它作为一项长期任务坚持下去。

通过各种媒介，相关历史话题也进入了联邦德国公众视野，人性、良知、道德受到越来越密集的、越来越深入的追问。纳粹罪行被普遍看作独一无二的、唯一性的，各种各样的推卸责任或抵消罪恶的企图都遭到了拒

---

[1] Matthias Wei, Sinnliche Erinnerung. Die Flime „Holocaust" und „Schindlers Liste" in der bundesdeutschcn Vergegenwrtigung der NZ-Zeit, in: Norbert Frei und Sybille Steinbacher (Hrsg.), Beschweigen und Bekennen. Die deutsche Nachkriegsgesellschaft und der Holocaust. Göttingen, 2001, S. 71 – 102, hir S. 79.

[2] Reinhard Henkys, Die nationalsozialistischen Gewaltsverbrechen. Geschichte und Gericht, Stuttgart/Berlin, 1964; Uwe-Dietrich Adam, Judenpolitik im Dritten Reich. Düsseldorf, 1972.

[3] 洪邮生：《谁是屠杀犹太人的真正元凶——西方大屠杀研究述论》，《南京大学学报》1997年第1期。

绝。反思历史，悔过自新，成为德国人的自觉意识；"不再战争"和"不再建立奥斯维辛集中营"，[①] 成为德国人义不容辞的政治和道德义务。

第四节　历史反思的逆转与守望

在 1982 年底以赫尔穆特·科尔为首的基督教民主联盟－基督教社会联盟上台执政之后，政治保守主义重新抬头，与之相应，在联邦德国的历史反思中，也有一股逆流蠢蠢欲动，美化德国历史，淡化纳粹罪行，甚至为纳粹主义进行辩护的右翼思潮开始兴风作浪。科尔这位获得历史学博士学位的总理虽然不主张为第三帝国翻案，但急于使联邦德国摆脱纳粹历史的阴影，提出了以"正常性"为导向的历史政策，力图通过强调德意志历史中的积极方面，引导年轻一代的德国人实现"政治与道德上的转折"（Geistig-moralische Wende），重塑民族自豪感和国家认同。[②] 科尔指出，在联邦德国的年轻一代中存在着迷失方向的"精神与政治危机"，[③] 联邦德国正处在"历史的转折点"上，需要"精神的翻新"，[④] 不应以自己的国家为耻，而应引以为傲，要从"解放"转向"认同"。[⑤]

1985 年 5 月 8 日是纳粹德国无条件投降 40 周年纪念日，也是世界反法西斯战争胜利 40 周年纪念日。随着这一日期的逼近，欧美各国都在准备隆

---

① K. Naumann, Das nervöse Jahrzehnt. Krieg, Medien und Erinnerung am Beginn der Berliner Republik, in: Mittelweg 36, 2001, S. 25 – 44, hier 41.

② 参见 Rupert Seuthe, „Geistig-moralische Wende"? Der politische Umgang mit der NS-Vergangenheit in der Ära Kohl am Beispiel von Gedenktagen, Museums-und Denkmalprojekten. Frankfurt a. M. 2001；Sabine Moller, Die Entkonkretisierung der NS-Herrschaft in der Ära Kohl. Hannover, 1998；范丁梁：《复杂语境中的德国"历史学家之争"》，《史学理论研究》2013 年第 1 期。

③ Helmut Kohl, Regierungserklärung des Bundeskanzlers vor dem Deutschen Bundestag vom 13. 10. 1983, in: Bulletin des Presse-und Informationsamts der Bundesregierung, Nr. 93 vom 14. 10. 1982, S. 853 – 868, hier S. 855；转引自范丁梁《复杂语境中的德国"历史学家之争"》，《史学理论研究》2013 年第 1 期。

④ Helmut Kohl, Regierungserklärung des Bundeskanzlers vor dem Deutschen Bundestag vom 4. 5. 1984, in: Bulletin des Presse-und Informationsamts der Bundesregierung, Nr. 43 vom 5. 5. 1983, S. 397 – 412, hier S. 397, 412；转引自范丁梁《复杂语境中的德国"历史学家之争"》，《史学理论研究》2013 年第 1 期。

⑤ 参见 Karl-Ernst Jeismann, „Identität" statt „Emanzipation"? Zum Geschichtsbewusstsein in der Bundesrepublik, in: ders., Geschichte und Bildung. Beiträge zur Geschichtsdidaktik und zur Historischen Bildungsforschung. München u. a., 2000, S. 122 – 146；范丁梁：《复杂语境中的德国"历史学家之争"》，《史学理论研究》2013 年第 1 期。

重的纪念活动。联邦德国同样举行了各种各样的纪念活动。联邦总统里夏德·冯·魏茨泽克（Richard von Weizsäcker，1920—2015）还发表演讲，批评长期以来在联邦德国流行的把纳粹德国投降视为"战败与灾难"的观点，旗帜鲜明地指出，5 月 8 日对于德国人来说首先是一个值得纪念的"解放之日"，因为它把所有德国人都从纳粹主义的暴力统治中解放出来了。德国人不应该把自己承受的灾难与这个日子联系在一起，而应该与 1933 年 1 月 30日，即希特勒上台的日子联系在一起；德国人不应该记恨当年的战胜国，而应该把自己的不幸遭遇归结于罪恶的纳粹统治。①

但与魏茨泽克的做法不同，科尔却准备陪同来访的美国总统里根（Ronald Reagan）到比特堡军人墓地吊唁二战时牺牲的德军和盟军士兵。尽管媒体很快披露，该墓地还埋葬着 49 个纳粹党核心组织武装党卫队的成员，犹太人组织也疾声呼吁德美政府首脑放弃吊唁计划，科尔还是坚持与里根一起去了比特堡，并且将纳粹战犯重新评价为德国的战争牺牲者，宣称所有的阵亡士兵都应该有权得到同样的悼念。②

1986 年 9 月，当联邦议院就财政预算进行议会辩论时，基督教民主联盟议员和议会党团主席阿尔弗雷德·德瑞格尔发言说："面对自己的民族，无历史性和粗暴冷酷令我们担忧。若是没有最基本的、对于其他民族来说完全是理所当然的爱国主义，我们的民族也不可能继续生存下去。从某种意义上说，清理过去是十分必要的。但对于那些滥用这种必要性从而危及我们民族的未来的人，我们必须坚决反对。"③ 德瑞格尔的这些言论其实已不再是特别新的东西了。细心的读报人早就可以在《法兰克福汇报》（Frankfurter Allgemeine Zeitung，FAZ）上看到同样的和类似的言论了。

这种变化也可以从一些纪念仪式上清楚地看到。在 1960 年代末，联邦德国政府和社会各界曾经采取大量措施，整理、修葺和保护了许多依然存在的纳粹罪行残迹，建造了若干反纳粹统治和二战受害者纪念馆和纪念碑。像达豪集中营和萨克森豪森集中营等重要的遗址都得到了很好的修整和维护。各地树立的警示碑也时刻提醒人们牢记纳粹罪行，反省战争，不要再走穷兵黩武的老路。但是逐渐地，纪念活动越来越仪式化，被纪念者首先

---

① Ansprache des Bundespräsidenten Richard von Weizsäcker am 8. Mai 1985 in der Gedenkstunde im Plenarsaal des Deutschen Bundestagcs（DHC）.

② 参见景德祥《二战后德国反思纳粹历史的曲折过程》，《学习月刊》2005 年第 7 期。

③ Jürgen Danyel（Hrsg.），Die geteilte Vergangenheit. S. 57.

是在两次世界大战中阵亡的德国士兵和"为我们的文化和自由勇敢战斗的烈士"。在集中营被杀害的犹太人、吉卜赛人、耶和华见证人会成员或者社会民主党人仅仅被看作"战争和暴力的牺牲品",或者更确切地说,看作"法西斯主义和军国主义的牺牲品"了。① 对于那些在"第三帝国"中遭到迫害和杀害的民众团体,不少德国人在心理上依然是有距离的。

从 1989 年夏天开始,波兰、民主德国、捷克斯洛伐克、匈牙利、保加利亚和罗马尼亚等东欧国家和苏联的政治体制、社会性质发生根本性改变,斯大林模式的社会主义制度为欧美资本主义制度所取代;民主德国还在1990 年 10 月分作五个州一起加入联邦德国,而苏联各个加盟共和国政府也纷纷宣布独立,最终导致苏联在 1991 年 12 月彻底解体。

苏东剧变和两德统一极大地刺激了联邦德国政治思潮的向右偏移,被压抑已久的民族思想复活,"保护与命运共同体"观念开始广泛流行,爱国主义成为许多德国人热切期盼的政治诉求,极权主义理论和地缘政治学说再度盛行。联邦德国建立之初确定的"融入西方"国策受到多方质疑,要求中止对"西方价值共同体"的臣服,认为"与西方结盟同形成一种拥有自我意识的民族是相对立的"、德国因为其位于东西方之间的中欧的地理位置而必须选择"第三条道路"的观念受到许多人的支持。②

新获得的与民主德国进行经验性比较的可能性也为历史观的右转提供了非常重要的学术资源。民主德国的历史编纂遭到唾弃,第三帝国的"唯一性"遭到削弱。人们开始将希特勒与前民主德国统一社会党总书记埃里希·昂纳克(Erich Honecker,1912—1994)、盖世太保与民主德国国家安全部"斯塔西"(Stasi③)、奥斯维辛与民主德国政治犯监狱所在地鲍岑相提并论。某些学术讨论也在无意识中降低了研究中的道德水准,有人肯定希特勒政权所采取的社会政策,把它看作纳粹德国"好的一方面",从而让纳粹德国"披上了美丽的外衣"。④ 1994 年上演的美国好莱坞电影《辛德勒的名单》增强了德国人的自信心,1995 年出版的维克托·克伦佩雷尔(Victor

① Aleida Assmann/Ute Frevert, Geschichtsvergessenheit. Geschichtsversessenheit. S. 209 – 210.

② Bernd Faulenbach, Probleme der Neuinterpretation der Vergomgenheit angesichts des Umbruchs 1989/91, in: B. Faulenbach/M. Stadelmaier (Hrsg.), Diktatur und Emanzipation: zur russischen und deutschen Entwicklung 1917 – 1991. Essen, 1993, S. 9.

③ "Ministerium für Staatssicherheit" 之简称。

④ Wolfgang Wippermann, Wessen Schuld? Vom Historikerstreit zur Goldhagen-Kontroverse. S. 87 – 92.

Klemperer，1881—1960）的日记①也证明不少德国人曾经帮助过犹太人。

还有一些人对反复讲历史问题感到厌烦，期望尽快对历史问题有个最终的"了结"。1998年，著名作家马丁·瓦尔泽（Martin Walser）获书业和平奖，他在法兰克福的圣保罗教堂发表的获奖演讲中声称，"廉价的""连篇累牍的"关于纳粹、二战的电视节目，他是掉过脸去不看的。"我不下20次扭过头去不看关于集中营的残酷镜头。没有一个严肃的人会否认奥斯维辛的存在；没有一个理智的人会对奥斯维辛集中营令人发指的罪行产生怀疑：如果在媒体中每天都看到这样的过去，对这种无休止的展示我心生反感。我不但不表示感激，反而选择逃避。""第一次世界大战后严厉的'凡尔赛和平协定'直接促使德国纳粹和希特勒上台，另外一种对待败者的方式也许会牢固民主。第二次世界大战已经过去50年，不应一直纠缠过去不放，难道还让我们年轻无辜的后代一直为前人的过失背着黑锅，抬不起头来？奥斯维辛不应该被工具化，好比道德魔窟，阻碍自由灵魂思考。"瓦尔泽并不否认纳粹屠杀犹太人的罪行，他只是用一种新的纪念性语言，更加自由地运用个人良知。

右翼极端主义也在社会中快速显露出来，毁坏犹太人墓地、会堂和纪念碑等反犹主义案件大量增加。科尔政府不仅极力隐瞒破坏犹太人墓地的案件，而且还在类似行动发生后，公然宣称"德意志民族"和"世界犹太人"之间存在着对立，反犹主义神话是由犹太人制造出来的。② 极右翼政党"民族共和党人"（Die Nationalen Republikaner）③ 在两德统一前只是拥有1%支持率的小党，1992年却在巴登－符腾姆贝格选举中获得了超过10%的选票。④ 虽然与同时代其他欧洲国家相比，极右翼势力在联邦德国的影响力并不大，而且大多集中在地方层面上，但是，对于像德国这样一个拥有"尴尬历史"的国家而言，这种局面的出现仍然令人担忧。1998年底的民意调查发现，20%的联邦德国公民拥有"稳定的反犹倾向"。1999年8月，《世界报》（Die Welt）报道说，只有不到一半的德国人会明确拒绝接受如"犹太人的影响太大了""犹太人并不特别适合我们德国人"一类的反犹言

---

① Victor Klemperer, Ich will Zeugnis ablegen bis zum letzten. Tagebücher. Berlin, 1995.

② Ulrike Becker, u. s. w., Goldhagen und die deutsche Linke, oder Die Gegenwart des Holocaust. Berlin, 1997, S. 141-142.

③ 缩写为"REP"，简称"共和党人"。

④ Michael Minkenberg, Die Neue Radikale Rechte im Vergleich. USA, Frankreich, Deutschland. Opladen/Wiesbaden, 1998, S. 291.

论。到 2002 年，调查者惊异地发现，在个人记忆中，德国人是"一个抵抗者的民族"反倒成为多数人的选项。①

但也应当看到，联邦德国绝大多数政治家依然能够保持高度的道义感与历史责任心。1993 年 9 月，时任萨克森州司法部部长的施泰芬·海特曼（Steffen Heitmann）在访谈中强调，即便有关历史的知识性争论有违公民情感，但人们也绝不能随意放弃或中断讨论，因为普通公民必须学习如何同"我们拥有的那段可怕的历史打交道"，纳粹罪行必须安置在"我们作为民族而拥有的整体历史中"。②

1999 年 6 月 25 日，联邦众议院又通过了在柏林设立"欧洲被害犹太人纪念碑群"的决议，以悼念在纳粹统治时期惨遭屠戮的数百万名犹太人，表明统一后的德国勇于承认它的历史责任、正确对待历史的严肃态度，同时也将亲身经历的战争记忆变成通过知识传达的集体记忆，告诫世世代代的德国人牢记纳粹时期的罪恶，永远不让黑暗的历史重复。③

2005 年 4 月 10 日，德国政要、社会各界人士及纳粹集中营幸存者在德国历史名城魏玛及附近的布痕瓦尔德集中营遗址举行盛大集会，纪念纳粹集中营解放 60 周年。来自以色列等 26 个国家的超过 500 名布痕瓦尔德纳粹集中营幸存者、当年解放该集中营的盟军老兵以及来自欧洲各国的年轻人代表参加了纪念活动。这是德国战后首次举行全国性的集中纪念纳粹集中营获得解放的仪式。联邦总理施罗德（Gerhard Schröder）在讲话中再次严厉抨击了纳粹的"冷酷和残暴"，强调绝不向试图忘却或不承认二战历史的任何企图让步，"对于纳粹的暴行，德国负有道义和政治责任铭记这段历史，永不遗忘，绝不允许历史悲剧重演"。④

2005 年 5 月 10 日，欧洲被害犹太人纪念碑群正式揭幕。它采用了美国著名建筑师彼得·埃森曼（Peter Eisenman）的碑林设计，建造在联邦德国

---

① Ulrike Becker, u. s. w., Goldhagen und die deutsche Linke, oder Die Gegenwart des Holocaust, S. 178; Michael Klundt, Geschichtspolitik. Die Kontroversen um Goldhagen, die Wehrmachtsausstellung und das „Schwarzbuch des Kommunismus". Köln, 2000, S. 30; Hans Erler, Einleitung: Erinnern und politisches Gedächtnis in Deutschland, in: Hans Erler (Hrsg.), Erinnern und Verstehen. Der Völkermord an den Juden im politischen Gedächtnis der Deutschen. Frankfurt a. M. u. New York, 2003, S. 100.

② Wolfgang Gessenharter, Kippt die Republik? Die Neue Rechte und ihre Unterstützung durch Politik und Medien. München, 1994, S. 9 – 10.

③ http://news. xinhuanet. com/ziliao/2005 – 05/11/content_2942362. htm.

④ http://news. xinhuanet. com/world/2005 – 04/10/content_2811739. htm.

首都寸土寸金的市中心区，距离勃兰登堡门不远的波茨坦广场，① 占地达
1.9 万平方米，包括 2711 个从 30 厘米至 5 米高低不等的石碑。这是德国人
为自己竖立的历史耻辱柱。它一方面是对当年战争受害者的一个明确的认
罪表示；另一方面也是今天的德国同纳粹历史彻底决裂的庄严体现。②

　　同年，在德国联邦议会纪念二战胜利结束 60 周年的国家纪念仪式上，
德国总统霍斯特·克勒（Horst Köhler）明确表示：德国人怀着惊恐和羞愧
的感情回首由德国发动的第二次世界大战，回首由德国人犯下的破坏文明
的大屠杀；德国人对于由于其对人类犯下罪行、同时也使德国蒙羞的那些
人，充满憎恶与鄙视；德国人对于过去历史的反思没有终结点，不能在某
一时刻就一笔勾销。③ 而德国联邦总理施罗德则为《南德意志报》
（Süddeutsche Zeitung）撰写专文，进行深深的忏悔与反省："过去发生的事
情既不能挽回也不能消除，但我们可以从历史中吸取教训，德国人已经这
样做了。我们懂得自己所负的历史责任，也认真对待这种责任。回忆民族
社会主义时代、回忆战争、回忆种族屠杀和犯罪成了我们国家认同感的一
部分。这是一种永久性的道德义务。"④

　　2013 年 1 月 26 日，即大屠杀纪念日⑤的前一日，现任联邦德国总理
安格拉·多罗特娅·默克尔（Angela Dorothea Merkel）也发表演讲，宣称
德国对大屠杀受害者负有"永恒的责任"，"对于纳粹的罪行，对于第二
次世界大战中的受害者，特别是大屠杀的受害者，德国应该承担起永恒的
责任。这种反思必须一代一代保留下去"。默克尔同时强调，"只要有
勇气、有道德，人人都可以做出贡献，确保种族主义和反犹主义无法卷土
重来"。⑥

　　联邦德国政府和社会各界也在集中营旧址、二战主要战场遗址、博物

---

①　这里原为纳粹德国时期国民教育与宣传部长保罗·约瑟夫·戈培尔（Paul Joseph Goeb-
　　bels，1897—1945）的办公场所。

②　http://news. xinhuanet. com/ziliao/2005 – 05/11/content_2942362. htm.

③　参见宋健飞、刘沁卉《知耻后勇，面向未来——解读德国总统克勒纪念二战结束 60 周年的
　　讲话》，《德国研究》2005 年第 4 期。

④　施罗德：《同忆战争是永久性的道德义务》，《科技文萃》2005 年第 7 期。

⑤　1945 年 1 月 27 日，苏联红军解放了波兰境内的奥斯维辛集中营。联邦德国政府自 1996 年
　　起就将 1 月 27 日定为大屠杀纪念日。2005 年 11 月 1 日，联合国大会又通过决议，再次确
　　认 1 月 27 日为大屠杀纪念日，以"提醒世人牢记大屠杀的教训，对于这一特殊罪恶，不能
　　简单地让它成为历史并被遗忘"。参见孟钟捷《德国大屠杀纪念日刍议》，《江海学刊》
　　2015 年第 4 期。

⑥　http://www. 022net. com/2013/1 – 28/432164382267608. html.

馆、西方盟军和苏联红军的墓地举办了大量活动，其中既有揭露和谴责纳粹德国所造成的灾难的纪念活动，也有庆祝战争结束的活动。这些活动的举办者认为，新一代的年轻人没有亲历过战争，他们需要在回忆历史的过程中汲取历史的经验和教训。战争结束的时间越久，纪念活动越重要。只有这样，才能使从战争中汲取的教训变成德意志人身份认同的一部分。

小　结

综上所述，可以看到，联邦德国政界的历史反思并非铁板一块，恰恰相反，各党派政治家和政府各部门领导人的立场态度是多种多样的。

在反思历史方面，联邦德国左翼政治家树立了很好的榜样。他们彻底地总结、回顾、廓清、保存历史，勇敢地面对历史真相，诚实而正派地看待历史，本着对历史负责的态度，正视历史，进行深刻的理性思考和无情的自我解剖，反思对人类的犯罪，勇于承担责任，认真对待并妥善处理历史遗留问题，以求得到受害者的宽恕，从反对战争、尊重人权、维护人类和平的大局出发，回归人性，重建一种理性追求，避免像二战这样的战争对文明造成的毁灭性后果，避免将历史负担变成对未来的威胁。

相比之下，一些联盟党人却顽固地坚持民族保守主义立场，经常打破各党派政治家一度形成的历史反思共识，引导联邦德国政治文化向右的方向逆转。特别是以赫尔穆特·科尔为首的联盟党在上台执政之后提出的以"正常化"为导向的历史政策，在很大程度上导致了"新右派"历史修正主义的兴起和右翼极端势力的猖獗；美化德国历史，淡化纳粹罪行，为纳粹主义进行辩护的思潮甚至至今仍在不断地兴风作浪。

联邦德国政界在历史反思问题上的意见分歧，也在很大程度上导致了学术界和公共领域围绕纳粹主义展开重大史学争论，导致了社会上左翼、右翼势力之间的冲突和博弈。尽管目前看来，自我批判性的历史反思依然占据主导地位，但许多争论问题难以彻底解决，纳粹主义历史仍是笼罩在德国政治文化上空的一团巨大阴影。

第二章　联邦德国史学理论的
发展演变

二战结束以来，联邦德国的历史科学同整个西方史学一样，也发生了很大变化，即经历了从传统的以政治史、事件史为主的史学向"新史学"，特别是社会史研究的转变。但是，由于历史文化和社会政治的原因，联邦德国史学理论方法论的重新定向，与英、法、美诸国相比，起步较晚，其史学观点和研究课题也有自己鲜明的特点和重点。大体说来，联邦德国的史学经过战后初年的重建，从1950年代中后期起才开始出现一些新的发展迹象。一部分社会学家和历史学家逐渐放弃了保守派史学家严格坚持的个别化方法，转向了同兰普莱希特、韦伯的方法论有一定联系的社会史，而在学生运动和社会民主化运动的激励下，新一代的"批判史学"迅速成长，到1970年代中期形成了"历史社会科学"的社会史研究纲领。与此同时，传统的政治史也发生了更新，新政治史学派日趋活跃。1980年代以后，文化史、妇女史和全球史异军突起，为联邦德国史学园地增添了新的活力。然而，联邦德国的史学革新并非一帆风顺，恰恰相反，在新旧学派和不同学派之间，对抗冲突也十分激烈。而导致对抗冲突的主要因素除了政治理念和党派立场的差异，还有史学理论方法论的分歧，并且主要体现在如何对待纳粹历史的问题上。因此，联邦德国自建国以来发生的关于纳粹主义的历次重大史学争论也与史学界内部的学术争论有密切联系。

第一节　二战后德国史学的重建

1945年，第二次世界大战在欧洲以德国的失败而告终。德意志第三帝国遭到了彻底的毁灭，纳粹主义的国家制度土崩瓦解。根据苏、美、英三大战胜国达成的《波茨坦公告》，德国四分之一左右的领土被割让；奥得河和尼斯河以东的地区划归波兰，东普鲁士部分地区划归苏联，其余的领土则被划分为四个占领区，由苏、美、英、法四国分别占领，实行军事管辖；惩罚主要的纳粹分子，实行非军国主义化、非纳粹化、民主化，摧毁普鲁士和拆除德国重工业。① 在这样的情况下，悲观主义的情绪笼罩着德国史坛。亲身经历过纳粹统治的资深历史学家弗里德里希·迈内克② （Friedrich Meinecke，1862—1954） 称德国的战败为"德意志灾难"，格哈德·里特尔（Gerhard Ritter，1888—1967） 则称之为"德国衰落的深渊"和"可怕的黑暗"。③

　　然而，纳粹的破灭并没有带来社会制度的彻底转变。在西方战胜国，特别是美国的支持下，资本主义在德国西部迅速恢复。通过重建党派、超州界联合、货币改革和制定《基本法》等一系列措施，1949 年德意志联邦共和国正式成立。④ 与之相应，德国的史学也得到了重建。原有的大学、研究所和研究团体——如历史学家协会、历史教师协会等——相继恢复，一些新的机构——如议会制度史和政党史委员会、慕尼黑现代史研究所等——陆续建立。随着这些教学和研究机构的恢复和建立，联邦德国的历史教学和历史研究也逐渐开展起来。

　　重建时期的德国史学基本上是从过去废墟中的"复原"；⑤ 大学重新开放后，其组织结构同二战前一样，仍享有德国传统的大学自治的权利。1945年，英占区的大学校长们召开了第一次德国西北高校会议，在此次会议上，

　① 参见迪特尔·拉夫《德意志史》，波恩 Inter Nationes 出版，1987，第 333 ~ 336 页。
　② 也有人译作"梅尼克"。
　③ 王建华、董进泉等编著《历史学》，四川人民出版社，1989，第 181 页。
　④ 同年，德意志民主共和国在苏占区成立，直到 1990 年才以五个州的名义加入联邦德国。原民主德国的史学不属于西方史学的范畴，所以本文不予涉及。
　⑤ 参见 Hans Mommsen, Haupttendenz nach 1945 und in der Ara des kalten Krieges, in: Bernd Faulenbach（Hrsg）, Geschichtswissenschaft in Deutschland. München, 1974, S. 125; Winfried Schulze, Der Neubeginn der deutschen Geschichtswissenschaft nach 1945. Einsichten und Absichtserklarung der Historiker nach der Katatsophe, in: Ernst Schulin（Hrsg.）, Deutsche Geschichtswissenschaft nach dem Zweiten Weltkrieg（1945 - 1965）. München, 1989, S. 1 - 38; Bernd Faulenbach, Historische Tradition und politische Neuorientierung. Zur Geschichtswissenschaft nach der „deutshen Katastrophe", in: W. H. Peter und P. Sillem（Hrsg.）, Wissenschaft im geteilten Deutschland. Restauration oder Neubeginn nach 1945. Frankfurt a. M., 1992, S. 191 - 204; Hans Schleier, Vergangenheitsbewältigung und Traditionserneuerung? Geschtswissenschaft nach 1945, in: W. H. Peter und P. Sillem（Hrsg.）, Wissenschaft im geteilten Deutschland. Restauration oder Neubeginn nach 1945. Frankfurt a. M., 1992, S. 205 - 219。

英国军管会的代表明确表示，英国政府无意对德国的高等院校进行重大改造。① 正如历史学专业在 1933 年以后相对而言较少受到纳粹政府人事安排影响的情形一样，它在 1945 年以后也未受到由"非纳粹化"运动所造成的人事变动后果的冲击。在德国和奥地利 110 个历史学专业教职占有者当中，只有 20 人受到了"非纳粹化"措施的制裁。② 另一方面，招聘流亡科学家返回德国的举措，在历史学界也没产生多大效果。没有一位在希特勒统治时期被从大学和德国驱赶出去的自由派和民主派历史学家最终返回德国。只有一些受种族主义迫害的保守派历史学家，如汉斯·赫茨菲尔德（Hans Herzfeld，1892—1982）、汉斯·罗特菲尔斯（Hans Rothfels，1891—1976）、汉斯-约阿希姆·肖普斯（Hans-Joachim Schoeps，1909—1980）等人，返回了德国。③ 从 1946—1949 年德国各大学开设的为数不多的课程来看，在历史教学方面，大多是传统的政治史和思想史。维尔纳·康策（Werner Conze，1910—1986）于 1947 年夏季学期在哥廷根大学开设的"中世纪末期德国的社会和法制史"讲座和波恩地方史学家弗兰茨·施泰因巴赫（Franz Steinbach，1895—1964）在 1948 年夏季主持的有关"德国的法制史和经济史"问题的讨论课，仅是例外。④ 历史学家赫尔曼·海姆佩尔（Hermann Heimpel，1901—1988）概括战后初期哥廷根大学的情况说："不是再生，而是连续。"⑤ 实际上，他也以此概括了当时德国史学的整体发展趋势。

重建时期，在德国历史学界占统治地位的是那些早在魏玛共和国时期和第三帝国时期已经成名，或已经开始学术活动的保守派历史学家。他们继承了"德意志历史主义"的基本特点，这就是所谓的"国家主义"，即国家崇拜，首先是崇拜大国务活动家，把他们说成历史发展的唯一决定性的动力。他们把历史创造过程首先看作国家的外交和军事活动，由此得出"外交优先"于内政论和"政治优先"于经济论。在方法论上，保守派历史学家继承了在颂扬国家和国务活动家中锤炼得非常精巧的，在哲学上得到

---

① Winfried Schulze, Der Neubeginn der deutschen Geschichtswissenschaft nach 1945. S. 14.

② Winfried Schulze, Der Neubeginn der deutschen Geschichtswissenschaft nach 1945. S. 19.

③ Georg G. Iggers, Neue Geschichtswissenschaft. Vom Historischen Sozialwissenschaft. Göttingen 1978, S. 106.

④ Winfried Schulze, Der Neubeginn der deutschen Geschichtswissenschaft nach 1945. S. 16 – 17.

⑤ Hermann Heimpel, Neubeginn, 1945, in: Der Neubeginn der Georgia Augusta zum Wintersemester 1945 – 1946. Göttingen 1986, S. 15 – 29, hier S. 23. 另参见 Winfried Schulze, Der Neubeginn der deutschen Geschichtswissenschaft nach 1945. S. 16。

新康德主义的文德尔班 - 李凯尔特学派诠证的"个别化方法",或个别记述法。这种方法把历史科学同自然科学截然对立起来,认为历史科学的对象是个别的、不重复的历史现象和事件,它们没有任何规律性可循,因而不能使用概括方法,而只能使用个别记述法。①

重建时期的保守派历史学家只在个别的历史观点上对德国的传统史学进行了某种程度的修改。他们大多意识到德国传统史学对于纳粹主义精神的传播负有责任,主张把"实事求是地,彻底地,……毫无偏见地修正传统的历史图像"作为"一种直接的政治任务"。② 因为按照里特尔的说法,"如果我们不准备抛弃至今作为一种政治发展因素的德国历史科学基础的某些习惯概念,那就永远不能同自己的邻居,特别是西方精神世界进行富有成效的对话"。③

从同西方单独决斗转向同西方和解,是保守派史学家对德国传统史学的最大修正。早在第一次世界大战爆发之前,德国的小德意志史学家就极力要求同英国瓜分世界,认为只有列强的均势从欧洲扩大到全世界,"每个民族才能得到所需要的自由空间"。第一次世界大战后,德国的大多数史学家仍坚决主张"复仇",坚信德国有充分力量恢复同西方列强的争雄。现在,在经历了第二次世界大战的毁灭性打击后,历史学家们的思想发生了重大变化,认识到把西方的和德国的国家思想结合起来的必要性,主张修改德国同西方列强永远对立的历史观点,谋求克服从前的矛盾和摩擦,以互相谅解代替互相争斗。里特尔指出:"我们需要这样一种权力理论,它越出了马基雅维利思维和伊拉斯谟思维、大陆思维和海岛思维之间永远矛盾的范围,并符合双方有根据的目标,即符合人类社会长期的和平秩序和有保障的权利的需要。"④ 应当看到,这一转变也是与战后初期联邦德国"向西方靠拢"的内政外交政策相吻合的。

应该说,在重建初期,保守派史学家对于纳粹历史还是进行了较为深刻的反省的。年过八旬的德意志历史主义史学大师弗里德里希·迈内克虽

---

① 参见王建华、董进泉等编著《历史学》,第 184~185 页。

② Gerhard Ritter, Geschichte als Bildungsmacht. Ein Beitrag zur historisch-politischen Neuerung. Stuttgart, 1947, S. 37.

③ Gerhard Ritter, Geschichte als Bildungsmacht. S. 57.

④ Gerhard Ritter, Die Damonie der Macht. Betrachtung der Geschichte und Wesen des Machtproblems im politischen Denken der Neuzeit. Stuttgart, 1947, S. 197;参见王建华、董进泉等编著《历史学》,第 181~185 页。

然哀叹"德意志灾难"，但积极探究纳粹主义的起因以及走出"德意志灾难"的道路。在他看来，德国历史上民族主义与社会主义两大运动的结合加上普鲁士军国主义传统是纳粹主义在德国得势的重要原因，而以歌德为代表的德国古典人道主义则是当下德意志人必须继承和发扬光大的宝贵遗产。[①]

然而随着时间的推移以及冷战的开始，对纳粹主义的历史反思逐渐消失，为本民族历史传统进行辩护的心理日益占据上风。到1949年，迈内克便收回了他原先做出的批判性反思，否认在普鲁士－德意志历史上曾出现过军国主义歧途。[②] 而在战后第一次德国历史学家大会上当选学会主席的格哈德·里特尔更是德意志历史文化传统的坚定捍卫者和保护者，坚决否认纳粹主义的"德意志根源"。

格哈德·里特尔无疑是重建时期德国最有影响力的保守派历史学家。他于1888年4月6日出生于维拉河畔的巴德索登，父亲是当地的一位新教牧师。里特尔曾在慕尼黑、莱比锡和柏林等地读过大学，1911年在赫尔曼·昂肯（Hermann Onken）的指导下，在海德尔贝格大学完成博士学业。自1912年起，里特尔在马格德堡的一所文科中学担任教师。第一次世界大战爆发后，他自愿应征入伍。1918年德意志帝国的崩溃使他深受打击，不仅因为德国战败了，而且也因为一个没有传统的议会制共和国取代了源远流长的君主政体。出于对现实的悲愤，里特尔潜身到历史研究之中，受海德尔贝格大学的委托，他开始了该校校史的写作。1921年他在海德尔贝格大学获得了教授任职资格，1925年移居弗莱堡，并在那里的大学任教直到1956年退休。

在纳粹统治时期，里特尔对希特勒的外交努力表现出了很大的热情，他为奥地利和阿尔萨斯的"回归家园"而欢欣鼓舞，然而他对于当局的暴力和破坏法制的行为又十分不满。与他的许多同事相反，他不同意把对非雅利安人和不同思想者的迫害，当作一种虽然令人不快，但是不可更改的现象而加以容忍。作为一位态度严肃的路德宗福音教徒，他加入了"明认信仰教会"，并通过发表言论和写作为该教会工作。1944年秋，里特尔因与

---

① Friedrich Meinecke, Die deutsche Katastrophe, Betrachtungen und Erinnerungen. Wiesbaden, 1946. 中译本：梅尼克《德国的浩劫》，何兆武译，三联书店，1991。

② F. Meinecke, Irrwege in unserer Geschichte? In: Der Monat 2, 1949/50, S. 3–6; Winfried Schulze, Der Neubeginn der deutschen Geschichtswissenschaft nach 1945. S. 58; K. Grosse Kracht, Die zankende Zunft. Historische Kontroversen in Deutschland nach 1945. München 2005, S. 38.

格尔德勒抵抗运动集团的联系而被盖世太保收容审查，直到 1945 年 4 月苏军兵临城下，方才获释出狱。①

二战后初年，里特尔为德国史学的重建积极工作。他在创办继承德意志历史学家协会传统的德国历史学家协会过程中发挥了重要作用，并担任了该会的首届主席。他也因坚决捍卫历史主义而被称为"弗莱堡教皇""传统的维护者"。由于他的史学活动对联邦德国有重大贡献，1957 年他被授予"大十字功勋章"并成为功勋骑士团成员。②

里特尔的主要著作有：《普鲁士的保守派和 1858—1876 年俾斯麦的德意志政策》《路德》《施泰因》《海德尔贝格大学　第一卷》《弗里德里希大帝》《实力国家和乌托邦》《欧洲和德国问题》《C. 格尔德勒和德国的抵抗运动》《国家艺术和军事职业——德国军国主义的问题》等。

二战后初年，里特尔以"批判性的思考"形式对德国传统的历史编纂的基础进行了审查。他对德国传统史学"崇拜国家"、强权政治和泛德意志主义思想及其妄自尊大的行为表示反对。③ 在他看来，对于德国来说，世界强权的地位是从未达到过的，而且因其地理位置和其有限的资源也是无法达到的。对于一种封闭的和专有的民族主义，在欧洲，在"毫无遮蔽的处于两个世界列强的庞然大物的中间地带"是没有生存空间的。"因为真正的对祖国的热爱只有在欧洲共同体的框架内才能得以存在。"④ 如果说他仍然坚信原罪在人类本性中占绝对优势的宗教观念的话，那么他倒是更希望，国务活动家的理性在核武器时代能够发挥比迄今为止更有效的作用。在这里，与他先前当作强制运动而加以容许的东西相比，人的意志自由被赋予了更大的活动空间。⑤

尽管有上述的一些修正，在方法论方面，里特尔丝毫没有动摇德国传统的历史主义，相反，他极力为历史主义的史学方法进行辩护。他说，利奥波德·冯·兰克（Leopold von Ranke，1795—1886）⑥ 对档案资料和政治

①　参见 Andereas G. Dorpalen, Gerhard Ritter, in: Hans-Ulrich Wehler (Hrsg.), Deutsche Historiker. Band I. Göttingen, 1971, S. 86 – 99。

②　参见王建华、董进泉等编著《历史学》，第 182～183 页。

③　参见 Winfried Schulze, Der Neubeginn der deutschen Geschichtswissenschaft nach 1945. S. 9。

④　Gerhard Ritter, Friederich der Grosse. 参见 Andereas G. Dorpalen, Gerhard Ritter, in: Hans-Ulrich Wehler (Hrsg.), Deutsche Historiker. Band I. Göttingen, 1971, S. 93。

⑤　参见 Adereas G. Dorpalen, Gerhard Ritter. S. 93。

⑥　利奥波德·冯·兰克是 19 世纪德国乃至整个西方最著名的历史学家，主张用科学态度和科学方法研究历史，被称作"兰克学派"的创始人，近代西方"客观主义史学"之父。

史的偏重，开启了"丰富的、真正的、深刻的见识"，只是在没有创造能力的"模仿者"那里，这样的历史学不会完全摆脱危险。他承认理解的历史学的科学性不应当忽视其为公众工作的目标，但是坚决拒绝美国式的再教育政策上的"社会科学"。[①] 里特尔也不认为有理由改变个别化的方法。"严格的个别化方法一开始就是德国历史科学最重要的前提之一，是迈内克称之为同理性相反的'现代历史主义的核心'。理解每一个历史现象的特点，并从某些历史时代特殊的，就某一点上说是个别的、不重复的前提出发，这是我国历史科学的座右铭。"[②] 他的唯一让步是："我们不是简单的拒绝概括化的考察，而是利用它作为启发性的辅助手段。"[③] 里特尔也要求改变历史学家的训练，较多的国家科学和社会学培训在他看来比传统的古代史学家和中世纪史学家在古语言方法方面的培训更重要。[④]

里特尔建设性地重新提出了"客观性"的概念。对于他来说，客观性不只是一种在真理和谬误之间不断变换意义上的具有调整作用的思想，而且意味着持续地参与永恒真理的某一部分的创造："我坚信道德规范的永恒适宜性，也坚信历史编撰者在其对历史现象进行评判时，有义务使这些道德规范发挥作用。"[⑤]

"客观性"的概念在战后初年与兰克的名字有机地联系在一起，在论证历史科学的合理性方面发挥了重要作用。它为当时的历史学家提供了一个受人欢迎的避难所，并承担一系列功能。在学科内部，它可以使人们把最近的德国历史的发展和历史科学的作用当作对客观性要求的背离来论述。对于公众，回到兰克式的客观性的要求，也可以被当作回到科学的神圣化的基础而展示出来，这样就又可以重新赢得先前所失掉的优势了。此外，这个"客观性"概念也是一种受人欢迎的防止占领国对德国历史科学的内部生活进行干预的保护手段。

战后初年，世界舆论因无法将暴行元凶与德国人民区分开来，所以大

---

① 参见 Winfried Schulze, Der Neubeginn der deutschen Geschichtswissenschaft nach 1945. S. 26。

② Gerhard Ritter, Gegenwärtige Lage und Zukunftaufgaben deutscher Geschichtswissenschaft. Eroeff-nungsvortrag des 20. Deutschen Historikertags in München am 12. September 1949, in: Historische Zeitschrift, Band 10, 1950, S. 7. 参见王建华、董进泉等编著《历史学》，第 185 页。

③ Gerhard Ritter, Gegenwärtige Lage und Zukunftaufgaben deutscher Geschichtswissenschaft. S. 7 – 8. 参见王建华、董进泉等编著《历史学》，第 185 页。

④ Winfried Schulze, Der Neubeginn der deutschen Geschichtswissenschaft nach 1945. S. 26.

⑤ Winfried Schulze, Der Neubeginn der deutschen Geschichtswissenschaft nach 1945. S. 27.

都认为：全体德国人都是狂热的纳粹分子。正是西方国家，不加区别地将"希特勒精神与普鲁士精神，纳粹的罪责与总参谋部的罪责相提并论，认为从弗里德里希大帝到希特勒的德国史贯穿了一条暴力的帝国主义的路线"。①对于这种总括地否定德国历史的做法，里特尔表示坚决反对。他强调"第三帝国"是一个"异体"，是德国历史连续性（或继承性）的中断。虽然承认福音教路德宗和普鲁士精神曾经助长过那些为希特勒开辟道路的立场态度，但他依然非常肯定地断言纳粹主义的精神根源既不在新教路德宗中，也不在普鲁士传统中。对他来说，路德宗最本质的东西仍然是对人类理性的极度怀疑，其信念是："利益争斗虽然可以而且也应当通过人们道德上的努力来减弱，但永远不会从现实世界中消失。"普鲁士的传统虽然促进了"士兵的服从"，但这种服从只对中下层等级有效，是一种半自愿的、类似于领主—封臣关系的效忠。"小人物"的、士兵式的服从阻碍了拥有自我意识和社会责任心的资产阶级的发展，但也培养出了务实精神、义务感和为国家忘我服务的思想等卓越精神财富，根本不同于现代的、对人民元首的臣属关系，后者是建立在"民众的政治化和狂热偏激"之上的，是"闹嚷嚷的无产阶级的"。普鲁士传统以其增进积极的品质的方法来吸引民众，而纳粹主义则以放纵恶劣的激情来吸引民众。纳粹主义（以及所有民众运动）的真正根源在于法国大革命，具有欧洲特性。虽然不否认在纳粹主义中有些因素是特殊的、德意志的，但是里特尔仍能断言：纳粹主义决非德意志的独特产物，"不是德国历史的某一事件，而是伟大的法国革命决定性地动摇了欧洲政治传统的坚实基础；它也创造了一些新的概念和口号，借助于它们，现代的人们和元首国家本身便得到了合法论证……随着旧的官厅国家（Obrigkeitsstaat）向着新的民主主义族民国家（Volkstaat）的转变，随着教会被从生活的中心地位上排挤出去，通向现代的极权国家（Totalstaat）的道路就被铺平了"。②

里特尔不仅把第三帝国看作同德国帝国主义没有历史联系的反常现象，而且力图开脱德国帝国主义对第一次世界大战的责任。他对俾斯麦创建帝国的正确性没有任何怀疑，只是在后俾斯麦时期看到了一种对于普鲁士传

① 参见 Josef Becker/Theo Stammen/Peter Waldland（Hrsg.），Vorgeschichte der Bundesrepublik Deutschland，München 1979。

② Gerhard Ritter，Europa und deutsche Frage. München，1948，S. 43. 参见 Andereas G. Dorpalen，Gerhard Ritter. S. 93 - 94。

统来说十分陌生的军国主义倾向，它对于第一次世界大战前紧张的国际关系的出现负有重大责任。德意志帝国的政策虽然导致了外交上的孤立，但与第一次世界大战的爆发并无多大干系。在里特尔看来，是联盟体系导致了一场使欧洲各民族都不情愿卷入的战争。① 里特尔还把这场战争归结为所谓"技术必然性"。他说："人的自由随着本应扩大我们意志的活动领域的技术的发展而缩小（或消灭），历来是现代生活最令人担心的现象。但这一点从来没有比 1914 年表现得更加致命，可以说当时的技术是使欧洲陷入战争的陷阱。"② 他的结论是，对第一次世界大战谁也没有责任："谁也不负更大的责任，因为巨大的军事机器及其永恒的复杂性和摩擦性太大，太无边际了，以致根本不能认为任何一个人对它的活动负有责任。"③

里特尔在考察 19 世纪和 20 世纪德国的历史发展时，几乎完全采用了一种自我辩护的态度，充分反映了其民族保守主义的政治立场。

自 1950 年代中期起，联邦德国涌现出一批进步的、具有左翼改良主义色彩的民主派历史学家，其中许多人是被开除或退党的德国社会民主党左派和其他激进派人士。他们在政治上对联邦德国的政治制度持批判态度，主张"同过去全面决裂"，实行彻底的改革。其中有些人还承认现代资本主义社会具有阶级对抗性，并在某种程度上意识到无产阶级革命的必然性。在历史方法论上，由"德意志历史主义"转向了"新实证主义"。有的还具有一定的唯物主义倾向。在具体的历史研究中，他们反对为法西斯主义辩护，谴责军国主义，揭露普鲁士军国主义、法西斯主义和复仇主义之间的继承性，包括垄断组织在建立法西斯专政中的作用。他们所发表的一些新风格的政治史著作也在传统的政治史大厦上打开了若干缺口。

在这些民主派历史学家当中，汉堡大学中世纪和近代史教席教授弗里茨·菲舍尔（Fritz Fischer，1908—1999）可谓最著名者。

菲舍尔出生于德国路德维希市，1934 年在埃尔朗根大学获得神学博士学位，1937 年（另一说为 1938 年）在柏林大学获得哲学博士学位，1942 年受聘到汉堡大学担任中世纪和近代历史非教席教授。菲舍尔也十分热心

---

① Gerhard Ritter, Staatkunst und Kriegshandwerk, Bd. I. München 1954. 参见 Georg G. Iggers, Neue Geschichtswissenschaft. S. 108 – 109。

② Gehard Ritter, Europa und die deutsche Frage. S. 156. 参见王建华、董进泉等编著《历史学》，第 188 页。

③ Gehard Ritter, Europa und die deutsche Frage. S. 187. 参见王建华、董进泉等编著《历史学》，第 188 页。

政治，早年曾积极参加"族民青年运动"（völkische Jugendbewegung），1933年加入冲锋队，1938 年加入纳粹党，二战爆发后又应征入伍，在武装部队中从事过反犹主义宣传，但最迟自 1943 年起就开始认识到纳粹主义的罪恶性，背离纳粹党，并发展成为一位坚定的自由主义者①。

1948 年，菲舍尔重返汉堡大学，担任中世纪和近代史教席教授。此后，他不仅深入研究了英美国家的历史思潮，还读了不少马克思的著作，政治责任感进一步增强，先是对基督教抗议宗（Protestantismus）进行了批判考察，力图在纳粹犯罪的国家中实现"道德净化"和"公众意识的纯洁"，后来又开始研究第一次世界大战，重新思考德国在帝国主义时代的地位，力图使德国人远离他们历史的错误道路。②

1959 年，菲舍尔在德国最权威的史学研究刊物《历史杂志》（Historische Zeitschrift）上发表了《德国的战争目标：1914—1918 年的革命化和东部的单独媾和》，根据外交部和首相府的档案资料，强调帝国首相特奥巴尔德·冯·贝特曼 - 霍尔维格（Theobald von Bethmann-Hollweg）领导下的德意志帝国政府在一战中的战争目标是夺取欧洲霸权和建立世界强国，这一战争目标在很大程度上是一战前帝国皇帝威廉二世（Wilhelm Ⅱ）倡导的"大国政策"（Großmachtpolitik）和"世界政策"（Weltpolitik）的延续，并且至少在战争开始后的最初几年得到了从保守主义者到德国社会民主党右翼人士各色人等的普遍支持。③

1961 年，菲舍尔又出版专著《争雄世界：德意志帝国 1914—1918 年战争目标政策》④，进一步指出，在 1914 年 6 月 28 日奥匈帝国皇位继承人在萨拉热窝被塞尔维亚民族主义者枪杀后，以贝特曼 - 霍尔维格为首的德意志帝国政府领导人非常乐意看到外交危机的升级，积极敦促奥匈帝国出兵

① John C. G. Röhl, Deutschlands „erhebliche Verantwortung" für 1914, in: Die Welt, 21. Oktober 2011.

② Imanuel Geiss u. Bernd Jürgen Wendt, Deutschland in der Weltpolitik des 19. und 20. Jahrhunderts. Fritz Fischer zum 65. Geburtstag. Düsseldorf, 1973, S. 10.

③ Fritz Fischer, Deutsche Kriegsziele. Revolutionierung und Separatfrieden im Osten 1914 – 1918, in: Historische Zeitschrift 188 (1959), S. 249 – 310. 也参见 Wolfgang Jäger, Historische Forschung und politische Kultur in Deutschland. Die Debatte 1914 – 1980 über den Ausbruch des Ersten Weltkrieges. Göttingen, 1984, S. 133。

④ Fritz Fischer, Griff nach der Weltmacht. Die Kriegszielpolitik des kaiserlichen Deutschland 1914/1918. Düsseldorf, 1961. 该书中译本于 1987 年由商务印书馆出版，参见弗里茨·费舍尔《争雄世界：德意志帝国 1914—1918 年战争目标政策》，何江、李世隆等译，商务印书馆，1987。

塞尔维亚，并以盟友身份为奥匈帝国提供担保。"德国想要让奥塞两国发生战争，希望有这场战争，并在战争中掩护奥方。德国信任自己的军事优势，因而有意挑起了对俄国和法国的冲突，所以德国当局对于爆发全面战争负有重大部分的历史责任。"①

菲舍尔还指出，贝特曼－霍尔维格估计德国能够迅速取得胜利，因此他计划用武力夺取对中欧、巴尔干半岛和近东地区的经济和政治统治权，并在中非建立一个殖民帝国。这一目标不是在战争过程中形成的，而是威廉二世"世界政策"的逻辑结果，代表了当时包括军人在内的德国经济界和政界主要人物的思想。这一目标也是德意志帝国政府在整个战争期间所追求的，"只有使德国的力量对比关系发生深刻的变化，也就是只有推翻君主政体并随之推翻德国现行的社会制度，才有可能放弃德国的目标……"②

菲舍尔还在其著作的前言中写道："有关本书主题的材料颇为丰富，在导言的诸章里仅限于概述在实力感、扩张欲和安全需要这三者互相交织之中的威廉德国的情况，因为要详尽论述德国战前的政策就须另写一本书，这是一方面；另一方面，本书又超出此范围而阐述了第一次世界大战期间德国政策的某些继续起作用的思想和目标。因此，本书对研究从第一次世界大战到第二次世界大战的德国历史连续性问题也可能有所裨益。"③ 这样一来，菲舍尔就在一战和二战、德意志帝国和"第三帝国"之间指出了一些连续性线索，并把相关研究设想为重要任务了。

菲舍尔在其论文和专著中表达的强调德意志帝国对于第一次世界大战的爆发应负重大责任的核心观点，受到许多保守派史学家、时事评论家和政治家的激烈反对，并由此引发了联邦德国历史上第一次重大史学争论，即"菲舍尔争论"。④

面对保守派的学术—政治性非难和人身攻击，菲舍尔不畏强暴，奋起反击。而在反击的过程中，不仅其反对军国主义、扩张主义和兼并主义政策的思想观点不断激进化，而且其史学思想也发生了很大变化。首先是他越来越疏远原先占主导地位的构建民族认同性方式的"民族的宏大叙事"

①　弗里茨·费舍尔：《争雄世界：德意志帝国 1914—1918 年战争目标政策》上册，第 86～87 页。

②　弗里茨·费舍尔：《争雄世界：德意志帝国 1914—1918 年战争目标政策》下册，第 878 页。

③　弗里茨·费舍尔：《争雄世界：德意志帝国 1914—1918 年战争目标政策》上册，前言，第 2 页。

④　争论详情可参见本书第三章。

(nationale Meistererzählung)，从德国历史主义转向了"新实证主义"，从"客观主义"转向了历史反思，从价值中立转向了自我批评。

菲舍尔最初依然沿袭了兰克学派的传统，以政治史、外交史和军事史为重点，关注大国务家的思想和活动，强调史料的发掘和考证，尊奉历史编纂的"客观性"原则。在《争雄世界》一书1961年版前言中，菲舍尔开门见山地表白说："本书的主题在二十年代曾经是国内热烈的政治论争的对象。今天，第二次世界大战早已事过境迁，隔了一段时间，欧洲的政治局势也已完全改观，这一主题已成为历史，并且能成为客观探讨的对象了。因此，本书既不是谴责，也不是辩解。谴责和辩解这两者都不是史学家的任务。史学家的任务应当是认定事实，并结合着前因后果予以论述。"① 而在具体评判中，菲舍尔也仅仅断言德意志帝国政府对于一战的爆发"负有重大部分的历史责任"。

但在后来的争论过程中，菲舍尔越来越多地强调德国当局负有"主要责任"了。在他看来，帝国领导层在1914年7月和8月的政策显示了这样一种企图，即利用萨拉热窝事件，在一个有利于德国军事力量的时刻，主动挑起被他们视为不可避免的三国同盟和三国协约两大军事集团之间的冲突。② 1965年，菲舍尔发表《突破障碍而不是滑入》一文，③ 进一步阐述了他的新命题。在这里，他断言："德国在1914年7月不仅决定甘冒可能由奥匈帝国－塞尔维亚战争引发的大规模战争的风险，而且德意志帝国领导人想要进行这场大规模战争，并做出了相应的准备。"④ 在发表于1969年的《幻想的战争》⑤ 一书中，菲舍尔又进一步发展和细化了上述论断。根据其他一些足以证明1914年之前德国对外政策的侵略性的档案资料，菲舍尔指出：威廉二世和他的军事顾问至晚在1912年12月8日秘密召开的"作战会议"（Kriegsrat）上就做出了利用自身的军事优势突破障碍，在1914年夏天之前发动一场较大规模的战争的决定。⑥

---

① 弗里茨·费舍尔：《争雄世界：德意志帝国1914—1918年战争目标政策》上册，前言，第1页。
② 参见 Wolfgang Jäger, Historische Forschung und politische Kultur in Deutschland. S. 136。
③ Fritz Fischer, Vom Zaun gebrochen-nicht hineingeschlittert. Deutschlands Schuld am Ausbruch des Ersten Weltkriegs, in: Die Zeit, 3. September 1965.
④ 参见 Wolfgang Jäger, Historische Forschung und politische Kultur in Deutschland. S. 136。
⑤ Fritz Fischer, Krieg der Illusionen. Die deutsche Politik von 1911 bis 1914. Düsseldorf, 1969.
⑥ 参见 Wolfgang Jäger, Historische Forschung und politische Kultur in Deutschland. S. 136 – 137。

与之相应，菲舍尔也从比较单纯的政治史解说，转向了从社会经济史角度解说政治进程、事件和行为。在出版于 1969 年的《幻想的战争》一书中，菲舍尔根据艾卡特·克尔（Eckart Kehr，1902—1933）和格奥尔格·W. F. 哈尔加藤（George W. F. Hallgarten，1901—1975）的帝国主义研究，系统地分析了德国扩张政策的内政背景、经济推动力和政治功能。① 他说："经济和政治一致不是事后构成的假设，而是实质上决定外交行动，并决定国内政策方向的因素……正是某些社会集团迫使做出决定，而人们通常却把这种决定仅仅归功于站在'集团利益'之上的高级官僚。"②

恰恰由于更多地从社会经济史角度解说政治进程、事件和行为，德国历史从一战到二战的连续性问题便更加突出了，与此同时，德国的"大国政策"和"世界政策"的失败问题也被提了出来。对于菲舍尔来说，所谓"连续性"首先是指从德意志帝国到第三帝国的经济、社会、政治和军事领域权力精英的连续性。若无从小资产阶级崛起的"元首"与同时也在武装部队和外交部门占主导地位的传统农业和工业权力精英的联盟，纳粹主义的崛起和德国发动第二次世界大战是不可能的。连续性也包括形成于德意志帝国，在一战期间得到张扬，在魏玛共和国潜伏存在，最终在第三帝国极端膨胀的德国强权政策目标设置的连续性。德国在一战和二战中的战争目标政策均产生于程度不同的"幻觉"（Illusionen），这些幻觉曾经先后两次诱使德国的权力精英们"通过在国内固守其享有特权的社会地位，必要时也在国外实施军事扩张（kriegerische Expansion）来对抗工业时代社会的变革"。这一"幻觉的连续性"（Kontinuität der Illusion）也意味着德国历史"错误的连续性"（Kontinuität des Irrtums）。因为这些错误，德国的"大国政策"和"世界政策"注定是要失败的。③

现在，菲舍尔不仅否定了所有强权政治（Machtpolitik），而且也否定了德国历史上陈旧的政治结构和缺乏变通能力的统治体系。他从研究中得出的最重要的结论就是"远离普鲁士-德意志历史灾难性的传统"。联邦德国不应当为其国家意识（Staatsgesinnung）向普鲁士的官厅和军事国家的传统求助，它必须阐发自己独立的主导观念。④ 菲舍尔积极履行历史学家的道德

---

① 参见 Wolfgang Jäger，Historische Forschung und politische Kultur in Deutschland. S. 137。
② 转引自王建华、董进泉等编著《历史学》，第 204 页。
③ 参见 Wolfgang Jäger，Historische Forschung und politische Kultur in Deutschland. S. 137 – 138。
④ 参见 Wolfgang Jäger，Historische Forschung und politische Kultur in Deutschland. S. 138。

职责，彻底放弃了辩护性的解说，同所有类型的帝国观念和"帝国爱国主义"传统做真正的决裂。

菲舍尔的著作和观点长期受到保守派史学家的攻击和反对，但也受到左翼自由主义者和民主主义者的坚决拥护和支持。到1970年代社会民主党人主政时期，随着联邦德国政治氛围和社会氛围的普遍左倾，菲舍尔的核心命题，即德意志帝国政府对于战争的爆发负有主要责任，德国的战争目标本质上是侵略性的，德国历史从一战到二战具有未间断的连续性等，更广泛地传播开来，受到普遍接受。新的有关德国霸权政策的政治功能和社会推动力的分析日益增多，批判反思历史的态度逐渐成为主流，自我批评的德国历史观也逐步形成。

第二节　社会史研究的重新兴起

德意志联邦共和国成立后，德国人虽未立即享有全部国家主权，但已有了决定政治、社会、经济和文化生活秩序的可能性。在阿登纳政府采取的"向西方靠拢"的政治方针和"社会市场经济"的经济政策的引导下，联邦德国的经济迅速发展（甚至出现了受到国际社会高度关注的"经济奇迹"），国家垄断资本主义得到了进一步的发展，社会结构发生了重大变化。这些变化越来越显示了社会经济因素以及阶级、政党、工会和其他社会团体的重要作用，动摇了传统的把政治外交事件和个别伟人视为具有决定性意义的历史发展动力的史学观点。因此，自1950年代起，社会史研究在德国重新兴起，虽然没有彻底否定"德意志历史主义"，但是主张把历史科学与社会学、个别化方法与类型化方法综合起来的理论观点得到了逐步贯彻，有关社会结构、社会经济发展进程和群众运动，尤其是工人阶级运动等问题的社会史研究日益增多，这就使得联邦德国史学的理论方法论开始出现了一些变化。[①]

转向社会史是联邦德国史学理论方法论重新定向的一个主要标志。在德国史学史上，卡尔·马克思、库尔特·克雷西格（Kurt Kreysig）、威廉·海因里希·里尔（Wilhelm Heinrich Riehl，1823—1897）、瓦尔特·高茨（Walter Götz）、劳伦茨·冯·施泰因（Lorenz von Stein，1815—1890）、古斯

---

① 参见王建华、董进泉等编著《历史学》，第189~195页。

塔夫·施莫勒尔[1]（Gustav Schmoller，1838—1917）、卡尔·兰普莱希特（Karl Lamprecht，1856—1915）、马克斯·韦伯（Max Weber，1864—1920）、维尔纳·桑巴特（Werner Sombart，1863—1941）和奥托·欣策（Otto Hintze，1861—1940）等革命理论家、历史学家和社会学家早就倡导或进行过社会史研究。第一次世界大战之前，"社会史"（Sozialgeschichte）、"结构史"（Strukturgeschichte）和"社会的历史"（Gesellschaftsgeschichte）也已经出现，虽然大都是通过以"文化史"或"文明史"的名义对占统治地位的政治史模式加以纠正或补充的形式出现的。尽管如此，在德国史学界，"德意志历史主义"依然长期占据统治地位，在专业历史学家圈子里，社会史的课题始终得不到应有的重视，甚至遭到坚决拒绝和排斥。在第三帝国时期，系统的社会科学发展滞缓，社会史很容易被怀疑为历史唯物主义，只有与种族理论比较接近的"族民史"（Volksgeschichte）一度比较兴盛。[2]第二次世界大战结束后，联邦德国和整个西方现代社会的发展充分揭示了经济因素的作用，暴露了德国传统史学方法的不足，后者因为轻视对社会结构、社会经济进程和群众运动等的研究，无力解答现代社会发展中出现的重大问题。因此，自1950年代起，以汉斯·弗赖伊尔（Hans Freyer）、奥托·布龙纳（Otto Brunner，1898—1982）、特奥多尔·席德尔（Theodor Schieder，1908—1984）和维尔纳·康策为代表的一批社会学家和历史学家逐渐放弃了保守派史学家专注政治人物史、严格坚持的个别化方法，转向了同兰普希特和韦伯的方法论有一定联系的社会史，或者更确切地说社会结构史。

布龙纳曾在维也纳大学奥地利历史研究所学习历史和地理，对于艺术史、社会学、经济学和以德意志法律史为重点的法律学和国家学也多有涉猎，不仅获得了极其深厚的理论修养，而且形成了一种跨学科的研究路数，为他后来写作把社会、经济和宪政史诸方面有机结合起来的学术著作奠定了坚实基础。1929年，布龙纳完成教授资格论文《从开始到16世纪的维也纳城市财政》，首次把经济和行政管理的提问综合在一起，成功地探讨了经济发展对于市政建设的推动作用。1939年，布龙纳出版了他的代表作《土地和统治——中世纪奥地利邦国宪政史》，对中世纪晚期邦国统治

① 1908年获得贵族封号，称作古斯塔夫·冯·施莫勒尔（Gustav von Schmoller）。

② Jürgen Kocka, Sozialgeschichte-Strukturgeschichte-Gesellschaftsgeschichte, in: Archiv für Sozialgeschichte. Bd. 15, 1975, S. 1 – 42, hier S. 4 – 17. 另参见 Christian Simon, Historiographie. Eine Einführung. Stuttgart, 1996, S. 216 – 225。

（Landesherrschaft）的形成进行了深入的考察，成为闻名于世的社会史学家。他不用现代的术语而是运用与史料相对应的概念来把握和论述中世纪的宪法结构，拟定了一个富有代表性的典型模式。布龙纳提出了"整个王朝"（Ganzen Hauses）概念，并以这个概念来描述前现代社会的统一性。他还对"决斗"（Fehde）做出了严格定义，强调决斗在中世纪具有的国家和法律意义，并把它理解为中世纪政治生活的主要形式。

在纳粹统治时期，布龙纳属于"大德意志历史观"（großdeutsche Geschichtsauffassung）的追随者，拥护德国兼并奥地利，并把奥地利看作德国在东南部的堡垒，强调奥地利与德国的"德意志族民的"共同性。他也支持民族社会主义运动，要求按照民族社会主义革命这一"新的现实"，"修正"中世纪宪政史的"基本概念"。① 1940 年，布龙纳出任南德研究协会（Südostdeutsche Forschungsgemeinschaft）第二主席，该协会致力于"论证德意志帝国的针对中东欧和东南欧国家的权力要求"。② 1941 年，布龙纳成为新德国国家历史研究所（Reichsinstitut für Geschichte des neuen Deutschland）的研究员和犹太人问题研究部的顾问。③ 1943 年，布龙纳加入纳粹党，1942—1945 年担任奥地利历史研究所的领导职务。

二战结束后，布龙纳继续从事中世纪史研究，1949 年出版《贵族的乡村生活和欧洲精神——沃尔夫·海姆哈兹·冯·霍贝格④的传记》一书，获得了普遍好评。1954 年应聘担任汉堡大学中世纪史教授；1959—1960 年出任汉堡大学校长。他同康策一起倡导社会史研究，并在 1957 年参与创建了现代社会史工作小组（Arbeitskreis für moderne Sozialgeschichte），在 1968—1979 年担任《社会和经济史季刊》（Vierteljahreshefte für Sozial – und Wirtschaftsgeschichte）的主编。

席德尔也曾是纳粹党员，1942 年应聘担任东普鲁士柯尼斯贝格大学历

---

① Gernot Heiß, Von Österreichs deutscher Vergangenheit und Aufgabe. Die Wiener Schule der Geschichtswissenschaft und der Nationalsozialismus, in: Gernot Heiß, Siegfried Mattl, Sebastian Heissl u. a. （Hrsg.）, Willfährige Wissenschaft. Die Universität Wien 1938 – 1945. Wien, 1989 （Österreichische Texte zur Gesellschaftskritik. Bd. 43）, S. 39 – 76.

② Zitat aus Michael Fahlbusch, Wissenschaft im Dienst der nationalsozialistischen Politik? Die „volksdeutschen Forschungsgemeinschaften" von 1931 bis 1945, abgedruckt bei Ernst Klee, Das Personenlexikon zum Dritten Reich. Wer war was vor und nach 1945. Zweite aktualisierte Auflage. Frankfurt a. M., 2005, S. 79.

③ Ernst Klee, Das Personenlexikon zum Dritten Reich. S. 79.

④ 沃尔夫·海姆哈兹·冯·霍贝格（Wolf Helmhards von Hohberg, 1612—1688）。

史教授，同康策、阿尔伯特·布拉克曼（Albert Brackmann，1871—1952）、汉斯·罗特菲尔斯等历史学家一起，支持一种"战斗的科学"（kämpferische Wissenschaft），把修改《凡尔赛条约》等族民政治要求与争夺生存空间的政治观念结合一起，主张在东部地区实行"日耳曼化"，甚至为了给被驱逐到总督辖区的波兰人让出地方，要求"清除"波兰城市中的犹太人。① 席德尔也在"东北德研究协会"（Nord - und Ostdeutschen Forschungsgemeinschaft，NOFG）中工作过，专门研究东方问题以及族民和文化土地（Volks - und Kulturboden）问题，著有《维斯瓦河地区的德意志精神和等级自由》等书。纳粹政府在拟定《东方计划》（Generalplan Ost）时，采纳了席德尔的一些建议；东普鲁士地区长官埃里希·考赫（Erich Koch，1896—1986）也在1942年对席德尔为确认犹太会堂成员名单所做出的努力表示感谢。

二战结束后，席德尔返回德国本土，自1948年起担任科伦大学教授，直至1976年退休。在此期间，席德尔把研究重点转向了欧洲的民族运动和族民团体（Volksgruppen）等历史理论问题，著有《法西斯主义和帝国主义》《历史科学中的类型》《作为民族国家的1871年德意志帝国》《与历史对话》《作为科学的历史》《国家和社会》和《弗里德里希大帝》等书，积极倡导社会史研究。

康策早年就读于柯尼斯贝格大学，曾师从罗特菲尔斯和顾恩特·伊帕森（Gunter Ipsen），1934年获得博士学位。此后，他加入纳粹党，开始从事所谓的"东方研究"（Ostforschung）和带有德意志族民特色的"族民和文化土地研究"（Volks-und Kuluturbodenforschung），专注于中东欧乡村和民众问题，著有《申霍夫：利维查德的一个德语语言岛的历史》、《波兰的白俄罗斯人问题》和《立陶宛和白俄罗斯的农业宪法和居民》等书。此时，康策是纳粹主义的忠诚支持者，曾建议培养"遗传基因健康的农民群体作为德意志族民的血源库"，也要求在被占领的波兰城市和市场中实行"清除犹太人"（Entjudung）的政策。② 第二次世界大战爆发后，康策应征入伍，并在战争中因受重伤被苏军俘虏，直到二战临近结束时，才从俘虏营逃回德国。

二战结束后，康策先是在哥廷根大学任教，自1975年起转入海德尔贝格大学任历史学教授，并在1969—1970年担任过海德尔贝格大学校长，1973年出任德国历史学家协会主席，著有《第291步兵师的历史（1940—

---

① 参见 Denkschrift vom 7. Oktober 1939。

② Ernst Klee, Das Personenlexikon zum Dritten Reich. S. 96.

1945 年）》《德意志的统一》《施泰因和哈登堡领导下的普鲁士改革——农民解放和城市制度》《农民解放和城市制度》《德意志民族 一历史的结果》等书，编辑出版了多卷关于东欧的德意志人历史的系列丛书。

对于联邦德国社会史研究的复兴来说，康策是为之奠定理论方法论基础的最权威的历史学家，以至有人说，"离开了他的名字和著作，未必有德国历史科学的新原则"。① 他早在 1930 年代就属于一个社会学家团体。该团体曾在伊帕森的领导下，准备参加计划于 1939 年召开的国际社会学家大会。为此，康策写作了一篇关于波兰农村的过剩人口的论文。虽然此次会议因故没有举行，但他们出版了一本包括康策的论文在内的论文集。② 二战后不久，康策便在哥廷根大学开设了"中世纪末期德国的社会和法制史"讲座，③ 1957 年，康策与布龙纳一起在海德尔贝格大学成立了专门从事社会史研究的机构社会经济史研究所（"现代社会史工作组"，Arbeitskreis für moderne Sozialgeschichte），不久又亲自主持了该工作组的研究工作，编辑出版了"工业世界"丛书，为联邦德国社会史研究的崛起发挥了重要的推动作用。④

康策对联邦德国社会史研究的"第一推动"可以追溯到他于 1957 年 12 月在杜塞尔多夫科学院所做的纲领性演讲。他在这次演讲中认为，以往注重外交、国家行动以及政治人物的历史学已经不符合时代的要求，18 世纪末以来欧洲历史已经发生了根本性的变化，他呼吁开展"科技—工业时代的结构史"的研究。在康策看来，自工业化以来，人们不应当继续把历史进程仅仅理解为政治决策的事件，而是必须从广泛地考察所有社会因素及其相互作用的角度出发。在此，除了政治制度，还有经济制度、人口的增加、收入的分配以及其他因素等。康策极力主张学科交叉，他也从大量的国际倡议，特别是从来自法国、日本和苏联的思潮中获得了启发，积极要求打破德意志历史科学的封闭状态。⑤

---

① E. Schwalm, Geschichte, Geschichtslehrer, in: GWU, H. 3, 1977, S. 147. 参见王建华、董进泉编著《历史学》，第 200 页。

② Dimitrie Gusti (Hrsg.), Arbeiten des XIV. Internationale Soziologenkongresses. Bukarest, 1940/1941; Winfried Schulze, Der Neubeginn der deutschen Geschichtswissenschaft nach 1945. Einsichten und Absichtserklärungen der Historiker nach de Katastrophe, in: Ernst Schulin (Hrsg.), Deutsche Geschichtswissenschaft nach dem zweiten Weltkrieg (1945 – 1965). München, 1989, S. 1 – 38.

③ Winfried Schulze, Der Neubeginn der deutschen Geschichtswissenschaft nach 1945. S. 16.

④ 参见王建华、董进泉等编著《历史学》，第 200 页。

⑤ W. Conze, Die Strukturgeschichte des technisch-industriellen Zeitalters als Aufgabe für Forschung und Unterricht. Köln u. Opladen, 1957.

康策还把社会史（Sozialgeschicht）定义为"社会的历史，更确切地说，是社会结构，潮流，运动的历史"。[①] 他深刻地分析了政治史与社会史长期对立的根源，指出了克服这一对立的可能性。在康策看来，政治史与社会史的隔离，实际上是对近代（18 世纪末以来）国家与社会分裂的一种反映。在近代以前，国家与社会互相结合，通过村民会议或地方会议的活动，全体公民或社会不同等级的人士往往会被聚集在一起，相互合作，从而形成秩序。因此，在那时不可能产生与政治史不同的社会史。在 19 世纪随着中央集权的民族国家的形成和国家职能的强化，以研究国家政策、国务活动家的外交和政治决策为重点的政治史逐渐获得了垄断地位，而历史学的职业化和"科学化"更加强了这一趋势。直到 19 世纪中后期，随着工业化和资产阶级革命的兴起，愈来愈多的"社会问题"才逐渐引起人们的重视。社会史，或者社会经济史研究才逐渐出现。然而，这种社会史研究大多是由当时的"社会问题"所决定的，往往被简化为工人运动或工人运动史。它在政治史一统天下的鼎盛时期，只能被排挤到边缘位置上，政治史与社会史便形成了一种对立的局势。其结果是各自抱残守缺、固守一隅：政治史专注于国家，而社会史则专注于社会。康策指出，这种分离和各自的限制，既不适应那些具有较老的工业体系的民族的政治—社会实际，也不适宜现代从总体上审视"社会关联"及其所有表现形式的社会科学的境况。当前由于国家和社会这两个领域的互相渗透，两者的严格分离已不可能。"政治的"和"社会的"这两个概念只在有限的情况下可以区别对待。所以，社会史既不可以仅仅被理解为"社会问题的历史"，如它在 19 世纪的情形那样，也不可以被看作从"政治的"历史分离出来的。[②]

为了避免人们把"社会史"仅仅理解为某个社会区域的历史，康策一度回避使用"社会史"一词，而用"结构史"的概念予以替代，他的社会史观实际是一种有关社会整体的历史观。[③] 康策把社会史看作"社会的历史"，主张一种广义的社会史研究以适应"科技工业时代"的需要。他反对英、美的某些社会史学家把社会史仅仅看作"被排斥于政治之外的人们的

---

① Werner Conze, Sozialgeschichte, in: Religion in Geschichte und Gegenwart, Bd. 6. Tübingen, 1963, S. 169.

② Werner Conze, Sozialgeschichte, in: Hans-Ulrich Wehler（Hrsg.）, Moderne deutsche Sozialgeschichte. Köln u. Berlin, 1970, S. 19 - 26.

③ 参见 W. Conze, Die Strukturgeschichte des technisch-industriellen Zeitalters als Aufgabe für Forschung und Unterricht。

历史"的观点,指出没有任何社会构成物不是从政治中形成的,或者在其变化中不是由政治决定的。相反,当它们向外扩展并趋向独立时,它们肯定会对国家的宪法和政治行为产生影响。社会史并不比事件史和"政治的"决策史低下。在社会史中,人们的眼光不只是投向已发生的事件本身,而且也要投向它的社会客体和决定体。康策说:"恰恰为了历史的统一的缘故,我们需要社会史的考察方法。因为历史的主要问题,即规定(Determination)和自由(Freiheit)的相互关系问题,只有在尽可能明确认识了与经济和技术相联系的社会决定因素后,才可以给予比较准确的回答。"①

针对社会史的研究对象,康策提出了把"历史科学和社会学""个别化方法和类型化方法"综合起来的主张。在他看来,社会史"既与历史科学相联系,又与社会学相联系"。虽然不能认为,社会史可以或者应当消除历史科学和社会学方法上现存的不同性,但是,当这两个学科涉及同一对象时,社会史是适宜缩小它们之间的距离的。② 社会史主要的工作方法仍然是在历史科学中普遍适应的历史—批判和历史理解的方法。但也必须进行类型化处理,这在一定程度上可能导致一般化,但其前提是通过全面审阅史料而做出修正并从历史的角度使"类型"具体化。③

康策强调指出:"从多种多样的社会史学家的方法论的可能性出发,最终可以突出三条特别有效的获得历史认识的途径:概念史的方法、传记的方法和统计的方法。"④ 他认为,通过启蒙运动和革命,就是说自 18 世纪以来,传统的政治—社会概念在意识形态争议中完全被剥夺了它们的传统,或多或少地被加以激进的转释或改造,而新造的词语必须附加地服务于描述新的社会世界或者表达已经发生变化的社会意识,多义性、混乱、在政治—意识形态上变换利用的可能性和新的标语口号成了社会运动时代的突出特征。因此,在当今的社会史研究中,概念史研究蔚为必要。传记的方法对于社会史的绝对必要是不需要特别强调的。需要指出的主要是类型的

---

① W. Conze, Die Strukturgeschichte des technisch-industriellen Zeitalters als Aufgabe für Forschung und Unterricht. S. 24.

② W. Conze, Die Strukturgeschichte des technisch-industriellen Zeitalters als Aufgabe für Forschung und Unterricht. S. 19.

③ W. Conze, Die Strukturgeschichte des technisch-industriellen Zeitalters als Aufgabe für Forschung und Unterricht. S. 26.

④ W. Conze, Die Strukturgeschichte des technisch-industriellen Zeitalters als Aufgabe für Forschung und Unterricht. S. 26.

具体化或者个体化。社会史的人物传记，不仅要写历史上的"大人物"，而且更应当为那些"小的""不著名的"人物立传，并且要从个人的或团体的类型方面来写，而"谱系学"（Genealogie）则是社会史的重要辅助科学之一。与传记的形象生动相对立的是统计学的抽象性。但是，对于现代的社会史来说，统计是第一和最基本的要求。结构和运动的定量化，对于社会史学家来说，无论如何是必不可少的。至于在多大程度上利用现代的数学统计，不仅是社会史学家的能力问题，更多的是历史数据的可用性和比较符合历史事实、比较接近史料的社会概念的运用问题。统计表和计算有无价值取决于历史数据和社会概况的正确与否。①

德国工人运动史是康策及其领导下的海德尔贝格大学近代社会史研究小组重点研究课题之一。他们把因法国大革命而出现的法律和宪法的变化看作工业化的主要因素，并将他们的工业化研究进一步与 19 世纪德意志邦国联系起来，在这些邦国中，政府的作用仍然是决定性的。他们致力于考察工业化对政治和社会，包括对工人阶级的影响，致力于探讨使社会民主主义的工人与民族国家一体化的问题。其目的在于从联邦德国的内政这一基本问题出发，从理论和实践上证明，能够而且必须实行使工人阶级同国家制度和社会秩序结合为一个整体的政策。②

康策认为，由于第二帝国企图通过镇压而不是自由主义的改良来解决工人问题，所以德意志帝国的政治意识分裂为"资本主义及其民族"意识和"无产阶级社会主义"意识，这种分裂至今仍有影响。因此，联邦德国历史学的一个重要任务便是研究这一课题，以"消除这种分裂"。在他看来，工人阶级的斗争是争取改善自身生活状况社会地位的斗争，工人运动是争取本国"普遍幸福"的许多政治运动之一。康策强调工人运动的本质是逐步改良，是民族运动不可分割的组成部分。工人阶级是以促进"按民主方式建立现代工业社会"为使命的一个社会阶层，而社会民主党则是"德国民族革命运动的特殊形式"。他批评帝国政府的镇压政策使工人同国家异化，迟迟不能走上"英国议会改良主义的工人运动发展道路"。③

---

① W. Conze, Die Strukturgeschichte des technisch-industriellen Zeitalters als Aufgabe für Forschung und Unterricht. S. 26 – 27.

② Georg Iggers, Neue Geschichtswissenschaft. Vom Historismus zur Historischen Sozialwissenschaft. Göttingen, 1978. 另参见王建华、董进泉等编著《历史学》，第 200 页。

③ Werner Conze, Der Beginn der deutschen Arbeiterbewegung: Geschichte und Gegenwartsbewußtsein. Göttingen, 1963. 参见王建华、董进泉等编著《历史学》，第 201～202 页。

社会史研究的兴起，打破了德国以往传统的政治史一统天下的局面，它使历史学家把观察的视角从国家移向了社会，改变了传统的政治史只从国家看历史的做法；它使历史学家从注重个体的行为，转向注重超个体的集体行为，从专注于转瞬即逝的个别事件和现象，转向研究在很大程度上制约着这些事件和现象的持久性的过程和结构；它强调在各种社会现象和社会结构的联系中研究整体的历史，要求与邻近的社会科学合作，主张把一般化的抽象方法和个体化的历史方法结合起来。[①] 凡此种种，都具有十分积极的史学革新意义。

然而，作为在 1930 年代就开始了学术生涯的老一代历史学家，康策的史学思想与德意志历史主义传统仍保留着千丝万缕的联系。他认识到了非个人的社会力量的强大，要求克服社会史与政治史之间过去的那种分离状态，但继续强调政治因素在社会结构的变迁中发挥着决定性作用，例如强调列宁在创造新的结构时起到了决定性作用并赋予这些结构以其个人的印记，或者如希特勒在破坏各种结构时所发挥的作用。康策的研究纲领是，终结只关注国家的纯政治史学和只关注社会的历史学之间的分裂，主张将社会学重在结构的和概括的取径与政治史家个别化的和重在事件的研究视角整合起来，但其方法论是多元主义的。对于康策来说，社会史是历史学和社会学的联盟。而他对德国工人运动的本质和特征的论述，则充分反映了他为联邦德国现行的社会制度和政治制度进行辩护的社会改良主义的政治观。因此，联邦德国史学的重新定向有待于进一步的理论和方法论的更新。

还应当注意的是，布龙纳、席德尔和康策早在 1930、1940 年代就开始进行社会史研究了，只是在当时纳粹意识形态的影响下，社会史是以"族民史"的面貌出现的，他们的思想观点也不免带有德意志民族主义、种族主义和反犹主义的倾向，力图通过"族民史"的研究来证明在东欧地区属于少数民族的德意志人在文化上的优越性，以抵制《凡尔赛条约》按人口多少决定东欧民族杂居地区的归属的计划。他们的工作曾在思想上为纳粹在东欧的民族政策提供了依据，席德尔和康策还积极参与了希特勒政权驱逐波兰人与犹太人政策的前期策划。到 1990 年代末，布龙纳、席德尔和康策等人被当作"灭绝政策的策划者"而受到深刻揭露和批判，一些别有用

---

① 参见杨玉生《功绩与启示：维纳尔·康策及其社会历史学思想》，《史学理论丛书》编辑部编《八十年代的西方史学》，中国社会科学出版社，1990，第 313 页。

心的人甚至指责以"彻底反思纳粹历史"为旗帜的批判的社会史学派也有着"褐色老根"。实际上，席德尔和康策等人尽管曾同纳粹政权合作，不愿意公开检讨自己的问题，但他们在实际行动中都努力同纳粹思想及其背后的"专制国家"划清界限，并鼓励自己的学生对德国历史进行批判性研究。而后来的批判的社会史学派虽然受益于康策在社会史研究领域的开拓工作，但其思想观念有更广泛的来源，并非康策的独门传授。①

第三节　批判的社会史学派的形成

　　1960—1970年代是联邦德国建立以来经济、政治和社会发生较大变化的时期。在这个时期之初，联邦德国的经济出现了严重滑坡，失业剧增，国家财政大幅亏空。迫于压力，总理阿登纳不得不在1963年提前下台，他的继任者，即那位曾经创造过战后联邦德国"经济奇迹"的原经济部部长路德维希·艾哈德（Ludwig Erhard，1897—1977），也未能开创新局面，执政仅三年多一点，便被迫辞职。1966年基督教民主联盟-基督教社会联盟与社会民主党组建了以联盟党人库尔特·基辛格（Kurt Kiesinger，1904—1988）为总理的大联合政府。尽管大联合政府在调整经济和社会福利政策方面取得了一定的成效，保持了工资和物价的稳定，但未能满足同时期广大社会阶层对社会福利的期望。又由于议会中缺少一个平衡力量，所以联邦德国的精神气氛变得不是更自由，而是更不自由、更不宽容了。已有的鸿沟越来越深，导致社会两极分化日益严重。在这种情况下，社会各界对政府现行政策的批评越来越尖锐，要求改善社会和文化措施的愿望也愈发强烈。与此同时，在1950、1960年代福利社会中成长起来的青年一代也满怀厌恶国家、不满社会的情绪，坚决反对传统和《基本法》所规定的民主原则。追求自由的大学生也在美国民权运动和反战（越南战争）运动的影响下，掀起了轰轰烈烈的大学生运动，并把他们的矛头直接指向其父母一代人的整个价值世界。

　　与同一时期广大民众的愿望和大学生的要求紧密相连，年轻一代的史学家们现在也以更富有批判性的眼光来看待过去的权威结构，更加严肃认真地思考当前高度工业化社会所存在的问题。他们自以为是"道德良心"（moralisches Gewissen），憧憬"人道的、合理的社会"，呼吁诸如人权等一

---

① 景德祥：《关于联邦德国第一代史学家的争论》，《史学理论研究》2004年第1期。

般价值，期望把历史研究与社会实践结合起来，制定"适用于实践的现代理论"，促进"个人和集体的合理行动"。[①] 他们也主张由联邦德国的"重要势力"来执行"合理实用的政策"，通过"结构改革"开辟通向"民主社会主义的道路"，使德国的政治放弃超出领土现状的扩张主义目标，维护欧洲的和平。[②] 在这些史学家当中，比较著名的有赫尔穆特·比默（Helmut Böhme，1936—2012）、汉斯－于尔根·普勒（Hans-Jürgen Puhle）、汉斯·耶格尔（Hans Jäger）、哈特穆特·凯伯勒（Hartmut Kaelbel）、海因里希·奥古斯特·温克勒（Heinrich August Winkler）、福尔克尔·本汉（Volker Benghan）、彼得－克里斯蒂安·维特（Peter-Christian Witt）、蒂尔特·施特格曼（Dirk Stegmann）、米夏埃尔·施图尔默（Michael Stürmer）、迪特尔·格罗（Dieter Groh）、汉斯－乌尔里希·韦勒（Hans-Ulrich Wehler）和于尔根·科卡（Jürgen Kocka）等。[③]

这些年轻一代的批判史学家大都是在1920、1930年代出生，二战后成长起来的，他们没有纳粹历史的包袱，更容易接受自由主义和民主主义思想。他们也大都是在1960年代，在弗里茨·菲舍尔、席德尔和康策的指导下完成学业的，接受了若干新思想、新知识。除了他们老师的直接影响外，这些历史学家也重新发现了魏玛共和国和流亡时期的一些杰出的社会理论家和历史学家，如马克斯·韦伯、奥托·欣策、艾卡特·克尔、汉斯·罗森贝格（Hans Rosenberg，1904—1988）等人的史学成就，并开始对德国以外，特别是英语国家的社会科学和新史学的代表著作产生浓厚的兴趣。他们想方设法到英、美等国留学或从事研究工作，广泛汲取新史学的营养。而在纳粹时期流亡国外的政治家、哲学家和社会学家，如马克斯·霍克凯默尔（Max Horkheimer）、特奥多尔·W. 阿多诺（Theodor W. Adorno）、奥西普·K. 弗莱希特海姆（Ossip K. Flechtheim）、恩斯特·弗莱恩凯尔（Ernst Fraenkel）和赫尔穆特·普莱斯纳（Helmut Plessner）等人的回归，不仅唤起年轻史学家对魏玛共和国时代精神思潮的兴趣，也使他们对社会科学理论有了更多的了解，并且开始尝试运用社会科学的概念和理论来分

---

① 参见迪特尔·拉夫《德意志史》，第 377 ~ 380 页；另参见王建华、董进泉等编著《历史学》，第 216 ~ 217 页。

② 参见迪特尔·拉夫《德意志史》，第 377 ~ 380 页；王建华、董进泉等编著《历史学》，第 216 ~ 217 页。

③ Georg Iggers, Neue Geschichtswissenschaft. Vom Historismus zur Historischen Sozialwissenschaft. Göttingen 1978, S. 114 – 117.

析、编纂历史，即使暂时仍有很强的选择性和较浓厚的实用主义态度。①

批判史学家反对任何试图"洗白"、美化德国历史的做法，致力于通过揭露历史上的污点，否定民族主义，从内部巩固民主制度。为了更深入地认识第三帝国和纳粹现象，他们把研究重点集中在德国历史的连续性问题上，在对皇帝威廉二世统治时期的德意志帝国，尤其是德意志帝国的经济利益代表者进行了彻底研究的基础上，发表了一大批富有批判性的学术著作。其中最为重要的有：比默对于德意志帝国发展过程的研究，普勒对于"大庄园主联盟"的研究，耶格尔和凯伯勒对于企业主和工业家协会的研究，温克勒尔对手工业者和小商贩利益协会的分析，本汉对于舰艇建造计划与内政关系的研究，维特对于 1903—1913 年帝国财政政策的研究，施特格曼对于 1897—1918 年以反对社会民主党人为核心的"集中政治"的研究，施图尔默对于俾斯麦统治下议会与政府的关系的研究，格罗对于社会民主主义的研究，韦勒从社会和文化关系方面对德意志帝国政治进行的批判考察以及科卡透过职员阶层更多地根据社会学的理论和方法对社会结构、劳动环境和心态的分析，等等。②

---

① Georg Iggers, Neue Geschichtswissenschaft. S. 112 - 114.

② 参见 Helmut Boehme, Deutschlands Weg zur Grossmacht. Köln, 1966; Hans-Jürgen Puhle, Agrarische Interessenpolitik und preussischer Konservatismus in Wilhelminischen Reich 1893 - 1916. Hannover, 1966; Ders, Von der Agrarkrise zum Präfaschismus. Wiesbaden, 1972; Hans Jäger, Unternehmer in der deutschen Politik 1890 - 1918. Bonn, 1967; Hartmut Kaelble, Industrielle Interessenpolitik in der Wilhelminischen Gesellschaft. Der Centralverband deutscher Industrieller 1895 - 1914. Berlin, 1967; Heinrich August Winkler, Der Rückversicherte Mittelstand. Die Interessenverbände von Handwerk und Kleinhandel im deutschen Kaiserreich, in: Walter Rügg und Otto Neuloh (Hrsg.), Zur sozialen Theorie und Analyse des 19. Jahrhunderts. Göttingen, 1971; Volker Benghahn, Der Tirpitz-Plan. Düsseldorf, 1971; Ders, Germany and the Approach of the War in 1914. New York, 1973; Peter-Christian Witt, Die Finanzpolitik des deutschen Reiches von 1903 - 1913. Eine Studie zur Innenpolitik des Wilhelminischen Deutschlands. Lübeck, 1970; Dirk Stegmann, Die Erben Bismarcks. Parteien und Verbände in der Spätphase des wilhelminischen Deutschlands. Sammlungspolitik 1897 - 1918. Köln, 1970; Michael Stürmer, Regierung und Reichstag im Bismarckstaat 1871 - 1880. Caesarismus oder Parlamentarismus. Düsseldorf, 1970; Dieter Groh, Negative Integration und revolutionärer Attentismus. Die deutsche Sozialdemokratie am Vorabend des Ersten Weltkrieges (1909 - 1914). Berlin, 1972; Hans-Ulrich Wehler, Krisenherde des Kaiserreich 1871 - 1918. Göttingen, 1970; Ders, Das deutsche Kaiserreich 1871 - 1918. Göttingen, 1973; Jürgen Kocka, Unternehmensverwaltung und Angestelltenschaft am Beispiel Siemens 1847 - 1914. Zum Verhältnis von Kapitalismus und Bürokratie in der deutschen Industrialisierung. Stuttgart, 1969; Ders, Angestellte zwischen Faschismus und Demokratie. Zur politischen Sozialgeschichte der Angestellten. USA 1890 - 1940 im internationalen Vergleich. Göttingen, 1977。

批判史学家们大都赞同克尔和罗森贝格的下列基本观点，即在德国经济现代化和社会—政治现代化之间存在着一种不平衡。按照他们的说法，德国经济现代化进程是在若干使前工业的、前资产阶级的集团，如容克贵族、官僚阶层和军官等得以保留的条件下进行的，这同英国、美国或法国的情形很不相同。德国的工业化是由于国家的"热心"帮助而得以成功发展的，由此通过某些社会的和政治的妥协，资产阶级的重要利益得到满足，然而在资本主义性质的工业化之前或早期工业化时期就由官僚制度的专制主义所决定的、在社会内部始终存在的冲突和对抗也逐渐积聚凝结，最终形成的不是一个现代工业国家，而是一个"工业化的农业国家"。对于扩张主义外交政策的制定和海军的建设，资本主义工业的经济利益曾经起过重要作用，然而它只有通过与容克贵族的农业利益达成某种妥协才能发挥作用，而妥协的结果就是使那些过时精英们的政治和社会权力得到了巩固。这一妥协严重阻碍了资本主义世界政治所需要的社会基础的形成，而从长远的观点来看，这一社会基础对于世界政治的健康发展是必不可少的。世界政治需要在国内实行社会和政治的民主化，然而，德意志帝国的实际情况完全排除了实现民主化的可能性。大庄园主们虽然支持海军建设，但其动机和目的不在于进行民主化建设，而是为了搞一种反社会民主主义的"集中政治"。他们所追求的利益与其工商业集团合作伙伴完全不同。在批判史学家看来，这种"集中政治"不仅导致了第一次世界大战的爆发和德国的失败，而且也加剧了"执政者的党派利益与民族的根本利益之间的矛盾"。它将一种"再封建化"引入了富裕中产阶级、下层中产阶级和手工业者的观念之中，助长了前法西斯主义的、族民的和反犹太主义的立场态度。这些立场态度大大便利了希特勒和纳粹党篡夺国家政权，颠覆魏玛共和国，实行独裁统治和发动侵略战争。①

批判史学家对德国工业化和现代化进程的深入研究，对各个利益集团、政治统治权衡和德意志帝国社会结构问题的批判分析，比较深刻地说明了德国近现代历史发展的特点，揭示了德意志帝国的本质，第一次世界大战爆发、纳粹主义产生的原因。然而他们大多仍沿用传统的、通过对文本进行批判分析来理解历史实际的研究方法，只是将这个方法转用到新的资料和新的问题上了。虽然他们大都超越了传统的政治史，转向了对"持久的

----

① Georg Iggers, Neue Geschichtswissenschaft. S. 117 – 118.

结构"的研究，但是除了很少几位有意识地利用了精心构造的关于社会结构和社会转折的概念外，理论在上述批判史学的著作中仍起不到很大作用。有不少关于利益集团的著作的作者对其理论和方法论前提未做明确的说明。此外，在 1960 年代的联邦德国，也缺少如法国"社会科学高等研究院"之类的团体工作所必需的研究机构，大学仍是研究的中心，在那里研究工作仍由单个历史学家孤立地进行。批判史学的上述缺陷，直到 1970 年代"历史社会科学"概念和实践的兴起才逐渐得以克服。

借助 1960 年代末大学生运动的气势、1969 年上台的社会民主党 - 自由民主党执政联盟的政治改革措施以及当时大学的扩建，年轻一代的批判史学家迅速在联邦德国史学界立足，并于 1970 年代初形成了一个以"历史社会科学"为核心概念的"批判的社会史学派"。因为这一学派的主要代表韦勒和科卡均在新建的比勒费尔德大学（Universität Bielefeld）工作，所以也有"比勒费尔德学派"（Die Bielefelder Schule）之称。[①]

在这些批判的社会史学家当中，比较著名的有赫尔穆特·伯尔丁（Helmut Berding）、汉斯 - 乌尔里希·韦勒、迪特尔·格罗、福尔克尔·本汉、米夏埃尔·施图尔默、海因里希·奥古斯特·温克勒尔、汉斯 - 于尔根·普勒、哈特穆特·凯伯勒、于尔根·科卡和温弗里德·舒尔策（Winfried Schulze）等人。1971 年，韦勒在比勒费尔德大学和与该大学有联系的跨学科研究中心，为新学派建立了组织基础。1975 年，《历史与社会》[②] 杂志问世（季刊，每年合为一卷），标志着新学派的最终形成；该杂志的副标题为《历史社会科学杂志》。除此之外，批判社会史家还在 1972 年创建了《批判史学丛书》[③]，以出版自己学生的博士论文为主。

批判的社会史学家坚决反对传统的以历史阐释和表意符号为基准的历史学，批判传统史学以首先研究国家和政治外交史为目标，放弃对历史做社会解释和从社会的角度看历史的尝试的做法，主张同"德意志历史主义"彻底决裂，扩大问题的提出、研究领域和方法范围，以便合适地从政治、社会、经济和文化诸方面把握历史实际。他们继续坚持批判史学家的"批判精神"，致力于研究资本主义工业社会的机能失调，分析德国近现代政治

---

① 参见 Hans-Ulrich Wehler, Eine lebhafte Kampfsituation. Ein Gespräch mit Manfred Hettling und Cornelius Torp. München, 2006, S. 89。

② Geschichte und Gesellschaft. Zeitschrift für historische Sozialwissenschaft, 1975 ff.

③ Kritische Studien zur Geschichtswissenschaft. Göttingen 1972 ff.

和社会的"特殊发展",但也试图克服 1960 年代联邦德国史学中缺乏理论的缺点,大力提倡与系统的社会科学,特别是与社会学、政治科学、经济学以及心理学(心理分析)密切合作,主张把历史—阐释学的方法与社会科学分析的方法创造性地结合起来。在他们看来,学科交叉是历史社会科学研究的基础,因为"只有把出自社会科学的理论、提问和方法结合到历史科学之中,并使之成为自己批判—反思和理论形成的基础,才能对历史实际进行合适的认识和研究"。① 在这里,当代西方流行的关于经济增长和循环的理论、韦伯的社会学说、马克思主义的唯物史观和最新人口学研究的成果尤其受到重视。

将历史阐释学的方法与社会科学分析的方法"创造性地"结合起来,是一个公开声明的标志。方法的多元化,综合利用相互竞争着的研究方法将根据不同的问题关联和认识兴趣产生不同的效果,其承载能力要以历史科学研究的标准来加以衡量。批判的社会史家指出:"我们不信任任何以某种单一方法为仰仗的自信,不管是历史学的还是政治经济学的方法。根据认识目的和问题情况,所有有用的和经得起合理讨论的工作方法和研究成果都应该受到重视。但是我们坚决主张,人们要对各自的工作前提和认识目标做出清楚的说明,要对竞争者的理论和研究方法的效力做出公开的评估。"② 历史社会科学的研究对象是社会(Gesellschaft)和这个社会的政治、经济、社会(Sozial)、文化诸方面及其相互依赖情况的历史。它所关注的不再是政治人物和政治事件,而是对社会变化的进程和结构的考察。在此,居于首要地位的是社会阶层分析、政治统治形式分析、经济发展分析和社会文化现象分析。而 18 世纪末以来由工业革命和政治革命所引起的诸多问题则构成了研究重点。他们并不完全忽略政治史,而是采用社会科学方法研究政治史。在长时段的分析中,对持续时间较长的结构加以分析和解说。整合的框架是科学的提问和解答。社会史(Sozialgeschichte)同样属于历史社会科学的一部分。它一方面是指一种由其特殊的研究对象所决定的历史科学的分支学科,另一方面又指对整个社会进行社会史的和社会经济的解说。对于第二项内容规定,人们可用"社会的历史"(Gesellschaftsgeschichte)概念来表达。广义的社会史被理解为"社会的、政治的、经济的、社会

---

① Geschichte und Gesellschaft, 1 Jahrgang 1975, Vorwor der Herausgeber, S. 5.

② Geschichte und Gesellschaft, 1 Jahrgang 1975, Vorwor der Herausgeber, S. 6.

文化的和精神现象的历史，而这些现象都处在一定的社会形态之中"。①

批判的社会史学家强调历史科学的实践作用。对于他们来说，历史学家的认识兴趣主要是由其所处的社会环境所决定的，而历史研究的成果又将对历史和社会的意识发展产生重要影响。因此，这些研究成果具有重要的实践意义，它们不仅可以帮助人们自觉认识当前的形势，而且可以指导人们规划未来的社会模式。"如果说，人们可以把社会作为可变动的历史进程和决定的结果，作为被利用的和未被利用的可能性的结局来分析的话，那么作为历史社会科学的历史学也可以帮助人们认识当前的形势，使个人和团体的合理行为变得更加容易。它可以在设计加工和保持人的共同生活的合乎人道的形式方面起辅助作用，也可以在发展一种按照历史进行调整的，同时在实践上又十分重要的理论方面起促进作用。"②

汉斯－乌尔里希·韦勒和于尔根·科卡是批判的社会史学派最主要的代表，他们不仅在理论建设方面做出了重要贡献，而且也以各自的史学著作，在联邦德国史学界，甚至在国际范围内产生了广泛影响。

一　汉斯－乌尔里希·韦勒

韦勒出生于 1931 年，1950 年代起开始求学，先后在科伦大学、波恩大学、美国俄亥俄州雅典大学学习历史和社会学，1960 年在科伦大学获得大学教授资格，1970—1971 年任柏林自由大学教授，1971 年起转为比勒费尔德大学一般史教授，此后长年在这里工作，先后被哈佛大学、普林斯顿大学和斯坦福大学聘为客座教授。

韦勒的研究重点是 18 世纪晚期以来的德国史，著述众多，其中主要有：《社会民主与民族国家（1840—1914）》《俾斯麦与帝国主义》《德意志帝国的危机发源地（1871—1918）》《德意志帝国（1871—1918）》《作为历史社会科学的历史》《历史社会科学与历史编纂》和多卷本《德国社会史》等。

作为一位在 1960 年代成长起来的历史学家，韦勒是批判史学的一员干将，积极参加过当时的史学讨论。但与大多数批判史学家不同，韦勒较早便认识到了理论在历史研究中的重要性，十分自觉地尝试把出自系统的社会科学的理论引入历史研究之中。在他看来，历史学家必须把各种各样的理论当作自己的理论，即关于社会发展的历史理论的形成的基础，而且除

---

① Geschichte und Gesellschaft, 1 Jahrgang 1975, Vorwor der Herausgeber, S. 7.

② Geschichte und Gesellschaft, 1 Jahrgang 1975, Vorwor der Herausgeber, S. 7.

了现成的社会科学定理，还要把历史学家自身的研究志趣纳入这一理论的形成之中。① 只有通过明确的理论使用，才能使历史科学获得最大的研究效益。对于韦勒来说，只要通过研究对象本身就可以说明在被当作历史社会科学来理解的历史研究中使用理论的合法性。在《作为历史社会科学的历史》一书中，韦勒指出："历史主义的理解学说常常导致下列情况，即历史既局限于意见一致的事后感觉，又对当时社会和政治中的现状（Status qou）加以认可。换言之：它一直满足于借助同时代的尺度和可能性来解释有意识的行为，但是它忽略了或干脆否认了下列事实，即必须而且也可以从今天的理论观点出发来说明过去。传统的史料种类虽然允许揭示个人可能有的动机和反应，例如对某一特定时间的工业化状况的反应，但是只有近现代有关经济增长、社会变化和集体行为的社会心理学的理论，才能够使人们更加精确地分析结构性的变动，这些变动往往是超出个人奋斗范围的。对于这样一种历史社会科学来说，其首要任务是深入那些由经济、社会、统治权和意识形态所决定的研究领域，并加以论述。"② 应用出自经济学、政治学或其他学科的定理，可以使历史学家提出新的问题，制定新的解释模式，发现并说明若干迄今仍被忽略的历史实际领域，特别是经济和社会历史领域。

对于韦勒来说，历史学家对理论的使用不应当仅限于学术的目的，还必须对现实生活有意义才行。在此，他提出一种内容广泛的"意义重大"概念（Relevenz-Begriff），并力图使这一概念具备现代的、批判的历史科学的社会功能。历史科学被理解为批判的社会科学，可以在论证一种更加自由的批判的历史意识方面起协助作用。历史社会科学的解放任务就在于，扩大对现实生活进行合理调整的可能性。历史科学"可以帮助人们认识当前的形势，使个人和团体的合理行为变得更加容易。它可以在设计加工和保持人的共同生活的合乎人道的形式方面起辅助作用，也可以在发展一种按照历史进行调整的，同时在实践上又十分重要的理论方面起促进作用"。③

在其具体的历史编纂工作中，韦勒使用过多种多样的理论。从结构化

① Hans-Ulrich Wehler, Anwendung von Theorie in der Geschichtswissenschaft, in: Jürgen Kocka/ Thomas Nipperdey (Hrsg.), Theorie und Erzählung in der Geschichte. München, 1979, S. 33.

② Hans-Ulrich Wehler, Geschichte als Historische Sozialwissenschaft. Frankfurt a. M., 1973, S. 27 – 28.

③ Hans-Ulrich Wehler, Anwendung von Theorien in der Geschichtswissenschaft. S. 38.

和社会化的定理，到若干学科交叉的解释模式，如"有组织的资本主义"或"社会帝国主义"的理论等。但时他也指出，一般性的历史理论是不适当的，因为理论越一般化，就越形式化和空洞无物，对于历史学家就越没有用处。只有在下列两种情况中，使用理论从事历史研究才是可行的。第一种情况是，利用从社会科学中总结出来的社会理论，探讨特殊的历史问题；第二种情况是，利用"中等规模"的历史理论，拟定一些可以被人从经验上予以验证的假设。韦勒虽然承认，价值观念和智性兴趣决定着历史学家的问题提出，但与新康德主义者相反，他坚信"过去独立于认识主体而拥有结构"，这些结构可以在大量研究所得的相互竞争的解说中被人发现，并为历史理论的检验提供了一种客观因素。[1]

早在《俾斯麦与帝国主义》一书中，韦勒就致力于用一种关于工业化的一般性理论来分析俾斯麦时期德意志帝国的殖民政策。他比罗森贝格更明确地强调，不应当把工业化看作一个整齐划一的经济增长过程，工业化的突出特征实际上是一种以不均衡波动和危机为标志的发展进程，也带有各种各样的民族特征。"经济和社会、政治和思想等等一起构成一个总体，或者如今天人们可以讲的那样，一个相互依赖的规则系统，其中某一领域的变动影响着若干其他领域。"[2] 因此，对于俾斯麦时期的帝国主义，人们不能只从纯经济的角度加以理解，而是必须也从社会的、政治的和意识形态的诸方面因素来考察。韦勒从内政需要方面来看待俾斯麦的殖民政策，正如克尔对威廉二世海军政策的分析那样。在他看来，俾斯麦不是为了推行世界政策而去争夺殖民地的。他的殖民政策实际上是一种"运用权术来操纵的社会帝国主义"，目的在于缓和因为经济危机而大量出现的社会冲突。然而，推行这种社会帝国主义的实际结果是妨碍了对于工业社会来说蔚为必要的社会改革。[3]

韦勒试图通过理论的使用，填补经验的方法与把"意义"和"意图"等主观因素吸收进来的理论观点之间的鸿沟。然而，要将理论性解释模式与实际发生的历史事件结合起来进行论述也经常会遇到许多困难。而韦勒的折中主义处理方法更限制了科学的严格性，使得在选择供分析之用的理

---

①　Hans-Ulrich Wehler, Geschichte als Historiesche Sozialwissenschaft. Frankfurt a. M. , 1973, S. 18, 31 – 32.

②　Hans-Ulrich Wehler, Bismarck und Imperialismus. Köln, 1972, S. 19.

③　Hans-Ulrich Wehler, Bismarck und Imperialismus. S. 444.

论方面产生了较强的主观随意性。在韦勒笔下，俾斯麦志在建立一个对于德国经济无关紧要的殖民帝国，他的政策并非市场扩张或工业利益影响的结果，这一观点是难以令人信服的。[1]

1973 年，韦勒出版《德意志帝国（1871—1918 年）》一书，以一种政治、经济和社会现代化的概念探讨了德意志帝国的总体历史，提出了一种新的、批判性的"德意志特殊道路"命题，并引发了一场有许多外国学者参加的国际性史学争论，将近现代德国史研究推向了一个新的高峰。[2]

自 1987 年开始，韦勒陆续出版了多卷的《德国社会史》。在该书中，他进一步阐述了他的理论观点和他对德国历史发展的评论，突出德意志国家自 18 世纪霍亨索伦王朝建立以来，经济与政治的"非同步发展"，即"在传统的极权国家保护下"的德意志工业化进程，而这个极权国家的价值观和理想都源于古老的、前工业的社会和文化。导致第一次世界大战的德国政治，便是由以经济和社会的现代化为一方，与以政治的落后性为另一方之间的矛盾而造成的紧张关系的结果。[3] 韦勒把统治权、经济和文化三者看作"原则上组成每个社会同时又相互渗透和相互制约的三维"，并且指出德国社会的发展是由结构和社会持久的不平衡性所决定的。[4] 他高度评价了那个不可抗拒的向现代化挺进的进程，声称现代化进程在经济上意味着"贯彻资本主义直至高度发展的工业资本主义"，这是"德国社会史的一个基本过程，从 18 世纪晚期以来就不断地塑造着德国历史"，受市场制约并且最终形成"社会的"社会阶级的迅速发展过程便构成了现代化的衡量标准。从文化方面来看，现代化意味着体现资本主义精神的"某种工具理性的目的手段思想的扩张"，而在政治上，现代化则意味着"官僚制度的机构国家"的形成。[5] 德国历史上的悲剧就在于政治现代化发展的不充分，而联邦德国的发展方向应当是成为一个现代化的、民主的国家。这个政治信念完全是由其社会民主派的、持改良主义思想的、社会国家的和自由资产阶级的社会政治观念所决定的。

虽然韦勒把文化当作与统治权和经济处于平等地位的、持续发展的社会的一个方面，并且按照人类学理论把它定义为"符号的相互作用"的总

---

[1]　Geong Iggers, Neue Geschichtswissenschaft. S. 127 – 128.

[2]　争论详情可参见本书第四章。

[3]　Hans-Ulrich Wehler, Deutsche Gesellschaftsgeschichte, Bd. I. München, 1987, S. 16.

[4]　Hans-Ulrich Wehler, Deutsche Gesellschaftsgeschichte, Bd. I. S. 16.

[5]　Hans-Ulrich Wehler, Deutsche Gesellschaftsgeschichte, Bd. I. S. 14.

体形态,① 但在他的著作中，历史的文化维度经常得不到足够的重视。人消失在结构背后，文化只是在其组织化形式中，如教会、大中小学校和社团等，才有所体现。韦勒也几乎没有涉及日常生活的形式，对于妇女问题也只在论述婚姻法、妇女劳动和妇女运动时有所提及。韦勒所关注的仍是宏观的集合体，实实在在的生活经历很少被顾及。他的《德国社会史》在很大程度上只是宏大的总括性提纲，并非经验性的研究，是"社会的历史"而不是具体的"社会史"。② 对于韦勒的社会史观，联邦德国乃至国际史学界很快就展开了广泛而激烈的讨论。

二 于尔根·科卡

科卡比韦勒整整小了 10 岁，他在 1941 年出生，先后在马尔堡、维也纳、柏林和查帕尔希尔（美国北卡罗来纳州）等地学习历史和政治学，1965 年在查帕尔希尔大学获文学硕士学位，1968 年在柏林自由大学获博士学位，1973 年在明斯特大学取得教授资格，1973 年出任比勒费尔德大学一般史和社会史教授，自 1988 年起任柏林自由大学教授，直至 2009 年退休。1984 年和 1985 年先后被芝加哥大学和耶路撒冷希伯来大学聘请为客座教授。

同韦勒一样，科卡③也是以 18 世纪晚期以来的德国社会史为研究重点，但其著作以经验性研究居多，其中主要有：《1847—1914 年西门子公司的企业管理和职员：关于德国工业化中资本主义与官僚政治的关系问题》《战争中的阶级社会：1914—1918 年的德国社会史》《德国工业化中的企业主》《法西斯主义和民主政治之间的职员——职员的政治社会史：1890—1940 年国际比较中的美国》《社会史：概念—发展—问题》《1850—1890 年德国历史中的职员：从私人官员到招聘的雇员》《工资劳动与阶级形成：1800—1875 年的工人和工人运动》等。

科卡积极参加了 1960 年代末、1970 年代初联邦德国的史学大讨论，是"历史社会科学"概念的坚决拥护者。他把历史社会科学描述为这样一种历史科学，"它不以研究事件、个人、意图和行为为主，而是主要研究作为事

---

① Hans-Ulrich Wehler, Deutsche Gesellschaftsgeschichte, Bd. I. S. 10.
② Georg Iggers, Geschichtswissenschaft im 20. Jahrhundert. Ein kritischer Überblick im internationalen Zusammenhang. Göttingen, 1993, S. 59 - 137.
③ 参见孙立新《于尔根·科卡：德国的批判史学与社会史研究》，《史学理论研究》1993 年第 3 期。

件、决策和行为的条件和结果的结构和进程；对于这些结构和进程，决策者和行为的当事人往往没有或者也不可能有完全的认识，即使有所认识也往往是片面的认识，或另有意图，而这些结构和进程虽然对事件的发生起着决定性作用，但它们并不是从事件中自发产生的。据此，类似于结构史观察方法的拥护者曾经做过的那样，历史社会科学从一些获得成功的认识中，得出了下列结论，即历史的形成不以人的意志为转移，环境对于人的影响至少同人对环境的影响一样大。因此，把历史只当作事件、决策、意图和行为的关联来理解是远远不够的"。[①]

在科卡看来，历史社会科学从纲领上说是与历史科学等同的，是以理论为导向的。只有明确地运用理论，才能为研究超个体的、集体的现象创造前提。对阶级、阶层、角色地位（Rollen-Status）、层积（Stratifikation）、社会化、经济形态、经济增长、经济发展趋势、居民流动等问题的研究，传统史学的提问和解决方法是无能为力的。同韦勒一样，科卡也十分强调历史研究的社会功能，并把它描述为"启蒙—解放"。对自己的认识论和方法论前提和决定着这些前提的生活世界和科学的关联的反思是科卡也试图在历史编纂学中予以实现的若干主要要求之一。

在关于历史社会科学的理论基础的论文中，科卡比较详细地讨论了下列问题，即在研究某一特定的历史对象时，折中主义地运用若干出自社会科学的理论在多大程度上是可能的，或者有什么局限？按照科卡的意见，如果有若干理论对于分析同一历史现象是必需的，那么就必须说明选择的标准，这些标准将扩大活动的余地，排除随意性。这一点尤其适用于存在着互相竞争的理论情况。

科卡把理论这一概念改写为"清晰的概念系统和范畴系统，它们应当有助于识别、推断和解释特定的、将得到研究的历史对象，但并不是完全从史料中产生的，不可能被人们从史料中推导出来"。[②] 他很早就确定了研究历史问题和历史对象的三种运用理论的方法：（1）灵活地把个别社会科学的概念、范畴和模式结合到一种非理论的、历史的论证关系之中；（2）精确的历史经验性的社会研究，它通过假设来发掘历史资料，而这些假设是从社会科学的理论中推导出来的，是一种通过与类似现象做比较而求得一般

①　Jürgen Kocka, Sozialgeschichte-Strukturgeschichte-Historische Sozialwissenschaft. Vorüberlegungen zu ihrer Didaktik, in: Geschichtsdidaktik, Vol. 2, 1997, S. 292 – 293.

②　Jürgen Kocka (Hrsg.), Theorien in der Praxis des Historikers. Göttingen, 1977, S. 178.

化结合的尝试；（3）仿照马克斯·韦伯，发展理想类型的方法。①

19—20 世纪的德国职员史是科卡经验史研究的主要课题。② 科卡试图从历史的角度解答职员社会学研究所提出的问题。他首先从德国工业化过程中，考察了职员阶层的形成以及工人和职员的差别。在他看来，作为企业内部的团体，职员早在工业化的第一阶段（1830 年代）就已经出现，少数雇员，如簿记员、工程师、出纳员、登记员、车间领班、工头、文书、绘图师、书记员等，以一种特殊的法律地位高踞于其他雇员之上。具体表现是：职员的收入是薪金而不是工资，他们可以按照资历的高低定级，他们的工作岗位比较稳定，劳动时间和所受监督较少，他们在企业早期的养老金和保险金方面享有优先权，还可以度假并享受其他的企业福利，这些福利为职员提供了在某些方面与国家官员类似的好处。科卡指出：工业企业至晚在引进完备的会计和记账制度后，就是说在基本上脱离了手工工场并向资本主义工厂转变时期，便开始把薪金收入者（职员）和工资收入者（工人）区别开来。因此，职员是工业资本主义的直接产物。③

随着德国工业化第二阶段的开始（自 1870 年代起），企业规模不断扩大，标准化生产迅速发展，企业广泛采用了官僚政治的组织技术，在企业管理上制定了许多规章制度（劳动制度、指导、岗位条例、聘用标准和操作规程等），所有这些都极大地促进了手工劳动和脑力劳动之间的分离，扩大了系统的劳动分工，职员人数及其在整个雇员群休当中的比例显著提高。职员的社会性团体也开始出现。到德国工业化的第三个阶段（从 1890 年代中期到第一次世界大战前夕），一个明显区别于工人的职员阶层就完全形成了。1911 年《职员保险法》颁布，它不仅使职员团体在保险方面享有超出工人的特权，而且也是第一次对职员概念做了法律定义。在这里，从立法上出现了一股旨在加强全体职员的共同性并严格地与工资劳动者区别开来的强大作用力。④

---

① Jürgen Kocka, Theorien in der Sozial-und Gesellschaftsgeschichte, in: Geschichte in Wissenschaft und Unlerricht, Vol. 1. 1975, S. 9 – 42.

② 参见 Jürgen Kocka, Unternehmensverwaltung und Angestelltenschaft am Beispiel Siemens 1847 – 1914. Zum Verhältnis von Kapitalismus und Bürokratie in der deutschen Industrialisierung. Stuttgart, 1969。

③ Jürgen Kocka, Die Angestellten in der deutschen Geschichte 1850 – 1980: vom Privatbeamten zum angestellten Arbeitnehmer. Göttingen, 1981, S. 62.

④ Jürgen Kocka, Die Angestellten in der deutschen Geschichte 1850 – 1980. S. 86.

　　科卡着重从德国前工业的、前资本主义的官僚政治传统和德意志帝国工业官僚政治的框架结构上，对职员阶层的社会地位和心理特征进行了分析说明。他也通过与英美诸国的比较，指出了德国工人和职员的特殊性。科卡认为，一个国家的前工业史影响着它的工业化进程、速度和特征；前工业统治集团的兴趣、态度和行为方式更是决定经济发展进程和社会经济转变的重要因素。与盎格鲁－撒克逊国家不同，在普鲁士，在工业化之前很久，存在着一种训练有素的强大的官僚政治。德国的工业化并没有同官僚政治发生多大矛盾，相反，却是在官方的领导和监督下，通过国家管理和强大影响及推动而进行的。官僚政治的组织方式、行为方式、精神和样板因而渗透到政治和社会的所有领域。经验研究表明：无论是雇主对待职员的态度，还是职员的自我意识，都是以官员模式为根据的，这一点充分体现了德国工业化的政治传统。职员把自己与享有声望的国家官员等同起来，把自己的活动标榜为"精神"的，把自己的职责说成为公司"官方"服务的，并且自以为是公司权威的承载者。在德国工业资本主义扩张阶段，许多工业主继续以前工业的理想和封建农业地区的生活方式为根据，而雇员当中的一大批人也同样依照前工业的官员类型和官僚政治的模式行事，他们很少追求资产阶级企业的价值观，如冒险、首创、竞争和个人负责等。与许多企业主的封建化趋势相对应，也出现了职员的官员化趋势。这种类型的职员在英国和美国的历史上是不曾出现过的。因此，德国的职员也被同时代人称为"私人官员"。这个概念比英语的"白领雇员"概念更清楚地表明了德国职员的特征及其与工资劳动者的区别。科卡指出：与其他可比较的工业国家相比，在德国，工人和职员之间的差别更为突出，这是一个社会现实。普鲁士德国社会的官僚政治传统为迅速发展起来的职员中间阶层——所谓的"私人官员"——提供了集体的自我鉴别模式，成为他们特权化要求和脱离工人的基础。面对迅速成长起来的、激烈的社会主义抗议运动，面对一个尚未完全同化到资产阶级社会而以革命姿态出现的无产阶级，大部分职员都强调他们的资产阶级属性，站到非无产阶级的、反社会主义的阵营里去了。①

　　科卡还进一步考察了职员在两次世界大战期间的政治态度和政治行为，探讨了由工人和职员的差别所造成的对立和冲突的社会政治后果。科卡认

---

① Jürgen Kocka, Die Angestellten in der deutschen Geschichte 1850 – 1980. S. 144.

为：德国职员借对 1918 年到 1933 年的社会经济变动和经济危机做出反应的抗议，抗议的规模、色彩、程度和斗争方向，也要部分地从官僚政治传统的影响上来说明。在此基础上，德国职员形成了一种特殊意识，即竭力把自己与工资劳动者区别开来，并追求特权。这种特殊意识使职员把经济组织的现代化，"合理化"（尤其自 1924 年起）和与之相关的公事化、专业化以及对职员活动的多方面控制，包括工人与职员在收入、工作条件和生活条件等方面的持平现象，都看成人格和地位的降低、地盘的丧失、威胁和"无产阶级化"。他们害怕这些经历，企图阻止这些发展趋势。这种特殊意识也使职员在通货膨胀、大规模失业和经济危机的灾难性形势下，产生了双重的敌对态度：一方面是反对无产阶级，反对平均主义和社会主义的态度；另一方面是反对当权者和政府，反对雇主和资本家的态度。在魏玛共和国末期，工人和职员的差别成为极其重要的社会政治分界线，职员同城市个体经营者和农村农民一起，成为民族社会主义（纳粹）运动的积极支持者，对于共和国的覆灭和法西斯主义政党的篡权起了很大作用。①

科卡把职员史"当作德国社会史的一部分来写，从国际比较的角度来写"，② 具体而且翔实地描述了德国职员阶层的产生和发展情况，深入分析了职员阶层的心理特征，精辟地指出了在德国近代史上工人和职员的差别，进而从一个侧面探讨了纳粹主义在德国盛行的条件问题，使人们对"德意志的灾难"和"德意志特殊道路"有了更深刻的认识。

对第一次世界大战期间的德国社会进行总体分析，是科卡把社会科学的理论模式运用于经济史研究所做的一个方法实验，即检验对于分析一个整体社会及其短时间内的变化，某种从社会科学理论引申出来并根据研究对象做了适当修正的模式可以发挥什么作用。在《战争中的阶级社会：1914—1918 年的德国社会史》一书中，科卡试图运用阶级社会的模式，考察经济、社会、社会心理和政治范围内，社会阶级、阶层的内部结构和相互关系，尤其注意它们在战争中和由于战争而发生的变化。科卡认为：在资本主义社会中，个人和团体的阶级属性，或他们的阶级地位，是由他们在资本主义社会生产体系中所处的地位决定的（即占不占有私人财产，对生产工具是否拥有支配权），这种阶级地位反过来又成为阶级利益的决定因素。阶级利益是客观存在的，或"潜在的"，往往不被人们意识到。在资本

---

① Jürgen Kocka, Die Angestellten in der deutschen Geschichte 1850 – 1980. S. 163 – 166.
② Jürgen Kocka, Die Angestellten in der deutschen Geschichte 1850 – 1980. S. 9.

主义的生产组织基础上，存在着两种截然不同的阶级利益，并由此构成了资本家阶级和雇佣劳动者阶级之间的阶级对立。阶级对立影响着生产关系，而且渗透到社会现实的各个方面，因为阶级地位决定着阶级成员通向各种各样生活机会的渠道，例如收入的多寡、消费的优劣、教育水平的高低、法律地位的高低和政治权力的大小等，所以，国家是经济上占统治地位的阶级的统治工具。此外，阶级地位和阶级的对立也决定着人们主观的或声明的兴趣、期望和意识，观点和态度以及属于某一阶级成员的自我意识，决定着阶级组织和为实现阶级组织的目的或捍卫阶级组织的利益而采取的各种各样的措施行动。当被统治阶级感觉或意识到他们的合法要求与现实生活有很大距离时候，阶级对立便会表现出强烈的阶级紧张关系，并导致阶级冲突。在这里，国家主要是被用来服务经济上占统治地位的阶级的。在战争期间，阶级对立日益明朗，阶级紧张关系不断升级，阶级冲突越来越激烈的总趋势，最终会导致革命的爆发。[①]

不难看出，科卡的阶级社会模式"归根结底是从马克思的阶级理论中引申出来的，但被做了典型化的处理，在很大程度上脱离了马克思历史哲学的思想关系"。[②] 科卡承认，阶级成员和各阶级的对立是由生产资料所有制和对生产资料的控制所决定的，承认主观的"阶级立场"促进了对其阶级利益的主观意识，承认阶级组织是根据各自的阶级利益组成的，这些利害关系决定着在政治行为中表现出来的阶级冲突的具体形式。但是科卡认为这一模式并未提供一种马克思认为可能的，关于实际发展过程的客观复制品，而是制定了一个理想类型。这一理想类型可用于鉴别和分析"历史事实的某些成分和因素"，[③] 因而是启发式的工具，不能证明是否真伪，而仅能同现实相比较。这就等于否定了马克思主义关于阶级斗争理论的客观实在性。

运用阶级和社会模式研究第一次世界大战中的德国社会充分表明了科卡对马克思主义理论的高度重视。科卡认为，与其他的概念系统相比，马克思主义的概念系统更适合于建造一个广泛的事实谱系，它把处于相互联系的经济、社会、政治统治和意识形态当作自己的研究对象，并使社会经

---

①　Jürgen Kocka, Klassengesellschat im Krieg. Deutsche Sozialgeschichte 1914 – 1918. Göttingen, 1978, S. 3 – 5.

②　Jürgen Kocka, Klassengesellschat im Krieg. S. 3.

③　Jürgen Kocka, Klassengesellschat im Krieg. S. 38.

济因素成为衡量社会发展的标准尺度。马克思主义至少在19世纪和20世纪早期的近代工业社会中曾经有过实际对应物。考察这一时期的历史，以马克思的阶级斗争理论为根据的阶级社会模式首先从其研究对象来说，就赢得了某种优先权。而且，在第一次世界大战结束之际爆发了一场革命，这一事实本身也可以说明社会主义理论的合理性。但是科卡对于马克思主义的理解带有一定的片面性，他不是把马克思主义当作世界观和理论基础来接受，而是把马克思主义只看作社会科学方法中可以运用的科学方法之一，认为把马克思主义历史理论从一般历史唯物主义理论的密切影响下解脱出来，是在一定程度上利用马克思主义历史理论的前提和必要条件。同大部分西方历史学家一样，科卡对于把马克思主义当作历史研究的理论指导的做法也多有指责，并且否认历史科学中的党性原则。

1980年代以后，科卡把自己的研究重点转向了19世纪德国的资产阶级、德国的劳工和社会不平等等课题，主持了多个国际范围的社会科学和人文科学工作者——包括原东欧国家的一些科学工作者——合作项目。对于西方史学家日益增多的关于"后现代主义""日常生活史""微观历史""历史人类学""计量史学"等理论方法的讨论，他也撰写了许多论文，进行了多方面的探讨。

第四节　1980年代以来的史学多元化

在1970—1980年代，批判的社会史学派的影响在联邦德国史学界不断扩大，"历史社会科学"也大有取代"德意志历史主义"而成为占主导地位的史学范式之势。然而，社会史研究最终未能实现独霸天下之夙愿，它不仅在崛起的过程中受到多方面的批评质疑，而且在崛起后也迅速发生了分化，新的流派不断涌现，并与正宗社会史学派展开了激烈竞争。还有一些历史学家无法从学术理念上分门归类，只得以其政治倾向判为左派或右派。总之，1980年代以后，联邦德国史学呈现极其多元的态势，各种各样的新理论、新观点层出不穷，但无任何一种理论观点占据绝对优势。与之相应，在有关德国近现代史，特别是有关纳粹历史的编纂和解说方面，历史学家之间的争论也日趋激烈，左右派的分野和对抗更加突出。

批判的社会史学派首先受到德意志－瑞士历史学家、时事评论家、作家戈罗·曼（Golo Mann，1909—1995）的批评。戈罗·曼是德国著名作家、诺贝尔文学奖获得者托马斯·曼（Thomas Mann, 1875—1955）的儿子，德国存在主义哲学家、神学家、精神病学家卡尔·雅思贝尔斯的学生。希特勒上台后，他跟随受到纳粹迫害的父亲经法国、瑞士流亡美国。1950 年代中期回德国，后来定居瑞士，曾在斯图加特大学担任过一段时间的政治科学教授，后来又成为自由职业的历史编纂者和时事评论家。

在政治上，戈罗·曼并无明确的立场，他与基督教民主联盟政治家康拉德·阿登纳和社会民主党人维利·勃兰特都有交往，也曾帮助基督教社会联盟主席弗兰茨·约瑟夫·施特劳斯（Franz Josef Strauß, 1915—1988）竞选总理。他不赞成大学生运动，却又担任过勃兰特的顾问，支持其新东方政策（Ostpolitik）。

作为历史学家，戈罗·曼主要以其著作《瓦伦施坦》和《19 和 20 世纪德国史》闻名于世，其著作虽然十分畅销，但他秉持悲观主义的人类学观点，不相信历史进程中的进化，认为人在政治生活中发挥不了多大作用，个人对政权的影响十分有限。他在描写历史人物时，使用的是文学手法，只重视可理解性和生动形象，完全不考虑历史编纂的专业性和客观真实，甚至将虚构的内心独白穿插到人物传记之中。他喜欢平铺直叙，从不探讨事件发生的背景，[1] 基本不用诸如"由此可见"或"问题在于"等专业历史学家惯用的短语。[2]

戈罗·曼反对社会史学家在历史研究中运用理论的做法，声称任何一种理论都不能将研究对象的所有细节一网打尽，历史学家必须从各个不同角度接近研究对象。历史学家不需要理论，需要的只是知识。历史学是一门建立在知识基础上的艺术，历史著作是"一部真实的带空白的小说"。[3]

1978 年，戈罗·曼曾在一次历史学家会议上与社会史学家汉斯-乌尔里希·韦勒直接交锋。韦勒批评描述性历史编纂，指责戈罗·曼坚持一种过时的历史观。戈罗·曼则反唇相讥，批评韦勒及其学派缺乏从人的经历中获得的同情心，不能真正理解历史人物的言行，也无法将历史写得生动形象。[4]

---

[1]　Hans-Martin Gauger, Zum Stil Golo Manns, in: Hartmut Hentig/August Nitschke（Hrsg.）, Was die Wirklichkeit lehrt. Golo Mann zum 70. Geburtstag. Frankfurt a. M., 1979, S. 313 – 351, hier S. 328.

[2]　Urs Bitterli, Golo Mann: Instanz und Aussenseiter; eine Biographie. Berlin, 2004, S. 256.

[3]　J. Kocka und Thomas Nipperdey（Hrsg.）, Theorie und Erzählung in der Geschichte. München, 1979, S. 17 – 62, hier S. 49.

[4]　参见 J. Kocka/Thomas Nipperdey（Hrsg.）, Theorie und Erzählung in der Geschichte. München, 1979。

安德里亚斯·希尔格鲁伯（Andreas Hillgruber，1925—1989）和克劳斯·希尔德布兰特（Klaus Hildebrand）也是社会史学派的坚决反对者。他们与重建时期的保守派史学家一样，继续坚持德意志历史主义的基本原则和个体化研究方法，强调政治对于各种社会因素而言的相对自主性。但在国际国内各种新思潮的影响下，他们也对传统史学进行了一定程度的革新，提出了"现代政治史"的主张，[①] 可称为"新保守主义"史学家。

希尔格鲁伯是德国近现代军事史、政治史和外交史的专家。他在 1943 年参加武装部队，当过下级军官，1945 年被俘，先是被关押在美国战俘营，后来又被转到法国战俘营，1948 年获释，1948—1952 年在哥廷根大学学习历史、日耳曼文学和教育学，1952 年完成关于第二次世界大战期间的德国－罗马尼亚关系问题的博士论文，1954—1964 年在一所中学工作，1962—1964 年担任马尔堡伊丽莎白学校（Elisabeth Schule）的校长，后来转入马尔堡大学任教，完成有关希特勒的战略（Politik und Kriegsführung 1940/1941）问题的教授资格论文，1965 年成为马尔堡大学的教授，1968 年转到弗莱堡大学，1972—1989 年在科伦大学当教授。

希尔格鲁伯十分厌恶理论，反对归纳概括的方法，主张一种"辨认相同性"的叙事方法，在集中探讨历史人物和政治决断时，不忽视社会因素，也不拒斥共和制度和价值。希尔格鲁伯特别关注军事史，但并非以军事史自身为目的的研究军事史，而是把它与政治史联系起来，从它与政治史的相互作用来考察它。他往往被人贬称为军事史家（Militärhistoriker），实际上这种称号是不准确的。

早在他的教授资格论文中，希尔格鲁伯就提出了这样的命题，即希特勒主要是根据种族意识形态做出在 1941 年进攻苏联的决定的，希特勒在社会达尔文主义的影响下，要为他所认为的"价值最高的种族"雅利安人争夺土地。与之紧密相连的则是这样的决定，即剥削和消灭"价值较低的种族"斯拉夫人。在 1950 年代初，希尔格鲁伯把第二次世界大战看作一场常规战争，但在后来，他逐渐改变了这种看法。他在 1965 年论证说，战争对于希特勒来说是无情的、意识形态的，绝不应当向敌人显示任何仁慈。希特勒是一位疯狂的意识形态论者，他的计划具有一种明确的阶段性（Stufen-

---

① A. Hillgruber, Politische Geschichte in moderner Sicht, in: Historische Zeitschrift 216 (1973), S. 529 – 552; H. – U. Wehler, „Moderne" Politikgeschichte? Oder: Willkommen im Kreis der Neorankianer vor 1914, in: Geschichte und Gesellschaft, 22 (1996), S. 257 – 266.

plan），其目标是：（1）消灭所谓的"犹太 – 布尔什维克"领导阶层以及中东欧的犹太人；（2）为第三帝国争取殖民地和"生存空间"；（3）减少斯拉夫人的人口数量并把斯拉夫人置于德国新建的所谓"国家专区"（Reichs-kommissariaten），由德国人统治。此外，他还计划建立一个自给自足的、封闭的欧洲大陆的"大空间"，并由他本人亲自统治，被征服的苏联地区可作为经济上进行补充的空间，可为大陆的霸权提供保障，最终可为"世界强权地位"的长远目标的实现提供有利条件。

自 1985 年起，希尔格鲁伯开始对德国那种想要避开灭绝犹太人的暴行来记述第二次世界大战史的军事史编纂提出了批评，坚决主张把对犹太人的屠杀当作第二次世界大战的一个有机组成部分来看待，但也强调希特勒是屠杀犹太人背后的推动力量（主谋、主犯）。[1]

克劳斯·希尔德布兰特是希尔格鲁伯的学生，也是德国现代政治史的重要代表，曾在韦勒之前担任比勒菲尔德大学当代史教授；1974 年转入美因河畔法兰克福大学，担任中世纪史和近代史教授；1977 年转入明斯特大学，任近代史教授；1982 年又转入波恩大学，任中世纪史和近代史教授，直至 2010 年退休。

希尔德布兰特重视外交史，强调国际关系对于国家政治决策的重要性，反对社会史学家韦勒提出的"对外政策原则上依赖于国内政治"的观点，主张从国际关系角度编纂政治史，并且提出了以个体和个体的意图为中心的解说模式。[2]

希尔德布兰特还根据其老师的地缘政治学说，坚持从德国在中欧的地理位置来解释德意志发展"特殊道路"的合理性，强调位于欧洲心脏地带的德意志帝国从建立伊始便意味着极大的冒险。由于特殊的地理位置，德意志帝国稍有动作便会引起国际关系的不稳定。如果说俾斯麦的保守政策和卓越智慧尚能使它得到平稳发展，那么在俾斯麦之后出现的民族主义狂

---

[1] Andreas Hillgruber, Der geschichtliche Ort der Judenvernichtung. Eine Zusammenfassung, in: Eberhard Jäckel, Jürgen Rohwer（Hrsg.）, Der Mord an den Juden im Zweiten Weltkrieg. Frankfurt a. M., 1987, S. 213 – 224.

[2] K. Hildebrand, Geschichte oder „Gesellschaftsgeschichte". Die Notwendigkeit einer politischen Geschichtsschreibtmg von den internationalen Beziehungen, in: Historische Zeitschrift 223（1976）, S. 328 – 357.

热和帝国主义冲动则导致了它在第一次世界大战中的崩溃。①

　　新保守主义史学家在德国历史学会（Verband der Historiker Deutsch-lands）和颇具影响力的《历史杂志》和《历史研究与教学》（Geschichte in Wissenschaft und Unterricht）中很有势力，也是科尔政府历史政策的主要策划者，其政治倾向比较保守，属于"新右派历史修正主义者"。在关于德意志特殊道路争论和历史学家争论中与左派史学家进行过激烈斗争。

　　托马斯·尼佩代（Thomas Nipperdey，1927—1992）也是社会史研究的激烈批评者，但其批评意见比较中肯，受到韦勒和科卡等社会史学家的认真对待；他本人也与社会史学家过往甚密，友好相处。

　　尼佩代曾在科伦大学、哥廷根大学和剑桥大学学习哲学和历史科学，1953年获得博士学位，博士论文题目为《黑格尔早年著作中的实证主义和基督教》。博士毕业后，尼佩代获得"议会和政党史研究委员会"（Kommission für Geschichte des Parlamentarismus und der politischen Parteien）奖学金，并成为哥廷根马克斯－普朗克历史研究所（Max-Planck-Institut für Geschichte in Göttingen）的助理工作人员，1961年以论文《1918年以前的德国政党组织》获得教授资格，② 1962年成为吉森大学近代史教授，1963年转入卡尔斯鲁厄理工大学，1967年转入柏林自由大学，自1971年起在慕尼黑大学任教，也是牛津大学、斯坦福大学和普林斯顿大学的客座教授。

　　尼佩代虽是社会民主党党员，但属稳健派，既不保守，也不激进。③ 他从一开始就对批判的社会史学派的理论方法论持批评意见，断言该学派对传统史学的纠正是矫枉过正。但他也不满传统史学对外交、国家行动的过分关注以及对社会结构的忽略，承认他与"历史社会科学"之间其实还是存在着某些共同之处。他致力于在现代前史学传统与现代后新史学之间做疏通工作，希望寻求一条更好的历史研究与编纂途径，重新评价19世纪的历史。

①　K. Hildebrand, Das vergangene Reich. Deutsche Aussenpolitik von Bismarck bis Hitler, 1871 – 1945. Stuttgart, 1995.

②　Wolfgang J. Mommsen, Rezension zu: Thomas Nipperdey: Die Organisation der deutschen Parteien bis 1918, in: Historische Zeitschrift Bd. 199, 1964, S. 627 – 632.

③　Horst Möller, Aufklärung und Demokratie. Historische Studien zur politischen Vernunft. München, 2003, S. 396.

　　在三卷关于"漫长的 19 世纪"的德国史①巨著中,尼佩代在坚持政治史的主导地位的前提下,采用人类文化学理论和厚描述方法,全面叙述了 1800—1866 年德国历史的方方面面,不仅有以政治、经济、社会与外交为重点的结构史,而且包含了"小人物"的日常生活以及科学文化。而在出版于 1983 年的《德意志史(1800—1866 年)》②中,尼佩代开卷第一句话便是:"开天辟地拿破仑(Am Anfang war Napoleon)。"在他看来,突出拿破仑这样一个政治人物及其权力斗争的历史地位很有必要,因为"德意志人在奠定现代德国基础的 19 世纪的第一个 15 年的历史、他们的生活以及经历都处于他(拿破仑)那压倒性的影响之下"。③尼佩代强调历史发展的多种连续性,认为从德意志帝国传承下来的不只是专制国家与军国主义的连续性,还有诸如依法治国、社会福利完善和教育制度优良等其他传统。他还强调了在德意志帝国时代,现代化已有长足发展,尤其在资产阶级的隐秘性(私人法)以及教育、科学、建筑、新闻、戏剧等文化领域,取得了非凡的成就。④

　　尼佩代的著作受到了史学界与舆论界的普遍肯定。德国历史学家罗塔·加尔(Lothar Gall)称它是德国史学史上的杰作。而在写作后来的两卷时,尼佩代已经重病缠身,他以惊人的毅力坚持完成了此书。许多史学家对他的过早去世深感惋惜。⑤

　　当代史家汉斯·蒙森(Hans Mommsen)曾是汉斯·罗特菲尔斯的学生和助手,在康策那里取得教授资格,从 1968 年直到 1996 年初退休一直在新建的波鸿大学担任近代史教授,并在 1977—1985 年担任过工人运动史研究所所长。

　　在学术流派方面,汉斯·蒙森不属于社会史学家,但其研究领域包括社会史学家特别关注的工人运动史,他在研究纳粹主义问题时,也着重从

---

① Thomas Nipperdey, Deutsche Geschichte 1800 – 1918. München, 1998, Neuausgabe München, 2013. Zuvor getrennt erschienen als: Deutsche Geschichte 1800 – 1866. Bürgerwelt und starker Staat. München, 1983; Deutsche Geschichte 1866 – 1918. Arbeitswelt und Bürgergeist. München, 1990; Deutsche Geschichte 1866 – 1918. Machtstaat vor der Demokratie. München, 1992.

② Thomas Nipperdey, Deutsche Geschichte 1800 – 1866. München, 1983.

③ Thomas Nipperdey, Deutsche Geschichte 1800 – 1866. S. 11.

④ Thomas Nipperdey, 1933 und die Kontinuität der deutschen Geschichte, in: Historische Zeitschrift, 227 (1978), S. 85 – 111.

⑤ W. J. Mommsen, Die vielen Gesichter der Clio. Zum Tode Thomas Nipperdeys, in: Geschichte und Gesellschaft 19 (1993), S. 408 – 423.

结构史角度进行考察分析。他同马丁·布罗萨特（Martin Broszat）一样，反对"蓄意论者"把大屠杀发生的直接原因归咎于纳粹反犹主义中的"极端生物主义"，认同大屠杀本来就潜藏在纳粹党的意识形态中[①]的观点，坚信纳粹国家是一个复杂的实体，由数个权力中心组成，这一政权并不稳固，而是会随着时间的推移发生裂变，这一压力驱使纳粹政权走上了战争和屠杀的道路。其观点后来也被称作"结构主义"或"功能主义"（Funktionalismus）。[②]

汉斯·蒙森也曾积极参与过一系列重大史学争论，但其政治立场介于左右派之间，在争论中其站位也经常在左右派之间互换。

1970 年代以后，随着现代化危机的出现，后现代主义作为一种文艺思潮在西方国家广泛传播，并很快影响到哲学、社会学、美学、语言学、宗教学、心理学、教育学和历史学等诸多学科。"解构主义""厚描述""语言学转向"等史学观念风靡一时，叙事史复兴，日常生活史迅速崛起。在后现代主义的影响下，微观化历史或者说"日常生活史"（Alltagsgeschichte）研究、妇女史或者说"性别史"（Geschlechtgeschichte）开始兴起。到 1990 年代，日常生活史和妇女史在历史人类学的大旗下，汇集成"文化史"（Kulturgeschichte）或者更确切地说"新文化史"（Neue Kulturgeschichte）学派，并同社会史学派展开了激烈竞争。[③] 而新一代的社会史学家也有不少

---

① Richard Bessel, "Functionalists versus Intentionalists: The Debate Twenty Years On or Whatever Happened to Functionalism and Intentionalism?" In: German Studies Review 26, 2003, H. 1, S. 15 – 20; William W. Hagen, "Before the 'Final Solution': Toward a Comparative Analysis of Political Anti-Semitism in Interwar Germany and Poland." The Journal of Modern History, Vol. 68, No. 2, (Jun. 1996), pp. 351 – 381.

② 尼尔·格雷戈尔：《纳粹屠杀与南京暴行的研究：范式转变与比较启示》，杨夏鸣译，《南京大学学报》2010 年第 3 期，第 85 页。

③ U. Daniel, „Kultur" und „Gesellschaft". Überlegungen zum Gegenstand der Sozialgeschiehte, in: Geschichte und Gesellschaft 19 (1993), S. 69 – 99; G. G. Iggers, Geschichtswissenschaft im 20. Jahrhundert. Göttingen 1993, S. 73 – 96; R. Sieder, Sozialgeschichte auf dem Weg zur historischen Kulturwissensehaft?, in: Geschichte und Gesellschaft 20 (1994), S. 445 – 468; C. Conrad u. M. Kessel (Hrsg.), Geschichte schreiben in der Postmoderne. Stuttgart, 1994; W. Kaschuba, Kulturalismus: „Kultur" statt „Gesellschaft"? in: Geschichte und Gesellschaft 21 (1995), S. 80 – 95; Thomas Mergel u. Thomas Welskopp (Hrsg.), Geschichte zwischen Kultur und Gesellschaft. Beiträge zur Theoriedebatte. München, 1997; W. Hardtwig/H. – U. Wehler (Hrsg.), Kulturgeschichte Heute. Göttingen, 1996; W. Hardtwig/H. – U. Wehler, Kulturgeschiehte Heute. Göttingen, 1996; U. Daniel, Clio unter Kultursehoek. Zu aktuellen Debatten der Geschichtswissenschaft, in: Geschichte in Wissenschaft und Unterricht 48 (1997), S. 195 – 218, S. 259 – 278; H. – U. Wehler, Die Herausforderung der Kulturgeschichte. München, 1998.

人开始了所谓的"语言学转向"（Linguistische Wende），着重从人类文化学中寻求历史研究的理论方法论工具。还有一些人试图借助文化史观念，侧重于从话语、礼仪、符号和交往过程的角度，分析历史上的政治和法律问题，提出了"新政治史"（Neue Politikgeschichte）的范式。①

在纳粹史研究方面，新一代历史学家大都变得更为理性化，他们不赞同使用批判的观点去教育当代青年，不愿意继续打击民族自豪感，与此同时，他们也绝对不同意偏离战后的基本立场，即使面临"比较难的心理上的承受力"，也要勇于承担责任。他们既主张认真梳理历史罪责问题，又要求适当维护民族尊严。例如在分摊罪责方面，最初，人们直接将责任推给"希特勒"，将希特勒妖魔化，是推卸责任、证明德意志民族无辜的最好方式。其次，人们将矛头对准纳粹党或极端右翼分子，认为他们才是战争狂、屠杀者。直到 1970 年代，批判社会史家才强调指出，尽管有抵抗运动，尽管普通人并不能阻挡屠犹事件的发生，然而整个民族仍然应该在希特勒上台问题上承担责任。新一代历史学家则扩大了历史视野。他们希望人们理解历史不幸形成的真正原因，并帮助当事人认清历史真相。历史学家马丁·布罗萨特承担的"巴伐利亚研究项目"分析了纳粹党老巢巴伐利亚地区各阶层、各职业、各地域民众对于纳粹夺权的影响以及他们在第三帝国时期的活动，从中检讨了普通人对于纳粹体制横行的责任，也厘清了普通人在血腥屠杀事件中的行为。② 对"儿童下乡"（Kinderlandverschickung）的研究也是如此。1941 年，由于德国城市屡次遭受英国空袭，希特勒下令将 14 岁以下的儿童转移到安全的农村，并在那里建立"儿童集中营"，接受集体教育。一些当事人在接受访谈时，并不认为这一行动值得检讨，相反，很多人都以一种愉悦的心情回忆这段历史。③ 然而德国历史学家认为，他们有责任纠正这种错误的"感观结论"。因而在最近的一段时间中，出现不少相关研究。历史学家用大量事实展开论述，告诉当事人以及现在的青年人，这种"儿童下乡"行动还隐含着纳粹教育的目标。④

---

① Ute Frevert/Heinz-Gerhard Haupt（Hrsg.），Neue Politikgeschichte. Perspektiven einer historischen Politikforschung. Frankfurt a. M.，2005.

② Martin Broszat u. a.（Hrsg.），Bayerin in der NS-Zeit，6 Bd. München，1977 – 1983.

③ Thomas Gießmann und Rudolf Marciniak（Hrsg.），„Fast sämtliche Kinder sind jetzt Weg."Quellen und Zeitzeugenberichte zur Kinderlandverschickung aus Rheine 1941 – 1945. Münst u. a.，2001.

④ Gerhard Kock，„Der Führer sorgt für unsere Kinder…"Die Kinderlandverschickung im Zweiten Weltkrieg. Paderborn u. a.，1997.

新一代的史学家更希望通过如互联网、电影等多元化的历史教育手段，运用"人性叙述"的方式，让德国的青年一代从历史中吸取教训。不来梅大学的高特曼博士就开设了"网上纳粹主义研究"，引导学生寻找网络资料，还原第三帝国的历史。学生可以通过网上的屠犹纪念馆找到更多的感性资料，反省罪责问题；也可以通过网上的抵抗运动介绍，发现德国人身上的闪光点。2004 年德国上映了《帝国的毁灭》，重现了第三帝国最后的12 天。这部影片在德国好评如潮，并在影展中获得了一个奖项。相反在法国，它却被视作为纳粹翻案的企图，遭到了诸多指责。引起争论的问题是，这部电影首次将妖魔化的希特勒"人性化"了。事实上，这部电影是在众多德国史学家的参与下完成的，其中很多场景完全符合历史真相。历史学家向德国民众展示了希特勒的无奈、戈培尔的残暴、戈培尔夫人的愚昧以及一些军官未被泯灭的良心。

但也有一些具有强烈民族保守主义倾向的历史学家力图通过重新解说德国历史，特别是纳粹主义、第二次世界大战、反犹主义和种族大屠杀历史，为特定的政治和意识形态目标服务。他们虽然认同民主政治，但借由所谓的"右派葛兰西主义"来反制左翼自由主义者和社会民主主义者在文化上的优势，"以右派的知识霸权来取代左派的知识霸权"，[①] 通过"更改在学术上、政治上和社会上早已获得普遍承认的历史观并借此对特定事件做出与当前历史科学定论完全不同的解释和/或解说"，[②] 从而夺取话语权，影响社会，操纵国家发展方向。

埃尔朗根大学历史教授赫尔穆特·迪瓦尔特（Helmut Diwald）可谓新右派历史修正主义的最早代表，[③] 他在 1978 年出版的《德意志人的历史》[④]一书中，声称对犹太人的大屠杀虽然是"现代最恐怖的事件之一"，但被人有意识地加以利用了，"为了彻底剥夺一个民族的生存资格"。而在奥斯维辛集中营之所以会出现大规模人员死亡现象，主要因为那里关押的都是丧失了劳动能力的人。所谓的"犹太人问题的最后解决"最初并非蓄意谋杀，而是要将犹太人迁移和驱逐到德国东部地区。就连纳粹党卫队总头目海因

---

① 理查·沃林：《非理性的魅惑——向法西斯靠拢：从尼采到后现代主义》，阎纪宇译，立绪文化事业有限公司，2006，第 217 页。

② http://de. wikipedia. org/wiki/Geschichtsrevisionismus.

③ Claus Leggewie, Die Republikaner. Phantombild der neuen Rechten. Berlin, 1989, S. 62.

④ Hellmut Diwald, Geschichte der Deutschen. Frankfurt a. M. u. Berlin, 1978.

里希·希姆莱本人也希望降低死亡率。① 迪瓦尔特虽然没有否认纳粹罪行，但极力低估和淡化这一罪行。

1983 年，迪瓦尔特又出版了《勇敢面对历史》② 一书，指责左派历史学家对科学伦理的背叛，声称他们不是在写"真正的历史"，也不是要从个人的角度克服他们自己的过去，而是在"肢解中小学和大学里的历史课"，彻底抹杀"本民族历史的价值和意义"。③

年老且以"保守主义分子"自我标榜的哥廷根大学历史学家阿尔弗雷德·霍伊斯（Alfred Heuss）则在 1984 年出版了《失灵与灾难》④ 一书，声称希特勒的选举者和追随者原本是"毫无政治意图"的，他们仅仅是"一群受情绪、希望和期望驱使的人，在夺取政权之前并无定见，而是像流沙一样随风奔走"。⑤ 纳粹政权的建立是德国历史连续性的中断，纯属偶然现象。⑥ 不仅如此，霍伊斯还将纳粹罪行归咎于希特勒个人，认为无论是征服和灭绝战争还是种族屠杀，都没有得到大多数德意志民众的支持，甚至也没有得到纳粹党大多数追随者和成员的支持，所有罪行都是由位于整个体制最顶端的极不负责、极凶残、极疯狂的一个"外国人"犯下的。⑦ 这是一种与左派的社会结构论大相径庭的解说，其目的显然是要为德国人推卸"集体罪责"。

科伦大学历史学资深教授安德烈亚斯·希尔格鲁伯一直坚持德国历史主义传统的政治史观，专注德国近现代的外交史和军事史，现在他也开始支持新右派历史修正主义，并在 1986 年春天出版《两种毁灭——德意志国家的分裂和欧洲犹太文化的终结》⑧ 一书，特别针对纳粹德国的东方战争发表了一系列修正主义观点。在希尔格鲁伯看来，英、美、苏等国在未获悉纳粹分子大屠杀暴行之前，就有摧毁普鲁士和分裂德国的意图了。东欧各国大规模驱逐德意志人的行动也不是对纳粹罪行的反应，而是与盟国早就

---

① Hellmut Diwald, Geschichte der Deutschen. S. 165.

② Hellmut Diwald, Mut zur Geschichte. Bergisch Gladbach, 1983.

③ Hellmut Diwald, Mut zur Geschichte. S. 7.

④ Alfred Heuss, Versagen und Verhängnis. Vom Ruin deutscher Geschichte und ihres Verständnisses. Berlin, 1984.

⑤ Alfred Heuss, Versagen und Verhängnis. S. 125.

⑥ Alfred Heuss, Versagen und Verhängnis. S. 119 – 120.

⑦ Alfred Heuss, Versagen und Verhängnis. S. 121 – 122.

⑧ Andreas Hillgruber, Zweierlei Untergang: Die Zerschlagung des Deutschen Reiches und das Ende des europäischen Judentums. Berlin, 1986.

策划好并在战争期间有机会加以实施的计划完全一致的。主张"普遍流行的认为德意志国家分裂是纳粹罪行应得的报应"、盟国仅仅以推翻"邪恶的独裁者"为目标的观点，纯属骗人的谎言。[①]

希尔格鲁伯还提出了今日历史学家应当从何种视角观察和描述历史事件的问题。他说：与希特勒保持一致的视角是"不可能的"，采用苏联红军的视角是"不可想象的"，唯一正确的做法是采用当时在东方作战的德国军队和遭到盟国驱逐的德意志流亡者的视角。据此，希尔格鲁伯肯定纳粹德国武装部队为保护东部德意志人免遭苏联红军"报复"，协助他们逃亡西方而付出的努力，完全排除了"毁灭战争中的道德"的问题。[②]

1985 年 5 月 8 日，在联邦德国众议院举行的二战结束 40 周年纪念会上，时任联邦总统里夏德·冯·魏茨泽克发表演讲，旗帜鲜明地将 1945 年 5 月 8 日这一天称作全体德国人的"解放日"，因为它把所有德国人都从纳粹的暴行中解放出来了。德国人不应该把自己遭遇的不幸与这个日子联系在一起，而是应该与希特勒篡夺国家政权的 1933 年 1 月 30 日联系在一起。德国人不应该仇恨战胜国，而是应该仇恨罪恶的纳粹统治。对于这一赢得国际社会普遍赞扬的表态，希尔格鲁伯同样表示反对。在他看来，"解放"概念只适合那些被从集中营和监狱中解救出来的纳粹政体的受害者，并不适合所有德意志人。[③]

希尔格鲁伯承认屠杀犹太人为纳粹分子的犯罪，肯定这一大屠杀是欧洲犹太人遭遇的一场大灾难。与此同时，他也把盟国对德意志人的大规模驱逐和对德意志国家的肢解看作德意志人的灾难，并且认为当时在欧洲普遍爆发的强制迁移与消灭集体性人口的大规模实践，是导致这两场灾难产生的共同历史语境。[④] 通过这一类比，纳粹罪行也就被相对化了。

米夏埃尔·施图尔默原为批判史学家的一员干将，也曾支持批判的社会史研究，自 1973 年起担任埃尔朗根大学中世纪史和近代史教授，后来却成为联邦总理赫尔穆特·科尔的政治顾问，转入新右派史学家阵营。他于 1986 年 4 月 25 日在《法兰克福汇报》上发表了《没有历史的国家的历史》一文，要求"回归文化传统"，实现"正常化"，"放眼未来"。他声称"方

① Andreas Hillgruber, Zweierlei Untergang. S. 9f.

② Andreas Hillgruber, Zweierlei Untergang. S. 24.

③ Andreas Hillgruber, Zweierlei Untergang. S. 24.

④ Andreas Hillgruber, Zweierlei Untergang. Einleitung.

向迷失和认同性寻求是孪生姐妹"，政治家不应忽略，"谁拥有记忆，塑造概念，解释过去，谁就可以在没有历史的国家中赢得未来"。对于民族认同性的迷茫早在 1945 年以前就对德国的历史发展产生了不利影响，当前，不仅仅在纳粹时期而且在战后初期也成为历史考察的重点。然而，阿登纳使联邦德国转向西方的政策源于对历史的错误解释和各种历史观的相互竞争。这种状况自然会使邻邦深感困惑，不知道联邦德国究竟要走向何方。他主张，作为欧洲防御体系的中间环节，联邦德国承担着稳定世界政治和世界经济的责任，它必须找回丢失了的历史，保持历史的连续性，克服外交政策的脆弱问题。①

对于许多新右派历史修正主义者来说，柏林自由大学的历史学家和哲学家恩斯特·诺尔特（Ernst Nolte）不啻一位"精神领袖"和"教父"，他不仅对纳粹历史进行了修正主义阐释，而且还为将纳粹罪行的相对化提供了多种"理论方法论"依据。②

诺尔特于 1952 年在弗莱堡大学获得博士学位，1965 年被聘任为马尔堡大学近代史教授。1973 年转入柏林自由大学弗里德里希·迈内克研究所（Friedrich-Meinecke-Institut），继续担任近代史教授，直到 1991 年退休。诺尔特的成名作是他在 1963 年出版的《法西斯主义时代——法兰西行动、意大利法西斯主义、民族社会主义》。在此书中，诺尔特阐述并运用了一种"现象学"（phänomenologisch）考察方法，他把法西斯主义定义为"反马克思主义，它试图通过构造一种与敌对思想激进对抗但又与之相邻的意识形态，通过运用与敌对者的方法形式基本相同只是性质不一的方法来摧毁敌人，其思想从未超出民族自决和民族自治这一不可突破的框架结构"。据此，诺尔特将反马克思主义、反自由主义、民族主义、种族主义、反犹主义、暴力、宣传等，统统归为法西斯主义的一般特征，将法国、意大利和德国的法西斯主义联系起来进行考察。这一著作受到普遍好评，被译成多

---

① Michael Stürmer, Geschichte im geschichtslosen Land, in: Frankfurter Allgemeine Zeitung, 25. April 1986. 另见（FAZ, 25. April 1986）In: Eugen Rudolf Piper（Hrsg.）, Historikerstreit. Die Dokumentation der Kontroverse um die Einzigartigkeit der nationalsozialistischen Judenvernichtung. München und Zürich, 1987, S. 36–38。

② 参见 Michael Schneider, „Volkspädagogik" von rechts: Ernst Nolte, die Bemühungen um die „Historisierung" des Nationalsozialismus und die „selbstbewußte Nation". Bonn, 1998。

种文字。部分温和的左派也把它当作反极权主义理论的作品来理解。①

从政治立场上说，诺尔特属于民族保守主义者，致力于将纳粹主义"历史化"，将对犹太人的大屠杀从可为联邦德国提供认同性的历史观念中排除，使德意志民族成为一个有自我意识的"正常"民族。

早在 1979 年，诺尔特就声称，奥斯维辛不是"种族仇恨"的结果，而是"反共产主义的极端暴力"。在世人获悉奥斯维辛内幕之前，希特勒就有"充分理由"相信他的敌人意图毁灭德国并采取了一系列预防性措施。② 1980 年，诺尔特又在《法兰克福汇报》上撰文指出，对于纳粹主义和第三帝国"不应当只听受害者一面之词，不能只从胜利者的角度考察和写作历史"。③ 而在其 1986 年 6 月 6 日发表的题为《不愿过去的过去》④ 的文章中，诺尔特更全面地阐述了他的修正主义主张。按照他的说法，二战与纳粹德国已经过去 40 年了，但仍有人未放弃追究，纳粹历史因此成了"不愿过去的过去"，而它之所以不愿过去，最主要的原因便是人们难以忘却"'数百万人被成群成批地毁灭'这一令人恐怖的大屠杀行动"。然而，他认为关于"德意志人的罪责"的言论类似于纳粹宣扬的"犹太人罪责"说，先前流行的"非白即黑观点"遮蔽了其他人的罪行。纳粹集中营的看守也是牺牲品，而在波兰的纳粹受害者当中也存在着"富有传染性的反犹主义"情绪。除了动用毒气这一点，纳粹分子的所有犯罪手段此前都有人使用过了。虽然不能通过比较为纳粹分子的大屠杀进行辩护，但绝不应当对其他类似的大屠杀视而不见。他进一步说，斯大林的古拉格⑤ 建于奥斯维辛之前，布尔什维克的"阶级屠杀"是纳粹分子"种族屠杀"的一个逻辑的和事实的前奏；纳粹主义是对布尔什维主义的一种"回应"，并且产生于对后者的恐惧。⑥

---

① 诺尔特本人明确地说这是一种误解："事实上，我既不想克服，也不想排斥极权主义理论，我只想对它加以区别、使之历史化，一定程度上也使之去情绪化。"参见 Ernst Nolte, Der Faschismus in seiner Epoche. Action francaise-Italienischer Faschismus-Nationalsozialismus. Taschenbuchausgabe. München, 1984, S. XIV。

② Ernst Nolte, Was ist bürgerlich? und andere Artikel, Abhandlungen, Auseinandersetzungen. Stuttgart, 1979, S. 80.

③ Ernst Nolte, Zwischen Geschichtslegende und Revisionismus, in: Frankfurter Allgemeine Zeitung, 24. Juli 1980.

④ Ernst Nolte, Die Vergangenheit, die nicht vergehen will. Eine Rede, die geschrieben, aber nicht gehalten werden konnte, in: Frankfurter Allgemeine Zeitung, 6. Juni 1986.

⑤ Archipel Gulag, 苏联关押政治犯的监狱。

⑥ Ernst Nolte, Die Vergangenheit, die nicht vergehen will. Eine Rede, die geschrieben, aber nicht gehalten werden konnte, in: Frankfurter Allgemeine Zeitung, 6. Juni 1986.

诺尔特从现象学角度在布尔什维主义和纳粹主义之间构造了一种"因果关系",把布尔什维主义描绘成"始作俑者"和起推动作用的样板。他的说法在学术上立不住,在政治上也是极其有害的。不仅使纳粹的罪行相对化了,而且也极大地减轻了其严重性。诺尔特把奥斯维辛说成对古拉格的模仿,把纳粹主义说成对布尔什维主义的反应,其用心就在于转移人们的视线,激起人们对苏联和斯大林的恐惧和仇恨,为反苏反共,颠覆苏东社会主义体制制造历史理论依据,这是应当受到批判的。①

身为"50 后"的历史学家兼时事评论家赖讷·齐特尔曼(Rainer Zitelmann)借鉴诺尔特的论证方式,力图从希特勒和纳粹分子的自我理解中探寻其行为动机,说明其行为依据。他在 1987 年出版的《希特勒——一个革命者的自我理解》② 一书中,声称纳粹政权的社会政策并非纯属安抚被压迫的工人阶级的宣传,恰恰相反,希特勒真心实意地要改善工人阶级的处境、消除阶级斗争、实现机会平等和社会动员。他不认为自己属于右派,而是相信自己是一位"社会革命家"。而在齐特尔曼看来,希特勒一方面是一个反革命者,另一方面又是一个革命者。这两种身份看似矛盾,但在希特勒这个"非凡人物"身上却都有体现。③

对于在 1960 年代流行的现代化理论,齐特尔曼则做了如下解说。如果把现代化与政治民主化结合在一起,那么纳粹主义就纯属一种"非现代的,甚至是反现代的现象"。但是,如果不把现代化和政治民主化等同起来,也不仅仅用科学技术的效率提升来定义现代化概念,而是也考虑到社会参与方面的情况的话,那么,纳粹主义在经济和社会的许多领域都具有"位居当时的时代最高点"意义上的现代性。④ 鉴于纳粹主义、法西斯主义和斯大林主义等历史现象的存在,齐特尔曼建议对乐观主义的、常规性的进步和现代化概念加以彻底改造,放弃将政治现代化与民主化联系起来的做法。他认为纳粹主义自身包含"进步"和"野蛮"双重性,作为德国现代化历史中承上启下的重要环节,纳粹时代并未阻止而是推动了德国现代化向纵深发展。⑤ 齐特尔曼的用心也是显而易见的,他试图通过修正现代化概念来否定左派的现代化崇拜,通过突出纳粹主义的"现代化效益"来为纳粹主

---

① 参见孙立新《联邦德国"新右派"历史修正主义批判》,《史学史研究》2014 年第 4 期。

② Rainer Zitelmann, Hitler. Selbstverständnis eines Revolutionärs. Hamburg u. a. , 1987.

③ Rainer Zitelmann, Hitler. Selbstverständnis eines Revolutionärs, S. 414ff.

④ Rainer Zitelmann, Hitler. Selbstverständnis eines Revolutionärs, S. 129.

⑤ Rainer Zitelmann, Hitler. Selbstverständnis eines Revolutionärs. S. 122.

义辩护。

对于新右派的历史修正主义，联邦德国左派史学家和知识分子见微知著，迎头痛击，并在 1986—1987 年掀起了一场声势浩大的"历史学家之争"，① 原先备受关注的诺尔特也遭到舆论的孤立，成为一个"落魄者"。德国研究协会拒绝他参加编辑出版特奥多尔·赫泽尔（Theodor Herzl）著作的德国－以色列合作研究项目，各大学也很少请他做报告了。

然而，诺尔特固执己见，并在 1987 年出版《1917—1945 年欧洲内战——纳粹主义与布尔什维主义》② 一书，进一步阐述了关于纳粹主义、布尔什维主义和反犹主义之间的"因果关系"观点。诺尔特声称：希特勒的反犹主义世界观和对犹太人的大屠杀是对十月革命这一挑战的"过度反应"，后者则以其"阶级屠杀"和自 1918 年开始设立的集中营开辟了"先例"。在布尔什维主义和纳粹主义之间存在着一种挑战和回应、原创和复制、适应和过分适应的关系。希特勒和纳粹分子在布尔什维主义中既看到了一种"恐怖景象"，又看到了一个"样板"（Vorbild），而在这种"恐怖景象"中又有"真实内核"。希特勒的反犹主义完全出自一种防卫意识，是为了对抗具体威胁，犹如一种正当防卫。③

至于 1941—1945 年纳粹德国的对苏战争，则被解释为纳粹分子抵御他们一直担心发生的"苏联反德战争"的"预防性防卫措施"。诺尔特一如既往地声称，对共产主义的恐惧和仇恨在"希特勒的感受和意识中居于中心地位"，在这方面，他与许多德意志的和非德意志的同时代人别无二致，而"这些感受和恐惧不仅是可以理解的，而且大部分也是容易理解的，在某种程度上甚至是合理的"。④

诺尔特认为，当今时代没有理由猜测还会出现一个新希特勒和（或）一座新奥斯维辛，对于重蹈覆辙的担忧纯属无的放矢，人民教育思想纯属多余，现在是该大胆行动的时候了，应当对纳粹主义过去的一些关键问题进行自由讨论，而纳粹主义最本质的东西是其与马克思主义，特别是与通过布尔什维克的胜利在俄国革命中赢得其形态的共产主义的关系。⑤ 从纳粹主义

---

① 争论详情可参见本书第五章。

② Ernst Nolte, Der Europäische Bürgerkrieg 1917 – 1945. Nationalsozialismus und Bolschewismus. Frankfurt a. M. u. Berlin, 1987.

③ Der Europäische Bürgerkrieg 1917 – 1945. S. 21f.

④ Der Europäische Bürgerkrieg 1917 – 1945. S. 16.

⑤ Der Europäische Bürgerkrieg 1917 – 1945. S. 15.

主要是对布尔什维主义的"过度反应"的看法出发，诺尔特力图证明，布尔什维克的恐怖比纳粹主义的恐怖"更原始"，甚至是一切罪恶的渊薮。① 在这里，诺尔特的反共思想及其对希特勒和纳粹分子的"同情理解"昭然若揭。

1993 年，诺尔特又出版《争论各点——关于纳粹主义今日和未来的争论》② 一书，继续兴风作浪，大肆散布一些易于引起争议的命题。诺尔特指出，历史中的因果关系不是纯客观的，而是由主观意识传导的，对犹太人的大屠杀并非直接的而是通过某种解说传达的对于古拉格的反应。③ 诺尔特还强调说，历史上的行为人无论做什么都是有依据的，历史学家的任务首先是让行为人自己发言，而不是根据自己的好恶加以评判。他本人也只关心希特勒到底是怎样想的和怎样按照其想法做的，不讨论希特勒的想法对不对。④ 诺尔特还进一步区分了"历史的正确"和"道德的正确"，认为两者并非完全一致。他认为，即使希特勒和其他纳粹分子的解说是不可靠的、荒谬的和错误的，斯大林主义的失败也足以证明纳粹主义的历史正确性。⑤ 犹太人自认为是"各民族之光""上帝的选民"，或者一个"比其他种族更强壮的种族"，这种自我理解是真诚的，但与诸如自私自利和争权夺利等陈腐的性格特征有密切联系，因此他声称，对犹太人的仇恨并非空穴来风、毫无道理，不加区别地粗暴谴责"反犹主义"的做法是不可取的。⑥

秉承诺尔特的旨意，克里斯蒂安·施特里夫勒（Christian Striefler）和恩里科·西林（Enrico Syring）分别写作博士论文《权力之争——魏玛共和国末期的共产党人和纳粹分子》⑦ 和《希特勒——他的政治乌托邦》⑧，更加明目张胆地进行历史修正。

在施特里夫勒看来，对于共产党人与纳粹分子在魏玛共和国末期进行的权力斗争，现有的研究和评论都充满党派偏见，必须予以彻底纠正，既

---

① Der Europäische Bürgerkrieg 1917 – 1945. S. 119f.

② Ernst Nolte, Streitpunkte. Heutige und künftige Kontroversen um den Nationalsozialismus. Frankfurt a. M. u. Berlin, 1993.

③ Ernst Nolte, Streitpunkte. Heutige und künftige Kontroversen um den Nationalsozialismus, S. 394.

④ Ernst Nolte, Streitpunkte. Heutige und künftige Kontroversen um den Nationalsozialismus, S. 87.

⑤ Ernst Nolte, Streitpunkte. Heutige und künftige Kontroversen um den Nationalsozialismus, S. 19.

⑥ Ernst Nolte, Streitpunkte. Heutige und künftige Kontroversen um den Nationalsozialismus, S. 396.

⑦ Christian Striefler, Kampf um die Macht. Kommunisten und Nationalsozialisten am Ende der Weimarer Republik. Frankfurt a. M. u. Berlin, 1993.

⑧ Enrico Syring, Hitler. Seine politische Utopie. Die Studie behandelt doch nur die Zeit von 1924 bis 1933. Frankfurt a. M. u. Berlin, 1994.

要推翻有关纳粹党的片面解说，也要颠覆"德共无害论"。①

同诺尔特一样，施特里夫勒也认为布尔什维主义和共产党的兴起在"几乎所有欧洲国家中导致了激进的反对运动"，即法西斯主义。希特勒和纳粹党恰恰因为相信共产主义的"灭绝预言"在德国兑现仅仅是个时间问题，才自觉地承担起反对布尔什维主义、拯救德国的责任，而这一做法是符合魏玛民主或者说承载这一民主的力量的利益的。②

完全遵循诺尔特的解说路数，施特里夫勒将魏玛共和国的历史限制在共产党人与纳粹分子进行的"权力斗争"上，并对共产党人和纳粹分子采取的"不同夺权策略"进行了比较分析。在他看来，最主要的威胁出自布尔什维主义，德国共产党是莫斯科指令的忠诚执行者，也是比纳粹党更激进、更残暴的政党。魏玛共和国时期的暴力斗争大都是由共产党人而不是由纳粹冲锋队发动的。与共产党人相比，纳粹分子表现得较为温和，他们懂得如何感化人心、操纵民意，暴力手段只被用于对付共产党人的起义。但即使在与动乱分子做斗争时，纳粹分子也大都采取防御姿态，尽可能地使用"合法手段"，经常请求警察的援助，并使之站到自己一边。直到1933年夺取国家政权，他们的所作所为都是合法的。恰恰因为这种合法斗争，希特勒和纳粹党最终获得了"竞选成功"，战胜了公然表明对"纵容警察杀人"的国家的敌意的共产党。③

施特里夫勒还特别把冲锋队描述为反布尔什维主义的先锋，而不是国家的敌人，声称冲锋队自认为是"反布尔什维主义的战斗同盟"，而这种反布尔什维主义精神也使之成为一支"共和国卫队"。与向资产阶级社会发起全面进攻的共产党人做斗争的反布尔什维主义由此便获得了某种"历史的合法性"，而这种合法性不一定"必须与道义上的公正完全吻合"。④

很显然，这是一种带有强烈反共色彩的解说，其意图便是通过诋毁德国共产党，突出纳粹党的反布尔什维主义斗争，为纳粹主义和纳粹运动进行辩护。

西林同样致力于纠正若干长期流行的"先入之见"和"非白即黑的简单化图像"，要求"去情感化"，仅以澄清客观事实为目的，复原希特勒世

① Christian Striefler, Kampf um die Macht. Kommunisten und Nationalsozialisten am Ende der Weimarer Republik. Frankfurt a. M. u. Berlin, 1993, S. 17.

② Christian Striefler, Kampf um die Macht. S. 10 – 15.

③ Christian Striefler, Kampf um die Macht. S. 304.

④ Christian Striefler, Kampf um die Macht. S. 294.

界观的方方面面，重估希特勒在纳粹统治体系中的意义。[1]

西林强调"种族意识形态的强制性"，认为反犹主义和反布尔什维主义不仅是希特勒所处时代的时政评论的主旋律，也是导致希特勒所有行动的主要思想根源。希特勒是他自身所处时代的一个清醒观察者，即使他的感知是被种族意识扭曲的，在很大程度上是脱离实际的。[2]

在西林看来，希特勒早在第一次世界大战结束之前就已经是反犹主义者了，反犹主义或者更确切地说反布尔什维主义是希特勒不顾任何政治局势变化，以高度的自觉性并且始终不渝地加以拥护的观念，特别是他将马克思主义的犹太牵线人看作他本人也归属的那个团体的一种直接的物质威胁。在希特勒的思想和行动中，对共产主义革命的恐惧发挥了不可低估的作用。希特勒很有可能把他的运动看作对共产主义思想的全面抵抗，是对这一意识形态承载组织的战略防御。[3]

在一种与希特勒在 1933 年之前的主观思想世界相联系的意义上，西林承认诺尔特是完全正确的。他认为布尔什维主义是主要的挑战，对于这一挑战，希特勒有意无意地做出了强烈的主观反应，而这一反应与德国绝大多数民众的反应完全一致，即使后一种反应不像前一种反应那么激进。德国屠杀犹太人是一种防御性措施，只是希特勒个人的固有思想还不足以解释后来发生的，在第二次世界大战期间屠杀数百万欧洲犹太人的事实。西林反复强调，他不否认纳粹时代的黑暗和犯罪，他只是要使纳粹主义历史化、客观化。[4]

斯图加特大学政治学家和时事评论家克劳斯·霍尔农（Klaus Hornung）也支持诺尔特的"欧洲内战"命题，并在其 1993 年出版的《极权主义时代——20 世纪总结》[5] 一书中，详细论述了从"雅各宾派专政"经卡尔·马克思和"共产党人的弥赛亚主义"，到列宁和斯大林的"极权主义暴政"的历史，把"希特勒和纳粹主义"看作其"对立者和仿效者"，把第二次世界大战解释为"两个政党国家的对峙"和两个进攻者之间的斗争，并且特

---

① Enrico Syring, Hitler. Seine politische Utopie. Die Studie behandelt doch nur die Zeit von 1924 bis 1933. Frankfurt a. M. u. Berlin, 1994, S. 15.

② Enrico Syring, Hitler. Seine politische Utopie. S. 13.

③ Enrico Syring, Hitler. Seine politische Utopie. S. 208.

④ Enrico Syring, Hitler. Seine politische Utopie. S. 13f.

⑤ Klaus Hornung, Das totalitäre Zeitalter. Bilanz des 20. Jahrhunderts. Frankfurt a. M. u. Berlin, 1993.

别强调斯大林对于二战的爆发负有重大责任。①

下萨克森州南部诺特海姆一文科中学的历史教师卡尔海因茨·魏斯曼（Karlheinz Weißmann）则在 1995 年出版的《通往覆灭之路》② 一书，援引慕尼黑现代史研究所所长马丁·布罗萨特提出的"历史化"要求，对 1933—1945 年的德国历史进行了"别开生面"的描述。他声称纳粹德国经济繁荣，社会稳定，民众生活欣欣向荣；希特勒成功地消除了德国的动荡局势，使经济从低谷中重新发展起来；数百万失业者突然间获得了一种正常收入，这在当时的人看来简直就是一个奇迹，就是今日历史学家也深感惊诧、不可思议。尽管如此，当时的德国人并不都是狂热的希特勒支持者，对于纳粹分子迫害和屠杀犹太人的行动更是很少参与。与之相反，苏联红军和东欧各国政府的暴行却给德国民众带来了巨大灾难，德国东部居民遭到大规模驱逐，德国若干文化中心被盟国在轰炸中毁于一旦。

此书原为迪特尔·格罗（Dieter Groh）主编的多卷《普罗皮莱恩德国史》之一部，尚未出版就因作者的政治倾向而受到舆论批评。编委会遂发表声明，表示与此书保持距离，格罗还拒绝在该卷上署名。③ 迫于压力，出版社从市面上收回了此书；1997 年，由赫尔比希出版社重新出版发行。

应当看到，新右派历史修正主义仅仅是联邦德国政治文化中的一股逆流，一种民族保守主义趋向，一股立场观点与主流派史学家完全不同的右倾思潮。在联邦德国历史编纂者队伍中，新右派历史修正主义者也只是一小股零散势力，没有形成一个紧密的团体，并未产生规模效应，更未夺得历史阐释的垄断权。④ 然而，时至今日，新右派历史修正主义者依然活动频繁，不断释放一些成问题的思想观念，扩大影响。

新右派历史修正主义者反对左派以"民众教育"为要务，把学术与政治混合在一起，用政治上的"对"与"错"、"进步"与"反动"来衡量学术成果的有效性的做法，极力主张"去意识形态化"、言论自由、价值中立和学术多元化，声称要以"不偏不倚""实事求是"的态度，重新审视历

---

① Klaus Hornung, Das totalitäre Zeitalter. Bilanz des 20. Jahrhunderts, S. 249 u. 259.

② Karlheinz Weißmann, Der Weg in den Abgrund. Deutschland unter Hitler von 1933 – 1945. Frankfurt a. M. u. Berlin, 1995.

③ http://www. inkultura-online. de/weissmann. html.

④ Ralph Jessen, Zeithistoriker im Konfliktfeld der Vergangenheitspolitik, in: Konrad Jarausch u. Martin Sabrow (Hrsg.), Verletztes Gedächtnis. Erinnerungskultur und Zeitgeschichte im Konflikt. Frankfurt a. M., 2002, S. 168f.

史。他们也拒绝"非白即黑"的笼统、简单化评价体系，强调历史的"灰色图像"，主张通过深入细致的区分，辨明"历史真相"，同对待所有已经过去的时代完全一样地客观、冷静地论述 1933—1945 年的历史，对通过纳粹主义实施的群众性犯罪的历史和政治—道德影响做出合理评判。

但在实际上，新右派历史修正主义者并未放弃从历史中汲取经验教训的要求，也不完全拒绝政治—道德评价。他们同左派一样深知历史科学的政治和社会功能，也同左派一样具有强烈的政治和社会诉求，只是其动机和目的与左派不同罢了，他们是要从"右边"进行民众教育，要以民族保守主义观点指导民众，用德意志民族主义思想影响民众。他们坚信"在一个没有历史的国家，谁支配回忆、塑造概念、解释过去，谁就会赢得未来"[1] 这一准则，致力于争夺历史意识的塑造权，建造自己的沟通手段，掌控德国的未来。

新右派历史修正主义者争夺文化霸权的标准策略是通过"雅致的"重新解说，使纳粹主义和第三帝国历史化，使纳粹罪行相对化，低估甚至淡化德意志民族所承担的责任，例如用其他因素来解释纳粹集中营中的高死亡率，把奥斯维辛说成对古拉格的模仿，把纳粹主义说成对布尔什维主义的反应，将盟国和东欧国家对东部德意志人的驱逐与纳粹分子对犹太人的大屠杀相提并论，将同时代人的感知绝对化，强调德国人遭受的苦难，突出纳粹政权的现代化努力和效果，等等。其主要目标是借助历史制造一种积极的，至少是无问题的与民族的关联，构建一种新的、统一的、能够增进民族共识的历史观，重塑德意志民族的民族自豪感，激发德国人的爱国热情，打造一个"有自我意识的民族"，[2] 重振昔日的辉煌，建立一个强大的新德国，理直气壮地争取和维护"民族利益"，在国际事务中扮演与新德国的实力相称的国际角色。[3]

然而，历史修正主义者所关心的主要不是展现新史料或新史实而是破除"旧论"，并且主要依靠某些虚构的和片面的理论来证明自己预设的命题。他们大都没有进行全面的史料搜集和史料考证工作，没有认真梳理和

---

① Michael Stürmer, Geschichte in geschichtslosem Land, in: Frankfurter Allgemeine Zeitung, 25. April 1986.

② Heimo Schwilk u. Ulrich Schacht (Hrsg.), Die selbstbewußte Nation. „Anschwellender Bocksgesang" und weitere Beiträge zu einer deutschen Debatte. Frankfurt a. M. u. Berlin, 1994.

③ Ulrich Schacht u. Heimo Schwilk, Für eine Berliner Republik. Streitschriften, Reden, Essays nach 1989. München, 1997.

借鉴已有的研究成果，也没有将自己的著作恰如其分地置于主流学术体系之中。他们所做的仅仅是对已知史料和史实加以转释，并且只选择利用一些有利于自己观点的证据。在此，我们虽然无法检验其命题的正确性，但就史料基础和论证方式来看，新右派历史修正主义的大多数命题和论断是值得怀疑的，是缺乏说服力的、不可靠的和不合格的。

新右派历史修正主义者大都是学者和知识分子，属于知识精英，支持基督教民主联盟、基督教社会联盟、自由民主党等右翼政党，拥护联邦德国的民主共和制度，也不完全否认纳粹罪行，甚至对希特勒的夺权行动、他的意识形态蛊惑和他的"心智不全"公开表示谴责。他们堪称"知识分子右派"、"民主的右派"和"温和的右派"，与敌视民主政治、完全否认纳粹罪行甚至从事暴力活动的极右派并不一样，但其"拒绝接受普世—欧洲的身份认同，转而拥抱死灰复燃的德国至上心态……服膺现实主义、实力政治的保守主义信条，以及德国'中心地带'的地缘政治需求"① 的立场态度，与右翼极端主义和右翼激进主义又没有多大差别，其偏右倾向也无严格界限，其观点很容易滑向极右派，或被极右派加以利用。在新右派历史修正主义与极右派历史修正主义、民主保守主义与反民主保守主义、黑衫军与褐衫军之间，界限十分模糊，难以严格区分。

对于新右派的历史修正主义，许多极右派代表人物委实充满期待。右翼激进主义者和极端主义者如弗里德里希·芬克（Friedrich Finke）、阿明·莫勒（Armin Mohler）、卡斯帕·冯·施伦克－诺蒂青（Caspar von Schrenck-Notizing）和阿道夫·冯·塔登（Adolf von Thadden）等人都认为新右派历史修正主义者的命题，特别是诺尔特的命题符合他们的要求，可以加以利用。② 一些反犹主义的历史修正主义者还大肆宣扬新右派的命题，以便按照纳粹主义传统对凶手和受害者进行位置调换，让犹太人承担所有导致第二次世界大战和大屠杀的责任，将德国的犯罪行为说成对所谓的"犹太人世

① 理查·沃林：《非理性的魅惑——向法西斯靠拢。从尼采到后现代主义》，第236页。
② Friedrich Finke, Revisionismus zieht weitere Kreise. Professor Ernst Nolte foerdert Revision der Zeitgeschichte, in: Deutschland in Geschichte und Gegenwart 34 (1986), Heft 3, S. 1 - 3; Armin Mohler, Das Ende des Historikerstreits, in: Criticón 20 (1990), S. 285 - 288; Caspar von Schrenck-Notizing, Die Endlose Geschichte eines (Historiker -) streits. Nach der „Einmischung und Schlichtung" R. V. Weizsäckers, in: Criticón 19 (1989), S. 21 - 24; Adolf von Thadden, Heuchelei in der Geschichtsschreibung? Hintergründe des „Historikerstreits", in: Deutsche Wochen-Zeitung, 1. Dezember 1987.

界联盟"密谋的抵抗和"自卫"。

对于这些修正主义言论,左派政治家和知识分子一如既往地坚持斗争,但其"调门"却大大降低了。对于联邦德国的大多数左派来说,东欧剧变和两德统一不啻沉重打击。他们原本就很少省思"国家"的价值与意义,到1980年代末期,在与新右派的对抗过程中,更放弃了国家统一的目标,声称德国的分裂是对纳粹罪行的合理惩罚,而德意志民族国家的重建会再次给欧洲带来厄运。他们也大都认同反法西斯主义理论,对苏联和东欧各国的社会主义抱有幻想,反对将纳粹政体与斯大林体制混为一谈。① 然而,事态的发展与这些论断完全相反,致使左派的解释权和道德自信一落千丈。在此情形之下,左派不得不改变立场,进行"反面窥视",指出因为希特勒的滔天罪行而坚持德国双重国家性的观点是"联邦德国左派的人生谎言",② 还有不少人开始认同国家及其存在特权并为新孤立主义摇旗呐喊,认为既然"永久和平"的梦想已经幻灭,如今的上上之策就是"自扫门前雪",保护自己国家的疆界与利益。③ 历史学家海因里希·奥古斯特·温克勒尔从坚决否定诺尔特的解说开始转变为部分接受,认为只有从对布尔什维主义的恐惧角度出发才能更好地说明纳粹主义和法西斯主义兴起的原因。④

在关于武装部队罪行展览之争⑤、戈德哈根辩论⑥和关于1940—1945年大轰炸的争论⑦等史学争论中,新右派历史修正主义者的观点经常被人提及,纳粹德国和大屠杀的历史经常被拿来与其他专制政体和种族屠杀做比较。对于德意志历史博物馆和历史之家举办的展览,历史修正主义者的观点也产生了相当大的影响。历史修正主义者的著作还屡获奖赏,2000年,诺尔特获得"德国基金会"颁发的"康拉德·阿登纳奖",慕尼黑现代史研究所新任所长霍斯特·穆勒(Horst Müller)出席授奖典礼并致贺词。

与此同时,随着后现代主义的广泛传播和经济全球化进程的加速进行,

① 理查·沃林:《非理性的魅惑——向法西斯靠拢。从尼采到后现代主义》,第215~216页。

② Heinrich August Winkler, Kehrseitenbesichtigung. Zehn Jahre danach: Ein Rückblick auf der deutschen Historikerstreit, in: Die Frankfurter Rundschau, 29. Oktober 1996.

③ Hans Magnus Enzensberger, Aussichten auf den Bürgerkrieg. Frankfurt a. M., 1993. 转引自理查·沃林《非理性的魅惑——向法西斯靠拢。从尼采到后现代主义》,第223页。

④ Heinrich August Winkler, Schlagt nach bei Marx. Eine Rede, die geschrieben, aber fast nicht gehalten werden konnte, in: Frankfurter Allgemeine Zeitung, 19. Juni 1998.

⑤ 争论详情参见本书第六章。

⑥ 争论详情参见本书第七章。

⑦ 争论详情参见本书第八章。

全球史观（Globalgeschichte）在国际史学界蔚然成风，联邦德国的一些史学家也做出了积极响应。他们批判以民族为中心的历史编纂模式，强调跨民族、跨社会和跨文化的联系和交往，力求在全球性视野下研究局部的、具体的历史现象。

德国全球史学派的旗帜是"跨民族研究"，聚集在这面旗帜下的历史学者认为，以往的历史研究，不管是历史主义民族史学，还是批判社会史学或后现代学派，都存在着一个盲点，都在不同程度上局限于民族国家这个框架。德国历史的悲剧也恰恰在于德国人过于重视民族问题，同时又采取了极端民族主义的立场，最终酿成了两次世界大战的重大灾难。跨民族研究有助于克服不合理的民族利益诉求，消除民族仇恨和争斗，维持欧洲乃至世界的和平。这种理性自觉无疑是弥足珍贵的，但也必须注意，有些历史学家也试图通过展现全球性关联，论证德意志人的世界主义政治立场，来淡化民族国家的罪行（民族主义的罪行），这种意图无论如何都是不能容许的。

小　结

二战结束以来，联邦德国史学发展的基本脉络是：从外交史扩大到内政史，从政治史扩大到社会史，从人物史到结构与进程史；然后又从结构与进程中扩大到日常生活史与经历史，从"男性史"到妇女史以及性别史；最后从社会史到文化史。在这一发展过程中，纳粹历史自始至终都处在近现代史研究的中心位置。围绕这一历史，不同学派的历史学家进行了多方面探讨，也展开了激烈的争论。其中除了政治理念和党派立场的对立外，也包含理论方法论的争议与更替，以及各学派对学术资源、权利和声望的争夺。

尽管都主张学术自由和客观中立，但各派历史学家从未放弃"民众教育"，也无法把学术与政治真正区别开来。对于右派来说，"去意识形态化"、言论自由、价值中立和学术多元化等，往往只是反对左派"政治正确"的借口。他们也经常在辨明"历史真相"的旗号下，从事着为纳粹历史翻案的勾当。左派历史学家却坚持道德底线，甚至为了彻底反思历史，不惜放弃民族概念，以宪法认同取代民族认同。但在实际上，左派的主张很难加以贯彻，特别是对于广大民众来说，民族情感仍无法舍弃，教条式的宪法条文难以发挥有效的约束力。当今时代，左派史学家依然面临着各种理论性与现实性挑战。

第三章　菲舍尔争论

　　"菲舍尔争论"① 是联邦德国历史上发生的第一场大规模史学争论，不仅参与者众多，持续时间很长，而且左右派阵营分明、对抗激烈、影响深远。争论所涉及的主要问题是德意志帝国对于第一次世界大战爆发应负的责任以及从第一次世界大战到第二次世界大战的德国历史的连续性。这两个问题并非一般性学术问题，而是与民族声誉和国家利益息息相关的重大政治问题。争论的发生和发展也与德国的现实政治需要及参与争论者的政治诉求有密切联系。要真正理解在争论中出现的各种各样的立场态度和"学术观点"，必须深入考察争论所处的历史政治语境，深刻剖析历史研究的社会政治功能。

---

① 关于菲舍尔争论可参见下列综述：Ernst Wilhelm Graf Lynar（Hrsg.），Deutsche Kriegsziele 1914 - 1918. Eine Diskussion. Frankfurt/Berlin 1964；Wolfgang Schieder（Hrsg.），Erster Weltkrieg. Entstehung und Kriegsziele. Köln 1969；John A. Moses, *The Politics of Illusion. The Fischer Controversy in German Historiography*. London, 1975；Arnold Sywottek, Die Fischer-Kontroverse. Ein Beitrag zur Entwicklung historisch-politischen Bewusstseins in der Bundesrepublik, in：Imanuel Geiss u. Bernd Gürgen Wendt（Hrsg.），Deutschland in der Weltpolitik des 19. und 20. Jahrhunderts. Düsseldorf 1973, S. 19 - 47；Volker Berghahn, Die Fischerkontroverse. 15 Jahre danach, in：Geschichte und Gesellschaft 6（1980），S. 403 - 419；Klaus Bruckmann, Erster Weltkrieg. Ursachen, Kriegsziele, Kriegsschuld. Firitz Fischers Thesen in deutschen Geschichtsbuechern, in：Geschichte in Wissenschaft und Unterricht 32（1981）S. 600 - 617；Gregor Schoellgen, Griff nach der Weltmacht? 25 Jahre Fischer-Kontroverse, in：Historisches Jahrbuch 106（1986）S. 386 - 406；Klaus Hildebrand, Deutsche Aussenpolitik 1871 - 1918. München, 1989, S. 79 - 82；John W. Langdon, *July 1914. The Long Debatte, 1918 - 1990*. New York/Oxford, 1991 S. 66 - 129；W. Jäger, Historische Forschung und politische Kultur in Deutschland. Die Debatte 1914 - 1980 über den Ausbruch des Ersten Weltkrieges. Göttingen, 1984, S. 106ff；Matthias Peter/Hans-Jürgen Schröder, Einführung in das Studium der Zeitgeschichte. Paderborn u. a. , 1994, S. 68 - 82。

第一节 争论发生的历史政治背景

第一次世界大战是欧洲的同盟国和协约国两大军事集团为瓜分殖民地和势力范围、争夺世界霸权而进行的第一次世界规模的战争，它自 1914 年 7 月底开始到 1918 年 11 月结束，历时 4 年 3 个月，战火燃遍欧洲，波及亚洲、非洲、大西洋和太平洋，先后卷入战争的有 30 多个国家，15 亿人口。它不仅给世界人民造成了惨重的损失和巨大的痛苦，[①] 而且也使欧洲和国际局势产生了巨大的动荡和变化，堪称 20 世纪的 "起始灾难"。[②]

恰恰因为这种巨大规模和毁灭性破坏，有关第一次世界大战的研究和争论在战后迅速展开，并且历久而不衰。尤其是在战败国德国，针对《凡尔赛条约》宣判的战争罪责，历史学家发表了大量出版物，对第一次世界大战爆发的原因和战争责任问题进行了多次大规模研讨。[③]

在德国，由社会民主党人和独立社会民主党人组成的名为 "人民代表委员会" 的临时联合政府在 1918 年签订了停战协定后，一方面希望以美国总统威尔逊的 "十四点和平纲领" 为基础缔结和约，另一方面又要求成立一个 "中立的委员会" 调查战争责任问题。因为早在战争进行期间，交战双方就相互指摘，都把对方说成招致灾难的作恶者，把自己进行战争说成抗击对方征服欲望和统治野心的保卫战。正是为了争取威尔逊的信任和推动战争责任问题的调查，时任德国外交署国务秘书的社会民主党人卡尔·

---

① 德国、奥匈帝国、大不列颠、法国、俄国、意大利和美国参战人员共计 5410 万人，支付战争费用 1753 亿美元，战争内外死亡约 2000 万人。参见 Volker Berghahm, Der Erste Weltkrieg. München, 2003, S. 8 – 17。

② Wolfgang J. Mommsen, Die Urkatastrophe Deutschlands. Der Erste Weltkrieg 1914 – 1918. Stuttgart, 2002, S. 14.

③ 西方学者有关战争责任问题的研究和争论综述可参见：Fritz Dickmann, Die Kriegsschuldfrage auf der Friedenskonferenz von Paris 1919. München, 1964；Ernst Schraepler, Die Forschung über den Ausbruch des Ersten Weltkrieges im Wandel des Geschichtsbildes 1919 – 1969. In: Geschichte in Wissenschaft und Unterricht 23 (1972) S. 321 – 338；Ulrich Heinemann, Die verdrängte Niederlage. Politische Oeffentlichkeit und Kriegsschuldfrage in der Weimarer Republik. Göttingen, 1983；Wolfgang Jäger, Historische Forschung und politische Kultur in Deutschland. Die Debatte 1914 – 1980 über den Ausbruch des Ersten Weltkrieges. Göttingen, 1984；John W. Langdon, *July 1914. The Long Debatte*, *1918 – 1990*. New York/Oxford, 1991；Michael Dreyer/Oliver Lembcke, Die deutsche Diskussion um die Kriegsschuldfrage 1918/19. Berlin, 1993；Wolfgang J. Mommsen, Die Urkatastrophe Deutschlands. Der Erste Weltkrieg 1914 – 1918. Stuttgart, 2002, S. 14 – 21。

考茨基（Karl Kautsky，1854—1938）搜集并汇编了一系列有关"七月危机"（Julikrise，亦称"萨拉热窝事件"）和战争爆发阶段情况的档案文件。这一工作早在 1918 年底就开始进行，并且在巴黎会议召开前印制成册，但直到 1919 年 12 月才得以出版，是为《考茨基文件》（Kautsky-Dokumente）。[①]

需要说明的是，关于第一次世界大战的官方资料的出版是在 1917 年由刚刚夺取政权的俄国布尔什维克政府开启的，它出于强烈的揭露需要，有选择地将沙皇政府的一些秘密条约及其附属的档案文献公布于众。考茨基原想通过揭露德意志帝国政府的罪行表明新政府的和平愿望，但他在编辑档案资料的过程中吃惊地发现，德意志帝国皇帝威廉二世及其政府在萨拉热窝谋杀事件发生后并没有积极筹划欧洲战争，反而一再试图维持和平，他们所犯的一个最大错误是为奥地利开了一张"空头支票"（Blankoscheck）。[②]

与此同时，德国政府还设立了一个由各党派代表参加的议会调查委员会，其任务是询问证人、搜集档案、征求专家鉴定收集和整理有关战争责任问题的资料而不做任何司法审判结论。该委员会下设四个分支机构（Unterausschuessen），分别调查战争爆发和战争进行过程中的主要情况（战争的爆发、议和的可能性、破坏国际法的行为、1918 年战败的原因）。该委员会经过十多年的努力才基本完成调研工作，其报告也被汇编成册，但只有一部分得以公开出版，被称为《调查委员会报告》（Das Werk des Untersuchungsausschusses，简称 WUA）。[③] 借助于问卷，议会调查委员对七月危机中的当事人就各个争论问题〔7 月 5—6 日德国和奥地利在波茨坦和柏林的商谈、驻维也纳大使契尔施基（Tschirschky）的行为举止、在向塞尔维亚发出最后

①　Die deutschen Dokumente zum Kriegsausbruch. Vollständige Sammlung der v. Karl Kautsky zusammengestellten amtlichen Aktenstücke mit einigen Ergänzungen. Im Auftrage des Auswärtigen Amtes nach gemeinsamer Durchsicht mit Karl Kautsky hrsg. v. Graf Max Montgelas u. Walter Schüking. Bd. 1 - 4. Charlottenburg, 1919.

②　Winfried Baumgart（Hrsg.）, Quellenkunde zur deutschen Geschichte der Neuzeit von 1500 bis zur Gegenwart. Bd. 5. Das Zeitalter des Imperialismus und des Ersten Weltkrieges（1871 - 1918）. Teil 1. Akten und Urkunden. Bearb. v. Winfried Baumgart. Darmstadt, 1991, S. 9; Vgl. auch Fritz Dickmann, Die Kriegsschuldfrage auf der Friedenskonferenz von Paris 1919. München, 1964, S. 1 - 101.

③　Das Werk des Untersuchungsausschusses der Verfassunggebenden Deutschen Nationalversammlung und des Deutschen Reichstages 1919 - 1930. Verhandlungen, Gutachten, Urkunden. Im Auftrage des Reichstages unter Mitwirkung v. Eugen Fischer, Berthold Widmann, Walter Bloch hrsg. v. Walter Schuecking, Johannes Bell, Georg Gradnauer, Rudolf Breitscheid, Albrecht Philipp. Reihe 1 - 4. Berlin, 1928.

通牒之前德国的军事和财政准备状况等〕进行了提问。对于一些相互矛盾的回答，调查委员会未做出自己的判断，但也没有公开发表个别对德国明显不利的论断。例如康特罗维茨（Kantorowicz）在做鉴定时断言，奥匈帝国对战争的爆发负有主要责任，德国是其主要的同谋，俄国只承担有限的罪过。这一鉴定在 30 年之后才得以单独印刷出版。①

1919 年 1 月 18 日—6 月 28 日，战胜国在法国巴黎召开和会，旨在处理善后问题，制定对德和约。在英、法、美、意等国的操纵下，德国单方面被指责为对第一次世界大战的爆发负有全部责任的国家（《凡尔赛条约》第231 款）。这一罪行宣判首先是出于司法考虑的，也就是说是为了让德国从民法上对被确定的战争损失承担责任，使战胜国的赔偿要求获得国际法的保障。条约制定者把全部战争罪责加到德国头上，把制裁、勒索德国和满足私利作为首要目标，将德国置于受掠夺和奴役的屈辱地位，激起了德国国内强烈的民族复仇情绪。一场大争论便在德国史学界兴起，其公开昭示的目标是提供证据，揭露《凡尔赛条约》的历史性错误及其相关条款对国际法原则的违背。历史学家约翰内斯·莱珀修斯（Johannes Lepsius）、阿尔布雷希特·门德尔松·巴托尔迪（Albrecht Mendelssohn Bartholdy）、弗里德里希·蒂姆（Friedrich Thimme）接受外交署委托，编辑出版了《1871—1914年欧洲各国内阁的重大决策》（Die Große Politik der europäischen Kabinette 1871 – 1914，简称 GP）这一多达 40 余卷的大型外交政策档案汇编。②

与纯属官方性质的《考茨基文件》和《调查委员会报告》不同，《1871—1914 年欧洲各国内阁的重大决策》是在官方支持下进行的一种学术研讨。因为追溯了战争爆发前数十年的历史，也就是说以 1871 年德意志帝国的建立为所搜集的汇编文件的起始点，它极大地开阔了人们的视野，为有关德意志帝国政治和外交史的研究奠定了基础。但之所以要以 1871 年德意志帝国的建立为所搜集的汇编文件的起始点，主要因为在法国新闻界存在着这

①　Winfried Baumgart（Hrsg.），Quellenkunde zur deutschen Geschichte der Neuzeit von 1500 bis zur Gegenwart. Bd. 5. Das Zeitalter des Imperialismus und des Ersten Weltkrieges（1871 – 1918）. Teil 1. Akten und Urkunden. Bearb. v. Winfried Baumgart. Darmstadt，1991，S. 60.

②　Die Grosse Politik der Europaeischen Kabinette 1871 – 1914. Sammlung der Diplomatischen Akten des Auswärtigen Amtes. Im Auftrage des Auswärtigen Amtes hrsg. v. Johannes Lepsius，Albrecht Mendelssohn Bartholdy，Friedrich Thimme.〔Nebentitel：Die Diplomatischen Akten des Auswärtigen Amtes 1871 – 1914.〕Bd. 1 – 40〔nebst Kommentar〕. Reihe 1 – 5. Berlin，1922 – 27.

样一种明显的敌视德国的倾向，这就是试图从 1871 年的《法兰克福和约》（Frankfurter Frieden）、俾斯麦的战争意愿和他的霸权追求中推导出德国对于世界大战爆发的责任。编者试图通过汇编长达 40 余年的德国外交部档案文件，展现德意志帝国建立以后欧洲各大国之间相互敌对的联盟集团的形成及其灾难性后果，揭示欧洲大国对外政策的基本路线，其目的就是为德国开脱单独承担战争罪责的指控。[①] 因此这一学术研讨也是为了证明本国政府的行为的合法性，既是一个政治事件，也没有完全摆脱日常斗争的激情。三位编辑，尤其是承担了各卷注释写作任务的弗里德里希·蒂姆自始至终怀有驳斥战争罪责命题的政治动机。他们首先期望这一出版活动可以对巴黎和约谈判产生影响，可以抵制《凡尔赛条约》有关战争责任的罪责宣判。

依据这些档案，一些德国学者对世界大战的爆发做出了与战胜国的罪行宣布完全不同的解释。按照这种解释，在很大程度上，帝国主义时代的国际关系本身和其他列强都负有战争罪责。这一档案资料的出版无疑有助于得出这样的结论，因为它拒不收录任何足以证明长久以来就存在动用军队的意愿和战争准备的文献。[②]

德国档案的出版迫使其他参战国不得不采取相应的措施。它们一方面要以这样的行动避免扣留档案、隐瞒事实真相之嫌；另一方面也要以充分的原始资料来证明自己观点的正确性。于是，自 1926 年起，英国也出版了 11 卷的《关于 1898—1914 年战争起源的不列颠文件》（Britisch Documents on the Origins of the War 1898–1914）。[③]

但是，英国的文件汇编以 1897 年德国占领胶州湾事件为开端，并把这

---

①　Winfried Baumgart（Hrsg.），Quellenkunde zur deutschen Geschichte der Neuzeit von 1500 bis zur Gegenwart. Bd. 5. Das Zeitalter des Imperialismus und des Ersten Weltkrieges（1871–1918）. Teil 1. Akten und Urkunden. Bearb. v. Winfried Baumgart. Darmstadt，1991，S. 9–15.

②　余凯思：《在"模范殖民地"胶州湾的统治与抵抗——1897—1914 年中国与德国的相互作用》，孙立新译，刘新利校，山东大学出版社，2005，第 8～9 页。

③　*Britisch Documents on the Origins of the War 1898–1914*. Ed. by George P. Gooch and Harold Temperley. Vol. 1–11. London，1926–36. 德文翻译本为：Die britischen Amtlichen Dokumente ueber den Ursprung des Weltkriedes 1898–1914. Im Auftrage des Britischen Auswaertigen Amtes in elf Bänden hrsg. v. George P. Gooch u. Haraold Tmperley. Vom Britischen Auswärtigen Amt autorisierte einige deutsche Ausgabe. Hrsg. v. Hermann Lutz. Bd. 1–10. Berlin，1928–38. 第 11 卷系单独出版的，未加卷号：Der Ausbruch des Krieges. Dokumente des Britischen Auswärtigen Amtes（1914 VI 28–VIII 4）. Gesammelt u. zsgest. v. James W. Headlam-Morley. Hälfte 1–2. Berlin，1926。法国、奥匈帝国、俄国，特别是意大利关于第一次世界大战的背景的档案则在 1930 年代以后才陆续出版。

一事件解释为第一次世界大战的开始。编者试图以此来重新确认《凡尔赛条约》的判决。他们强调德意志帝国推行过一种富有侵略性的帝国主义政策，它破坏了列强的国际平衡，并且一直有意识地甘冒世界大战的风险。[①]于是，在先前的交战双方之间，又出现了一场借用历史科学手段、围绕战争罪责问题而展开的"档案战争"。[②]

自 1920 年代中期起，随着国际局势的变化和魏玛共和国的外交努力，[③]德国逐渐消除了与美、英、法、俄等国的隔阂，恢复了国家尊严，跻入与英、法平起平坐的大国行列。在这样的背景下，首先是美国历史学家哈里·埃尔默·巴恩斯（Harry Elmer Barnes）和西德尼·费伊（Sidney Fay）等人，阐述了一种调解性的立场观点。他们放弃了片面的罪责宣判，更加均匀地把责任分摊了开来。[④]曾经参加世界大战的英国首相劳合·乔治（Lloyd George）也在 1933 年回顾时断言，"正如人们现在清楚地看到的那样，在统治者和国务要员……当中，没有一人想要进行战争"。他的下列说法，欧洲政府"稀里糊涂地陷入了战争"，经常被人加以引用。[⑤]就连法国史学家最终也接受了"没有任何政府蓄意挑起战争"的命题。其中，最具代表性的是当时法国世界大战史研究的权威皮埃尔·勒努万（Pierre Renouvin）。[⑥]

然而希特勒的崛起和纳粹统治从根本上毁掉了这些新的发展趋势。希特勒和纳粹分子利用《凡尔赛条约》对德国的苛刻勒索，极力煽动复仇情绪，反对议会民主制度和布尔什维主义，鼓吹极端族民民族主义（völkischen

---

[①] 余凯思：《在"模范殖民地"胶州湾的统治与抵抗——1897—1914 年中国与德国的相互作用》，第 9 页。

[②] Klaus Hildebrand, Europaeisches Zentrum, überseeische Peripherie und Neue Welt: Über den Wandel des Staatensystems zwischen dem Berliner Kongress（1878）und dem Pariser Frieden, in: Historische Zeitschrift, 249（1989）, S. 53 – 94, hier S. 53 – 58.

[③] 现在奉行所谓的现实主义的外交政策，即利用苏联同美、英、法等国矛盾，搞东、西方平衡外交，摆脱外交孤立，恢复德国的大国地位。

[④] 参见 Harry E. Barnes, *The Genesis of the World War. An Introduction to the Problem of War Guilt.* New York, 1926。德文翻译本为：Die Entstehung des Weltkrieges. Eine Einfuehrung in die Kriegsschuldproblematik. Stuttgart, 1928。Sidney B. Fay, *The Origins of the First World War.* Vol. 1 – 2. New York, 1928。德文翻译本为：Der Ursprung des Weltkrieges. Bd. 1 – 2. Berlin, 1930。

[⑤] David Lloyd George, Mein Anteil am Weltkrieg. Kriegsmemoiren. Bd. 1. Berlin, 1933, S. 43, 265.

[⑥] 其主要著作是：Pierre Renouvin, La crise européenne et la Première guerre mondiale（1904 – 1918）. Paris, 1934。

Nationalismen）和种族反犹主义（rassischen Antisemitismus），在国内建立起独裁统治，对外则发动大规模的侵略战争，并企图通过战争彻底消灭犹太人。希特勒的极权统治及其侵略战争，遭到了世界反法西斯国家和人民的坚决反对，最终不可避免地走向彻底的覆灭。

在第二次世界大战中期，意大利新闻记者路易吉·阿尔贝蒂尼（Luigi Albertini）出版了一部迄今为止关于七月危机的最详尽的论著，为有关战争责任问题的争论提供了新的依据和方法论。阿尔贝蒂尼避开了大多数前人的司法审讯取证，这就使他超越了关于《凡尔赛条约》第231条的政治争论，从历史研究的角度对所有起领导作用的政治家和军队将领做出了比较客观的评判，尤其是对德国政治家和军队将领的战争意图进行了严厉谴责。①

1945年，第二次世界大战又以德国的失败而告终。德意志第三帝国遭到了彻底的毁灭，纳粹主义的国家制度土崩瓦解。德国四分之一左右的领土被割让，其余的领土则被划分为四个占领区，由苏、美、英、法四国分别占领，实行军事管辖。与此同时，还实行了惩罚主要纳粹分子、摧毁普鲁士和拆除德国重工业设施以及推进非军国主义化、非纳粹化、民主化政策等措施。

纳粹的暴行和再次战败使德国社会各界受到了巨大的震动，也逐渐认识到本国历史传统和社会制度的缺陷。以康拉德·阿登纳为首的基督教民主联盟主动奉行"向西方靠拢"的政策，力图通过建立议会民主制和与西方和解的内政外交政策，重建民主自由国家。1949年9月20日，德意志联邦共和国宣告成立，并获得西方诸国，特别是美国的支持。

与"向西方靠拢"的内政外交努力相对应，联邦德国的历史学家也在一定程度上对德国的传统史学进行了修改。他们大都意识到德国传统史学对于纳粹主义精神的传播负有责任，主张把"实事求是地，彻底地，……毫无偏见地修正传统的历史图像"作为"一种直接的政治任务"。② 他们也认识到把西方的和德国的国家思想结合起来的必要性，主张修改德国同西方列强永远对立的历史观点，谋求克服从前的矛盾和摩擦，以互相谅解代

---

① 参见 Luigi Albertini, Le origini della guerra del 1914. Vol. 1 - 3. Mailand 1942 - 43。英文翻译本为：The Origins of the War of 1914. Vol. 1 - 3. London, 1952 - 57。

② Gerhard Ritter, Geschichte als Bildungsmacht. Ein Beitrag zur histirisch-politischen Neubesinnung. Stuttgart, 1947, S. 37.

替互相争斗。[①]

"与西方和解"的努力也充分体现在关于第一次世界大战的战争责任解说上。在德法两国政府的协调下，两国历史学家于1951年在德国美因茨举行了一次学术会议。在此次会议上，格哈德·里特尔与皮埃尔·勒努万共同签署了一份关于世界大战爆发研究之现状的声明，[②] 并且宣称，史料不容许"在1914年把有意识地进行一场欧洲战争的意愿归咎于某一个政府或某一个民族"，"德国政府在1914年并不是以挑起一场欧洲战争为宗旨的，它首先受制于对奥匈帝国的联盟义务。为了避免奥匈帝国的解体，德国政府向维也纳做出了类似于全权委托（Blankovollmacht）的保证。德国政府是由下列想象主导的，这就是它认为塞尔维亚冲突的地方化同1908—1909年一样是可能的；同时，它也愿意，在必要时承担一场欧洲战争的风险"。[③]

然而，这一精心斟酌的评判很快就受到了汉堡历史学家弗里茨·菲舍尔的质疑。菲舍尔根据外交部和首相府档案资料，对帝国首相特奥巴尔德·冯·贝特曼－霍尔维格领导下的德意志帝国政府的内政外交政策进行了深入考察，指出了德意志帝国政府追求世界霸权的经济和军事扩张计划早在1914年以前就已经酝酿成熟，并且一贯准备用武力的方式来加以实现。德意志帝国政府蓄意利用七月危机点燃世界大战的战火，因此它对于第一次世界大战的爆发负有重大的历史责任。这一观点撕开了联邦德国保守派政治家和历史学家费尽心机才刚刚弥合的与西方各国之间的裂缝，因而引发了一场激烈而持久的论战，即菲舍尔争论。

第二节　争论始末

菲舍尔争论开始于1959年弗里茨·菲舍尔所著的《德国的战争目标：

---

① 用这个时期德国的重要史学家格哈德·里特尔的话来说就是："我们需要这样一种权力理论，它越出了马基雅维利思维和伊拉斯谟思维、大陆思维和海岛思维之间永远矛盾的范围，并符合双方有根据的目标，即符合人类社会长期的和平秩序和有保障的权利的需要。"Ritter Gerhard, Die Dämonie der Macht. Betrachtung über Geschichte und Wesen des Machtproblems im politischen Denken der Neuzeit. Stuttgart, 1947, S. 197.

② 该声明的德文文本载于：Geschichte in Wissenschaft und Unterricht 3 (1952) S. 293 – 295。

③ Deutsch-französische Vereinbarungen über strittige Fragen europäischer Geschichte, in: Geschichte in Wissenschaft und Unterricht 3 (1952), S. 288 – 299. 参见 Erwin Hölzle (Hrsg.), Quellen zur Entstehung des Ersten Weltkrieges. Internationale Dokumente 1901 – 1914. Mit einem Geleitwort von Winfried Baumgart. Darmstadt, 1995, 2. erg. Aufl., S. V。

1914—1918 年的革命化和东部的单独媾和》（后文简称《德国的战争目标》）一义的发表。整个争论大体可以分为两个阶段：第 阶段从 1959 年持续到 1961 年，主要是围绕菲舍尔的论文进行的；第二阶段开始于 1961 年菲舍尔所著的《争雄世界：德意志帝国 1914—1918 年战争目标政策》（后文简称《争雄世界》）一书的出版，但无明确的终止日期。即使今日的一战史和二战史编纂，也经常会触及菲舍尔的一些命题。

在争论的第一阶段，首先是柏林自由大学近代史教授汉斯·赫兹菲尔德（Hans Herzfeld）对菲舍尔的《德国的战争目标》一文颇有异议，并在《历史杂志》上发表书评，[①] 提出了一些批评意见。在赫兹菲尔德看来，帝国政府文武官员中实际存在若干不同意见，贝特曼－霍尔维格绝不是无条件支持兼并主义者的战争目标的，他仅仅试图对外制造一种掩人耳目的决策者共识；他本人并不完全赞成军方的意见，但迫于压力，只得勉为其难。至于威廉二世，赫兹菲尔德认为这位统治者在战和问题上摇摆不定，其世界政策并没有得以用其他手段继续推行，德意志帝国的政治制度实际存在一种"持久性危机"（Dauerkrise）。[②]

反对者的批评意见并没有使菲舍尔止步，相反，他坚持己见，并在长达 900 页的《争雄世界》一书中，更加详细地阐述了他对德意志帝国政府对外政策的认识。

《争雄世界》甫一出版就引起联邦德国国内外历史学家、时事评论家和政治家的普遍关注，一系列书评铺天盖地而来，几乎所有民族保守主义者都深感震惊，强烈反对，而反应最为强烈的当数二战后德国史学界"泰斗"，时任德国历史学家学会主席的弗莱堡大学历史教授格哈德·里特尔。

1962 年 5 月，里特尔分别在《汉诺威汇报》和《历史杂志》上发表书评，[③] 指责菲舍尔为"说自己人坏话的奸贼"（Nestbeschmutzer），《争雄世

① Hans Herzfeld, Zur deutschen Politik im ersten Weltkriege. Kontinuität oder permanente Krise? in: Historische Zeitschrift 191（1960），S. 67 – 82.

② 参见 Wolfgang Jäger, Historische Forschung und politische Kultur in Deutschland. S. 133；Konrad H. Jarausch, Der nationale Tabubruch. Wissenschaft, Öffentlichkeit und Politik in der Fischer-Kontroverse, in: Martin Sabrow, Ralph Jessen u. Klaus Grosse Kracht（Hrsg.）, Zeitgeschichte als Streitgeschichte. Grosse Kontrobersen nach 1945. München, 2003, S. 24 – 25。

③ Gerhard Ritter, Griff Deutschland nach der Weltmacht? Zu Fritz Fischers umstrittenem Werk über den Ersten Weltkrieg, in: Hannoversche Allgmeine Zeitung, 19./20. 5. 1962；ders. , Eine neue Kriegsschuldthese? Zu Fritz Fischers Buch „Griff nach der Weltmacht", in: Historische Zeitschrift 194（1962），S, 646 – 668.

界》一书"黑化了德国人的历史意识"，动摇了德意志"民族的自我意识"，其危害程度一点也不亚于昔日的"自我神化"和"过度的爱国主义"。[①] 1964 年，里特尔又在《国家艺术和战争工艺》一书的第三卷[②]中详尽具体地驳斥了菲舍尔的著作和命题。他严厉指责菲舍尔"不可饶恕的超级修正主义"（Super-Revisionismus）、"简单化倾向"、"令人愤慨的史料解说"、对世界大战期间德国内政的"图式化描述"和"新的历史神话"，批评菲舍尔没有将个别"梦想"或"希望"与"真实目标"区别开来，也没有认识到外交家的"战术意向"与泛德意志主义者和军人集团的要求的不同。[③]

　　类似于里特尔，巴登－符滕姆贝格地方史研究专家埃尔温·赫尔茨勒（Erwin Hölzle，1901—1976）也谴责菲舍尔有"自虐倾向"。[④] 历史学家、时任海德尔贝格大学校长的弗里茨·恩斯特（Fritz Ernst，1905—1963）则批评菲舍尔有"民族意义上的偏见"，其著作"会使许多德国人更加厌恶我们最近的历史"。[⑤] 政治家、时任联邦议会议长的欧根·格斯登迈尔（Eugen Gerstenmaier，1906—1986）称菲舍尔为"德国的鞭笞派"（deutsche Geißelbruderschaft），菲舍尔所提出的德国人"要为第一次世界大战承担与第二次世界大战相同水准的责任和罪过"的主张"完全背离了历史事实"。[⑥]

　　但也有人对菲舍尔的著作持肯定态度。新闻记者和时事评论家保罗·泽特（Paul Sethe，1901—1969）就评价《争雄世界》一书是少数能够使德国人"深感震撼、心神不宁"的力作之一，它充分揭露了德意志帝国的政

① 参见 Wolfgang Jäger, Historische Forschung und politische Kultur in Deutschland. S. 144 – 145；Konrad H. Jarausch, Der nationale Tabubruch. S. 30 – 31；Volker Ullrich, „Völlig unreife Thesen". Die Fischer-Kontroverse um die Mitschuld der Deutschen am Ersten Weltkrieg wurde vor 50 Jahren der erste Große Historikerstreit der Bundesrepublik, in：Die Zeit, 44, November 2011。

② Gerhard Ritter, Staatskunst und Kriegshandwerk. Die Tragödie der Staatskunst. Band 3. München 1964.

③ 参见 Christoph Cornelißen, Gerhard Ritter. Geschichtswissenschaft und Politik im 20. Jahrhundert. Düsseldorf, 2001, S. 603ff。

④ Erwin Höhle, Griff nach der Weltmacht?, in：Das Historisch Politische Buch, Bd. 10, 1962, S. 65 – 69, hier S. 69. 参见 Wolfgang Jäger, Historische Forschung und politische Kultur in Deutschland. S. 145。

⑤ Fritz Ernst, Geschichtsschreibung als Selbstreinigung, in：Stuttgarter Zeit., 15. August 1962, S. 19. 参见 Wolfgang Jäger, Historische Forschung und politische Kultur in Deutschland. S. 145。

⑥ Eugen Gerstenmaier, Die Schuld, in：Bulletin des Presse-und Informationsamtes der Bundesregierung, 4. September 1964. 参见 Wolfgang Jäger, Historische Forschung und politische Kultur in Deutschland. S. 144。

府和议会"都很不成熟，不能胜任时代的重大政治任务"。① 新闻记者、时事评论家、翻译和作家赫尔穆特·林德曼（Helmut Lindemann，1912—1998）则说菲舍尔著作是"出自爱国主义之心"的，它向德国人提出了从灾难性的过去汲取教训的要求。菲舍尔令人印象深刻地说明了现今联邦德国政治家依然紧拥不放的"实力政策"（Politik der Stärke）的后果，即高估自己的能力，一再犯下"急躁"、"狂妄自大"和"自我放纵"的错误。他也令人信服地指出了作为当前中心任务之一的克服德国政治家这一"遗传性弊端"（Erbübel）的必要性。② 德国历史学家、阿姆斯特丹社会史国际研究所工作人员霍斯特·拉德马赫（Horst Lademacher，1931—　　）则把菲舍尔的著作视为政治家不可或缺的手册，并且声称，对于当前的政治家来说，这部"平心静气写作的著作"是一种"特别的提醒"。这一点尤其适用于"东方政策"（Ostpolitik）。德国在1945年的失败是其与俄国政治关系长期不和的结果。现今的任务恰恰是修复这一政治关系。如果说历史研究可以指导当前行动的话，菲舍尔的著作就是最好的行动指南。③

菲舍尔的博士生伊曼努埃尔·盖斯（Imanuel Geiss，1931—2012）更是其导师的忠实追随者。早在1960年，盖斯就以其探讨一战中波兰"边界地带"问题的博士论文，为菲舍尔提出的"兼并东方"和从俾斯麦到希特勒具有历史连续性的命题提供了有力支撑。④ 在该论文中，盖斯非常详细地描述了帝国领导人的具体计划，这就是沿着德国东部边界，吞并广大宽阔的波兰条形地带并在这里推行日耳曼化政策，将犹太人和波兰人驱逐出去，代之以德意志移民。这些计划属于"普鲁士-德意志国家官方战争目标的固定组成部分"，至晚从俾斯麦的"东方马克政策"（Ostmarkenpolitik）出台起，德意志帝国就致力于实行以抑制波兰国家或者使之弱化为目标的政策了，而纳粹德国最终"一贯地、强硬地和无所顾忌地重新接受

①　Paul Sethe, Als Deutschland nach der Weltmacht griff, in: Die Zeit, 17. 11. 1961. 参见 Konrad H. Jarausch, Der nationale Tabubruch. S. 28。

②　Helmut Lindemann, Monument deutscher Maßlosigkeit. Eine notwendige Berichtigung unseres Geschichtsbildes, in: Gewerkschaftliche Monatshefte, Bd. 13, 1962, S. 285 – 290. 参见 Wolfgang Jäger, Historische Forschung und politische Kultur in Deutschland. S. 142 – 143。

③　Horst Lademacher, Rez. F. Fischer, „Griff nach der Weltmacht", in: Blätter für deutsche und internationale Politik, Bd. 7, 1962, S. 471 – 475. 参见 Wolfgang Jäger, Historische Forschung und politische Kultur in Deutschland. S. 142。

④　Imanuel Geiss, Der polnische Grenzstreifen 1914 – 1918. Ein Beitrag zur deutschen Kriegszielpolitik im Ersten Weltkrieg. Lübeck u. a. , 1960.

了出自第一次世界大战时期的东方空间意识形态（Ostraumideologie）和在德国东部的'生存空间'（Lebensraum）进行德意志扩张的思想"。虽然细节和程度上有所不同，德国从俾斯麦到纳粹分子的政策的连续性还是清晰可见的。①

还有个别人持既肯定又有批评的观点。波恩大学政治学和当代史教授卡尔·迪特里希·布拉赫（Karl Dietrich Bracher，1922—2016）就致力于做出比较平衡的评价。他一方面肯定菲舍尔的研究深化了人们对一战时期德国历史的认识，所引起的争论也为审查德国传统提供了巨大推动力；另一方面又指出《争雄世界》一书在研究方法上存在一定缺陷。布拉赫抱怨说，菲舍尔完全放弃了比较分析，他在将历史叙事和系统论述相结合时也不总是很幸运。在布拉赫看来，"彻底的意识形态批判的和思想史的分析"是必需的，只有这样才能进一步确定德意志战争目标计划的实际地位和历史意义以及它们赖以形成的政治价值观，但必须扩大视野和研究领域，通过比对各种各样的史料来确定菲舍尔提供的档案文献的意义。②

然而以里特尔为首的反对派绝不肯善罢甘休，他们不仅从学术和人格上诋毁菲舍尔，而且还动用政治手段封杀其言论。

1964年初，德国驻华盛顿大使馆和歌德学院许诺资助菲舍尔前往美国进行学术旅行。里特尔闻讯后立即写信给当时的外交部部长、基督教民主联盟党人格哈德·施罗德（Gerhard Schröder，1910—1989），③ 极力要求政府阻止菲舍尔的美国之行，声称德国历史学家对于"菲舍尔先生受外交部间接委托……到美国散布其完全不成熟的观点"一事，"深感震惊"。④ 主要受里特尔等人的影响，德国外交部撤销了对菲舍尔的资助。此举引发了美国和部分德国学者的强烈抗议。1964年4月24日，12位美国历史学家联合在《时代周报》上发表读者来信，批评波恩政府对此事的处理是"官僚主义的傲慢自大、被加以错误理解的国家理性和面对外国的反应举止无措的

① 参见 Wolfgang Jäger, Historische Forschung und politische Kultur in Deutschland. S. 139 – 140。
② Karl Dietrich Bracher, Vorspiel zur deutschen Katastrophe, in: Neue Politische Literatur, Bd. 7, 1962, S. 471 – 482. 参见 Wolfgang Jäger, Historische Forschung und politische Kultur in Deutschland. S. 150。
③ 此人与1998—2005年担任德国总理的格哈德·施罗德同名非同人。
④ Gerhard Ritter, Brief an Gerhard Schröder, Freiburg, 17. 1. 1964, in: Klaus Schwabe u. Rolf Reichardt (Hrsg.), Gerhard Ritter. Ein politischer Historiker in seinen Beriefen. Boppard am Rhein, 1984, S. 585 – 588. 参见 Christoph Cornelißen, Gerhard Ritter. Geschichtswissenschaft und Politik im 20. Jahrhundert. Düsseldorf, 2001, S. 605 – 610。

一个不幸搭配"。① 借助于美国学者协会理事会提供的经费，菲舍尔最终完成了此次出行，并在大西洋彼岸赢得了莫大声誉。与之相反，联邦德国外交部压制学术自由的笨拙行为却使自己丢尽颜面，备受世人指责。

1964 年 10 月初，第 26 届德国历史学家大会在柏林举行，且有近 2000 人参加。在此次会议上，一战爆发的原因被列为中心议题之一，菲舍尔争论达到白热化程度。菲舍尔提出七个命题，断言德国对于第一次世界大战的爆发负有"主要责任"（Hauptverantwortung）。菲舍尔的同事、汉堡大学中世纪和近代早期历史教授埃格蒙特·策希林（Egmont Zechlin，1896—1992）针锋相对，提出了"在黑暗中跳跃"（Sprung ins Dunkle）说，强调德国政策的防御性。里特尔不仅批评菲舍尔的论证方法，还指责他"粗心大意"的史料工作。盖斯和菲舍尔的另一位学生赫尔穆特·比默以其论述德意志帝国东方政策的学术报告声援他们的导师，埃尔温·赫尔茨勒和军事史家维尔纳·哈尔维格（Werner Hahlweg，1912—1989）又对其发言进行了反驳。最后法国史学家雅克·德洛兹（Jacques Droz，1909—1989）和德裔美国史学家弗里茨·斯特恩（Fritz Stern，1926—2016）从国际角度出发赞许菲舍尔与民族保守主义决裂的姿态，只是在个别细节上提出了一些质疑。② 通过电台和电视台的转播，长达数小时的"演讲战斗"也在社会上产生了广泛影响。

柏林会议为菲舍尔争论带来了一个转折。在此之前，民族保守主义势力明显占据上风，相比之下，菲舍尔及其支持者势单力孤，处境险恶。但在柏林会议这一"历史学家决斗"（Duell der Historiker）中，菲舍尔的反对者经历了一次滑铁卢式的失败，不仅未能将他们眼中的"异端分子""置于死地"，自身也开始受到了攻击和批判。菲舍尔及其支持者尽管没有将对手击溃，却赢得了大学生听众暴雨般的喝彩和许多年轻学者的拥护，社会上也出现了大批同情者和支持者。③

柏林会议之后，菲舍尔争论继续进行，但争论双方的态势都发生了重大变化。菲舍尔及其支持者的思想越来越激进，不断强化德国在一战爆发前的作用，更加关注政治精英、经济利益集团、社会结构和思维模式的连

---

① Ein Protestbrief, in: Die Zeit, 24. 4. 1964. 参见 Volker Ullrich, „Völlig unreife Thesen"。

② 参见弗里茨·斯特恩《非自由主义的失败：论现代德国政治文化》，孟钟捷译，商务印书馆，2013，第 7 章；Konrad H. Jarausch, Der nationale Tabubruch. S. 29；Volker Ullrich, „Völlig unreife Thesen"。

③ 参见 Konrad H. Jarausch, Der nationale Tabubruch. S. 29；Volker Ullrich, „Völlig unreife Thesen"。

续性问题。反对派方面的刚性战线瓦解了：少数人继续坚持旧说，严厉谴责；多数人则开始修正观点，改进对抗策略，试图在一条中间路线上弥合联邦德国历史科学的裂缝，维持民族保守主义的解释权。[①]

在《争雄世界》一书中，菲舍尔仅仅断言德意志帝国政府对于一战的爆发"负有重大部分的历史责任"，而在柏林会议后，他就开始强调德国当局负有"主要责任"了。在菲舍尔看来，帝国领导层在 1914 年 7 月和 8 月的政策显示出这样一种意图，即利用萨拉热窝事件，在一个有利于德国军事力量的时刻，主动挑起被他们视为不可避免的三国同盟（Dreibund）和三国协约（Triple-Entente）两大军事集团之间的冲突。[②] 1965 年，菲舍尔发表《突破障碍而不是滑入》一文，[③] 进一步阐述了他的新命题。在这里，他断言："德国在 1914 年 7 月不仅决定甘冒可能由奥匈帝国－塞尔维亚战争引发的大规模战争的风险，而且德意志帝国领导人想要进行这场大规模战争，并做出了相应的准备。"[④]

在出版于 1969 年的《幻想的战争》一书[⑤]中，菲舍尔又进一步发展和细化了上述论断。根据其他一些足以证明 1914 年之前德国对外政策的侵略性的档案资料，菲舍尔指出：威廉二世和他的军事顾问至晚在 1912 年 12 月 8 日秘密召开的"作战会议"上就做出了利用自身的军事优势，突破障碍，在 1914 年夏天之前发动一场较大规模的战争的决定。[⑥] 与此同时，菲舍尔还根据艾卡特·克尔和格奥尔格·W. F. 哈尔加藤的帝国主义研究，系统地分析了德国扩张政策的内政背景、经济推动力和政治功能。[⑦] 他说："经济和政治一致不是事后构成的假设，而是实质上决定外交行动，并决定国内政策方向的因素……正是某些社会集团迫使做出决定，而人们通常却把这种决定仅仅归功于站在'集团利益'之上的高级官僚。"[⑧]

恰恰由于更多地从社会经济史角度解说政治进程、事件和行为，德国

① Fritz Klein, Neuere Veröffentlichungen in der BRD zur Geschichte und Vorgeschichte des ersten Weltkrieges, in: Zeitschrift für Geschichtswissenschaft, Jg. 20 (1972), S. 203 – 216, hier S. 203.

② 参见 Wolfgang Jäger, Historische Forschung und politische Kultur in Deutschland. S. 136。

③ Fritz Fischer, Vom Zaun gebrochen-nicht hineingeschlittert. Deutschlands Schuld am Ausbruch des Ersten Weltkriegs, in: Die Zeit, 3. September 1965.

④ 参见 Wolfgang Jäger, Historische Forschung und politische Kultur in Deutschland. S. 136。

⑤ Fritz Fischer, Krieg der Illusionen. Die deutsche Politik von 1911 bis 1914. Düsseldorf, 1969.

⑥ 参见 Wolfgang Jäger, Historische Forschung und politische Kultur in Deutschland. S. 136 – 137。

⑦ 参见 Wolfgang Jäger, Historische Forschung und politische Kultur in Deutschland. S. 137。

⑧ 转引自王建华、董进泉等编著《历史学》，第 204 页。

历史从一战到二战的连续性问题便更加突出了，与此同时，德国的大国政策和世界政策的失败问题也被提了出来。对于菲舍尔来说，连续性首先是指从德意志帝国到第三帝国经济、社会、政治和军事领域的权力精英的连续性。若无从小资产阶级崛起的"元首"与同时也在武装部队和外交部门占主导地位的传统农业和现代工业政治精英的联盟，纳粹主义的崛起和德国发动第二次战争就是不可能的。连续性也包括形成于德意志帝国，在一战期间得到张扬，在魏玛共和国潜伏存在，最终在第三帝国极端膨胀的德国强权政策目标设置的连续性。德国在一战和二战中的战争目标政策均产生于程度不同的"幻觉"，这些"幻觉"曾经先后两次诱使德国的政治精英们"通过在国内固守其享有特权的社会地位，必要时也在国外实施军事扩张来对抗工业时代社会的变革"。这一"幻觉的连续性"也意味着德国历史"错误的连续性"。因为这些错误，德国的大国政策和世界政策注定是要失败的。①

对各种各样的批评和攻击，菲舍尔予以有力的回击。他在后来的一系列著述中不仅深化了他关于德意志帝国在第一次世界大战中的战争政策的论点，而且联系经济利益集团和社会结构，进一步提出了德国历史从第一次世界大战到第二次世界大战的连续性的思想。他说，统治德意志帝国的势力在第一次世界大战和1918年革命后安然无恙，在魏玛共和国时期也保持着统治地位。"战争没有使社会和经济成分的性质发生任何变化，在1918年，大土地所有者、大财团、军队、有教养的资产阶级仍然保持着统治地位，甚至1918年10月的结构改革也没有使这方面发生任何变化，因为采取的一切措施完全限于俾斯麦的'自上而下的革命'范围。"②

现在，菲舍尔不仅否定了所有强权政治（Machtpolitik），而且也否定了德国历史上陈旧的政治结构和缺乏变通能力的统治体系。他从研究中得出的最重要结论就是"远离普鲁士－德意志历史灾难性的传统"。联邦德国不应当为其国家意识向普鲁士官厅的和军事国家的传统求助，它必须阐发自己独立的主导观念。③

而在反对者方面，埃尔温·赫尔茨勒直到生命的尽头都坚决拒绝"德

---

① 参见 Wolfgang Jäger, Historische Forschung und politische Kultur in Deutschland. S. 137–138。
② Fritz Fischer, Der Erste Weltkrieg und das deutsche Geschichtsbild. 参见王建华、董进泉等编著《历史学》，第 205~206 页。
③ 参见 Wolfgang Jäger, Historische Forschung und politische Kultur in Deutschland. S. 138。

国战争责任谎言"。在出版于 1976 年的《欧洲的自我削弱》一书的第二卷①中，赫尔茨勒坚决否认德国应对战争的爆发和进程负主要责任的观点，并且把这一责任推到大不列颠和俄国身上，认为"英国和俄国这两个真正的世界大国构建的被德国视为背叛的条约性包围圈"是导致战争的主要原因。② 除此之外，赫尔茨勒还对菲舍尔的考察方法提出了严厉批评。在他看来，菲舍尔只关注德国政府的行为，没有考虑参与战争的其他大国的内政和外交，更没有从中找出能够说明全部战争责任的关键因素，这种考察方法是非常片面和偏狭的。只有从世界史的角度出发才能够得出中肯合适的结论。③

策希林和基尔大学近代史教授卡尔·迪特里希·埃尔德曼（Karl Dietrich Erdmann，1910—1990）则在对抗菲舍尔的同时，提出了先发制人的"预防性战争命题"（Präventivkriegsthese）。在他们看来，德国在 1914 年 7 月和 8 月处理危机的方式是"为改善已陷入防守和孤立状态的德意志帝国国际地位的有限进攻"。帝国政府领导人的决定主要出于先发制人的预防性战争考虑和对德国实际力量的精密计算（Machtkalkül），而不是跻身于世界大国行列的权力要求。德意志帝国推行"进攻性对外政策"（offensive Außenpolitik）的目的在于对抗国家体系中开始出现的权力转移，确保德国的优势。④

策希林赞同菲舍尔的下列观点，即德意志帝国甘冒风险，发动了波及欧、亚、非数大洲的世界大战，但与把德国的冒险政策解释为有计划、有预谋的世界霸权追求的菲舍尔不同，策希林强调德国进攻政策的防守性质。在他看来，决定"受到包围的"德国发动"侵略战争"（Angriffskrieg）的因素既不是内政的，也不是外交的。帝国领导人外交攻势的目标主要是率

---

① Erwin Hölzle, Die Selbstentmachtung Europas. Das Experiment des Friedens vor und im Ersten Weltkrieg. Buch 2. Vom Kontinentalkrieg zum weltweiten Krieg. Das Jahr 1917. Fragment. Göttingen, 1976.

② 参见 Erwin Hölzle（Hrsg.）, Quellen zur Entstehung des Ersten Weltkrieges. Internationale Dokumente 1901 – 1914. Mit einem Geleitwort von Winfried Baumgart. Darmstadt, 1995, 2. erg. Aufl., S. X.

③ 参见 Erwin Hölzle（Hrsg.）, Quellen zur Entstehung des Ersten Weltkrieges. S. X。

④ Egmont Zechlin, Krieg und Kriegsrisiko. Zur deutschen Politik im Ersten Weltkrieg. Aufsätze, Düsseldorf, 1979; Karl Dietrich Erdmann（bearb.）, Der Erste Weltkrieg. Die Weimarer Republik. Stuttgart, 1973. 参见 Wolfgang Jäger, Historische Forschung und politische Kultur in Deutschland. S. 152。

先挑起被看作"不可避免的"对军事势力不断扩大的俄国的战争。此外，鉴于英国和俄国就海军军备问题进行的谈判，帝国领导人也想突破协约国越来越密集的包围圈，如有可能就撕裂这个包围圈。《九月纲领》绝不是全面的、继续追求战前"争雄世界"目标的"纲领"，它主要是为即将发生的特别是反对英国的战斗而进行的初步讨论。其研究对象是拟议中的建立一个依附于德国的经济区域，为同"不可战胜的"英国作战而开发经济潜力的组织机构。它描述世界大战中德国目标设想的中心概念是"安全"（Sicherheit）和"自给自足"（Selbstbehauptung），而这些概念也都是有针对性的。德国的战争目标是战争本身的一个产物，也是对抗敌人的一种战斗工具。①

类似于策希林，埃尔德曼也认为德意志帝国在1914年7月的冒险政策（Risikopolitik）从根本上说是一种属于防守范畴的意向的表达。根据新发现的深受贝特曼－霍尔维格信任的政府顾问库尔特·里兹勒（Kurt Riezler, 1882—1955）的札记②，埃尔德曼刻画了一幅复杂多变的有关贝特曼－霍尔维格的个性和政策的图像，突出了这位帝国政府首相工于计算的政治谋略，认为其主要目标是确保奥匈帝国的安全。在埃尔德曼看来，贝特曼－霍尔维格是在充分意识到这种危险的情况下，才向奥地利做出保护承诺的，因为若不给予盟友支持，奥地利就会背离德国，而德国就会在欧洲处于完全孤立状态。埃尔德曼指出，德国在七月危机期间所采取政策的冒险性虽然比人们通常认为的更大，但它主要体现了德国"维护自己作为一个大国的地位的防卫意愿"，而不是用武力手段实现扩张的目标的阴谋。③

军事、政治和外交史研究专家、科伦大学历史教授安德里亚斯·希尔格鲁伯最终接受并进一步发展了策希林和埃尔德曼的命题。在他看来，必须对德意志帝国领导人在1914年7—8月所采取的方略进行"全面"分析，只有这样才能制定出对抗菲舍尔命题的强有力的反命题。希尔格鲁伯不反对菲舍尔的下列观点，即贝特曼－霍尔维格在七月危机中的冒险行动有许多荒谬和错误之处，他在《九月纲领》中制定的战争目标也在先前就被提出和遵循了。希尔格鲁伯甚至承认德意志帝国对于战争爆发应负"连带责

---

① 参见 Wolfgang Jäger, Historische Forschung und politische Kultur in Deutschland. S. 152 – 153。

② 参见 Kurt Riezler, Tagbücher, Aufzätze, Dokumente, eingel. u. hrsg. v. Karl Dietrich Erdmann. Göttingen, 1972。

③ 参见 Wolfgang Jäger, Historische Forschung und politische Kultur in Deutschland. S. 153。

任"，在一定程度上否定了"没有任何政府蓄意挑起战争"的命题，但他依然认为，德意志帝国政府应对七月危机的措施是一种"经过深思熟虑的利用国际危机局势有限度地改变权力关系的冒险策略"，德意志帝国的领导人并没有"漫无限制地扩大权力的意愿"，他们不是直接追求，而是出于一种对于德国来说已经不能维持的防御心理寻求政治的和仅仅在紧急情况下才实施的军事的进攻。①

按照希尔格鲁伯的解说，德意志帝国领导人应对七月危机的措施是建立在一种"经过精密计算的冒险理论"（Theorie des kalkulierten Risikos）的基础之上的。鉴于当时存在或者"利用眼下还极其微小的机会，通过相对的风险"，或者"屈服于欧洲政治的一般趋势，使德国处于完全孤立的境地"两种可能性，帝国首相贝特曼－霍尔维格取前舍后，虽然知道有可能引发大规模战争，但还是幻想侥幸过关。只是在帝国领导人意识到他们的外交攻势完全失败了之后，他们才听天由命地批准了总参谋部先发制人的预防性战争方案。而导致这一冒险政策失败的主要不是"内部分裂或力量衰竭"，而是永远无法解决的、从"地缘政治"局势中产生出来的对外政治任务。德国所处地理上的"中间位置"（Mittellage）和"它的空间日渐狭小的情形"，使得"守护和扩大权力"（Machtbehauptung und Machterweiterung）一事自俾斯麦时代起就对德国政治具有了决定性意义。然而对于德国这个"晚起的民族"来说，这一对外政治要求显然是"过度了的"，它根本无法在很短的时间内同时完成国家内部建设和外部扩张任务，单纯依靠相对强大的军事力量来履行作为"半霸主"的欧洲大国义务，推行高级帝国主义时代广泛流行的"世界政策"，只可以取得暂时的成功，最终是要失败的。②希尔格鲁伯的这一"地缘政治"解说自1970年代中期以来成为民族保守主义史学家对抗菲舍尔的"新的共识"，并被新右派历史修正主义者接受，至今仍继续发生影响。

与之相对，年轻一代的史学家，如赫尔穆特·比默、汉斯－于尔根·普勒、

---

① Andreas Hillgruber, Deutsche Großmacht-und Weltpolitik im 19. und 20. Jahrhundert. Düsseldorf, 1977, S. 92. 参见 Wolfgang Jäger, Historische Forschung und politische Kultur in Deutschland. S. 153 – 154。

② Andreas Hillgruber, Kontinuität und DisKontinuität in der deutschen Außenpolitik von Bismarck bis Hitler, in: ders. , Großmachtpolitik und Militarismus im 20. Jahrhundert. 3 Beiträge zum Kontinuitätsproblem. Düsseldorf, 1974, S. 11 – 36, bes. S. 15 – 16. 参见 Wolfgang Jäger, Historische Forschung und politische Kultur in Deutschland. S. 154 – 155。

汉斯·耶格尔、哈特穆特·凯伯勒、海因里希·奥古斯特·温克勒尔、福尔克尔·本汉、彼得-克里斯蒂安·维特、蒂尔特·施特格曼、米夏埃尔·施图尔默、迪特尔·格罗、沃尔夫冈·J. 蒙森（Wolfgung J. Mommsen）、汉斯-乌尔里希·韦勒和于尔根·科卡等人则在接受菲舍尔提问的基础上，大力开展政治社会史研究，越来越多地从社会经济角度探讨战争的起因，侧重于分析战争经济、德意志帝国君主政体的内政改革能力和国内党派之争，并同各种各样的民族保守主义解说和新右派历史修正主义解说进行了坚决斗争。[①]

第三节　争论的意义和影响

毫无疑问，异议和对立有时会比共识和赞许更强烈地铸造科学的话语，但是很少有学术争论像菲舍尔争论这样激烈和长久，也很少有学术争论像菲舍尔争论这样规模宏大、影响广泛。这种情况的出现在很大程度上是与争论问题高度的政治敏感性，国际、国内各种学术和政治势力错综复杂的交涉折冲，纳粹主义和第三帝国犯下的滔天罪行以及德国社会各界对于这一罪行的不同处置方式有密切关系的。

二战结束后，经过美、英、法、苏等战胜国的军事管制、"非纳粹化"和"再教育"运动，德国社会各界的思想觉悟有了一定程度提高，不少自由派知识分子和教会领袖还对德意志民族历史进行了初步的批判性反思，但在东西方冷战和德国国家分裂的严峻形势下，在西占区和1949年成立的德意志联邦共和国中，民族利己主义依然广泛流行，反马克思主义和反共产主义依然甚嚣尘上。以康拉德·阿登纳为首的基督教民主联盟-基督教社会联盟和自由民主党组成的联合政府坚决奉行"向西方靠拢"和"融入西方"的政策，公然与德意志民主共和国和所有与该国建立外交关系的国家为敌。对于纳粹史，执政的保守派民主主义者也奉行"一种接受与拒绝并行的双重策略"，[②] 得过且过，并不深究。1949年12月联邦德国议院意见一致地颁布了一项大赦法，对1949年9月15日以前的全部犯罪行为实行大赦，从中获益的有上万名罪行较轻的纳粹罪犯和尚未超过追诉期的"潜逃

---

① 参见 Hans-Ulrich Wehler, Vom Unsinn geostrategischer Konstanten oder „Deutschland verkeilt in der Mittellage", in: Der Monat, Bd. 3, 1982, S. 64 –67。

② 吕一民、范丁梁：《"克服过去"：联邦德国如何重塑历史政治意识》，《学术前沿》2014年第10期。

者"。1950 年 12 月 15 日，联邦议院又向各州建议统一结束"非纳粹化"运动，各州也纷纷响应。1951 年，联邦议院根据《基本法》第 131 条，通过了恢复 1945 年被撤职的原纳粹官员职位的法律。1954 年夏天，联邦议院通过第二部大赦法，一些直接参与过大屠杀的"行动队"头目也获得了释放。不少人还重返工作岗位，甚至在政府和军队中担任要职。

　　而在史学界，占统治地位的主要是那些早在魏玛共和国和第三帝国时期已经成名，或已经开始学术活动的民族保守主义史学家。他们虽然哀叹"德意志灾难"，意识到在个别的历史观点上对德国传统史学进行修正，同自己的邻居，特别是西方精神世界"做富有成效的对话"的必要性，但仍满怀强烈的民族情感，坚决捍卫以弗里德里希二世和俾斯麦为代表的普鲁士精神，无限忠诚于"民族的宏大叙事"。① 他们也大都把第三帝国视为德国历史的一个"异体"和一次"操作失误"（Betriebsunfall），认为纳粹主义是法国大革命以来政治民主化和大众化进程病变的结果，同普鲁士 - 德意志历史传统没有任何关系。② 特别是那些历史不怎么"清白"，如加入过冲锋队和纳粹党，从事过反犹主义宣传，甚至还在纳粹政体中发挥过重要作用的史学家更是惊魂未定、心有余悸。他们"捂着盖着"，尽量逃避追问、隐瞒罪责，"一心尽快忘却过去的一切"。③

　　保守派史学家不仅不愿反思和清算纳粹历史，而且极力为德意志帝国的对外政策进行辩护，千方百计开脱德国帝国主义对于 1914 年的灾难应承担的责任，继续维护魏玛共和国时期国际学术界和政界就第一次世界大战爆发的原因问题达成的妥协性意见。④ 而德、法两国历史学家 1951 年在美因茨学术会议上达成的关于一战爆发问题的"战后共识"大大减轻了德国对于一战爆发的责任，使得德国人如释重负，欣慰之至。保守派史学家更是怡然自得、津津乐道，视之为"定论"和"绝对权威"。对于所有能够证明德国战争企图的史料和批评德意志帝国高层政策的著作，他们不是有意

①　Konrad H. Jarausch u. Martin Sabrow（Hrsg.），Die historische MeisterErzählung. Deutungslinien der deutschen Nationalgeschichte nach 1945. Göttingen, 2002.

②　格奥尔格·G. 伊格尔斯：《德国的历史观》，彭刚、顾杭译，译林出版社，2006，第 296 ~ 297 页；王建华、董进泉等编著《历史学》，第 186 ~ 187 页。

③　特奥多尔·豪斯：《公正有助于一个民族的兴旺》，朱根主编《世界国家元首政府首脑演说精粹》，百花洲文艺出版社，1995，第 31 页。参见 Peter Reichel, Vergangenheitsbewältigung in Deutschland. Die Auseinandersetzung mit der NS-Diktatur von 1945 bis heute. München, 2001, S. 67 - 68。

④　参见 Wolfgang Jäger, Historische Forschung und politische Kultur in Deutschland. S. 133。

识地加以忽略就是千方百计地加以排斥。例如意大利新闻记者和政治家路易吉·阿尔贝蒂尼在第二次世界大战期间写作并强调德国战争责任的三卷巨著《1914 年战争的起源》①早在 1953 年就被翻译成英文了，德译本却长期阙如。美国史学家汉斯·威廉·加茨克（Hans Wilhelm Gatzke）著《德国开进西方：关于第一次世界大战期间德国西部战争目标研究》②也未在联邦德国出版发行。至于这一课题的首批马克思主义著作③就更没有人乐意接触和接受了。

个别"非主流"历史学家，如马尔堡国家档案馆馆长路德维希·德希奥（Ludwig Dehio），试图运用比较方法对霸权和连续性问题进行批判研究，强调普鲁士王国、德意志帝国和第三帝国在争霸欧洲的野心和行动方面有着一种前赴后继的连续性。④此类尝试在二战结束初年不仅数量很少，而且难以立足，很容易遭到民族保守主义势力的封杀。⑤

直到 1950 年代末，随着联邦德国法院以本国刑法为基础进行的一系列纳粹罪行审讯的进行，也随着进步的左翼改良主义思想的传播，联邦德国政府和左派知识分子才开始突破旧的"排除纳粹历史"的历史政策，深入反思纳粹主义反民主、反道德、反人类的极端邪恶性质及其历史罪责。菲舍尔的"政治反叛"正是这一历史反思潮流的典型写照。

尽管受到了保守分子的激烈反对，但有一大批年轻而思想激进的史学家坚决站在菲舍尔一边。这些学者大都是在 1920 年代和 1930 年代出生，在二战后成长起来的，他们没有纳粹历史的包袱，更容易接受自由主义和民主主义思想，其立场观点比菲舍尔更加左倾，眼界和视野比菲舍尔还开阔。他们自以为是"道德良心"，憧憬"人道的、合理的社会"，呼吁诸如人权等一般价值，期望把历史研究与社会实践结合起来，制定"适用于实践的现代理论"，促进"个人和集体的合理行动"。他们也以更富有批判性的眼

---

① Luigi Albertini, Le origini della guerra del 1914, 1 - 3, Milano, 1942 - 1943. 英译本为：Luigi Albertini, *The Origins of the War of 1914*, *Vol. 1 - 3*. Oxford, 1952 - 1957。

② Hans Wilhelm Gatzke, *Germanys Drive to the West. A Study of Germanys Western War Aims during the First World War*. Baltimore, 1950.

③ 例如 A. S. Jerussalimski, Die Außenpolitik und Diplomatie des deutschen Imperialismus Ende des 19. Jahrhunderts, übers. aus Russische von Leon Nebenzahl. Berlin, 1954。

④ Ludwig Dehio, Gleichgewicht oder Hegemonie. Betrachtungen über ein Grundproblem der neueren Staatengeschichte. Krefeld, 1948.

⑤ 参见 Volker R. Berghahn, Ludwig Dehio, in: Hans-Ulrich Wehler (Hrsg.), Deutsche Historiker. Göttingen, 1973, S. 473 - 492, hier S. 486f。

光来看待过去的权威结构，反对任何试图"洗白"、美化德国历史的做法，致力于通过揭露历史上的污点，否定民族主义，不仅要从内部巩固民主制度，也要使德国的政治放弃超出领土现状的扩张主义目标，维护欧洲的和平。[①] 正是在菲舍尔"政治反叛"的激励下，年轻一代历史学家对威廉时期进行了更彻底的研究，发表了一大批批判分析德意志帝国利益集团的著述，[②] 并最终促使"历史的社会科学"这一新兴史学范型的兴起。[③] 反过来，年轻一代学者的支持和对德国历史更深入的批判研究也帮助菲舍尔进一步提高自己的思想理论水平。正是在年轻一代批判史学家的影响下，菲舍尔开始更加自觉地关注近现代德国外交和内政对经济利益的依赖性问题，从传统的政治决策研究逐渐转向对各种各样的利益集团、社会结构和思想模式的研究，力图从社会推动力角度阐述德国近现代历史发展的特点，揭示纳粹主义和第三帝国产生的根源。

　　菲舍尔的学生们在庆贺老师 70 岁生日的纪念文章中写道："弗里茨·菲舍尔……以其论著大大地超越了狭小的事实范围，使德国历史编纂发生了一次重大变革。菲舍尔的标新立异不在于方法论方面的独创，而在于下列事实，即弗里茨·菲舍尔以一种已经被人广泛接受的研究先前的历史时代的方法论观念触及了德国最近的历史中的一些问题，这些问题在德国的

---

① 参见迪特尔·拉夫《德意志史》，第 377～380 页；另参见王建华、董进泉等编著《历史学》，第 216～217 页。

② Helmut Boehme, Deutschlands Weg zur Grossmacht. Köhn, 1966; Hans-Juergen Puhle, Agrarische Interessenpolitik und preussischer Konservatismus in Wilhelminischen Reich 1893 – 1916. Hannover, 1966; Hans Jäger, Unternehmer in der deutschen Politik 1890 – 1918. Bonn, 1967; Hartmut Kaelble, Industrielle Interessenpolitik in der Wilhelminischen Gesellschaft. Der Centralverband deutscher Industrieller 1895 – 1914. Berlin, 1967; Volker Benghahn, Der Tirpitz-Plan. Düsseldorf, 1971; Peter-Christian Witt, Die Finanzpolitik des deutschen Reiches von 1903 – 1913. Eine Studie zur Innenpolitik des Wilhelminischen Deutschlands. Lübeck, 1970; Dirk Stegmann, Die Erben Bismarcks. Parteien und Verbaende in der Spaetphase des wilhelminischen Deutschlands. Sammlungspolitik 1897 – 1918. Köln 1970; Michael Stürmer, Regierung und Reichstag im Bismarckstaat 1871 – 1880. Caesarismus oder Parlamentarismus. Düsseldorf, 1970; Dieter Groh, Negative Integration und revolutionaerer Attentismus. Die deutsche Sozialdemokratie am Vorabend des Ersten Weltkrieges (1909 – 1914). Berlin, 1972; Hans-Ulrich Wehler, Krisenherde des Kaiserreich 1871 – 1918. Göttingen, 1970; Hans-Ulrich Wehler, Das deutsche Kaiserreich: 1871 – 1918. Göttingen, 1973; Jürgen Kocka, Unternehmensverwaltung und Angestelltenschaft am Beispiel Siemens 1847 – 1914. Zum Verhältnis von Capitalismus und Bürokratie in der deutschen Industralisierung. Stuttgart, 1969; Jürgen Kocka, Klassengesellschat im Kriek. Deutsche Sozialgeschichte 1914 – 1918. Göttingen, 1978.

③ 参见陈启能主编《二战后欧美史学的新发展》，山东大学出版社，2005，第 468～495 页。

历史编纂中曾经被人们出于多重的罪恶感视为禁忌；菲舍尔不仅研究了这些问题，而且触及了若干实实在在的要害点中的一个，即第一次世界大战的发生及其进行；它之所以切中要害，还因为在菲舍尔关于德国在第一次世界大战中的战争目标问题的著作发表之后，那些一直被人们当作不言而喻的，视德意志帝国、魏玛共和国与第三帝国在第一次世界大战和第二次世界大战之间毫无联系的观点，不再能够继续坚持了……除了若干专业方面的同事的坚决拒绝（菲舍尔争论），这个问题的思想强度也曾使菲舍尔遭到过时事评论的严厉谴责，说他是一种'只强调道德意识'的历史编纂的代表者；自然其中也有不少善意的批评意见，……毫无疑问，弗里茨·菲舍尔没有以其选择的问题和研究结果去迎合他所处时代的政治和学术环境，而是在占统治地位的种种成见中横冲直撞，并且恰恰以此为年轻一代的学者们铺平了道路，提出了一些导致重新评价德国最近100多年的历史问题。"[1]

因此，菲舍尔争论的意义不仅限于对第一次世界大战史这一具体历史课题所做的独特性研究，更重要的是它引起了人们对德国史学传统的批评性思考，并同新兴的社会史研究一起促成了联邦德国年轻一代史学家转向对德国近现代史的批判审查，最终导致了"批判的"社会史学派和"历史的社会科学"理论观念的形成。

小　结

综上所述，不难看出，菲舍尔争论既是一场学术争论，也是一场政治争论，它发生在一种极为特殊和极其微妙的历史政治语境中，其中左、右翼学术－政治势力相互对抗，自由主义和社会民主主义历史观和政治观与民族保守主义意识形态激烈交锋。菲舍尔以其著作和命题对德国历史和传统进行的批判性评估，不仅明显背离了民主保守主义史学家为德国历史政治进行辩护的"护教学"历史观，突破了他们的"解说垄断"，挑战了他们的"学术权威"，而且触动了纳粹罪行这一历史疮疤，否定了许多德国人"事不关己，高高挂起"的自我理解，动摇了联邦德国保守派民主主义者"排挤纳粹罪行"的历史政策的合法性，因此必然受到所有固守民族主义立场、认同现行政治的右翼势力的坚决反对，并且他们的反对不仅仅局限于

---

[1]　Christian Simon, Historiographie. Eine Einführung. Stuttgart 1996, S. 154 – 155.

对历史事实的不同看法，而且涉及对民族和国家的不同认识和态度。这就使得菲舍尔争论远远超出了学术争论的范畴，成为事关国家民族利益和前途命运的政治斗争，其意义自然非同一般。

恰恰因为涉及民族历史和对于民族的认知和态度问题，所以争论各方都不愿轻易妥协退让。争论深化了认识，但并未达成共识。左派以其高度的政治理性、责任心和道义感赢得了广泛的同情和支持，并随着联邦德国政治文化的左转，将民族的自我批判普及化为当代史的中心任务，但并未彻底摧毁右派的防线。继菲舍尔争论之后，新的争论，如关于"德意志特殊道路"命题的争论、"历史学家之争"、"戈德哈根辩论"、"武装部队罪行展览之争"和"关于二战末期英美诸国对德国城市的大轰炸的争论"等不断出现，如何处理历史与现实、民族与自由等问题，仍是联邦德国必须正视的严峻挑战。

第四章　关于德意志特殊道路命题的争论

关于德意志特殊道路命题的争论是由比勒费尔德"批判的社会史学派"历史学家汉斯－乌尔里希·韦勒在 1973 年出版的《德意志帝国（1871—1918 年)》一书引起的，参与争论的不仅有联邦德国的知识和政治精英，而且还有英、美等国的史学家，形成了一种国际性大讨论。"德意志特殊道路"（Deutscher Sonderweg）或"德意志特殊发展"（Deutsche Sonderentwicklung）命题简单讲是指德意志政治和社会所经历的与西方其他国家不同的发展。[①] 这一命题原本是德国近现代历史研究中的一个经典范式。所谓"范式"，按照托马斯·库恩的观点，系指"观察世界和实践科学的方法，是特定学科的一般研究人员共同掌握的信念、价值标准、技术手段等的综合体"。[②] 历史学科引入"范式"，事实上概括了研究中的大历史观。但在不同历史时期，德意志特殊道路命题有不同的含义。与之相关的争论也远远超出了学术讨论的范畴，成为左右翼知识和政治精英的一场大博弈。否定性的"德意志特殊道路"范式至今仍对德国和德国以外的德国史研究有着巨大影响。[③]

[①]　Bernd Faulenbach, „Deutscher Sonderweg". Zur Geschichte und Problematik einer zentralen Kategorie des deutschen geschichtlichen Bewusstseins, in: Aus Politik und Zeitgeschichte, 33, 1981, S. 3 – 21, hier S. 3.

[②]　参见金成晓《两种"范式"之争与中国经济学的构建》,《财经问题研究》1997 年第 3 期。

[③]　关于这一方面的最新讨论，参见 Winfried Schulze, Vom „Sonderweg" bis zur „Ankunft im Westen". Duetschland Stellung in Europa, in: Geschichte in Wissenschaft und Unterricht, 2004, 4, S. 226 – 240。国内成果参见景德祥《在西方道路与东方道路之间——关于"德意志独特道路"的新思考》,《史学理论研究》2003 年第 4 期。

第一节　"德意志特殊道路"概念的由来

"德意志特殊道路"概念早在19世纪初年就已经产生，是由19世纪德意志民族保守派提出的对于法国大革命以来的德意志历史发展的宏观解说。对于保守派来说，德国有着自上而下的改革传统，走的是一条有别于西欧民主国家的，而且更好的发展道路。当时反对拿破仑的民族解放战争正在激烈进行，许多具有民族主义倾向的德国思想家和政论家，一方面把富有成就的法国大革命看作落后的德意志国家的榜样；另一方面又极力强调德意志与法兰西的不同，热情张扬德意志民族和文化的优越性。这种做法极大地激发了德意志人的民族意识和民族自豪感，为战胜"侵略者"拿破仑提供了强大的精神武器。

在1830—1840年代德意志各邦国封建王朝全面复辟的时期，著名历史学家利奥波德·冯·兰克又从温和的保守派立场出发，强调作为集体性个体的国家和民族的意义，致力于克服德意志自由主义者追求法国自由主义和立宪主义的倾向。虽然没有放弃使用"西欧基督教世界"这类总体概念，但在具体的历史编纂中，兰克自始至终都把研究和说明不同国家和民族的独特发展视为己任，坚信德意志的发展具有上帝赋予的特殊性。[1] 作为一代史学宗师，兰克的观点自然会对后来的历史学家产生深刻影响，德意志特殊性观念也得以广泛传承。

至19世纪中期，随着资本主义经济的迅速发展和国家统一运动的广泛开展，德意志资产阶级的民族意识进一步加强，"德意志特殊性"这种思维方式也有了新的突破性拓展。此时，支持俾斯麦领导普鲁士统一德国的"普鲁士－德意志学派"（也称"普鲁士学派"或"小德意志学派"）历史学家大张旗鼓地宣扬世界各民族发展的独特性和现实政治因素在历史与现实中的巨大作用，声称德意志民族在宗教改革时代就已经获得了相对于其他国家和民族的特殊性，普鲁士国家政治制度最适合德国国情。现实的民族统一的目标被公然置于资产阶级梦寐以求的自由的目标之前。君主立宪制被大部分资产阶级作为民族统一完成的代价所认可。因为通过民族的统

---

[1]　Bernd Faulenbach, „Deutscher Sonderweg". Zur Geschichte und Problematik einer zentralen Kategorie des deutschen geschichtlichen Bewusstseins, in: Aus Politik und Zeitgeschichte, 33, 1981, S. 3 – 21, hier S. 5.

一，资产阶级自由主义所取得的成就也将得以保证。绝大多数历史学家都倾向于用武力开辟帝国之路，把普鲁士 – 德意志国家视为唯一可能而且合理的历史结果。这样，在国家统一的特殊政治和社会条件下，肯定性的"德意志特殊道路"概念基本成型。①

到了19世纪末，一批新康德主义的历史学家又将德意志帝国的君主立宪制视作有别于英国议会制与俄国君主专制的"第三条道路"。② 1911年，著名的宪法史学家奥托·欣策在《普鲁士年鉴》（Preussische Jahrbücher）中发表《君主制原则与制宪》一文，强调君主立宪体制是伟大的"普鲁士的德意志制度"；它适应德国的政治、社会与传统，适合"外交优先"原则；这是普鲁士国家传统的延续，甚至比英国议会制度更加优越。③

这一思想到第一次世界大战爆发前夕达到了顶峰。恩斯特·特勒尔奇（Ernst Troeltsch，1865—1923）发表了这样的演讲："我希望看到，我们整个充满博学与艺术气质的精神和洞察力，可以倾注到充满激情的语言中，这种语言作为德意志价值观的标志送给出发的民族纵队。"1914年10月4日，93位著名的知识分子共同发出《对文明世界的呼吁》，美化了德国的战争政策。10月16日的《德意志帝国高校教师宣言》则强调"我们的信仰是，为了整个欧洲文明取得神圣的胜利，德意志军队必须战斗"。④

不久，一场所谓的"宪法大战"在德、英两国的法学家与历史学家中展开。战争被理解为文化之间的斗争：它是"理想主义的德意志与实用主义的英国式国家思想之间的斗争；是德国式自由与物质主义专制之间的斗争"。恩斯特·特勒尔奇批判由法国大革命提出的"自由、民主和博爱"的世界主义，即"1789年思想"是一种病态的世界观，主张继承浪漫主义的革命性，"反对西欧的自然法及其革命暴力的扩张"。维尔纳·桑巴特坚决认为，在这场"商人"与"英雄"的战斗中，德国必将是胜利者。⑤ 这样

---

① Bernd Faulenbach, „Deutscher Sonderweg". Zur Geschichte und Problematik einer zentralen Kategorie des deutschen geschichtlichen Bewusstseins, in: Aus Politik und Zeitgeschichte, 33, 1981, S. 3 – 21, hier S. 6 – 7.

② 参见 Helga Grebing (Hrsg.), Der „Deutscher Sonderweg" in Europa 1806 – 1945. Eine Kritik. Stuttgart, 1986。

③ Hans-Ulrich Wehler, Deutsche Gesellschaftsgeschichte. Band 4: Vom Beginn des Ersten Weltkrieg bis zur Gründung der beiden deutschen Staaten, 1914 – 1949. München, 2003, S. 19.

④ Hans-Ulrich Wehler, Deutsche Gesellschaftsgeschichte. Band 4. S. 19.

⑤ 参见 Winfried Schulze, Vom „Sonderweg" bis zur „Ankunft im Westen". Deutschland Stellung in Europa, in: Geschichte in Wissenschaft und Unterricht, 2004, 4, S. 226 – 240。

就形成了德国特有的"1914 年思想"。

"德意志特殊道路"的思想意识在第一次世界大战期间达到了顶峰。此时，"德意志特殊道路"概念已发展成为一种思想意识并始终被赋予了积极的评价。对于德意志历史学家来说，"德意志特殊道路"即德意志自己的优越道路：自法国大革命以来，德意志民族意识日益觉醒，尤其在 1848 年欧洲革命以后德意志的发展是具有积极意义的，因为这种发展是导向 1871 年德意志帝国建立的一个过程。历史学家们强调由于德意志特殊的地理位置和历史传统导致了德国不同且优于英国和法国的特殊发展。德意志帝国的君主立宪制优于英国的政党议会制，德国的经济发展更在短时间内就超越了英、法等老牌资本主义国家。在皇帝威廉二世统治时代，这种导向特殊的政治文化的"德意志特殊发展"被广泛强调，尤其在帝国的外交政策方面。① 这种思想意识在公众舆论中，尤其是被多数德国教授不仅理解为与其他西欧民族国家利益的对立，而且理解为对立的政治意识形态和文化的抗争。在"德意志自由"与英国议会主义，普鲁士－德意志官僚国家与西欧柏拉图民主的社会基础，普鲁士的职业道德与西欧的享乐主义，德意志理想主义、浪漫主义和历史主义的自然法则理论与西欧理性主义之间，比较研究得以全面进行，其结果是，德国和西欧的区别显示在所有的生活领域。这种"德意志特殊道路"思想的政治含义远远超出了学术研究范围。由于帝国的复杂结构和战争情绪的鼓动，在这一时期，德国与总体的欧洲政治文化的联系几乎完全失去了。②

在十一月革命后成立的魏玛共和国中，历史学家们继续从历史上寻找德意志发展的特殊性。弗里德里希·迈内克指出了德国的知识革命是同西欧启蒙运动相抗衡的。格哈德·里特尔在路德研究中强调，德国的精神起源于路德改革，而西欧则奠基于加尔文主义，两者完全不同。阿图尔·莫勒（Arthur Moeller）则追溯到文艺复兴以来，德国就"同西方有分界线"。③

① Helga Grebing, Der „deutsche Sonderweg" in Europa 1806 – 1945. Eine Kritik. Stuttgart, 1986, S. 11.

② Bernd Faulenbach, „Deutscher Sonderweg". Zur Geschichte und Problematik einer zentralen Kategorie des deutschen geschichtlichen Bewusstseins, in: Aus Politik und Zeitgeschichte, Bonn, 33, 1981, S. 3 – 21, hier S. 8.

③ Fridrich Meinecke, Die Entstehung des Historismus. Muenchen, 1936, S. 1 – 3. 参见 Harm Klueting, „Vernunftrepublikanismus" und „Vertrauensdiktatur": Friedrich Meinecke in der Weimarer Republik, in: Historische Zeitschrift 242 (1986), S. 69 – 98; Gerhard Ritter, Luther. Gestalt und Symbol. München 1925, S. 153 – 154; Winfried Schulze, Vom „Sonderweg" bis zur „Ankunft im Westen". Duetschland Stellung in Europa, in: Geschichte in Wissenschaft und Unterricht, 2004, 4, S. 226 – 240。

　　历史学家对于"特殊道路"的偏爱，也影响了公共观念，正是在这一背景中，魏玛共和国遭遇到了顽固抵抗，纳粹主义趁机在 1930—1933 年迅速崛起。[①] 到 1933 年 4 月 1 日，戈培尔甚至公开宣称"1789 年的思想从此在历史中消失了"；同一天，历史学家汉斯·罗特菲尔斯在俾斯麦的纪念大会上再次强调，共和国并不是人们所希望的"德国道路"。[②]

　　纳粹统治时期，"德意志特殊道路"这一研究范式在史学界得以继续传承和发展。鲁道夫·科莱莫尔（Rudolf Craemer）继承汉斯·罗特菲尔斯的俾斯麦研究，将"国家意识"和"民族秩序"描述为起源于 19 世纪初并一直延续到俾斯麦的"特殊道路"。纳粹德国借此宣扬自己是俾斯麦精神的继承者。[③] 总的来说，这一时期的"特殊道路"是一种受到肯定的发展模式，在政治意义上则属于保守的理论范式。

　　然而，就在这种"积极的特殊道路"范式普遍流行之时，德国学术界已经出现了不同声音，其中最具批判性的研究来自自由主义者。1909 年，弗里德里希·瑙曼（Friedrich Naumann，1860—1919）在《工业国家》一文中，就颇具讽刺意味地指责德国正如一个"农业国政治圈中的工业民众"，"我们的政治现状就好像在一幢古老的农业建筑中逐渐改造成为一家工厂。在老的屋顶下，有最先进的机器，人们却坚持不懈地要撞开土墙"。[④] 1918 年德意志帝国的垮台进一步导致了对"德意志特殊道路"的积极评价的质疑，马克斯·韦伯、他的弟弟阿尔弗雷德·韦伯（Alfred Weber，1868—1958）以及埃米尔·莱雷德尔（Emil Lederer，1882—1939）、约瑟夫·熊彼特（Joseph Schumpeter，1883—1950）等学者提出特殊的德国发展是一个不完整的发展的观点，例如比较整个西欧宪法的发展，德国的议会制、革命

①　参见 R. F. Hamilton, "Hitler's Electoral Support: Recent Findings and Theoretical Implications," *Canadian Journal of Sociology*, 1986, 11, pp. 1 - 34。

②　参见 Peter Th. Walther, Emigrierte deutsche Historiker in den USA, in: Berichte zur Wissenschaftsgeschichte, 1984, 7, S. 41 - 52。

③　汉斯·罗特菲尔斯虽然对纳粹夺权表示欢迎，但自己却作为"非雅利安人"被剥夺了教席，最后离开了德国。鲁道夫·科莱莫尔在 1930 年听取了汉斯·罗特菲尔斯的俾斯麦讲座，深受其影响，在其博士论文《30 年战争后的德国国家意识之起源》（Ursprung deutschen Staatsbewußtseins nach dem dreißigjährigen Kriege）中，就已经将国家权力视作独特道路的重要元素。参见 Karl Heinz Roth, Die nationalsozialistischen Bemühngen um Bismarcks Erbe in der Sozialpolitik, in: Lothar Machtan (Hrsg.), Bismarks Sozialstaat. Beiträge zur Geschichte der Sozialpolitik und zur sozialpolitischen Geschichtsschreibung. Frankfurt a. M., 1994, S. 402 - 406。

④　参见 Winfried Schulze, Vom „Sonderweg" bis zur „Ankunft im Westen". S. 226 - 240。

和魏玛宪法的实行完全被延误了。[1]

与此同时还出现了另一种解说，这就是把德意志特殊道路与魏玛共和国的建立联系在一起。左派自由主义者、国家档案馆历史学家维特·瓦伦廷（Veit Valetin）也在《论国家变革与战后第一年历史》一书中，首次将1848—1918 年的德国发展视作积极的、为魏玛共和国做准备的历史。[2] 马克思主义史学家阿图尔·罗森贝格（Arthur Rosenberg, 1889—1943）在 1933年出版的《德意志共和国的诞生》一书中，也从历史主义的角度分析了共和国建立的合理性。[3]

更为激进的批判是在部分流亡知识分子当中出现的。他们接触到美国的多元化政治及其文化，开始反思旧观念、构建新思想。艾卡特·克尔在其有关德意志帝国的研究中，尖锐地指出政治与经济的不平衡发展，尤其是所谓"前工业精英"的统治，造成德国政治体制的落后，并导致了魏玛政治体制不稳、专制心理流行。[4] 克尔于 1933 年在美国去世，但其思想却由他的同事汉斯·罗森贝格、埃尔弗莱德·瓦格茨（Alfred Vagts）与菲利克斯·吉伯特（Felix Gilbert）继承与发扬。这些流亡在美国的德国史学家开始反思积极性的"特殊道路"理论，其中最著名的有瓦格茨对德国军事史的研究、阿图尔·罗森贝格对魏玛共和国的研究、汉斯·罗森贝格对普鲁士的研究，以及罗特菲尔斯对抵抗运动的研究；这些研究都暗示了范式转变的可能性。[5] 罗特菲尔斯在二战爆发之前曾积极鼓吹"1914 年思想"和"俾斯麦崇拜"，现在却开始强调"权利国家"的重要性了。[6]

---

[1]　Bernd Faulenbach, „Deutscher Sonderweg". Zur Geschichte und Problematik einer zentralen Kategorie des deutschen geschichtlichen Bewusstseins, in: Aus Politik und Zeitgeschichte, 33, 1981, S. 3 – 21, hier S. 11.

[2]　参见 Peter Th. Walther, Emigrierte deutsche Historiker in den USA, in: Berichte zur Wissenschaftsgeschichte, 1984, 7, S. 41 – 52。

[3]　Arthur Rosenberg, Entstehung der Weimarer Republik. Frankfurt a. M. , 1973.

[4]　Eckart Kehr, Der Primart der Innenpolitik: gesammelte Aufsätze zur preußisch-deutschen Sozialgeschichte im 19. und 20. Jahrhundert, hrsg. von Hans-Ulrich Wehler. Berlin, 1965.

[5]　参见 Peter Th. Walther, Emigrierte deutsche Historiker in den USA. S. 41 – 52。

[6]　关于罗特菲尔斯在魏玛时期的研究，可参见 Lothar Machtan, Hans Rothfels und die sozialpolitische Geschichtsschreibung in der Weimarer Republik, in: Lothar Machtan (Hrsg.), Bismarks Sozialstaat. Beiträge zur Geschichte der Sozialpolitik und zur sozialpolitischen Geschichtsschreibung. Frankfurt a. M. , 1994, S. 311 – 386；关于罗特菲尔斯的转变，参见 Peter Th. Walther, Emigrierte deutsche Historiker in den USA, in: Berichte zur Wissenschaftsgeschichte, 1984, 7, S. 41 – 52。

第二次世界大战结束后，史无前例的政治和道德灾难震撼了德国的历史意识，对"德意志特殊道路"的批评之声日趋高涨。尤其是一些在1933年被驱逐和流放的历史学家，对这一思想意识持否定的态度，并寻找把德国同西欧隔离的灾难的思想史前提。他们的著作，他们回国举办的讲座，如汉斯·罗森贝格1950—1951年在柏林自由大学的讲座，他们创办的杂志，如罗特菲尔斯在1953年创办的《当代史季刊》（Vierteljahresheft für Zeitgeschichte），都在德国知识界和学术界产生了不小的影响。与此同时，经过了纳粹独裁统治与"非纳粹化"教育的联邦德国史学界也开始反思历程。德国本土历史学家也从以前积极认同"德意志特殊道路"，转向自我批评和重新审视。1946年秋天，哥廷根的历史学家大会主题就是"从德国历史中出来，进入欧洲历史"，以此开启了批判德国历史"错误发展道路"（Irrweg）的序幕。① 历史学家们对19世纪和20世纪的德国史进行了新的解释，如弗里德里希·迈内克的《德意志灾难》、汉斯·科恩（Hans Kohn）的《德国资产阶级的道路和歧途》、赫尔穆特·普莱斯纳的《迟到的民族》、格奥尔格·L. 莫泽（Georg L. Mosse）的《德国意识形态的危机》、格哈德·里特尔的《欧洲和德国问题》等。② 一些历史学家把第三帝国的根源回溯到更早的德意志历史，从希特勒、俾斯麦到弗里德里希大帝。他们把1848年以来的德意志特殊历史道路总体上看作一种致命错误的发展，希特勒或第三帝国与近代德国史或普鲁士史是有连续性的。也正在这一点上，历史学家有很大的争议。里特尔对特殊的德国发展必然导致纳粹主义的观点表示怀疑，并强调路德宗、普鲁士、俾斯麦作为一方与纳粹主义作为另一方之间的对立。1850年代一些历史学家对德国议会民主制的软弱和德国的特殊性进行了分析，但这些问题的讨论仍处于权威主义的阴影之下。总体上，19世纪的德国历史被看作有意义的发展，作为"德意志特殊道路"思想意识标志的普鲁士－德意志传统的重要因素是不可放弃的。③ 而拉尔夫·G. 达伦多夫（Ralf G. Dahrendorf, 1929—2009）在1966年完成的《德国的社会与民主》一书，却将批判性"特殊道路"理论推上了顶峰。他明确提出了这样的问题："为什么自由民主的原则在德国只能找到如此少的朋友？这个原则在其他国家则受到欢迎；现在也是如此。其他国家中很少出现民主在德国

---

① Winfried Schulze, Deutsche Geschichtswissenschaft nach 1945. München, 1989, S. 159 - 161.

② Helga Grebing, Der „deutsche Sonderweg" in Europa 1808 - 1945. S. 12.

③ Bernd Faulenbach, „Deutscher Sonderweg". S. 13 - 14.

的情况。我们需要解释，为什么德国堵住了民主进入自由之路？"他接下去写道："我们需要解释，是什么阻碍了德国民主制度的历史？"[1] 到汉斯－乌尔里希·韦勒 1973 年出版《德意志帝国（1871—1918 年）》一书后，一场激烈的关于德意志特殊道路争论便在联邦德国史学界大规模展开了。

第二节　争论始末

在《德意志帝国（1871—1918 年）》一书中，韦勒以一种政治、经济和社会现代化的概念探讨了德意志帝国的总体历史，尤其是探讨了这一时期德国走向灾难的特殊道路。其出发点首先是对那些严重阻碍一个自由和民主社会的发展并在当时或以后带来致命后果的阻力进行思考。在韦勒看来，如果不对德意志帝国结构性缺陷进行批判的分析（在帝国时代这是很艰难的），就不能很好地解释导致德国法西斯主义灾难的原因。其次是把历史科学作为一种批判的社会科学来理解，而这种历史科学的解放任务在于：冲破意识形态批评上的充满迷雾的神话，解开旧有的误解，以便从已产生的后果或由错误决定付出的社会代价中摆脱出来，为我们社会实践增加理性识别的机会，并在一定程度上提供经过仔细考察的历史经验。[2]

通过研究，韦勒提出了以下基本观点。

第一，在 1866—1879 年新的德意志国家形成时期，由于缺少一场成功的资产阶级革命，德意志国家的统一是在普鲁士容克贵族的领导下实现的，民主政治未能建立，传统的君主专制政体得以保留下来，工业革命是在一个封建性农业社会中进行的。资产阶级无可争议的是近代历史发展的主要推动力量，但在德意志帝国，农业社会的利益集团依然非常强大，足以左右国家重要的经济、社会和政治决策，这些决策对于德意志帝国各方面发展都具有决定性意义。

第二，民主化并非工业化的自然结果，它的建立需要支持民主化的社会力量为之进行艰苦卓绝的斗争。但在德国，资产阶级因为害怕工人阶级的崛起，不仅放弃把其经济的优势转换到政治统治中，而且本身屈服于传统的容克贵族、官僚和军队的统治。在保守势力的统治下，经济现代化是有可能实现的，甚至会比民主制国家更快、更迅速地实现经济现代化，但

---

① Ralf Dahrendorf, Gesellschaft und Demokratie in Deutschland. München, 1966, S. 22.

② Hans-Ulrich Wehler, Das deutsche Kaiserreich: 1871－1918, 6 Auflage. Göttingen, 1988, S. 12.

其结果却是国家权力结构的失衡，以至于当德国在 19 世纪中叶迅速克服其经济的落后状态，在 19 世纪末上升到世界上重要工业国家中仅次于英国的第二位时，其社会结构仍处于前工业状态。也就是说，在德意志帝国，经济、技术虽然取得了突飞猛进的发展，达到了现代化的水平，但政治现代化却被延误了。这样一来，已经现代化了的经济不得不面对一种相当落后的社会和政治，政治上无权的资产阶级和封建统治阶级只能期望在对外扩张中寻求释放内部压力的出路。这种"特殊的发展"的最终结果是灾难性的——既有第一次世界大战的灾难，又有第三帝国的灾难。

第三，仅仅用一战失败、战后的通货膨胀、世界经济危机和社会国家的匆忙建设等临时性因素来解释魏玛共和国的崩溃和纳粹政权的建立是不够的。因为在 1929 年世界性经济大危机爆发后，并非所有西方国家都蜕变为法西斯主义了，只有德国和意大利如此。德国极权法西斯主义连同它的战争政策问题从内到外无可争议地并非总体的西欧社会问题，它首先是 1933 年以前德国社会特殊状况中的一个方面，而这种特殊状况的大多数可以在德意志帝国找到原因或可以作为它的政治结果去解释。法西斯主义绝非德国历史连续性的中断，从德意志帝国在保守基础上形成到纳粹法西斯主义具有历史连续性。[1]

作为一位在 1960 年代成长起来的历史学家，韦勒是批判史学的一员干将，积极参加过当时的史学讨论。他同其他批判史学家一样，按照西欧和北美的发展来衡量德国历史的发展，深信德国近现代的经济现代化与政治现代化是"非同步发展"的，而这种发展对于纳粹主义的兴起负有重大责任。他也用新的、否定性"德意志特殊道路"理论来解释德国近现代的历史发展特征，从比较的和"长时段"的角度记忆"德意志灾难"，承认纳粹主义及其前因后果是德国历史的一部分，但又主张与其保持批判性的距离，希望通过颠覆传统、接受西方价值来终结这一特殊发展道路。

韦勒《德意志帝国（1871—1918 年）》一书的出版在德国极为轰动，一些史学家高度评价"韦勒著作的解放作用"，认为该书"是一部示范性作品，一部依据批判性政治社会史的观点写成的综合著作"，[2] 有些则批评道，

---

① Hans-Ulrich Wehler, Das deutsche Kaiserreich: 1871 – 1918. S. 15 – 18.

② Georg Iggers, *New directions in European historiography*. Middletown, Conn.: Wesleyan Univ. Pr., 1975. 参见格奥尔格·伊格斯《欧洲史学新方向》，赵世玲、赵世瑜译，华夏出版社，1989，第 220 页。

这种"对普鲁士王朝的起诉书不能交给大学生"。① 围绕着"德意志特殊道路"问题，历史学家们在"菲舍尔争论"之后，展开了联邦德国历史上第二次重大史学争论。

首先是那些厌烦继承性主题、希望捍卫传统历史编纂实践和民族价值的保守派史学家对韦勒及其拥护者的观点提出了严厉批评。他们反对韦勒关于一种研究全社会的历史概念，按照这一概念，政治因素就要放在其社会环境中加以探讨。他们重申政治占据首位及外交政策对于国内力量的相对自主的一方面。② 对于希尔格鲁伯来说，在1871—1945年的德国外交政策中有许多连续性因素，特别是对东欧的政策。德意志帝国、魏玛共和国和纳粹德国的外交政策差别极其微小。第三帝国的外交政策可谓德国传统的外交政策的一个极端激进化的版本。对于民族社会主义者来说，魏玛共和国外交政策的目标，即合并奥地利和莱茵地区的重新军事化仅仅是他们统治全欧洲的追求的开始。

托马斯·尼佩代对韦勒观点批评得最激烈。他认为韦勒关于社会结构观点是"单线连续性结构"，只从1933年或1933—1945年去解释德国历史是片面的，从德意志特殊道路的角度解释纳粹主义的根源也是不成立的；韦勒实际上是把19世纪和20世纪的德国历史歪曲为纯粹的第三帝国的历史了。③ 1978年，尼佩代应温克勒尔的邀请，到弗莱堡大学做学术报告（后发表于《历史杂志》），④ 再次讨论了韦勒的特殊道路命题。尼佩代指出，这种理论过于天真与简单化，"是历史学家的想象，然后以此编排史料，而真相还可以倒过来"。德国历史实际上包含有"多种连续性"。连续性的线索不仅仅从1871年延续到1933年以后，而且同样延续到1949年之后。德意志帝国不仅仅是纳粹德国的前史，也是现已得到普遍肯定的联邦德国的前史。德国人从德意志帝国传承下来的不只是专制国家与军国主义的连续性，而且还有其他诸如法治国家、社会福利国家、教育制度等优良传统。⑤ 这些历

① 王建华、董进泉等编著《历史学》，第208页。
② Georg. G. Iggers, New directions in Eropean. historiography. 参见格奥尔格·伊格斯《欧洲史学新方向》，第220页。
③ Thomas Nipperdey, Wehlers „Kaiserreich". Eine kritische Auseinandersetzung, in: Ders., Gesellschaft, Kultur, Theorie. Göttingen 1976.
④ Thomas Nipperdey, 1933 und die Kontinuität der deutschen Geschichte, in: Historische Zeitschrift 227 (1978), S. 85 – 111.
⑤ Thomas Nipperdey, 1933 und die Kontinuität der deutschen Geschichte. S. 85 – 111.

史学家不愿意再从第三帝国的灾难看德国史，他们认为，历史学家应随着时间的距离走出纳粹主义的阴影，放弃以纳粹主义的问题为重点，而应对整个德国历史均衡形象进行解释。① 尼佩代强调说，一方面纳粹主义产生于具体的历史环境中；另一方面历史研究也不仅仅是为了针对纳粹而展开的，没有所谓的纳粹"前史"，"每一段历史都有可能直接或间接地通往希特勒"，"而最关键的或许只是它本身而已"。② 新历史主义学派强调历史发展的复杂性，托马斯·尼佩代毫不客气地指责"特殊道路"的研究已经"泛滥了"，现代历史是民族国家问题、立宪问题与社会问题等纠缠在一起，然后通过前现代与现代的政治结构共同造成的结果。③

此外，尼佩代也不同意按照 20 世纪后期的尺度来衡量 19 世纪的做法，要求关注同时代人的经验（Erfahrungswelten）和感受（Innensichten）。不应当把 19 世纪的历史当作某种前史或后史来看待，而是应当把它理解为一个拥有自身权利的时代（eine Epoche eigenen Rechts）。尼佩代还批评社会史家贬低政治史、反对历史叙述的主张，强调政治的重要性，认为政治是命运，战争与征服、剥夺与压迫、帝国与新秩序在历史中发挥了不可替代的作用。"只有被思想意识蒙住了眼睛，看不见权力现象，将所有注意力投向了社会以及'国内'政治以及结构的人，才会忽视这一基本史实。"④

新历史主义批评者也激烈地反对韦勒对德国社会结构的解释。他们认为，前现代化的思维方式、结构和集团对魏玛共和国的危机被过分地估价了，而一战失败和通货膨胀的后果、世界经济危机和社会国家的匆忙建设作为解释因素则被过分强调了，恰好是快速的现代化导致了社会和文化的不正常和紧张。而这些因素激化了社会危机，动摇了国家体系：典型的现代化矛盾的后果却被当作了魏玛的恶果。⑤

另有一些历史学家，从其他角度解释德意志帝国历史。他们着重强调了这一时期的现代化，如其在教育、科学、建筑方面的成就，不断发展的资产阶级及其隐秘性（私人法），新闻戏剧及其他文化领域。有些走得更

① Jürgen Kocka, Geschichte und Erklärung. Göttingen, 1989, S. 106.

② Thomas Nipperday, 1933 und Kontinuität der deutsche Geschichte. S. 85 – 111.

③ Institut für Zeitgeschichte（Hrsg.），Deutscher Sonderweg. Mythos oder Realität? München, 1982, S. 24.

④ Thomas Nipperdey, Deutsche Geschichte 1800 – 1866. S. 11.

⑤ D. J. H. Peukert, Die Weimarer Republik. Krisenjahre der Klassischen Modernen. Frankfurt a. M., 1987, S. 271.

远，谈及帝国时代资产阶级在经济、社会和文化生活的优势。① 此外，以德国在中欧的地理位置解释"特殊道路"的陈旧观点被克劳斯·希尔德布兰特等历史学家重新拾起。他们强调，普鲁士的崛起及其在 1815 年以后跻身欧洲列强行列是一个"历史错误"。位于欧洲心脏地带的德意志帝国的建立从一开始便意味着极大的冒险。它只是在俾斯麦天才的，尤其自 1871 年以来保守的统治下，才得以维持。然而，随着自由主义和民主主义运动的兴起，随着殖民宣传的大规模开展，德意志帝国逐渐抛弃了保守的"维持现状"政策，转向对外扩张的帝国主义政策。德国的帝国主义与欧洲其他国家的帝国主义并没有多大区别，只是由于它特殊的地理位置，导致了国际局势的不稳定以及德意志帝国自身在一战中的崩溃。②

汉斯·蒙森认为，历史教学应该从与纳粹主义 12 年黑暗统治完全不同的德国上千年光明历史的影响作用角度，去介绍民族的历史形象，第三帝国的历史只是一个不幸事件而已。③ 伊曼努埃尔·盖斯则直截了当地将"特殊道路"视作"错路"（Holzweg），因为它既忽视了世界历史进程中的多样性，也忽视了德国历史发展的多样性。④

美国和英国的历史学家的参与则使这一争论具有了国际性特征和规模。美国历史学家大卫·卡里欧否认德国政治社会和政治文化的发展基本上与其他欧洲国家的不同。他认为 1914 年以前德国历史是欧洲正常状况的另一种形式，如果说有区别，则在于德意志特殊的地理位置，这是德国悲剧和19、20 世纪德国政治命运的前提条件。⑤

在争论中具有很大影响的是两位年轻的英国史学家大卫·布莱克波恩

---

① Jürgen Kocka, Geschichte und Erklärung. Göttingen, 1989, S. 107.

② Klaus Hildebrand, Der deutsche Eigenweg. über das Problem der Normalität in der modernen Geschichte Deutschland und Europas, in: Manfred Funke u. a. (Hrsg.), Demokratie und Diktatur: Geist und Gestalt politischer Herrschaft in Deutschland und Europa. Festschrift für Karl Dietrich Bracher. Düsseldorf, 1987, S. 15 – 34; Vgl. H. Schulze, Weimar. Deutschland 1917 – 1933. Berlin, 1982.

③ Hans Mommsen, Geschichtsunterrichte und Identitätsfindung in der Bundesrepublik, in: Geschichtsdidaktik 3 (1978), S. 291ff.

④ Imanuel Geiss, Der Holzweg des deutschen Sonderwegs, in: Kirchliche Zeitgeschichte, 1994, 1, S. 191 – 208.

⑤ David P. Calleo, Legende und Wirklichkeit der deutschen Gefahr. Neue Aspekte zur Rolle Deutschlands in der Weltgeschichte von Bismarck bis heute. Bonn, 1980.

和杰夫·艾里。他们发表了一系列文章和著作，[①] 对韦勒的特殊道路观点提出了质疑。他们的主要观点是，社会史学派的特殊道路观点带有规范性特征，其错误在于不恰当地假设了一条正常的现代化道路或者规范的资本主义社会的存在。德国社会史学家把英国看成衡量德意志帝国的标准。但是德意志帝国并不像韦勒所描述的那样封建，而在英国，资产阶级也与贵族结成了联盟，也"封建化"了，而且其程度不比德国资产阶级浅。如果把"德意志特殊道路"的观点置于一个"正常道路"的存在条件之下，如果"正常"意味着大体的、很可能的或经常的，那么法国的、英国的和美国的发展便很难展现它们的"正常性"。他们认为，特殊道路历史学家以英国发展的理想形象去衡量德国实际，这种历史科学已经陈旧了。现代化不能以一种英国式的自由民主的标志加以衡量，因为每个国家、地区和城市都具有自己的"特殊道路"。布莱克波恩和艾里还批评一种设定的资产阶级发展模式概念，即当资产阶级达到一定的经济发展状况后，必须实现政治上的民主。他们认为，韦勒等史学家指责德国资产阶级没有完成正确的革命是错误的，俾斯麦帝国统一可以被看作资产阶级革命的一种形式。资产阶级没能上升为统治阶级，这种情况并非德国独有而是欧洲的普遍现象。在欧洲其他国家，尤其是在英国，资产阶级也是比较软弱的，也从来没有获得单独的政治统治，而德意志帝国却是一个合格的资本主义社会。在"特殊道路"的范式下，人们只看到了"应然"的解释，而非历史性的再现。特殊道路观点的缺陷包括：对于"正常道路"的假设、对于资产阶级意识的崇拜以及对于自由主义作为普遍原则的非历史性假定。[②] 尽管这两位年轻的英国历史学家一直强调，他们承认特殊道路主题代表人物的巨大科学成就，而且为维护韦勒的贡献辩论，但结果却恰好相反，他们的观点得到了保守史学家的喝彩，这并非他们的初衷。[③] 布莱克波恩和艾里主要是出于学术方

---

① D. Blackbourn and E. Eley, Mythen deutscher C-eschichtsschreibung. Die gescheiterte biirgerliche Revolution 1848. Frankfurt a. M. , 1980；D. Blackbourn and E. Eley, *The Peculiarities of German History. Bourgeois Society and Politics in 19th Century Germany*. Oxford/New York，1984. Dazu Hans-Ulrich Wehler, „ Deutscher Sonderweg" oder allgemeine Probleme des westlichen Kapitalismus? Zur Kritik an einigen „ Mythen deutscher Geschichtsschreibung "，in：Merkur 35 （1981），S. 478 - 487, 757 - 760.

② David Blackbourn and Geoff Eley, Mythen deutscher Geschichtsschreibung. Berlin, 1980.

③ Jürgen Kocka, Geschichte und Erklärung. Göttingen, 1989, S. 106. 2004 年，《德国历史》杂志采访了两位历史学家，他们回顾了当时的讨论情况，及批判文章的构思过程。参见" Interview with David Blackbourn and Geoff Eley"，*German History*, 2004, 2, S. 229 - 245。

面的考虑参与争论的，他们的一些观点也在后来的全欧洲资产阶级比较研究中得到了证实。①

　　韦勒和其他批判社会史家坚持批判性的特殊道路理论，并对各种各样的批评意见做出了不同的回应，有的是回击和反驳，特别是对那些涉及政治立场的观点；有的则是虚心接受，主要是学术性的商榷。韦勒激烈批评保守主义史学家，认为其"科学理论的保守行为阻碍了对新的研究倾向的接受"，如果没有相邻社会科学理论的运用，则既不能积极克服政治结果史，也不能克服缺少思考的历史理解概念。对于德意志帝国，韦勒则继续将它视为"一个奇怪的混合体"，一方面是高度发达的资本主义工业化与社会经济现代化，另一方面则是前工业的政治体制。这种政治与经济发展的不平衡，影响了魏玛共和国的发展，并应对纳粹上台负责。② 韦勒也强调官僚化的独特性，指出布莱克波恩和艾里的帝国研究存在严重的非历史主义倾向，例如对于早期帝国政治的估计过于乐观，民主化在 1848 年革命失败后并没有"迅速"发展。③ 科卡仔细分析了反对派的意见，承认"特殊道路"论应该做出一些修改，例如"大资本家的封建化"并不是德国独有的，帝国时期自由主义在地方上的发展也是显著的，然而德国历史上仍然存在两点特殊性：一是由于民族国家形成较晚，议会化与阶级斗争同时进行；二是悠久的官僚传统，"专制国家"结构既有利于社会分层，从而促成福利国家的诞生，也严重阻碍了议会制的形成，国家中心主义的价值取向十分明显。科卡还承认"特殊道路"这个概念容易引起误解，并表示英语学术界采用的"德国同西方的分叉"（the German divergence from the West）更科学。④ 科卡评价"特殊道路的概念之所以具有意义，在于对纳粹主义的根源、历史及作用进行思考"，⑤ 它可以使人们加深对德国纳粹主义根源的探讨与反省，因为"为什么在德国产生了法西斯主义"，始终是德意志特殊道

①　J. Kocka（Hrsg.），Bürgertum im 19. Jahrhundert. 3 Bde. Göttingen, 1995（München 1988）；科卡的导言《19 世纪的资产阶级——欧洲模式与德国实例》，载于尔根·科卡《社会史理论与实践》，景德祥译，上海人民出版社，2006，第 108～180 页。

②　参见 Jürgen Kocka, "German History before Hitler: The Debate about the German Sonderweg," *Journal of Coutemporary History*, 1988, 23, pp. 3–16。

③　Hans-Ulrich Wehler, „Deutscher Sonderweg" oder Allgemeine Probleme des westlichen Kapitalismus? in: Ders. , Politik in der Geschichte. München, 1998, S. 78–92.

④　参见 Jürgen Kocka, "German History before Hitler: The Debate about the German Sonderweg," *Journal of Coutemporary History*, 1988, 23, pp. 3–16。

⑤　Jürgen Kocka, Geschichte und Erklärung. Göttingen, 1989, S. 109.

路辩论的核心问题。海因里希·奥古斯特·温克勒尔则在新书《走向西方的漫长道路》中，坚持用批判性"特殊道路"理论来解释从 1789 年法国大革命到 1990 年德国再统一的历史。[①]

另一方面，一些历史学家则开始探索非单线性的"特殊道路"。海尔格·格莱宾（Helga Grebing）提出德国历史上有两条发展道路：一条是"白色的"，它产生于 1848 年革命，包括了南德的立宪主义，历经帝国、魏玛一直持续到抵抗运动；一条是"黑色的"，也就是小资产阶级对于启蒙运动的回避，对于英、法的敌视以及德国资产阶级的自私心理等。她也责备了德国工业资本主义的整体发展，并首先抬高了德国历史中民族－民主的连续性，所以纳粹主义"只是打破而非摧毁了这种连续性"。[②]

第三节　特殊道路范式的传承与传播

从积极性"特殊道路"向批判性"特殊道路"的转变，显然置身于德国历史的深刻变化中。一方面，流亡的德国历史学家接触到美国的多元化政治及其文化，这对于他们反思旧观念、构建新思想产生了重要影响，例如战前鼓吹"1914 年思想"与"俾斯麦崇拜"的罗特菲尔斯也开始强调"权利国家"的重要性。[③] 另一方面，极权体制下的生活经历也促使留在国内的历史学家接受深刻教训。尽管维尔纳·康策、特奥多尔·席德尔与卡尔·迪特里希·埃尔德曼曾同纳粹政权合作，不愿意公开检讨其中的问题，但他们在实际行动中都积极地同纳粹思想及其背后的"专制国家"划清界

① Heinrich August Winkler, Der Lange Weg nach Westen. Bd. 1－2. München, 2001. 国内的介绍参见景德祥《在西方道路与东方道路之间——关于"德意志独特道路"的新思考》，《史学理论研究》2003 年第 4 期。德国学术界的批判参见 Imanuel Geiss, Die Deutsche Geschichte aus der Feder von Heinrich August Winkler. Thesengeschichte ohne Synthese. „Westen" und „deutscher Sonderweg" als historische Leerformeln, in: Neue politische Literatur, 2001, 46, S. 365。

② Helga Grebing, Deutscher Sonderweg oder zwei Linien historischer Kontinuität in Deutschland? in: Ursula Büttner (Hrsg.), Internationale Forschung über den Nationalsozialismus. Festschrift für Werner Jochmann. Band 1. Hamburg, 1986, S. 2－21.

③ 关于罗特菲尔斯在魏玛时期的研究，可参见 Lothar Machtan, Hans Rothfels und die sozialpolitische Geschichtsschreibung in der Weimarer Republik, in: Lothar Machtan (Hrsg.), Bismarks Sozialstaat. Beiträge zur Geschichte der Sozialpolitik und zur sozialpolitischen Geschichtsschreibung. Frankfurt a. M., 1994, S. 311－386；关于罗特菲尔斯的转变，参见 Peter Th. Walther, Emigrierte deutsche Historiker in den USA, in: Berichte zur Wissenschaftsgeschichte, 1984, 7, S. 41－52。

限，并鼓励自己的学生对德国历史进行批判性研究。[①] 此外，战后盟军在西占区开展的"非纳粹化"教育也十分重要，批判历史成为 1945 年之后学术研究的基本立场，"纳粹的起源"因而也成为现代历史研究的中心问题。正是在这一问题意识下，魏玛共和国乃至德意志帝国的历史都成为纳粹的"前史"（Vorgeschichte），与此相应，联邦德国的历史也就成为纳粹的"后史"（Nachgeschichte）。在批判史学派看来，这一问题关系到西方化、民主乃至联邦德国的政治合法性，绝对不能轻易放弃。

不仅如此，1950 年代的范式转变还同现代化理论兴起密切相关。这一时期，美国学术界相继提出了"经典现代性"理论、"极权主义"理论以及比较史学的研究方法。"经典现代性"理论强调自由、民主同国家现代化之间的同步，因而德国的发展道路则是"迟到的"。[②] "极权主义"理论针对纳粹体制，从中提出了"极权主义起源"的问题，卡尔·迪特里希·布拉赫的经典之作《魏玛共和国的解体》[③] 正是力图证明这一点。比较史学的方法则将德国的历史与英、法、美放在一起，其重要成果就是拉尔夫·达伦多夫的《德国的社会与民主》，以及于尔根·科卡对于美国职员的经典研究；[④] 同时法西斯体制之间的比较研究也由此兴起。[⑤]

在这种背景中，批判性的"特殊道路"理论在史学研究中掌握了"文化霸权"。[⑥] 于尔根·哈贝马斯（Jürgen Habermas）也曾强调指出："联邦德国对西方政治文化毫无保留的开放是我们战后最伟大的智力成果；我们这一代应该对此尤为自豪。……只有一种爱国主义才能让我们不远离西方，那就是宪法爱国主义（Verfassungspatriotismus）。……那些想要用'被负罪感纠缠'……这样的句子驱走我们面对这一事实羞耻感的人，以及那些想召唤德国人回归其民族身份传统形式的人，都在破坏我们与西方联系唯一

① 景德祥《关于联邦德国第一代史学家的争论》，《史学理论研究》2004 年第 1 期。

② "迟到的国家"（verspätete Natiion）是赫尔穆特·普勒斯纳首先提出的。参见 Helmut Plessner, Verspätete Natiion. über die politische Verführbarkeit bürglichen Geistes. Stuttgart, 1959。

③ Karl Dietrich Bracher, Die Auflösung der Weimar Republik: eine Studie zum Problem des Machtverfalls in der Demokratie. Villingen/Schwarzwald, 1955.

④ Jürgen Kocka, Angestellte zwischen Faschismus und Demokratie: zur politischen Sozialgeschichte der Angestellten. USA 1890 – 1940 im internationalen Vergeich. Göttingen, 1977.

⑤ 参见沃尔夫冈·席德尔《德国史学界关于民族社会主义研究的回顾》，孟钟捷、唐晓婷译，《德国研究》2002 年第 4 期。

⑥ 参见 Imanuel Geiss, Der Holzweg des deutschen Sonderwegs, in: Kirchliche Zeitgeschichte, 1994, 1, S. 191 – 208。

可靠的基础。"①

　　然而 1968 年欧洲学生运动冲击了权威思想，因而也开始动摇特殊道路的研究范式。大卫·布莱克波恩与杰夫·艾里最初的问题意识也是由此而来。② 1970 年代中叶出现的西方危机则在学术界引起了强烈震动。既然作为楷模的英国体制也存在问题，为什么对于德国历史的批判反而要建立在英国模式之上呢？格拉德·D. 费尔德曼（Gerald D. Feldman）引用马克·布洛赫（Marc Bloch）的话——"只有当我们依靠现实的光线看待过去时，我们才能真正地理解过去"——提醒研究者，当英、美模式已经暴露出其效率低下的缺陷时，我们有何理由再以此作为批判德国历史的参照物？③

　　多元化的研究至此初见端倪。新历史主义学派强调历史发展的复杂性，托马斯·尼佩代毫不客气地指责"特殊道路"的研究已经"泛滥了"，现代历史是民族国家问题、立宪问题与社会问题等纠缠在一起，然后通过前现代与现代的政治结构共同造成的结果。④ 克劳斯·希尔德布兰特、哈根·舒尔策（Hagen Schulze）重新提起地理因素。更多的研究者则对"纳粹问题"的中心地位表示不满。

　　随着联邦德国经济地位的提升，这种呼吁历史研究"正常化"的声音得到了越来越多人的回应。1977 年，赫尔穆特·迪瓦尔特就提出，德国人现在已经坐上了再教育与再起源的火车；米夏埃尔·施图尔默则认为，必须抛弃那种"罪责狂"（Schuldbessenheit）的思想，不能将第三帝国的历史拉长。批判史学派则坚守阵地，在他们看来，这种范式转变隐含着联邦德国政治体制的合法性危机，因此坚持"特殊道路"正是一种"爱国式的历史诉求"。⑤

　　1990 年德国统一，对于"特殊道路"的研究范式来说，又出现了一线

---

①　哈贝马斯等：《希特勒，永不消散的阴云？——德国历史学家之争》，逢之、崔博等译，生活·读书·新知三联书店，2014，第 67 页。

②　Interview with David Blackbourn and Geoff Eley, in: German History, 2004, 2, S. 229 – 245.

③　Garald D. Feldman, "Socio-Economic Structure in the Industrial Sector and Revolutionary Potentialities, 1917 – 1922, " Charles L Bertrand, Revolutionary Situations in Europe, 1917 – 1922: Germany, Italy, Austria-Hungary. 1977, p. 181.

④　Institut für Zeitgeschichte (Hrsg.), Deutscher Sonderweg. Mythos oder Realität? München, 1982, S. 24.

⑤　Bernd Faulenbach, Eine Variante europäischer Normalität? Zur neuesten Dikussion über den „deutschen Weg" im 19. und 20. Jahrhundert, in: Tel Aviver Jahrbuch für deutsche Geschichte, 1987, 16, S. 285 – 309.

生机。正如温弗里德·舒尔策所言，"在重新统一之后，这个理论出现了新的转向，德国需要寻找新的欧洲定位，而这个理论则具有新的使用意义"。[①]政治领域的变化，连同学术界兴起的"历史终结"浪潮[②]，为批判性的"特殊道路"理论提供了坚实的支持。科卡在柏林墙倒塌之际接受采访时就坚决表示"再也没有特殊道路了"，以此同"非西方化"的倾向做斗争。[③]

作为一种研究范式，"特殊道路"理论在战后的德国现代史领域中产生了巨大影响，成为一个无法回避的问题意识。围绕其产生的争论与变化，也因此成为微观研究的指挥棒。

以魏玛研究为例，自卡尔·迪特里希·布拉赫之后，对于魏玛共和国解体的研究形成了高潮。[④] 而这些研究背后，则蕴含着一种诉求：检讨魏玛失败与纳粹夺权之间共同的历史根源。"特殊道路"则为此提供了"标准"答案。十一月革命之后，前现代的权力精英仍然掌握着国家权力，容克贵族与武装部队没有退出历史舞台，极端民族主义情绪由此一发不可收拾。政治与经济发展之间的不平衡，阻碍了民主体制在德国的真正建立，因而动摇了共和国的合法基础，并帮助希特勒夺取政权。

1970 年代以来，随着"特殊道路"理论的变化，魏玛研究的问题意识也开始发生转移。批判史学派的代表科卡也承认，共和国的解体与纳粹夺权并不是一回事。[⑤] 对于魏玛民主的研究因此进入一个百花齐放的时代。贝恩德·维斯布罗德（Bernd Weisbrod）在其博士论文中开宗明义地提出："本书不是讨论法西斯主义的知识，也不是去评价个别资本家在纳粹夺权中

① 参见 Winfried Schulze, Vom „Sonderweg" bis zur „Ankunft im Westen". Duetschland Stellung in Europa, in: Geschichte in Wissenschaft und Unterricht, 2004, 4, S. 226 – 240。

② 其代表人物是日裔美国学者弗朗西斯·福山。他在冷战结束后，发表系列文章，强调西方民主在全世界的胜利。在其论证逻辑中，西方化等同于现代化，因而为德国批判史学派的观点及其比较研究提供了支持。参见弗朗西斯·福山《历史的终结及最后之人》，黄胜强、许铭原译，中国社会科学出版社，2003。

③ Jürgen Kocka, Nur keinen neuen Sonderweg. Jedes Stück Entwestlichung wäre als Preis für die deutsche Einheit zu hoch, in: Die Zeit, 19. 10. 1990.

④ 例如 Waldemar Besson, Württemberg und die deutsche Staatskrise, 1928 – 1933: eine Studie zur Auflösung der Weimarer Republik. Dissertation, Tübingener Universität, 1958; Andreas Hillgruber, Die Auflösung der Weimarer Republik. Hannover, 1963; Otto Kirchheimer, Von der Weimarer Republik zum Faschismus: Die Auflösung der demokratischen Rechtsordnung. Frankfurt a. M., 1976 等。

⑤ 参见 Jürgen Kocka, "German History before Hitler: The Debate about the German Sonderweg," *Journal of Coutemporary History*, 1988, 23, pp. 3 – 16。

的作用，而是集中在这样的一个问题上：重工业作为魏玛稳定时期的政治与经济上的主要集团，是如何表达、保卫与实施自己的利益的？进而的问题则是，他们在多大程度上承认魏玛宪法原则，又在多大程度上对其发展产生影响？"① 这种提问方式显然已经从"魏玛—纳粹"的这种简单联系中退回来，维尔纳·阿贝尔肖瑟尔（Werner Abelshauser）对魏玛福利国家历史的研究，则进一步体现了新历史主义学派的影响，"它显示了，民主国家在极端条件下很难维持稳定，没有继续生存的机会"，并指出"魏玛的历史显示了经济政策和社会政策之间的张力"。② 特奥·巴尔德斯通（Theo Balderston）的研究则继续深入到魏玛内部，讨论共和国政治与经济的发展。③

"特殊道路"理论及其转变也一直影响着世界各地的德国史研究。1990年代以来，这一研究范式开始影响中国。1997年，吴友法教授发表《1945年前德国资本主义社会演变的特点及政治与经济的不同步性》一文，明确提出"1945前德国资本主义社会的发展和演变，所经历的是一条不同于英、法、美为首的西方模式的独特的历史道路。……资本主义的'普鲁士道路'，……在较长的历史时期内政治与经济的演进呈现不同步平衡协调发展状态，政治长期滞后于经济的发展。……德国资产阶级民主政治发展十分缓慢，资产阶级始终没有在政治上确立绝对的统治地位，相反导致封建势力的复活和法西斯的兴起"。④ 这一论述提出了"不平衡发展"理论，回应了德国批判史学派的主要观点。同一年，李工真教授在其著作《德意志道路——现代化进程研究》中更为详尽地从历史主义的角度展开论述。⑤ 1998年，吴友法教授进一步推进了"不平衡发展"理论，其中提出"资产阶级政治民主与经济自由的同步协调发展，是一般资本主义社会的运动发展规律。1945年前德国资本主义社会的一个重要特点就是政治与经济一直处于不同步发展的状态。……德国资本主义经济的快速发展，也没有推进资产阶级政治民主化的进程，民主政治在国家体制结构中并没有完全体现出来。

① Bernd Weisbrod, Schwerindustrie in der Weimarer Republik. Interessenpolitik zwischen Stablisierung und Krise. Wuppertal, 1978, S. 14.
② Werner Abelshauser (Hrsg.), Die Weimarer Republik als Wohlfahrtsstaat: zum Verhältnis von Wirtschafts-und Soizalpolitik in der Industriegesellschaft. Stuttgart, 1987, S. 23, 25.
③ Theo Balderston, *Economics and Politics in the Weimar Republic.* Cambrige, 2002.
④ 吴友法：《1945年前德国资本主义社会演变的特点及政治与经济的不同步性》，《武汉大学学报（哲学社会科学版）》1997年第6期。
⑤ 参见李工真《德意志道路——现代化进程研究》，武汉大学出版社，1997。

政治长期滞后于经济的发展，这是德国历史两度出现曲折和倒退的一个很重要的原因"。① 随后他又将这一理论深入到联邦德国研究中，认为政治与经济发展的同步性是战后联邦德国平稳进步的主要原因。②

进入 21 世纪后，国内学术界也开始回应 1980 年代产生的"两条主线"理论。景德祥博士在评论海因里希·奥古斯特·温克勒尔的新作时指出："如果我们不用经济应该决定政治或者经济现代化应该与政治现代化同步共进的理论来衡量，而仅仅从普鲁士国家的发展史以及德意志帝国的建立过程出发，就不会感到奇怪了。"这里，作者着重提出了德国的地理特殊性：处于东西之间的德国，不仅要应对现代西方民主自由主义思想的挑战，也要面对东方共产主义道路的挑战。因此，德国的历史发展正是在两条道路之间的选择。③ 张沛博士则从战后德国接受改造的历史出发，指出："在德国历史发展过程中，存在着明显的相互背离的两种发展趋势，一种是狂热追逐军国主义和民族主义的保守的德意志，另一种则是积极倡导人道主义和民主主义的德意志，双方力量对比的消长决定着德国民主化的进程"。在他看来，民主化改造运动终结了德意志发展的特殊道路，使其回归西方。④

与 1990 年代以前的研究相比，无论是批判性的"特殊道路"还是"两条主线"式的"特殊道路"，都为中国的德国史研究带来了新鲜气息。但是，对比德国史学界近 20 年的发展，我们仍然应进行以下反思。

反思之一，如何运用这一理论范式？

德国宏观史学家伊曼努埃尔·盖斯多次指责批判性"特殊道路"理论就是一种"胡说"。⑤ 其原因在于，这一范式产生于特殊的战后德国背景之中，历史研究带有强烈的政治价值，因而违背了兰克史学的传统。同德国研究者相比，中国研究者并不须要以这一范式去维护联邦宪法的合法性，

---

① 吴友法：《德国 1945 年前政治与经济不同步发展原因探析》，《世界历史》1998 年第 4 期。

② 吴友法：《联邦德国政治与经济相对同步性的确立及对社会发展的影响》，《史学月刊》1998 年第 3 期。

③ 景德祥：《在西方道路与东方道路之间——关于"德意志独特道路"的新思考》，《史学理论研究》2003 年第 4 期。

④ 张沛：《德意志特殊道路及其终结》，《华东师范大学学报（哲学社会科学版）》2004 年第 4 期。

⑤ 2004 年 12 月 17 日，伊曼努埃尔·盖斯教授在会见笔者时，仍然坚持这一点。他的批评可参见 Imanuel Geiss, Der Holzweg des deutschen Sonderwegs, in: Kirchliche Zeitgeschichte, 1994, 1, S. 191 – 208。

也无须背负沉重的历史责任感，因此也就有可能更为客观地描述历史进程。

反思之二，如何看待来自历史主义的批判？

以托马斯·尼佩代为首的新历史主义学派追求具体细节，强调微观研究的重要性。因而在他们看来，即使是"两条主线"理论也是不正确的，路茨·尼塔玛（Lutz Niethammer）提出的批评是，"将两条原则之间的斗争视作德国政治社会历史的解释范畴，将会导致我们在思想上低估对于历史的理解，并实际上也没有揭示出显形的趋势"。① 然而将历史作为无数偶然性的结果，未必就能接近历史的真相。从这一角度而言，"特殊道路"理论所提供的结构研究范式仍然有其生命力。

因此，作为中国学者，我们应该寻找到理论范式与微观研究之间恰当的结合点。在笔者看来，"特殊道路"反映的正是现代化道路的多元性。德国的历史发展有别于英、法、美诸国，这是事实。今日世界正是由无数条"特殊道路"组成的多元社会。历史研究的使命则是追究这一发展在其个体历史中，及其在世界历史中的角色和地位。在这一进程中，并不存在"标准"或"模式"，彰显的则是一种"个性"与"联系"。

具体来说，德国在战后发展成为"福利资本主义"，有别于美国式的"自由资本主义"，其"社会市场经济体制"在资本主义世界中也独树一帜。如果战后改造与反思的确起到了决定性影响，那么这种"独特性"在历史中究竟是怎样形成的？以此向前追问：俾斯麦的社会立法、威廉帝国的"城堡和平"、魏玛时期的劳资合作以及纳粹时期鼓吹的"族民共同体思想"之间究竟存在怎样的联系？这些实践的成功与失败又对1945年之后的发展产生了怎样的影响？这些问题，既无法用简单的两分法或者连续性来描述，也不能仅仅依靠细节挖掘来解释。

小　结

在"特殊道路"的范式转变中，我们看到了政治对于历史研究的持续影响。纳粹主义作为历史与政治的双重现象，注定了它在德国现代历史研

---

① Lutz Niethammer, Von den Schwierigkeiten der Traditionsbildung in der Bundersrepublik, in: Wolfgang Ruppert (Hrsg.): Geschichte und demokratische Identität in Deutschland, Zitat nach Bernd Faulenbach, Eine Variante europäischer Normalität? Zur neuesten Dikussion über den „deutschen Weg" im 19. und 20. Jahrhundert, in: Tel Aviver Jahrbuch für deutsche Geschichte, 1987, 16, S. 285 – 309.

究中的中心地位。然而现实政治的发展，尤其是全球化浪潮的到来，也为多元化研究提供了可能。在针对"特殊道路"的争辩中，德国人特有的民族自豪感与政治责任心始终纠缠在一起，形成了对于范式转变的一种良性动力。一方面，坚持批判性"特殊道路"的学者始终警惕"非西方化"及其背后"非民主化"的动向，对否认反犹或屠犹，甚至新一轮的"纳粹运动"进行坚决打击；另一方面，"特殊道路"理论的批判者坚持多元化的研究理念，不断开拓新的研究领域，从而进一步深化了历史研究的内涵。中国学者如果对"特殊道路"这一理论范式的由来、发展、争论及其背景与影响有比较深入的了解，也可以比较自觉地、比较理性地选择利用这一理论范式从事德国史研究，从而取得更多研究成果。

第五章　历史学家之争

    1986 年 7 月 11 日，德国著名的哲学家、社会学家于尔根·哈贝马斯在《时代周报》（Die Zeit）上发表了一篇题为《一种处理损失的方式》的文章，标志着 1986—1987 年联邦德国"历史学家之争"的全面爆发。[①] 哈贝马斯在这篇战斗檄文中指责的对象是柏林自由大学法西斯主义研究专家恩斯特·诺尔特，科伦大学近代史教授安德烈亚斯·希尔格鲁伯，联邦总理历史顾问、政治评论家、历史学家米夏埃尔·施图尔默和波恩大学近代史教授克劳斯·希尔德布兰特。以这四位历史学家的著作和言论[②]为证据，哈

---

① 关于参与这场争论的重要相关文章和论战双方的主要观点，可参见文献汇编 Eugen Rudolf Piper（Hrsg.），Historikerstreit. Die Dokumentation der Kontroverse um die Einzigartigkeit der nationalsozialistischen Judenvernichtung. München und Zürich，1987。此书书名直译为《历史学家之争——关于纳粹屠犹之唯一性争论的文献》，逄之、崔博等译之为《希特勒，永不消散的阴云？——德国历史学家之争》，中译本由三联书店于 2014 年出版发行。其他参考文献目录，可参见：Helmut Donat/Diether Koch/Martin Rohrkrämer，Bibliographie zum „Historikerstreit"，in：Helmut Donat/Lothar Wieland（Hrsg.），„Auschwitz erst möglich gemacht?" Überlegung zur jüngsten konservativen Geschichtsbewältigung. Bremen，1991，S. 150 – 214；Steffen Kailitz，Die politische Deutungskultur im Spiegel des „Historikerstreits". What's right? What's left? Wiesbaden，2001。近年来对争论加以分析的重要文章包括：Klaus Große Kracht，Der „Historikerstreit"：Grabenkampf in der Geschichtskultur，in：ders.，Die zankende Zunft. Historische Kontroversen in Deutschland nach 1945. Göttingen，2005，S. 115 – 138；Ulrich Herbert，Der Historikerstreit. Politische，wissenschaftliche，biographische Aspekte，in：Martin Sabrow/Ralph Jessen/Klaus Große Kracht（Hrsg.），Zeitgeschichte als Streitgeschichte. Große Kontroversen seit 1945. München，2003，S. 94 – 113。为纪念争论爆发 20 周年而出版的论文集有：Steffen Kailitz（Hrsg.），Die Gegenwart der Vergangenheit. Der „Historikerstreit" und die deutsche Geschichtspolitik. Wiesbaden，2008；Volker Kronenberg（Hrsg.），Zeitgeschichte，Wissenschaft und Politik. Der „Historikerstreit" – 20 Jahre danach. Wiesbaden，2008。

② 参见 Ernst Nolte，Vergangenheit，die nicht vergehen will. Eine Rede，die geschrieben，aber nicht gehalten werden konnte，in：Frankfurter Allgemeine Zeitung，6. 6. 1986；Andreas Hillgruber，Zweierlei Untergang. Die Zerschlagung des Deutschen Reiches und das Ende des europäischen Judentums. Berlin，1986；Michael Stürmer，Geschichte in geschichtslosem Land，in：Frankfurter Allgemeine Zeitung，25. 4. 1986；Klaus Hildebrand，Rezension zu H. W. Koch，Aspects of the Third Reich，in：Historische Zeitschrift，Bd. 242，1986，S. 465f. 。

贝马斯认为在联邦德国的当代史编纂中出现了一种为纳粹主义历史辩护的趋势，一种新的纠正主义试图主宰对纳粹主义历史的叙述与评价。[①] 其后，包括历史学家在内的众多德国知识分子，针对如何重新审视纳粹主义这一核心问题，从历史事实、历史研究方法、学术伦理、认识论以及争论中的行事方法等各个方面出发，集结成两大阵营，展开了针锋相对的辩论。[②] 这场"历史学家之争"是联邦德国一些政治文化现象和历史科学发展趋势的集中表现，也是联邦德国左、右翼知识分子针对纳粹主义问题展开的又一次激烈交锋。

第一节　历史政策与政治分野

二战结束以来，德国的史学争论总是被视为"反映当时社会和思想氛围的表征性例子"，[③] 这场"历史学家之争"也不例外。它的爆发与1980年代联邦德国的政治形势有着密不可分的联系。从1970年代中期开始，联邦德国的主流社会话语就出现了一种"保守主义的倾向转折"（konservative Tendenzwende），其核心概念从"解放"转向对国家"认同"的寻求。[④] 1982年赫尔穆特·科尔领导的基民盟－基社盟与自民党的联盟上台执政，除了带来政治氛围的改变外，也相应地带来了精神氛围的转变。[⑤] 在早期的《施政报告》中，科尔先后指出，在联邦德国的年轻一代中存在着迷失方向

---

① Jürgen Habermas, Eine Art Schadensabwicklung. Die apologetischen Tendenzen in der deutschen Zeitgeschichtsschreibung, in: Die Zeit, 11. 7. 1986.

② 以哈贝马斯为首的一方主要包括埃伯哈德·耶克尔、马丁·布罗萨特、汉斯·蒙森、海因里希·奥古斯特·温克勒尔和于尔根·科卡等；而另一方，除了诺尔特、希尔格鲁伯、施图尔默和希尔德布兰特之外，还得到了约阿希姆·费斯特、伊曼努埃尔·盖斯、哈根·舒尔茨、托马斯·尼佩代、霍斯特·穆勒等人的支持。

③ Jürgen Manemann, „Weil es nicht nur Geschichte ist". Die Begründung der Notwendigkeit einer fragmentarischen Historiographie des Nationalsozialismus aus politisch-theologischer Sicht. Münster & Hamburg, 1995, S. 112.

④ Karl-Ernst Jeismann, „ Identität " statt „ Emanzipation "? Zum Geschichtsbewusstsein in der Bundesrepublik, in: ders., Geschichte und Bildung. Beiträge zur Geschichtsdidaktik und zur Historischen Bildungsforschung. München u. a., 2000, S. 122 – 146.

⑤ 参见 Rupert Seuthe, „Geistig-moralische Wende"? Der politische Umgang mit der NS-Vergangenheit in der Ära Kohl am Beispiel von Gedenktagen, Museums – und Denkmalprojekten. Frankfurt a. M., 2001; Sabine Moller, Die Entkonkretisierung der NS-Herrschaft in der Ära Kohl. Hannover, 1998。

的"精神与政治危机";① 联邦德国正处在"历史的转折点"上，需要"精神的翻新"②。由此开始，这位获得历史学博士学位的总理鼓励那些将第三帝国历史化与相对化的努力，着手促使联邦德国从纳粹主义的悲剧中解放出来，并且试图通过对德意志历史中积极方面的关注，来引导年轻一代的德国人能够以其国家为傲，而不是以之为耻：这就是所谓"精神与道德的转折"（Geistig-moralische Wende）。科尔的这种以"正常化"为导向的历史政策一经提出，便被左翼自由主义的知识分子斥为联邦德国在社会政治上的倒退。到了 1980 年代中期，公共领域的相关讨论因为科尔的以色列之行、比特堡事件和博物馆计划之争等一系列议题而达到了空前热烈的程度。

1984 年 1 月 25 日，科尔这位出生于 1930 年的德国总理在以色列议会发表演讲，声称他之所以能够拥有毫无瑕疵的过去而不必在纳粹时期背负罪责，得益于"上帝让其晚出生的恩赐"。③ 这一说法立刻招致了德国社会民主党、绿党以及在政治上倾向于左翼自由主义的知识分子和媒体的严厉指责。1985 年春，值德国二战投降、盟国胜利四十周年之际，赴波恩参加西方七国首脑会议的美国总统里根决定赴比特堡军人墓地吊唁，因为在那里葬有二战时牺牲的盟军和阵亡的德军士兵遗体。但是后来媒体披露，在该墓地还葬有 49 名纳粹党卫军成员，使得这一安排在美、德两国招致一片反对之声。尽管如此，里根与科尔仍然坚持比特堡之行，并且将纳粹战犯重新评价为德国的战争牺牲者，宣称所有的阵亡士兵都应该有权得到同样的悼念。④ 这使得联邦德国左翼自由主义的公共舆论对纳粹主义的相对化和正常化深感忧虑。尤其是哈贝马斯更是认为科尔蓄意策划的"转折"无非试图根据"卓有成效的新保守主义方案"来"对过去进行消毒"。⑤ 由此，左翼的社会史学家形成了这样一种印象：民族保守主义对历史图景的修正，将会导致危险的右翼传统的复苏。在这种观念的影响下，对整个科尔政府

① Helmut Kohl, Regierungserklärung des Bundeskanzlers vor dem Deutschen Bundestag vom 13. 10. 1983, in: Bulletin des Presse-und Informationsamts der Bundesregierung, Nr. 93 vom 14. 10. 1982, S. 853 – 868, hier S. 855.

② Helmut Kohl, Regierungserklärung des Bundeskanzlers vor dem Deutschen Bundestag vom 4. 5. 1984, in: Bulletin des Presse-und Informationsamts der Bundesregierung, Nr. 43 vom 5. 5. 1983, S. 397 – 412, hier S. 397, 412.

③ Der Besuch des Bundeskanzlers im Statte Israel, in: Bulletin des Presse-und Informationsamts der Bundesregierung, Nr. 13 vom 2. 2. 1984, S. 109 – 120, hier S. 113.

④ 参见景德祥《二战后德国反思纳粹历史的曲折过程》，《学习月刊》2005 年第 7 期。

⑤ Jürgen Habermas, Entsorgung der Vergangenheit, in: Die Zeit, 17. 05. 1985.

历史政策的指责很快就集中到了针对诺尔特一方论点的批评上，因为他们很容易就会相信，诺尔特等人的学术立场与当局的政治企图之间有着不可告人的关系。

另一方面，更为显著而直接地体现在这场争论中的政治文化议题，是在当时趋于浓烈的关于博物馆计划的讨论。所谓的"博物馆计划之争"，指的是围绕着科尔政府在波恩建造一个"联邦德国历史之家"（Haus der Geschichte der Bundesrepublik）和在柏林建造一个"德意志历史博物馆"（Deutsches Historisches Museum）这两个计划展开的争论，其中心议题是为何并且如何在一个中央博物馆内呈现德意志的历史。① 这两项博物馆计划在整个联邦德国引发了一场长达数年的关于历史政策的讨论，并且与"历史学家之争"密切联系在了一起。在博物馆计划之争中，一方是亲基民盟的保守主义历史学家，包括时任总理历史顾问的施图尔默，他作为波恩与柏林两个博物馆筹建委员会的委员，是"历史博物馆"计划最重要的负责人之一；还有希尔格鲁伯、希尔德布兰特和霍斯特·穆勒等，他们都是"联邦德国历史之家"筹建委员会的委员。这些人在"历史学家之争"中成为哈贝马斯指责的对象。另一方则是左翼自由主义或者社会民主主义的历史学家，以汉斯·蒙森和马丁·布罗萨特为代表，他们对博物馆计划持批判态度，尤其是对保守主义历史学家在两个博物馆筹建委员中的主导地位持反对意见。他们在"历史学家之争"中站在了哈贝马斯一边。虽然把"历史学家之争"视为"历史博物馆争论之扩大"② 是过于简单化了，但是博物馆计划之争中双方的冲突，的确被带到了稍后的"历史学家之争"中，影响了其关注的焦点，尤其是阵营的构成。

于是，在围绕"转折"展开激烈辩论的浓厚政治文化氛围的笼罩下，在对科尔政府"精神与道德的转折"的一系列做法加以审视的过程中，"历史学家之争"爆发了。可以说，透过当时的争论局面，首先凸显出来的就是联邦德国不同政治立场的代言人之间的对抗。哈贝马斯及其支持者认为，谁为了使希特勒"相对化"而把斯大林和波尔布特牵扯进来，他就不是在致力于历史科学，而是在从"右的"立场出发从事历史政治。他们的对手为了致力于国家的历史意识，接受了一种前民主时期的德意志民族历史编纂学的传统；并且迎合政治潮流，出于政治或者国家的利益，为一种将历

---

① R. Seuthe, „Geistig-moralische Wende"? S. 147 – 230.

② Joachim Fest, Nachwort, 21. April 1987, in: „Historikerstreit". S. 388 – 390, hier S. 389.

史工具化的企图正名，从而进一步通过意义创设对社会进行整合。① 而诺尔特和希尔格鲁伯这方则认为，恰恰是哈贝马斯自己及其追随者由政治动机所主导，想要揭发一种实际上并不存在的"辩护趋势"；他们对于历史问题并不感兴趣，他们的见解并不是建立在学术基础上，而是由政治所激发，因为他们想用自己的"历史唯道德论"把自由的讨论引向对"右"的批判；而且他们给所有试图重新审视纳粹历史的学术努力贴上"纠正主义"的标签，给所有试图辨明这段历史之复杂性并且力求"客观"的尝试扣上"辩解"的帽子，认为所有对于犹太人大屠杀的不同意见都是不道德的、顽固不化的；这种通过道德上的施压来谋求德国当代史阐释之霸权的做法，已经给联邦共和国学术和政治的多元化秩序造成了损害。②

即使争论双方都拒绝承认自己在这场争论中的立场被各自的政治倾向所左右，并且互相攻击对方才是真正的动机不纯，以政治为土壤，为政治服务，但是双方的对立仍然给人造成了一种印象，即"历史学家之争"中冲突的主要战线就是在亲社民党的知识分子与亲基民盟的知识分子之间拉开的。③ 这一说法虽然有失偏颇，但是，我们却必须承认，由于争论议题与历史政策之间的关联，参与者的站位与某种政治上的左右分野重叠了起来，并且部分地由此所决定，他们不得不迅速地在所谓的"左"还是"右"、保守还是激进的立场之间进行选择，以便在论战中占据有利位置。

---

① 参见 Heinrich August Winkler, Auf ewig in Hitlers Schatten? Zum Streit über das Geschichtsbild der Deutschen, in: Frankfurter Rundschau, 14. 11. 1986; J. Habermas, Eine Art Schadensabwicklung. Die apologetischen Tendenzen in der deutschen Zeitgeschichtsschreibung, in: Die Zeit, 11. 07. 1986; Kurt Sontheimer, Maskenbildner schminken eine neue Identität, in: „Historikerstreit". S. 275 – 280, hier S. 276。

② 参见 Horst Möller, Es kann nicht sein, was nicht sein darf. Plädoyer für die Versachlichung der Kontroverse über die Zeitgeschichte, in: „Historikerstreit". S. 322 – 330, hier S. 322, 324; Andreas Hillgruber, Jürgen Habermas, Karl-Heinz Janßen und die Aufklärung Anno 1986, in: „Historikerstreit". S. 331 – 351, hier S. 348; Helmut Fleischer, Die Moral der Geschichte. Zum Disput über die Vergangenheit, die nicht vergehen will, in: „Historikerstreit". S. 123 – 131, hier S. 129; Ernst Nolte, Die Sache auf den Kopf gestellt. Gegen den negativen Nationalismus in der Geschichtsbetrachtung, in: „Historikerstreit". S. 223 – 231, hier S. 224; Imanuel Geiss, Auschwitz, asiatische Tat, in: „Historikerstreit". S. 220 – 222, hier S. 221; ders. , Zum Historiker-Streit, in: „Historikerstreit". S. 373 – 380, hier S. 380。

③ S. Kailitz, Die politische Deutungskultur im Spiegel des „Historikerstreits". S. 83; ders. Einleitung, in: ders. (Hrsg.), Die Gegenwart der Vergangenheit. S. 7 – 13, hier S. 8.

第二节　学术立场与阵营构成

　　虽然无论是历史学家、政治学家还是社会学家，他们所做出的每个学术判断都在一定程度上受其政治上的先入之见影响，不过，必须强调的是，学术立场与政治文化立场在阵营的形成上并无法始终保持一致。从这方面看来，除了政治文化上的分野外，"历史学家之争"中的争论局面同时也反映了从1970年代早期开始的，在联邦德国历史科学内部不同派别之间的对抗。

　　关于"历史学家之争"的核心议题有两种不同的观点。一方认为应该讨论的是当代史编纂中的纠正主义在政治上的移植；核心问题应该是"历史的公共用途"，即公共意识应该以何种方式历史地接受纳粹主义时期。[①]但是另一种看法则认为，这场争论的核心问题是"是否能够将纳粹主义置于一种历史的视角下，它在何种程度上作为独一无二的或者是具有可比性的现象出现"。[②]在后一个战场上，从中不但可以看到围绕犹太人大屠杀之肇端展开的蓄谋论者与功能论者之间的争论的痕迹，而且更为重要的是可以看到倾向于左翼自由主义的"历史社会科学"的代言人与其在专业和高校政策上持保守主义的对手之间的争论，或者更为直接地说，是社会史家与政治史家之间、结构主义学派与新历史主义学派之间的争论。

　　专业历史学家之间的这种方法论上的对立态势，由来已久。从1960年代末的学生运动开始，在联邦德国专业历史学家内部就开始了一次持久的分裂，并且逐渐形成了两大阵营：一方集结的是从1960年代晚期开始支持社会史方法的"历史社会科学"之先驱，他们强调从德意志帝国、魏玛共和国到第三帝国的历史之间存在连续性；而另一方则是许多传统的或者说保守的历史学家，他们持明确的防御姿态并且与历史主义的研究方法保持着更为紧密的联系。1970年代末至1980年代初，随着前一阵营日益在学科内部获得重要的地位，他们的矛头就已经对准了希尔格鲁伯、希尔德布兰特和施图尔默这些后来在"历史学家之争"中成为他们对手的那些人，与他们在政治史领域展开了争论。早在哈贝马斯主编的《"时代精神状况"的

①　Jürgen Habermas, Vom öffentlichen Gebrauch der Historie. Das offizielle Selbstverständnis der Bundesrepublik bricht auf, in: „Historikerstreit". S. 243 – 255, hier S. 243.

②　Klaus Hildebrand, Wer dem Abgrund entrinnen will, muss ihn aufs genaueste ausloten, in: „Historikerstreit". S. 281 – 292, hier S. 287.

提示语》一书中，沃尔夫冈·J. 蒙森就警示了联邦德国政治文化中"保守主义的倾向转折"所引发的危险，[①] 而汉斯－乌尔里希·韦勒则明确地表达了对希尔格鲁伯和希尔德布兰特所主张的内政外交史的异见。[②] 显然，正是这种由来已久的学科内部不同学术观点之间的竞争和对历史研究领域的争夺，从一开始就为这场"历史学家之争"贴上了有着明确敌我之分的标签。

1980 年代中期的联邦德国历史学界，犹太人大屠杀仅仅是整个纳粹主义历史研究中一个所占比重不大的组成部分而已，一部对此加以全面描述的典范性著作尚付之阙如，历史学界也还未围绕大屠杀之启动、执行、规模和参与人员构建一个稳固的认知基础，并且尚未为其定义严肃的阐释框架。在缺乏基础性的经验研究的环境下，当时关于种族灭绝的公开讨论尚局限于将纳粹主义的这一罪行视为一个抽象的、惯有的理智和经验无法理解的事件。这就使得犹太人大屠杀总是作为政治性的，而非经验性的历史论据而被援引，然后这种引用又在政治争论中获得了一种越来越重要的、象征性的、与价值判断相关的意义。[③] 这也决定了在"历史学家之争"中，纯学术性的讨论关系根本无法占据主导地位。争论肇始，诺尔特在《不愿过去的过去》一文中提出了两个观点：第一是犹太人大屠杀在某种意义上并不是一种独一无二的罪行；第二是纳粹政权实施的犹太人大清洗有可能是一种对布尔什维克发动的对资产阶级大清洗的回应。希尔格鲁伯也在《两种毁灭》一书中把纳粹主义对欧洲犹太人的灭绝视为一场对犹太人的浩劫，而把二战结束时战胜国驱逐中欧东部的德意志人与分割德国视为一场对德国人的浩劫。他认为，当时在欧洲普遍爆发的强制迁移与消灭集体性人口的大规模实践，是这两场浩劫产生的共同的历史语境，因此，在这两场浩劫之间存在某种相似性或者说它们是休戚相关的。但是，在接下来的争论中，专业历史学家却未能在历史事实与历史研究方法的层面将讨论向纵深推进。换言之，在"历史学家之争"中，专业历史学家们在选择阵营时，并非以单纯地支持或反对上述史学观点为准则。可以说，反对的一派，与其说是反对诺尔特和希尔格鲁伯在此提出的具体观点，毋宁说是反对他们一贯

---

① Wolfgang. J. Mommsen, „Wir sind wieder wer. " Wandlungen im politischen Selbstverständnis der Deutschen, in: Jürgen Habermas (Hrsg.), Stichworte zur „Geistigen Situation der Zeit". Bd. 1. Frankfurt a. M., 1979, S. 109 – 185.

② Hans-Ulrich Wehler, Geschichtswissenschaft heute, in: Jürgen Habermas (Hrsg.), Stichworte zur „Geistigen Situation der Zeit". Bd. 2. S. 709 – 753.

③ 参见 U. Herbert, Der Historikerstreit. S. 101。

以来的研究方法和研究风格；相应地，支持的一派，与其说是支持上述历史学家的学术论断，毋宁说是支持他们所代表的面对纳粹主义历史的全新态度。

在争论最激烈的那一年，希尔格鲁伯、希尔德布兰特和托马斯·尼佩代所代表的新历史主义学派，因为既反对社会和区域史的研究趋势，也反对日常生活史的研究，而重新倾向于传统的政治和观念史，被认为迎合了专业内部一股由政治因素推动的纠正主义浪潮，[①] 而受到来自左翼自由主义社会史学家的猛烈抨击。于是，对社会史学派持有异见的保守主义同人们，也针锋相对、毫不退让。正如韦勒始终坚持认为，这场争论"没有什么学术成果"，诺尔特一方的观点是为了"质疑左翼自由主义之公共舆论的统治地位"，而他自己之所以参与这场争论则只是为了"旗帜鲜明地表明自己的观点"而已，[②] 可以说，双方在这一论战中都忽略或者说回避了一场内容上的争论，因而使得在其中"没有展开任何对话，大多数只是针对之前的观点发表不同的意见而已，而这些意见又遭到其他意见的反驳"。[③]

由此可见，历史学家们在公共领域的争执深刻地受到了他们20世纪六七十年代在专业领域内的经历影响。其中不断扩大的战火和对立局面，不啻为持续了二十多年的联邦德国历史学科内部地位争夺战的现实化和具体化。或许双方的对立，最初的确是观点和思想的对立，但是延伸到这场争论中，更多的已经是对学术资源、权利和声望的争夺。即便是对诺尔特和希尔格鲁伯的学术观点持批判态度的左翼自由主义学者，在争论中对犹太人大屠杀这一事件本身的关注至多也只是停留在不断探讨唯一性和可比性这样的旧话题上，他们更为关心的显然是如何赢得这场争论并且通过这场争论在学科内部和公共领域占据更为有利的地位。

第三节　代际性与学科定位

前面提到，在"历史学家之争"中还有一个中心议题是"历史的公共用途"，它包括两个层面：一个是历史、历史科学与政治的关系，并衍生出

---

① Hans Mommsen, Suche nach der „verlorenen Geschichte"? Bemerkungen zum historischen Selbstverständnis der Bundesrepublik, in: „Historikerstreit". S. 156 – 173, hier S. 168.

② Hans-Ulrich Wehler, Eine lebhafte Kampfsituation. Ein Gespräch mit Manfred Hettling und Cornelius Torp. München, 2006, hier S. 197, 200.

③ Christian Meier, Eröffnungsrede zur 36. Versammlung deutscher Historiker in Trier, 8. Oktober 1986, in: „Historikerstreit". S. 204 – 214, hier S. 206.

关于历史学的批判功能与历史学家的政治责任的问题；另一个是历史研究成果与它的政治功用的关系，核心问题是能否用政治上的"对"与"错"、"进步"与"落后"来衡量学术成果的有效性。在前一个层面上，可以看到参与争论的大多数历史学"主将"们基于共同的代际性对"公共知识分子"角色的拥护，这种立场影响了争论在公共领域推进的行为模式；而在后一个层面上，则可以看到他们在学科认知与职业定位上的分歧，当争论的焦点围绕着这一认识论的分歧展开时，双方的矛盾就变得更为不可调和。

在 1980 年代中后期爆发"历史学家之争"之时，联邦德国学术界和思想界的主力军是这样一代人：他们的童年和青少年时期主要在民族社会主义的统治下度过，曾或多或少地亲历了第二次世界大战，在波恩政府时期投身学界，从 1960 年代开始在大学里占据主导地位。参与"历史学家之争"的主要历史学家基本上都属于这一群体。[1] 正是他们在争论中的积极投入与活跃表现，才构成了这场辩论在公共领域迅速蔓延的基础。作为公共知识分子，他们凭借着突出的自我意识，始终致力于在公共领域内勾勒和定位专业历史学，并且利用专业与道德上的威望介入公共领域有关德意志历史的争论。[2] 可以说，当代史作为公开的争论史就是由这一代历史学家所推动的。虽然他们始终未能在其中为自己夺得当代史话题的阐释垄断权，[3] 但是从 1970 年代开始，他们就在不断影响着联邦德国包括历史话语在内的整个知识分子文化。具体而言，这种影响主要包括了两方面。

一方面，这群大部分在 1926—1936 年出生的历史学家，虽然亲身经历了战争的结束和盟军对德国的大规模轰炸，但是并没有像其父兄那样投身于在德国本土以外的战斗。[4] 因此，他们"虽然遭遇了，但是没有背负"纳

---

① 恩斯特·诺尔特（1923）、安德烈亚斯·希尔格鲁伯（1925）、马丁·布罗萨特（1926）、约阿希姆·费斯特（1926）、托马斯·尼佩代（1927）、克里斯蒂安·迈亚（1929）、于尔根·哈贝马斯（1929）、埃伯哈德·耶克尔（1929）、汉斯·蒙森（1930）、沃尔夫冈·蒙森（1930）、伊曼努埃尔·盖斯（1931）、汉斯-乌尔里希·韦勒（1931）、米夏埃尔·施图尔默（1938）、海因里希·奥古斯特·温克勒（1938）、于尔根·科卡（1941）、克劳斯·希尔德布兰特（1941），括号中为出生年份。

② 参见 Paul Nolte, Die Historiker der Bundesrepublik. Rückblick auf eine „lange Generation", in: Merkur 53/5 (1999), S. 413 – 432。

③ Ralph Jessen, Zeithistoriker im Konfliktfeld der Vergangenheitspolitik, in: Konrad Jarausch; Martin Sabrow (Hrsg.), Verletztes Gedächtnis. Erinnerungskultur und Zeitgeschichte im Konflikt. Frankfurt a. M., 2002, S. 153 – 175, hier S. 168f.。

④ 特殊的例子是希尔格鲁伯。他曾于 1943—1945 年作为士官在纳粹武装部队中服役，之后他在战俘营中待了三年，1948 年被释后，他开始在哥廷根大学求学。

粹主义的历史。① 这就使得他们对待这段历史的态度能够比"战时的一代"
更为客观、自由，而同时又比"战后的一代"更为积极主动。他们成为联
邦德国第一批能够在公共领域中毫无畏惧地就纳粹主义展开争论的人，因
为他们中间鲜有人有"褐色老根"，所以在围绕纳粹历史展开争论时不必顾
虑重重。

　　另一方面，由于父辈的阵亡、负伤或者被俘，这些历史学家们不得不
过早地承担起对自己以及对社会的责任，他们具有相当自觉的责任感，这
在战后重建中发挥了重要的作用。而在联邦德国的当代史争论中，这种意
识突出地表现为他们不仅仅是作为专业学者，而且也是作为公共领域的知
识分子参与其中。与此同时，他们总是积极地就国家教育和文化政策的许
多基本问题发表意见，即便这些问题往往超越了他们个人专业的界限。可
以说，对于"公共知识分子"之角色和作用的拥护，是联邦德国一整代历
史学家自我认知的重要组成部分。虽然他们在许多问题上争论不休，但是，
因为他们都经历了消极的战争结束期和积极的战后转型期，所以在是否介
入政治公共领域这个问题上达成了一个广泛的共识。无论是哈贝马斯一方
的韦勒、蒙森兄弟、温克勒、科卡，还是诺尔特和希尔格鲁伯一方的施
图尔默和盖斯，他们都认同历史科学的政治和社会批判角色，认为历史科
学应该对政治文化产生积极影响，历史学家应该怀有政治热情。② 所以，在

① Martin Broszat/Saul Friedländer, Um die „Historisierung des Nationalsozialismus". Ein Briefwech-
sel, in: Vierteljahrshefte für Zeitgeschichte 2 (1988), S. 339 – 372, hier S. 361.

② 参见 Hans-Ulrich Wehler, „Historiker sollten auch politisch zu den Positionen stehen, die sie in der
Wissenschaft vertreten. ", in: Rüdiger Hohls, Konrad H. Jarausch (Hrsg.), Versäumte Fra-
gen. Deutsche Historiker im Schatten des Nationalsozialismus. Stuttgart, 2000, S. 240 – 266, hier
S. 261; Hans Mommsen, „Daraus erklärt sich, daß es niemals zuvor eine derartige Vorherrschaft al-
ter Männer gegeben hat wie in der Zeit von 1945 bis in die 60er Jahre. ", in: Rüdiger Hohls, Kon-
rad H. Jarausch (Hrsg.), Versäumte Fragen. S. 163 – 190, hier S. 185; Wolfgang J. Mommsen,
„Die Jungen wollen ganz unbefangen die alte Generation in die Pfanne hauen. ", in: Rüdiger Hohls,
Konrad H. Jarausch (Hrsg.), Versäumte Fragen. S. 191 – 217, hier S. 213; Heinrich August Win-
kler, „Warum haben wir nicht den Mut gehabt, kritische Fragen zu stellen? ", in: Rüdiger Hohls,
Konrad H. Jarausch (Hrsg.), Versäumte Fragen. S. 369 – 382, hier S. 380; Jürgen Kocka, „Wir
sind ein Fach, das nicht nur für sich selber schreibt und forscht, sondern zur Aufklärung und zum
Selbstverständnis der eigenen Gesellschaft und Kultur beitragen sollte. ", in: Rüdiger Hohls, Kon-
rad H. Jarausch (Hrsg.), Versäumte Fragen. S. 383 – 403, hier S. 398; Michael Stürmer, „Man
muß die Weltgeschichte nicht immer mit den Nazis beginnen lassen. ", in: Rüdiger Hohls, Konrad
H. Jarausch (Hrsg.), Versäumte Fragen. S. 358 – 368, hier S. 366; Imanuel Geiss, „ Unsere
, Neue Orthodoxie' ist heute viel illiberaler als ihre akademischen Väter nach 1945. ", in: Rüdiger
Hohls, Konrad H. Jarausch (Hrsg.), Versäumte Fragen. S. 218 – 239, hier S. 233。

乐于参与争论的这群历史学家中，几乎没有人置疑公共争论的基本合法性，他们争执不下的是这种公共争论进行的规则，是历史学家能够在多大程度上把他的研究成果投放市场而不违背学术标准，是历史学家是否要为其历史构思与阐释带来的政治后果负责。在"历史学家之争"中，诺尔特的支持者们并不是支持他的所有观点，他们为他争取的是一种建立在民主的论战文化基础上的公共领域的言论自由权。虽然一方联合构成了"一个德国历史学家的精锐阵营"，① 想要保护诺尔特使其不被边缘化，而另一方则几乎囊括了当时史学界左翼自由主义的领军人物，努力试图将诺尔特排挤出去。但是无论如何，他们都积极投身于这场公共领域的历史争论，并在其中热烈地为各自作为公共知识分子的角色认知开辟着道路，从而使历史、历史科学与历史政策日益紧密地结合在了一起。就此而言，虽然"历史学家之争"在学术上没有什么直接成果，但是涉及了专业史学界自我认知的关键问题。从此以后，在所有关于大屠杀之唯一性、纳粹主义历史之可比性及其历史化的合法性等问题的讨论中，历史学家对社会的责任问题始终居于核心地位。

当参与者的这种共同的政治社会热情引导着"历史学家之争"愈演愈烈时，他们在学科定位上的分歧又为这场争论的对立态势画上了浓重的一笔。长久以来，这一代历史学家就基于对史学研究之社会政治性的不同认知而分成了两个群体。聚集在"历史社会科学"名下的一方，试图将史学建设成为一门"批判性的社会科学"；他们致力于翻新史学的导向功能，努力在社会与政治公共领域中重建史学的威望，并且比以往更加严肃认真地看待历史学家"在政治与社会教育上的职责"。② 与此相反，新保守主义一派的希尔格鲁伯、希尔德布兰特和尼佩代等人则反对为史学研究预设一个政治目的；反对用学术见解所宣称的政治"功用"来对它本身及其认知成就加以衡量，因为即使是所谓的"反动"的研究成果在学术上也有可能是

① Hanno Helbling, Suchbild der Vergangenheit. Was vom deutschen Geschichtsbuch erwartet wird, in: „Historikerstreit". S. 151 – 155, hier S. 151.

② Hans-Ulrich Wehler, Krisenherde des Kaiserreichs 1871 – 1918. Studien zur deutschen Sozial-und Verfassungsgeschichte. Göttingen, 1970, S. 9.; Jürgen Kocka, Theorien in der Sozial-und Gesellschaftsgeschichte. Vorschläge zur historischen Sichtungsanalyse, in: Geschichte und Gesellschaft 1 (1975), S. 9 – 42, hier S. 11.

正确的；为研究贴上政治标签的做法将损害学术自由。[①] 在"历史学家之争"中，不同的职业预期与评价体系引起的分歧，成为双方之间不可逾越的鸿沟。一方认为存在着一种为了政治利益将历史工具化的企图，一种带有辩护目的的历史图景已经显示出其政治危害；[②] 另一方则坚持反对对科学、道德与政治间的直接因果关系妄加揣测，以保护联邦德国学术与政治上的多元性。[③] 双方对学科的定位不同，对历史知识的价值判断不同，对诺尔特等人的研究工作的评价标准不同，使得他们在争论中彼此攻讦，互不退让，最终无法在最基本的学术伦理问题上达成任何一致或谅解。

第四节　职业领域与争论战场

这场 1986—1987 年的"历史学家之争"之所以从整个德国史学史中凸显出来，还有一个很重要的原因就是它爆发的战场既不是在专业的历史学期刊上，也不是在一些混合型的知识分子杂志上，而是在联邦德国规模较大的日报和周报上。包括《时代周报》、《法兰克福汇报》、《法兰克福评论报》（Frankfurter Rundschau）、《柏林日报》（die tageszeitung）、《明镜周刊》（Der Spiegel）、《世界报》和《南德意志报》在内的几乎所有联邦德国境内重要的大众报纸、新闻媒体在这场争论中扮演了主要角色。这种角色的作用主要体现在以下三个方面。

第一，它们在各自的副刊上刊登了包括诺尔特的《不愿过去的过去》和哈贝马斯的《一种处理损失的方式》在内的大量争论文章，为争论的双方提供了对话平台，从而诱发了一场公共领域的大论战。而且，正是凭借着日报和周报发行周期短的优势，这场争论才得以如此迅速地蔓延开来。

① Thomas Nipperdey, Über Relevanz, in: Geschichte in Wissenschaft und Unterricht 23 (1972), S. 577 – 596; Andreas Hillgruber, Politische Geschichte in moderner Sicht, in: Historische Zeitschrift 216 (1973), S. 529 – 552, hier S. 549f.; Klaus Hildebrand, Geschichte oder „Gesellschaftsgeschichte"? Die Notwendigkeit einer politischen Geschichtsschreibung von den internationalen Beziehungen, in: Historische Zeitschrift 223 (1976), S. 328 – 357, hier S. 351, Anm. 58.

② Hans Mommsen, Neues Geschichtsbewußtsein und Relativierung des Nationalsozialismus, in: „Historikerstreit". S. 174 – 188, hier S. 186; J. Habermas, Vom öffentlichen Gebrauch der Historie. S. 252.

③ Thomas Nipperdey, Unter der Herrschaft des Verdachts. Wissenschaftliche Aussagen dürfen nicht an ihrer politischen Funktion gemessen werden, in: Die Zeit, 17. 10. 1986; Imanuel Geiss, Leserbrief, in: Der Spiegel, 20. 10. 1986.

根据不完全统计，仅在 1986 年 6 月至 1987 年 1 月，在这些日报和周报上就一共刊登了 136 篇专门以此为主题的争论文章，[1] 数量之庞大，发表之密集，迄今为止恐怕尚无其他史学争论能出其右。

第二，更为重要的是，这些新闻媒体本身主动参与到了这场论战中去，不少报刊的主编和发行人纷纷为此撰文，其中尤以《法兰克福汇报》的约阿希姆·费斯特（Joachim Fest）与《明镜周刊》的鲁道夫·奥格斯坦（Rudolf Augstein）最为有力地影响了争论的进程。费斯特于 1987 年 8 月 29 日在《法兰克福汇报》上发表的《负罪的回忆》[2] 一文中对诺尔特的支持，被认为把这场争论"推向了一个新的高潮"，[3] 同时也标志着《法兰克福汇报》日益"成为'历史图景'修正派代言人的平台"。[4] 而奥格斯坦在《新的奥斯维辛谎言》一文中指责希尔格鲁伯是一个"本质上的纳粹分子"，[5] 更是一反哈贝马斯阵营自争论爆发以来对希尔格鲁伯相对温和的批评态度，把哈贝马斯对希尔格鲁伯的学术指责升级为人身攻击，可以说是这场争论中对其最为激烈的抨击。虽然希尔格鲁伯明确表示奥格斯坦的这种言论"完全不值得探讨"，[6] 但是由此导致的愤怒恐怕是使得他在接下来的几个月中对哈贝马斯一方奋力展开反击的重要原因之一。

第三，对于《时代周报》而言，其副主编罗伯特·莱希特（Robert Leicht）所遵循的策略决定了它在"历史学家之争"中的态度与立场，对这场争论的结构和发展方向产生了重要影响。因为莱希特对仅仅四位历史学家就能够被视为一种"新纠正主义"的代表，以及哈贝马斯是否真的详细地研究过他们的著作存在疑虑，[7] 所以他将重点放在对哈贝马斯的文章进行

---

① Geoff Eley, "Nazism, Politics and the Image of the Past: Thought on the West German Historikerstreit 1986 – 1987," in *Past and Present*, No. 121 (Nov., 1988), p. 177.

② Joachim Fest, Die geschuldete Erinnerung. Zur Kontroverse über die Unvergleichbarkeit der nationalsozialistischen Massenverbrechen, in: Frankfurter Allgemeine Zeitung, 29. 8. 1986.

③ Eberhard Jäckel, Faktisches Prius und kausaler Nexus. Trübes Verwirrspiel um den Mord an den Juden, in: Die Zeit, 12. 9. 1986; Christian Meier, Kein Schlußwort, in: „Historikerstreit". S. 264 – 274, hier S. 265.

④ H. Mommsen, Neues Geschichtsbewußtsein und Relativierung des Nationalsozialismus, a. a. O., S. 175.

⑤ Rudolf Augstein, Die neue Auschwitz-Lüge, in: Der Spiegel 41 (1986), S. 62 – 63, hier S. 62.

⑥ Andreas Hillgruber, Für die Forschung gibt es kein Frageverbot, in: „Historikerstreit". S. 232 – 242, hier S. 235.

⑦ Claudia Fröhlich, Vergesst Habermas nicht. DIE ZEIT im Historikerstreit, in: Christian Hasse, Axel Schildt (Hrsg.), DIE ZEIT und die Bonner Republik. Eine meinungsbildende Wochenzeitung zwischen Wiederbewaffnung und Widervereinigung. Göttingen, 2008, S. 200 – 217, hier S. 209.

"文献化"的分析上，尤其是对哈贝马斯的论据和论证方法加以考察。费斯特发表《负罪的回忆》一文后，正在意大利度假的哈贝马斯立刻致电莱希特，想要在下一期《时代周报》上对费斯特加以回应，遭到了莱希特的拒绝。稍后，他又拒绝了温克勒尔的一篇相关文章，因为温克勒尔的文章将重点放在支持哈贝马斯对时事评论家、政治家和历史学家合力推行"精神与道德的转折"的批判上。对莱希特而言，他需要的是将大屠杀之唯一性放在中心位置的文章，是关注哈贝马斯的论据的文章，无论它们是支持还是反对哈贝马斯。①《时代周报》通过发表这些文章，顺利地转移了对哈贝马斯文章的关注点。关于政客、学者和新闻工作者为推进"精神与道德的转折"而进行的合作，以及历史是否应该为建立一种"民族国家认同"服务等问题，在《时代周报》的后续文章中都没有得到讨论。可以说，是莱希特对哈贝马斯的方法论的质疑，以及由此产生的他对刊登文章的选择，导致了哈贝马斯的"战斗檄文"在《时代周报》上的边缘化和争论焦点的转移。

随着争论在公共领域愈演愈烈，个别历史专业代言人开始想要把争论的阵地从大众媒体转移到专业期刊上，从而将争论引导到有限制的专业讨论中去。始终执着于转移阵地的是希尔格鲁伯，在这场争论中再也没有其他历史学家像他这般义无反顾地高举着"捍卫专业自治权"之大旗。他在1986年12月的《历史研究与教学》杂志上撰文，力图促使这场争论向一场"学术讨论"回归。② 在为这场争论写的"结语"中，他更是毫不留情地指出，哈贝马斯的行事方法"完全是给历史科学帮倒忙"，所谓的"历史学家之争"已经蜕变成"一场公共领域内漫无边际、无休无止而又徒劳无功的空谈"。③ 只是，希尔格鲁伯的这种呼声收效甚微。因为当诺尔特和哈贝马斯一开始选择在公共领域发表各自的观点时，就已经为日后历史学家们的自卫与反击划定了战场。而希尔格鲁伯试图通过转移阵地的方式来隔绝哈贝马斯的攻击，注定以失败而告终。与希尔格鲁伯的这种努力不同的是，更多的历史学家则认识到只有当他们参与到大众媒体交流的逻辑中去时，他们才能找到听众。时任德国历史学家协会主席的克里斯蒂安·迈亚

① 参见 Hagen Schulze, Fragen, die wir stellen müssen. Keine historische Haftung ohne nationale Identität, in: Die Zeit, 26. 9. 1986。

② A. Hillgruber, Jürgen Habermas, Karl-Heinz Janßen und die Aufklärung Anno 1986. S. 345f. .

③ Andreas Hillgruber, Mein „Schlußwort" zum sogenannten „Historikerstreit", 12. Mai 1987, in: „Historikerstreit". S. 393 – 395, hier S. 394f. .

（Christian Meier）在 1986 年 10 月于特里尔召开的第 36 届德国历史学家大会上还坚持无论如何都不能只借公共舆论之手来对这场争论的核心问题做出定论。[①] 但是不久之后，他却转而鼓励更多的公共舆论参与到讨论中来，因为这场争论几乎不需要任何专业的知识，因此"这种讨论不应只是在历史学家之间进行"。[②]

　　总的看来，1986—1987 年"历史学家之争"爆发在大众媒体而非历史专业期刊上，是这场争论最引人注目之处之一。但是，值得注意的并不是争论突破了学院的范围，也不是德国社会具有的一种公共知识分子氛围，而是伴随着这场争论表现形式的转变而间接导致的争论主题、争论者的态度以及争论后果的改变。表面上看来，在这场争论中专业史学与公共舆论之间展开了热烈的对话，但是事实上，这种对话所产生的合力的大小、方向和作用点，都与专业历史学家们所期望的不同。当大众媒体不但作为一种交流的媒介，而且更为重要的是，作为一种特定的文化空间，逐渐侵入历史学家作为一种职业共同体的领域时，它开始着手把不同的历史学家通过共同的目标和路线联系在一起，从而摆脱依赖组织机构的地域性传统，建立起新的派别性的对立。"历史学家之争"首次表明，媒体在对话中究竟能够拥有怎样的力量。它们通过为争论打开大门，约束争论文章发表的时间，挑选符合出版策略的文章和撰稿人，从而使得这场争论参与者的话语立场不仅受其专业关系的影响，而且也受其非专业关系尤其是与大众媒体之合作关系的影响。

小　结

　　1987 年初夏，慕尼黑的皮珀尔出版社（Piper Verlag）将参与争论的重要文章以《历史学家之争——关于纳粹屠犹之唯一性争论的文献》[③] 为名结集出版，并邀请争论的"主将"们撰写后记式的说明。至此，这场争论从直接进行激烈辩论的高涨热情中走了出来，转而进入将自我历史化的层面。

---

① Ch. Meier, Eröffnungsrede zur 36. Versammlung deutscher Historiker in Trier. S. 206f. ; ders. , Zum sogenannten Historikerstreit, in: Mitteilungsblatt des Verbands der Historiker Deutschlands 1 (1987), S. 3 – 5, hier S. 3.

② Ch. Meier, Kein Schlußwort. S. 273.

③ 参见哈贝马斯等《希特勒，永不消散的阴云？——德国历史学家之争》，逄之、崔博等译，三联书店，2014。

作为"波恩共和国"最后一场大规模的知识分子论战,当时的复杂语境将这场争论与历史政策、政治对抗、学派竞争、代际更替和大众媒体等众多因素紧密地纠缠在一起,从而给它的学术性投下了浓重的阴影,使得它常常被视为史学争论的反面教材。① 它不像"菲舍尔争论",通过新的史料拓展了历史阐释的框架;也不像"兰普莱希特争论",通过方法论的革新改变了历史研究的视野。尽管有历史学家认为,这场争论的学术意义在于,直接或者间接地使得犹太人大屠杀这一事件在有关纳粹主义和第二次世界大战的整体研究中获得了公认的中心地位,② 但是必须承认,在这场争论中"没有展现任何独特的新史料,没有研究出任何新的历史事实,也没有检验任何新的方法论上的手法"。③ 因此,就这场争论的讨论本身对于学术生活是否具有推动作用而言,否定的评价总体上是客观而公允的。

但是,就历史科学本身而言,虽然纯学术的讨论关系在"历史学家之争"中因为受到其他因素的影响而被冻结起来,不同阵营之间的高墙不断得到加固,不过学科整体的开放性却并没有受到损害。相反,在这种情况下,这场争论作为一个突发事件,其表现形式体现出了各种因素在其中相互交织、彼此作用的鲜明特点。正是因此,它就像一面多棱镜,透过这个载体,我们能够更多、更清晰地看到历史学家作为一个职业共同体,在学术生活中承受的紧张关系;能够看到由于个体间道德判断的矛盾以及政治问题、个人偏好等方面的差异,不同的历史学家对于自我职业的不同预期;还能够看到各种学术的、社会的和政治的资源争夺赋予学术生活的复杂多面性。由此,这场争论再一次证明了,历史研究本就是一项比专业历史学家们所认识到的——或者说所愿意承认的——更为社会政治化的活动。自此以后,历史科学与公共领域特别是政治公共领域之间的相互关系和交互作用力,成为联邦德国的历史学家们不得不面对的重要课题,并随之要求他们开始具备一种更为全面同时也是更为深入的职业性,以便在科学与公众交织而成的新网络中更好地进行自我定位和自我革新。

---

① 参见 Lutz Niethammer, Über Kontroversen in der Geschichtswissenschaft, in: ders. , Deutschland danach. Postfaschistische Gesellschaft und nationales Gedächtnis. Berlin, 1999, S. 414 – 423。

② U. Herbert, Der Historikerstreit. S. 104.

③ Edgar Wolfrum, Geschichtspolitik in der Bundesrepublik Deutschland. Der Weg zur bundesrepublikanischen Erinnerung 1948 – 1990. Darmstadt, 1999, S. 340.

第六章　关于武装部队罪行展览的争论

1995—1999 年，联邦德国爆发了一场名为"武装部队罪行展览之争"[①]的公众史学争议。布展方希望展览可以突破"清白武装部队"神话，但遭遇到右翼学者和政治家们的阻击。在这场争议背后，人们可以发现有关历史认识主体、方式与传播媒介的老问题和新挑战。对于这场争议的剖析，为我们展现了史学发展进入 21 世纪之际所面临的各种理论性与现实性挑战。

在"语言学转向"后，有关历史认识的问题已不再是学界重点关注的对象。但是，倘若我们注意到近来公众史学兴起的现状，那么我们会发现，它在历史认识领域中"老题新作"，引出了值得进一步讨论的一系列话题，例如：谁有权书写历史？如何认识作为复数存在的"个体过去"和作为单数存在的"集体记忆"？常见的逻辑、形象或直观的历史认识方式是否可靠？

---

① 这次展览的内容可参见 Hamburger Institut für Sozialforschung（Hrsg），Vernichtungskrieg Verbrechen der Wehrmacht 1941 bis 1944（Katalog）. Hamburg, 1996。相关争议资料收集在 Hans - Günther Thiele（Hrsg.），Die Wehrmachtsausstellung. Dokumentation einer Kontroverse. Bremen, 1997；Helmut Donat/Arn Strohmeyer（Hrsg.），Befreiung von der Wehrmacht? Dokumentation der Auseinandersetzung über die Ausstellung „Vernichtungskrieg-Verbrechen der Wehrmacht 1941 bis 1944" in Bremen 1996/97. Bremen, 1997；Heribert Prantl（Hrsg.），Wehrmachtsverbrechen. Eine deutsche Kontroverse. Hamburg, 1997。相关研究主要有：Hamburger Institut für Sozialforschung（Hrsg.），Eine Ausstellung und ihre Folgen. Zur Rezeption der Ausstellung „Vernichtungskrieg. Verbrechen der Wehrmacht 1941 bis 1944". Hamburg, 1999；Walter Hömberg/Christiane Reiter, Die Wehrmachtsausstellung im Meinungskampf, in：Jürgen Wilke（Hrsg.），Massenmedien und Zeitgeschichte. Konstanz, 1999, S. 234 – 246；Stephan Balkenohl, Die Kontroverse um die Ausstellung „Vernichtungskrieg. Verbrechen der Wehrmacht 1941 bis 1944" in Münster. Eine qualitative Auswertung der Reaktion. Mit einem Vorwort von Hans W. Gummersbach. Münster-Hamburg-London, 2000；Hannes Heer, Walter Manoschek, Alexander Pollak, Ruth Wodak（Hrsg.），Wie Geschichte gemacht wird. Zur Konstruktion von Erinnerungen an Wehrmacht und Zweiten Weltkrieg. Wien, 2003；Christian Hartmann, Johannes Hürter, Ulrike Jureit, Verbrechen der Wehrmacht. Bilanz einer Debatte. München, 2005。

这些话题之所以存在新意，则是因为它们都超越了专业历史学家的活动空间，进入更为广阔的社会交往场域，让人们看到了不同历史认识者出于各自不同的历史经验，形成的多种类型的历史想象。由此，公众史学争议往往是各种历史想象之间一较高下的结果。借由联邦德国"武装部队罪行展览之争"，上述有关历史认识问题得以进一步展现和说明。

第一节　争论始末

"武装部队"（Wehrmacht）是纳粹德国的武装力量。二战后，纽伦贝格国际军事法庭与各占领区军政府曾对武装部队高级将领进行过审判，但并未把武装部队定性为如同党卫队和盖世太保那样的"犯罪组织"，美占区法庭甚至接受了诸如"被迫接受命令"和"由于害怕与恐惧"一类的辩护词。[①] 联邦德国建立后不久，许多高级军官又通过"大赦"而被重新启用。[②] 这样一来，所谓"清白武装部队"（saubere Wehrmacht）的神话便流行开来，即认为武装部队在二战期间并无罪责，其将士们仅仅是"依战争法则而行事"。[③] 这种说辞广受欢迎，因为对于每户家庭都有可能"贡献"过武装部队战士的德国社会而言，它无异于一种安慰剂。

与此相反，在专业历史学家的努力下，有关武装部队的罪行遂渐得到层层梳理。到1990年代，学界达成的基本共识是：第一，在纳粹德国的体制内，军事精英与纳粹党之间的关系复杂，保守派高级将领的选拔机制与行动能力仍然处于希特勒的控制之外；第二，纳粹德国的进攻战略（特别是在对苏战争中）部分独立于希特勒的想法而源于武装部队高层的决断；第三，德国在东线造成了300万苏联战俘的非正常死亡，因而对苏战争是一场"带有种族意识形态的灭绝战"，它应同犹太人大屠杀一样，成为德国记

---

①　Christian Hartmann, Johannes Hürter, Ulrike Jureit, Verbrechen der Wehrmacht. Bilanz einer Debatte. S. 135.

②　关于大赦，可参见 Jörg Friedrich, Die kalte Amnestie. NS-Täter in der Bundesrepublik. München, Zürich, 1994。

③　参见 Detlev Bald, Johannes Klotz, Wolfram Wette, Mythos Wehrmacht. Nachkriegsdebatten und Traditionspflege. Berlin, 2001；Rolf Düsterberg, Soldat und Kriegserlebnis. Deutsche militärische Erinnerungsliteratur（1945－1961）zum Zweiten Weltkrieg. Motive, Begriffe, Wertungen. Tübingen, 2000；Walter Manoschek, Alexander Pollak Ruth Wodak, Hannes Heer（Hrsg.）, Wie Geschichte gemacht wird. Zur Konstruktion von Erinnerungen an Wehrmacht und Zweiten Weltkrieg. Wien, 2003。

忆文化的对象。① 毫无疑问，这些观点直截了当地否定了"清白武装部队"神话。当然，学界仍然存在一些争议，特别是在具体案例上仍然未能形成一致立场，如，到底有多少武装部队士兵直接卷入大屠杀行动中？究竟是谁下令处死苏联战俘的？游击战对苏联战场上出现的各种野蛮行径是否以及如何承担责任？但无论如何，至少在学界内部，如大型学术著作《德国与第二次世界大战》（Das Deutsche Reich und der Zweite Weltkrieg）便不再谈武装部队将士"依战争法则而行事"一类的自辩之词。

从 1980 年代后半叶开始，学界通过各类主题展览，陆陆续续地向公众传播专业历史学家的上述认识，如 1987 年的"恐怖的地志"（Topogrphie des Terros）、1992 年的"万湖会议展"（Haus der Wannseekonferenz）、1995 年的"反战博物馆"（Museum gegen den Krieg）和"两百天与一个世纪"（200 Tage und 1 Jahrhundert）等。不过这些展览还没有完整而明确地对"清白武装部队"神话开战。

1995 年，为纪念二战结束 50 周年，汉堡社会研究所（Hamburger Institut für Sozialforschung）决定集中力量来冲破"清白武装部队"神话这一"纳粹时代以来的最后禁忌"。专家组经过讨论，制定了主旨为"武装部队与纳粹罪行"（Wehrmacht und NS-Verbrechen）的展览方案。该方案旨在指出武装部队是纳粹政权的支柱之一，并揭示它如何参与纳粹主义罪行的历史事实。布展方希望通过呈现武装部队 1941 年后在东南欧及东欧战场上的三段罪行——1941 年面对塞尔维亚游击战的行动、1941—1942 年第六军前往斯大林格勒行军途中的行动和 1941—1944 年占领白俄罗斯期间的行动——来强调武装部队发动了一场"世界观之战和灭绝战"的历史观。

专家组运用了不少来自联邦德国、苏联和塞尔维亚国家档案馆的材料，其中最重要的材料是当时由武装部队士兵所拍摄的照片。布展方认为，照片"记录和呈现了历史事件和进程，同时也得到了书面材料的证实。它们表现了一种可观的维度。当然，它们也是行动者的一种主观情感之表现，指向了德国士兵的精神状态"。② 不过，部分照片缺少明确的地点、时间和人物说明，需要布展方通过想象来做出合理解释。

---

① Christian Hartmann, Johannes Hürter, Ulrike Jureit, Verbrechen der Wehrmacht. Bilanz einer Debatte. S. 50 – 57, 40 – 42.

② Hamburger Institut für Sozialforschung（Hrsg.）, Eine Ausstellung und ihre Folgen. Zur Rezeption der Ausstellung „Vernichtungskrieg. Verbrechen der Wehrmacht 1941 bis 1944". S. 7 – 14.

　　1995 年 3 月 5 日，这场最后定名为"灭绝战争：武装部队在 1941—1944 年的犯罪行为"（Vernichtungskrieg. Verbrechen der Wehrmacht 1941 bis 1944）的展览在汉堡拉开帷幕。有关展览的第一份报道出现在《世界报》上。记者敏锐地指出了这次展览的任务就是"摧毁神话"。①

　　虽然开幕前六周已吸引 5000 名观众的成绩确实超过了其他同类型展览的平均水平，但它并未立即引起公众的特别关注。转折出现在下半年。由于汉堡社会研究所是一家私人资助的学术机构，无力完全承担每次约 3 万马克的展览费用，所以展览需要得到各地政府的支持，展览地点因此多定在议会休息厅或大学报告厅中。此举引起了保守的基民盟 - 基社盟的不满。他们在斯图加特、弗莱堡、卡尔斯鲁尔等地议会中都以展览"污蔑武装部队战士的声誉"为名，要求撤展。这些抵制没有奏效，但在报刊上得到了一些右翼学者的积极回应。到 1996 年 6 月，当展览准备进入巴伐利亚州的一些城市时，"新纳粹分子"报以更为激烈的游行示威，特别是 1997 年 2 月起慕尼黑爆发了长达三周的反对集会。类似的事情也出现在北部的不来梅、西部的萨尔布吕肯（那里甚至出现了爆炸案）。1997 年 3 月 13 日和 4 月 24 日，联邦国会便专门对展览主旨进行过两场激烈辩论。②

　　政治层面上的交锋让这场围绕在"清白武装部队"神话上的公众史学争议备受关注，它激发了公众对展览的好奇和热情。在慕尼黑和法兰克福，各有 10 万人参观了展览。延至 1999 年，展览在德国和奥地利的 34 座城市中巡回展出，参观者多达 90 万人次，另有 80 座城市提出了举办展览的要求，澳大利亚、法国、希腊等国也抛出了绣球。

　　从 1999 年 10 月起，这场争议转到了第二阶段，主要战场从政界返回学界。波兰裔历史学家波格丹·穆西阿尔（Bogdan Musial）在《当代史季刊》第 49 卷上发表《展览中的图片——对巡回展览"灭绝战争：武装部队在 1941—1944 年的犯罪行为"的批评》一文，指责至少有 10 张照片显示的不是德国人的罪行，而是苏联杀害波兰战俘的"卡廷惨案"场面；此外，他

---

①　Karl-Heinz Janssen, Als Soldaten Mörder wurden, in：Die Zeit, 17. 03. 1995.

②　关于各地争论以及两次辩论会的情况，可参见 Hamburger Institut für Sozialforschung（Hrsg.），Eine Ausstellung und ihre Folgen. Zur Rezeption der Ausstellung „Vernichtungskrieg. Verbrechen der Wehrmacht 1941 bis 1944"以及 Heribert Prantl（Hrsg.），Wehrmachtsverbrechen. Eine deutsche Kontroverse 各处。

还断定，大约有一半照片与武装部队的战争罪行毫无关系。① 随后，匈牙利历史学家克里茨蒂安·翁格瓦利也在《历史研究与教学》上发表《真正的图片——有问题的证据：对展览"灭绝战争：武装部队在 1941—1944 年的犯罪行为"的一次定量和定性的图片分析》一文，指出展览中的 6 张照片显示的主角不是德国士兵，而是匈牙利军人。据他估计，只有 10% 的照片才真正涉及武装部队问题，其他照片则是匈牙利、芬兰和克罗地亚士兵以及来自乌克兰、俄国和波罗的海国家的"志愿兵"或武装党卫队成员。② 紧接着，德国历史学家迪特尔·施密特－诺伊豪斯（Dieter Schmidt-Neuhaus）同样在《历史研究与教学》上对 4 张照片提出质疑，认为它们展现的是特别行动队在波兰特诺普（Tarnopol）实施的大屠杀，与武装部队无关。③

这些专业讨论通过媒体的渲染，再次引发公众的关注。1999 年 11 月，汉堡社会研究所宣布停止展览，并委托一个由著名历史学家组成的专家委员会来进行审查。一年后，该委员会发布审查报告，认为：（1）在总计 1433 张展览照片中，不属于"武装部队"展览范畴的照片不足 20 张；（2）部分照片的错误解说词来自未加考证的档案材料；（3）展览的基本观点是正确的，"毋庸置疑的是，武装部队在苏联不仅仅'卷入了'对犹太人实行的种族仇杀、对苏联战俘的残害和对无辜平民的战斗，而且部分地领导了这些犯罪行为，部分地支持和参与了犯罪"。④同时，委员会建议研究所对一些具体论据进行再加工，并且反思照片史料的使用问题。

布展方接受了专家委员会的建议，对展览内容进行了重新调整，减少了照片，增加了文字材料。2001 年 11 月 27 日，更名为"武装部队的罪行：1941—1944 年毁灭性战争的多个维度"（Verbrechen der Wehrmacht. Dimensionen des Vernichtungskrieges 1941 - 1944）在柏林重新开幕，联邦文化部部长为它

---

① Bogdan Musial, Bilder einer Ausstellung. Kritische Anmerkungen zur Wanderausstellung „Vernichtungskrieg. Verbrechen der Wehrmacht 1941 bis 1944", in: Vierteljahrshefte für Zeitgeschichte, 47, 10. 1999, S. 563 - 591.

② Krisztián Ungváry, Echt Bilder-problematische Aussagen. Eine quantitative und qualitative Fotoanalyse der Ausstellung „Vernichtungskrieg. Verbrechen der Wehrmacht 1941 bis 1944", in: Geschichte in Wissenschaft und Unterricht, 10, 1999, S. 596 - 603.

③ Dieter Schmidt-Neuhaus, Die Tarnopol-Stellwand der Wanderausstellung „Vernichtungskrieg. Verbrechen der Wehrmacht 1941 bis 1944". Eine Falluntersuchung zur Verwendung von Bildqellen, in: Geschichte in Wissenschaft und Unterricht, 10, 1999, S. 596 - 603.

④ Omer Bartov, etc., Bericht der Kommission zur überprüfung der Ausstellung „Vernichtungskrieg. Verbrechen der Wehrmacht 1941 bis 1944", Nov. 2000.

揭幕，随后又在德国的 11 座城市以及卢森堡和维也纳巡回展览。实体展览在 2004 年 3 月 31 日闭幕，而虚拟展览直到今天仍在运行。① 相较于此前，新展览虽然运用了更多的技术手段（如视听设备），而且在概念辨析和形象塑造上更为精确，但对观众的吸引力却大大下降，前一阶段的争议也没有复兴。

第二节　关于历史认识主体的问题：
历史书写的资质是什么？

对于这场持续时间长达 4 年之久的公众史学争议，我们首先感兴趣的问题在于历史认识主体之争：谁有权书写武装部队的历史？

在后现代史学的分析框架中，专业历史学家在历史书写中的专权往往受到质疑。这不仅是因为这种专权仅仅是 19 世纪末 20 世纪初历史学专业化之后的产物，而且还由于人们现在都熟稔"人人都是他自己的历史学家"②这一名言，由此揭露与分析米歇尔·福柯（Michel Foucault，1926—1984）所言"话语的规则"及其背后的权力之争，便成为公众史学争议的一大动力。在"武装部队罪行展览之争"中，我们可以清楚地看到这一点。

亲历者的反对意见首当其冲。众所周知，1944 年 7 月 20 日，部分武装部队高级将领曾组织了一场未遂的刺杀希特勒行动。该行动参与者的遗孀们，如《时代周报》总编玛丽昂·道恩豪夫女伯爵（Marion Gräfin Dönhoff），便对展览未能理解极权主义体制下军人行动空间的有限性感到遗憾。她们认为，布展方没有能力去考虑武装部队将士们的命运。③

一些专业历史学家继续坚持自己的解释专权。展览的主要策划者是汉内斯·黑尔（Hannes Heer），他拥有历史学博士学位，但长期从事纪录片制作等公众史学项目。因此，尽管如汉斯·蒙森这样的左翼历史学家肯定了展览的基本设想，因为"没有武装部队，就没有东部的灭绝营"，但部分专业历史学家仍然自觉有权力去指责这些"历史业余爱好者们"（Michael Wolffsohn）用"完全夸张的观点"（Karl Dietrich Bracher），进行了"情绪性

①　见展览网页 http://www.verbrechen-der-wehrmacht.de/docs/home.htm 03 - 12 - 2013。

②　语出卡尔·L. 贝克尔（Carl L. Becker，1873—1945），美国著名历史学家。

③　Hamburger Institut für Sozialforschung（Hrsg.）, Eine Ausstellung und ihre Folgen. Zur Rezeption der Ausstellung „Vernichtungskrieg. Verbrechen der Wehrmacht 1941 bis 1944". S. 58.

的认识"（Graf von Krockow）。①

　　来自公共领域的批判更多指向布展方的政治或商业身份。黑尔曾是1970 年代极左学生运动的领导者之一。在"武装部队罪行展览之争"中，他的这一身份成为众矢之的。1996 年 2 月，前总理赫尔穆特·施密特带着讽刺的口吻挖苦黑尔说："我看到站在我面前的这个人是 1968 年学生运动的最大抵抗者。他们带着自己的伟大个性，站在我的面前。"同月，新闻学专家君特·吉勒森（Günther Gillessen）在《法兰克福汇报》上发表文章，说黑尔的展览"较少同学术有关，更多的是带着宣传封面的小册子……这不是历史，而是道德问题"。11 月，资深媒体记者吕迪格尔·普洛斯克（Rüdiger Proske）抱怨说，黑尔或许"就是戈培尔的学生"，"此前作为右翼极端分子迫害犹太人，而现在则作为左翼极端分子迫害武装部队"。巴伐利亚州基民盟在其公开声明中直截了当地写道，"黑尔这位曾经的德国共产党党员不是历史学家……人们不能指望这种展览拥有负责之心"。② 批评者找到的另一个靶子是展览资助者、汉堡社会研究所所长扬·菲利普·里姆斯玛（Jan Philipp Reemtsma）。里姆斯玛是一位大烟草商之子，拥有巨额财富，但自 1980 年代初起便投身于文学研究和政治评论。但批评者仍然抓住他的财富来自烟草业这一事实不放。《法兰克福汇报》在对里姆斯玛的访谈中，颇有挑衅性地提醒后者，其父亲是一位与纳粹政权有纠结的人，而且通过武装部队的烟草消费来发财，以此询问他如何看待自己的家庭历史。基社盟的慕尼黑主席彼得·高魏勒（Peter Gauweiler）公开揶揄"汉堡百万富翁里姆斯玛"，与其举办这场展览，倒不如组织一次"因他售卖的烟草而伤亡者的展览呢"。③ 类似的逻辑也出现在基民盟的石荷州主席彼得·库尔特·伍尔兹巴赫（Peter Kurt Würybach）与汉堡州主席迪尔克·费舍尔（Dirk Fischer）的口中，他们同样指责里姆斯玛的父亲曾经为纳粹党服务过。维尔茨堡的一位社会学教授则把布展方说成"危险的制毒者""心有不满的、带有野心的文人"。④

　　上述围绕着历史认识主体的三种争论，事实上反映了当代社会在历史

---

① Hamburger Institut für Sozialforschung（Hrsg.），Eine Ausstellung und ihre Folgen. Zur Rezeption der Ausstellung „Vernichtungskrieg. Verbrechen der Wehrmacht 1941 bis 1944". S. 61.

② Demagogische Inszenierung, in：Bayernkurier, 01. 03. 1997.

③ CSU attackiert das Rathaus, in：Süddeutsche Zeitung, 15. 02. 1997.

④ Hamburger Institut für Sozialforschung（Hrsg.），Eine Ausstellung und ihre Folgen. Zur Rezeption der Ausstellung „Vernichtungskrieg. Verbrechen der Wehrmacht 1941 bis 1944". S. 49 – 50.

书写资质方面仍然未能得到解决的分歧。即非亲历者是否有能力理解当事人的行动？非专业历史学家是否有可能呈现历史的原貌？学术之外的身份是否会影响到历史想象乃至价值判断？

第三节 关于历史认识方式的问题："一概而论"　　　　　还是"个别原则"？

在 19 世纪末 20 世纪初的德国历史哲学讨论中，海因里希·李凯尔特（Heinrich Rickert）已经提出过历史认识中的一般性和特殊性问题："历史概念的构成问题就在于：能不能对直观的现实作出一种科学的处理和简化，而又不至于像在自然科学的概念中那样，在处理和简化中同时失掉了个别性。"① 直到今天，这一问题仍然在学界中多有争议。

不过，很有意思的是，在"武装部队罪行展览之争"中，我们并没有发现历史学家从理论高度对上述问题进行过反思，但你来我往的言辞交锋却处处显示人们在此点上的认识分歧。

布展方显然考虑过一般性和特殊性的问题，所以在展览导言中开宗明义地写了这样两句看似矛盾的话："武装部队作为整体组织，积极地参与到所有罪行之中"，"展览不是对以往整个一代士兵所进行的迟到且一概而论的评价"。展览的主要组织者黑尔也在多个场合表示，每个人最终都会对展览形成一种认识，但"武装部队是一种犯罪组织"这样的观点确实是建立在档案基础之上的，不过即便如此，它也并不意味着每个武装部队战士都是罪犯。②

然而观众注定只能根据自己的体验来做出判断，这一点非常清晰地反映在展览的留言簿或各大报刊收到的读者来信中。来自德累斯顿的几位年长观众表示，他们对展览中的照片并不感到陌生，并希望德国人为此感到羞耻。慕尼黑的当地报刊还收到了不少忏悔信。略微年轻的中年观众则表现出某种怀疑的态度，一位观众表示"看了展览后，对父亲在二战中的行为开始表示怀疑，但家中保留的照片却没有类似的具体场景"。另一位观众

---

① 亨利希·李凯尔特：《历史上的个体》，白锡堃译，王太庆校，张文杰编《历史的话语：现代西方历史哲学译文集》，中国人民大学出版社，2012，第 18 页。

② „Wer auf die Pauke haut, wird von Neonazis gehört.“ OB Christian Ude wirft der CSU vor, der organiserten Rechten ein politisches Forum geboten zu haben, in: Süddeutsche Zeitung, 25. 02. 1997.

在埃森展览的留言簿上写道:"你在哪里,父亲……?"深受所谓"防御战"宣传影响的人则强调自己的清白,甚至把自己视作强权控制下的弱者来看待,例如主教约翰内斯·杜白(Johannes Dyba)在接受《法兰克福汇报》采访时表示,所有一切都是军事命令所导致的结果,而他的最深刻记忆不是战场杀戮,却是自己在战后作为战俘的痛苦经历。此类个体经验的表述及其之间的冲突,进一步集中地体现在两次国会辩论中。几乎所有的发言人都从父辈经历出发,试图说服对方。①

在右翼政党对展览的批判中,"一概而论的污蔑"成为最主要的控词。在斯图加特,基民盟党团主席在州议会辩论中指责展览把"士兵视作凶手",是典型的"污蔑之语";在卡尔斯鲁尔,宪法法院主席尤塔·里姆巴赫(Jutta Limbach)因参加开幕式受人攻击,因为展览"侮辱了一代人",而且也"侮辱了(联邦德国的)机制";在不来梅,"德国士兵联合会"征集到1.2万个签名,来反对这种"一概而论"的展览出现在"神圣的市政厅";当慕尼黑市长宣布展览开幕时,5000多名"新纳粹分子"在玛丽亚广场进行游行示威,高喊"我们的祖父不是罪犯"的口号,"不准对我们敬爱的武装部队战士进行污蔑",巴伐利亚州基社盟主席高魏勒甚至组织一批人到当地的无名士兵碑前敬献花圈;在萨尔布吕肯,基民盟州主席彼得·米勒(Peter Müller)提出,展览必须增添抵抗运动的历史,而且还要求中小学生不能被强迫去参观展览。保守党派还把这种反对意见带到了联邦议会辩论中。在1997年3月13日,基民盟-基社盟联合自由民主党要求政府下令停止展览,因为"武装部队毫无罪责,大部分武装部队成员——也包括武装党卫队成员——都没有参加过犯罪行动;反对任何片面和一概而论式评价武装部队成员的言论"。② 君特·吉勒森十分尖锐地指出,展览"没有摧毁神话,而是重新构造了一种神话"。③

显然,有关"如何认识过去"的争议,在学界和公共领域中是以完全不同的逻辑来运作的。尽管专业历史学家们通常对武装部队战士参与大屠

---

① Hamburger Institut für Sozialforschung (Hrsg.), Eine Ausstellung und ihre Folgen. Zur Rezeption der Ausstellung „Vernichtungskrieg. Verbrechen der Wehrmacht 1941 bis 1944". S. 199–200, 35, 203, 21, 15, 117–119.

② Hamburger Institut für Sozialforschung (Hrsg.), Eine Ausstellung und ihre Folgen. Zur Rezeption der Ausstellung „Vernichtungskrieg. Verbrechen der Wehrmacht 1941 bis 1944". S. 30.

③ Günther Gillessen, Die Ausstellung zerstört nicht eine Legende-sie baut eine neue auf, in: Frankfurter Allgemeine Sonntagszeitung, 06. 04. 1997.

杀的具体数字和比例仍然无法达成一致意见，比例从1%到70%不等，但这种分歧往往并不阻碍他们基本接受了"武装部队是犯罪组织"这一结论。著名的当代史学家马丁·布罗萨特早已指出"关于武装部队所扮演的角色，已经得出了令人注目的结果"。①然而在公共领域中，一般性与个别性的纠结仍然是历史认识中留待解决的重要问题。事实上，从"武装部队罪行展览之争"中，我们可以发现，一种或许违背个体经验的定性结论，之所以能够得到宣扬，往往并不在于它的"客观性"或"科学性"，而是源自它的"政治性"。这是左翼学者向来坚持的立场。

一如英国哲学家及政治理论家以赛亚·柏林（Isaiah Berlin，1909—1997）所言，"我们并不根据对事实的真正结构的评价，而是对事实的解释来区别事实"，"相对'确凿的'事实与相对'可争论的'解释之间不存在根本性的差别。毫无疑问，这二者的分界线一直是宽阔模糊的。它可能是一条移动的界线，在一些地方比另一些地方更分明些，但除非我们知道这条界线是在何处，处于某些范围之内，否则我们就不能理解那种描述的语言"。②从这一点而言，布展方与批评者之间的交往空间是缺失的，由此产生的进一步问题是：学界解释与公域解释之间如何才能找到一个对话平台？

第四节　关于以照片呈现历史的问题：
以图证史的可行性与局限性

第三个问题针对的是历史认识的传播媒介。这次展览的最大亮点是照片，因为它们都是艰难保存下来的档案材料，而且鲜活直观。然而最终导致展览中止的直接原因并非上述关于历史认识主体或方式的争论，而恰恰是照片本身存在的问题。这种"成也萧何败也萧何"的问题，为我们展现了"以图证史"的可行性与局限性。

在最近的文化史研究中，"以图证史"被视作继"语言学转向"之后的"图像转向"之成果。图像的史料作用经由彼得·伯克（Peter Burke）的著作而被广为传播。人们承认，"图像对历史想象产生的影响"与文字不同。③

---

① Christian Graf von Krockow, Zwei Pole, die das Verhängnis bargen. Anständigbleiben inmitten der Verbrechen? in: Die Welt, 05. 04. 1997.

② 以赛亚·柏林：《决定论、相对主义和历史的判断》，陈荣生译，涂纪亮校，《历史的话语：现代西方历史哲学译文集》，第238~239页。

③ 彼得·伯克：《图像证史》，杨豫译，北京大学出版社，2008，第9页。

在各种图像类型中，照片又被视作最为真实的一种，诚如 1920 年代流行的一种说法"诚实的照相机"。不过，伯克早已指出过使用图像"可能存在的陷阱"，图像虽然可以印证、弥补文字材料，并为研究者提供某些思考切入点，但其多义性和复杂性往往高度依赖于解读者重建历史场景的能力，而且通常会产生错误解读乃至引起分歧的结果。照片也不例外，因为"照片可能不会说谎，骗子可能拍照"。[1]

"武装部队罪行展览之争"部分证明了以图证史在历史认识传播中的上述优缺点。展览照片多为武装部队战士在回国度假的途中随意拍摄的，这些照片后来被纳粹政府追缴或落入红军手中。它们展现了一些历史的瞬间，部分保存了拍摄者的审美倾向（例如他们并不以屠杀战俘为耻）。这种类型的历史场景摄人心魄，给人以极大的视觉冲击。不少观众在留言簿上表示，他们被展览照片震惊，"我一直问自己，倘若我被要求如此为之，我会做什么呢？我不知道"。一位 35 岁的观众表示，照片让"一切更好理解"。[2]当 2001 年展览重新开幕，减少照片而增加文字解释时，人们的兴趣很显然降低了不少，新展览的社会影响力也远远不如旧展览。[3]但正如后来的批评者所言，一些照片缺少时间、地点和作者的必要说明，甚至有可能来自错误的场景想象，存在张冠李戴的可能性，其可信度便大大降低。

另一方面，这次公众史学争议又指出了以图证史的另一层问题，即在大屠杀的场景再现问题中，图像资料的限度是什么？同一时代发生的"戈德哈根之争"中，历史学家曾对以"深描"方式来再现大屠杀场景的做法表示过忧虑，他们认为此举接近了叙事美学的极限。"武装部队罪行展览之争"同样提出了类似的疑惑，但立意更为深刻。一些批评指出照片场景过于残忍，"让人产生了恐惧感"，而且质疑"单方面选择出来的图片是否可以传递真实的画面？"；[4]另一些批评认为，展览照片并没有达到布展方所希望实现的历史想象，因为观众很难根据这些场景来判断其内容是屠犹还是

---

[1]　参见曹意强《可见之不可见性——论图像证史的有效性与误区》，《新美术》2004 年第 2 期。

[2]　Hamburger Institut für Sozialforschung（Hrsg.），Eine Ausstellung und ihre Folgen. Zur Rezeption der Ausstellung „Vernichtungskrieg. Verbrechen der Wehrmacht 1941 bis 1944". S. 21, 204.

[3]　Werner Röhr, Die neue Ausstelleung „Verbrechen der Wehrmacht", in: Bulletin für Faschismus- und Weltkriegsforschung, 18, 2002, S. 78.

[4]　Friedrich Karl Fromme, Was bleibt: die Schuld, in: Frankfurter Allgemeine Zeitung, 26. 02. 1997.

强制劳动。① 简言之，人们可以继续讨论的问题是：在传递历史认识中，图片史料是否以及如何确保其在场性与叙事目标的统一性？

小　结

作为一场声势浩大、持续四年之久的公众史学争议，"武装部队罪行展览之争"足以让研究者发现并尝试各种探讨的途径，如统一后德国的身份认同斗争、专业史学成果的大众化问题等。此处仅从历史认识的角度出发，探讨这场争议进程中所蕴含着的"老题新作"的可能性。在历史认识的主体、方式与传播媒介方面，它不仅延续了以往历史认识讨论中的老问题，而且还结合德国历史与现状，以及图片史料的特殊性，为我们展现了西方史学发展进入 21 世纪之际所面临的各种理论性与现实性挑战。

---

① Markus Krischer/Robert Vernier, Nur zur Illustration. Wie das Reemtsma-Institut nach dem Fälschungsvorwurf Bilddokumente entwertet, in: Focus, 21. 04. 1997; Thorsten Schmitz, Der unfreiwillige Zeuge, in: Sueddeutsche Zeitung, 15. 03. 1997.

第七章　戈德哈根辩论

1996 年 3 月，美国青年学者丹尼尔·约纳·戈德哈根出版《希特勒的志愿行刑者：普通德国人与大屠杀》，在联邦德国媒体和公共领域引发了一场有关大屠杀的历史争议。这场"戈德哈根之争"历时一年之久，前后经历四个阶段，体现了来势凶猛、迂回往复、公开透明、左右合流与反思同步的特点。这场历史争议是一系列冲突的集合，拥有着复杂多面的特性，但其核心指向统一后德国的身份认同困境。

第一节　学术和社会背景

到 1990 年代初，在国际范围内，有关大屠杀历史的报道和研究大致经历了五个阶段。[①]

当纳粹政府迫害和屠杀犹太人的信息被陆续公之于众之后，激烈的谴责声便在盟国舆论界和流亡德国人中爆发出来。一方面，所谓"范西塔特主义"[②] 找到了看上去与之十分契合的证据；另一方面，连德国人从中也对自己的"民族性格"深感失望，如文学家托马斯·曼便在 1945 年 11 月 8 日最后一篇为英国广播公司（BBC）撰写的稿件中，沮丧地提到了"令人可

---

① 历时性变化特征的总结，可参见 Dieter Pohl, Die Holocaust-Forschung und Goldhagens Thesen, in: Vierteljahrshefte für Zeitgeschichte, 45. Jahrg. , 1. H. , 1997, S. 1 – 48。以下材料若无注明，均引自该文。

② "范西塔特主义"的名称取自英国外交家罗伯特·范西塔特（Robert Vansittart）1941 年出版的《黑记录：德国的前世今生》一书。作者在书中着意描绘了德国人的"内在的流氓本质"。参见 Robert Vansittart, *Black Record: Germans Past and Present*. London: Hamish Hamilton, 1941; Henry Cord Meyer, *Five Images of Germany, Half a Century of American Views*. Washiongton D. C. , Service Center for Teachers of History, 1960, p. 34; 孟钟捷：《统一后德国的身份认同与大屠杀历史争议——1996 年的"戈德哈根之争"》，《世界历史》2015 年第 1 期，第 57 页注②。

怕的民族性的整体罪责"。① 这些想法后来成为"非纳粹化"与"再教育"等行动的合法性基础。

但在联邦德国建立之后的相当长时间里（直到1960年代初），德国官方的回避态度和犹太人对创伤性记忆的努力遗忘，成为横亘在大屠杀学术化进程上的两大障碍。在此期间，虽然也曾出现了一些研究成果，但学术价值并不高。② 相反，在大屠杀中扮演并不光彩角色的政治家或军人，却通过各种形式的"大赦"，重新活跃在德国的政治舞台上。③

从1960年代初到1970年代，伴随政治氛围的变化和相关审判进程的深入，大屠杀在掀起记忆浪潮和文学繁荣的同时，还正式进入更为严谨的历史学研究领域中。"最后解决方案"第一次在德国受到学术性的评估，各种官僚机构在其中扮演的角色也得到了认真讨论。④ 颇为重要的是，在德裔美国政治哲学家汉娜·阿伦特（Hannah Arendt）对"平庸之恶"做出反思后，普通人在大屠杀中的作用开始引起关注。⑤

从1970年代末到1980年代，大屠杀研究在不断推陈出新的同时，也通过各种媒介，进入公众视野中，进而成为引人关注的历史争议话题。优生学、灭绝营、突击队、武装部队、外交部等陆续被纳入大屠杀个案研究的视野中。不过由于希特勒和希姆莱直接下令屠犹的命令一直未能发现，所以在蓄谋论者（即认为屠犹是希特勒及其他纳粹高级官员长时期计划而造成的结果）和功能论者（或"结构论者"，即认为屠犹与纳粹政权统治及其对外扩张进程中的内在结构混乱有关）之间产生了学术争议。⑥ 更为重要的是，在1970年代末美国电视系列片《大屠杀》热播后，这一话题也受到广

---

① Hans Erler, Einleitung: Erinnern und politisches Gedächtnis in Deutschland, in: Hans Erler (Hrsg.), Erinnern und Verstehen. Der Völkermord an den Juden im politischen Gedächtnis der Deutschen. Frankfurt a. M., und New York, 2003, S. 9 – 19, hier S. 10.

② 如 Léon Poliakov, Breviaire de la Haine, Le Troisibme Reich et les Juifs. Paris, 1951; Gerald Reitlinger, Reitlinger, The Final Solution. The Attempt to exterminate the Jews of Europe, 1939 – 1945. London, 1953; Joseph Tenenbaum, Race and Reich. The Story of an Epoch. New York, 1956。

③ 关于战后初期德国的"大赦"政策，参见 Jörg Friedrich, Die kalte Amnestie. NS-Täter in der Bundesrepublik. München/Zürich, 1994。

④ Reinhard Henkys, Die nationalsozialistischen Gewaltverbrechen. Geschichte und Gericht, Stuttgart und Berlin 1964; Uwe-Dietrich Adam, Judenpolitik im Dritten Reich. Düsseldorf, 1972.

⑤ 关于"平庸之恶"的讨论，可参见陈恒、耿相新主编《新史学》（第八辑）《纳粹屠犹：历史与记忆》，大象出版社，2007。

⑥ 关于这一方面的争议，可参见 Geoff Eley, ed., The „Goldhagen Effect". History, Memory, Nazism-Facing the German Past, pp. 11 – 12。

大民众的关注。1986—1987 年的"历史学家之争"同样牵涉"大屠杀"的
唯一性问题。这场风波最终让德国上下达成了一种共识，即奥斯维辛是
"理解的边界"。① 值得一提的是，在 1982 年，美国历史学家劳尔·希尔贝
格（Raul Hilberg）便已经指出，参与屠杀的凶手"在道德意识上不能同其
他民众"区分开来。② 这是在普通人罪责问题上的进一步阐释。

从 1980 年代末开始，大屠杀研究出现了全球化和结构化的倾向。一方
面，除德国之外的其他国家在大屠杀中的参与，也开始被揭露出来，大屠
杀与所谓"现代性的病态"理论结合在一起；另一方面，单一性的因果联
系（如经济解释论或此前流行一时的反犹主义因素）都让位于功能主义式
的结构分析（如中央机构和占领地区之间的矛盾、当地不同团队之间的合
作问题、财政管理和劳动管理之间的分歧）。再者，德国人在大屠杀中的形
象也变得丰满和复杂起来。凶手调查已经从最初的纳粹高层，深入到党卫
军、集中营看守、盖世太保、占领军等层面。美国历史学家克里斯托弗·
罗伯特· 布洛宁（Christopher Robert Browning）在 1992 年出版了《普通人：
在波兰的预备警察营 101 和最后解决方案》③，在普通人罪责研究中又跨出
了一步。不过，大量新证据也证明了不少德国人曾经帮助过犹太人，如
1995 年出版的维克托·克伦佩雷尔日记。在某种意义上，1994 年上演的好
莱坞电影《辛德勒的名单》也增强了德国人的自信心。

由此，1996 年，当戈德哈根出版其著作时，他面对的是一个已经走过
半个世纪之久的学术选题。他的问题意识当然在很大程度上来自国际范围
内大屠杀研究的总趋势，即越来越重视大屠杀在认识和评价德国历史中的
地位；但它也体现了美国学界的一种倾向，若仔细观察上述各阶段的研究
发展，我们会发现在普通人与大屠杀之间的关系问题上，只有美国历史学
家才给予了正面回应，德国学界则避而不谈。这一点自然与德国社会在
"克服过去"的进程中所抱有的复杂心态密不可分。

事实上，自 1980 年代保守党内阁上台后，德国学界希望正常化的行动
屡见不鲜。一方面，即便在"历史学家之争"结束后，右翼历史学家仍然
没有放弃自己的目标，例如在 1990 年，埃尔朗根大学历史教授赫尔穆特·

---

① Wolfgang Wippermann, Wessen Schuld? Vom Historikerstreit zur Goldhagen-Kontroverse. S. 124.
② Norman G. Finkelstein und Ruth Bettina Birn, Eine Nation auf dem Prüfstand. Die Goldhagen-These und die historische Wahrheit. S. 26.
③ Christopher Robert Browning, *Ordinary Men*: *Reserve Police Battalion 101 and the Final Solution in Poland*. Harpel Perenial, 1992.

迪瓦尔特把国庆日称为"悲伤的节庆日",因为"集体罪责和再教育成为联邦德国十分成功的禁忌";极右翼杂志《民族与欧洲》(Nation und Europa)公然呼吁"通过结束违背历史和真相的再教育"来"保障我们人民的民族认同,重新确立民族尊严和平等"。① 另一方面,某些学术讨论也在无意识中降低了第三帝国研究中的道德准则,例如希特勒政权所采取的社会政策被视作"好的一方面",从而让纳粹德国"披上了美丽的外衣"。② 左翼则既挖掘抵抗运动的历史,又反复强调大屠杀的"复数性",因为犹太人之外的群体也曾是纳粹政权的受害者。③

两德统一为历史观的右转提供了非常重要的学术资源。对于民主德国的研究一下子突破了第三帝国唯一性的禁忌。人们开始把希特勒与昂纳克、盖世太保与斯塔西、奥斯维辛与鲍岑相提并论。统一后的德国也不愿意继续向西方靠拢,地缘政治学派再次兴盛起来,强调"与西方结盟是同形成一种拥有自我意识的民族相抗衡的观念"。④

同学界缓慢转向遥相呼应的,是社会层面上快速显露出来的右翼极端主义风潮。根据报道,由联邦宪法法院所宣判的反犹主义案件数量从1990年的208起上升到1992年的620起。仅在1992年,便出现了超过100起的毁坏犹太人墓地、会堂和纪念碑的事件。不仅如此,科尔政府至少隐瞒了80起破坏犹太人墓地的案件,甚至还在类似行动发生后,公然宣称"德意志民族"和"世界犹太人"之间存在着对立,反犹主义神话是由犹太人制造出来的。在此之后,右翼行动有增无减。到1996年,出现了719起反犹主义的刑事案件,其中还包括7起身体伤害。⑤ 右翼的"民族共和党人"党统一前只是拥有1%支持率的小党,却在1992年巴登-符滕姆贝格州选举中获得了超过10%以上的选票。⑥

---

① Wolfgang Gessenharter, Kippt die Republik? Die Neue Rechte und ihre Unterstützung durch Politik und Medien. München, 1994, S. 95.

② Wolfgang Wippermann, Wessen Schuld? Vom Historikerstreit zur Goldhagen-Kontroverse. S. 87 – 92.

③ Ulrike Becker, u. s. w., Goldhagen und die deutsche Linke, oder Die Gegenwart des Holocaust. S. 28 – 29.

④ Wolfgang Wippermann, Wessen Schuld? Vom Historikerstreit zur Goldhagen-Kontroverse. S. 124, 50.

⑤ Ulrike Becker, u. s. w., Goldhagen und die deutsche Linke, oder Die Gegenwart des Holocaust. S. 141 – 142.

⑥ Michael Minkenberg, Die Neue Radikale Rechte im Vergleich. USA, Frankreich, Deutschland. Opladen/Wiesbaden: Westdeutscher Verlag, 1998, S. 291, Tabelle 7.18.

很明显，伴随再统一而来的身份认同问题，已经变得十分敏感。虽然与同时代其他欧洲国家相比，极右翼势力在德国的影响力并不高，而且大多集中在地方层面上。① 但是，对于像德国这样一个拥有"尴尬历史"的国家而言，这种趋势必然受到其他国家的重视。例如在美国，虽然接近 6/7 或 7/8 的人欢迎两德统一，但 1991—1993 年，美国人对德国的负面感觉却直线上升，认为德国会威胁欧洲者从 31% 增加到 41%，54% 的美国人相信德国会出现纳粹主义复兴，一半的受访者把德国人归类为反犹主义者。同样，在以色列的调查中，不相信"另一个好的、没有纳粹存在的德国"的人从 1982 年的 13% 增加到 1992 年的 38.4%。②

这种局面毫无疑问会让另一部分人感到担忧。在国外，人们通过各种渠道对德国政府和社会进行施压。在德国内部，那些所谓"宪法爱国主义者"，如哈贝马斯早在"历史学家之争"中便已强调的那样，拒绝在历史观中做出让步。1993 年 9 月，时任萨克森州司法部部长的施泰芬·海特曼在访谈中强调，即便有关历史的知识性争论有违公民情感，但人们也绝不能随意放弃或中断讨论，因为普通公民必须学习如何同"我们拥有的那段可怕的历史打交道"，纳粹罪行必须安置在"我们作为民族而拥有的整体历史中"。③

因此，从社会维度而言，戈德哈根及其著作的出现，可谓恰逢其时，成为德国再统一后有关身份认同的一系列争议中的重要组成部分。事实上，在此之前，有关武装部队罪行展览的争议已经初露峥嵘，而"戈德哈根之争"则后来者居上，成为 1996 年德国历史争议的集中体现。

第二节　戈德哈根其人和著作

1959 年，戈德哈根出生在美国的一个犹太移民家庭中。他的父亲是大屠杀的幸存者，先后在美国哈佛大学与哈佛进修学院担任历史学讲师，专长于东欧与大屠杀研究。戈德哈根后来在书中写道，他"对于纳粹主义和

---

① 关于西欧各国极端右翼政党从 1980 年代开始的选举情况，参见 David Art, *The Politics of the Nazi Past in Germany and Austria.* Cambridge：Cambridge University Press, 2006, p. 6, Table 1. 1。

② Andrei S. Markovits and Simon Reich, *The German Predicament. Memory and Power in the New Europa.* Ithaca and London：Cornell University Press, 1997, p. 68, 82.

③ Wolfgang Gessenharter, Kippt die Republik? Die Neue Rechte und ihre Unterstützung durch Politik und Medien. S. 9 – 10.

大屠杀的理解"便来自父亲所讲的亲身经历。1992 年，他获得了博士学位。次年，他的博士论文被授予哈佛大学博士论文奖。1994 年，这篇文章又得到了美国政治学联合会所颁发的比较政治学最佳论文奖。1996 年 3 月 29 日，该书由阿尔弗雷德·A. 克瑙普夫出版社（Alfred A. Knopf）推向市场。①

戈德哈根在书中开宗明义地强调"把种族大屠杀解释清楚，是理解纳粹时期的德国的中心问题"（第 i 页）。② 他认为，只有对大屠杀的执行者、德国的反犹主义和纳粹时期德国社会的性质这三个问题进行反思，才能解释大屠杀的根源和发生机制。

全书分为六部分共十六章。第一部分主要梳理了 19 世纪到纳粹时期德国反犹主义思想的流播及其特征，提出了"灭绝种族的反犹主义"已经成为 1945 年前德国对犹太人的认识文化模式，是种族大屠杀政策的意识形态基础（第 21 页）。第二部分简单分析了第三帝国政治体制与大屠杀行动之间的联系，并估算参与滔天罪行的德国人多达"数百万人"（第 37 页）。第三部分到第五部分是全书的重点，从个案角度，逐次分析了预备役警察营、劳动营和死亡行军中普通德国人充当"志愿刽子手"的历史情境。第六部分是总结，驳斥了常见观点，提出了全书的核心观念，即"我们必须承认，反犹主义思想是这些执行者和德国整个社会的共同结构。这些执行者同意大规模屠杀，忠实于灭绝种族的反犹主义信念和反犹主义的文化信条，因此，认为屠杀犹太人是正义的"（第 220 页）；进一步而言，"德国文化中普遍长期存在的、灭绝种族的反犹主义为大屠杀准备了启动条件；持有种族大屠杀意识形态的罪恶政权对此加以利用；受到大多数德国人崇拜的领袖希特勒把这种残忍的灭绝种族的纲领付诸实施。在纳粹时期，灭绝种族的反犹主义成为德国领导阶层和普通德国人杀戮犹太人的动力源泉"（第 240 页）。

在这本著作中，另有四点值得一提。第一，作者使用的大量材料来自德国巴登–符滕姆贝格州路德维希堡"解释纳粹罪行州司法管理中央机构"（Zentrale Stelle der Landsjustizverwaltungen zur Aufklärung nationalsozialistischen Verbrechen）。该机构成立于 1961 年，主要收录了 1950 年代末到 1960 年代

---

① Daniel Jonah Goldhagen, *Hitler's Willing Executioners. Ordinary Germans and the Holocaust.* New York: Knopf, 1996. 德译本为 Daniel Jonah Goldhagen, *Hitlers willige Vollstrecker. Ganz gewönhliche Deutsche und der Holocaust. Aus dem Amerikanischen übers. von Klaus Kochmann.* Berlin, 1996。该书有一简编本被翻译成中文出版，即戈德哈根《希特勒的志愿行刑者》，贾宗谊译，新华出版社，1998。

② 以下引文若无注明，均引自该书的中文版，部分词语经过一些修改。

有关大屠杀和突击队审判进程中的证词等一手档案。在戈德哈根之前，德国学界基本上没有使用过它们。从国际范围内来看，也只有前文提及的美国历史学家布洛宁将之作为研究基础。第二，作者保持了论辩性的文风，尤其在最后一部分中，他几乎批判了迄今为止德国之外的所有大屠杀研究。但是，不知出于何种原因，他并没有关注到德国学界的各种进展，特别是对蓄谋论与功能论之间的长久争议不置一词。第三，作者运用了美国文化人类学家克利福德·格尔茨（Clifford Geertz）的"深度描写"方法，即针对特定群体的思想世界，进行微观式的理解。① 正因如此，该书收录了来自路德维希堡"中央机构"的大段证词，其中不乏各种血腥文字描述。第四，在结论中，戈德哈根强调，由于战后德国文化受到了"我们"（即美国）文化的改造，所以德国人不再会屠杀犹太人。

1996 年 3 月 17 日，戈德哈根在其著作出版之前，首先在《纽约时报》（New York Time）上发表了一个片段，反响不错。阿尔弗雷德·A. 克瑙普夫出版社随后进行了大规模推广，将该书称为"对 1933—1945 年进行了重要的、根本性的重新思考"，希望读者们"不要忽视这本著作"。②

在英语世界里，对于该著作的评价毁誉参半，但即便是批评声也相对温和。英、美记者们竞相使用了如"博学多才的力作""名家之作""里程碑式的贡献"等褒扬之词，③ 认为"这本书如同穿过奥斯维辛一样，不是轻易可以经受得住的"。④ 与这种感性式的赞颂不同，英、美历史学家们则相对理性一些，大多集中在"选题新颖"这一层面上，称之为"爆炸性的""令人震惊的""革命性的""转变路径式的研究""对于屠杀机制的呈现，是迄今为止最为全面的""该书的心理维度和历史跨越度……为大屠杀研究做出了完全新颖的解释"。⑤ 同时，学界仍然指出了该书存在的"非历史化"

① 这一概念体现在他于 1973 年出版的《文化诠释》（The Interpretation of Cultures: Selected Essays）一书中，该书中译本有两种：译林出版社 1999 年版和上海人民出版社 1999 年版。

② Johannes Heil und Rainer Erb（Hrsg.），Geschichtswissenschaft und Öffentlichkeit. Der Streit um Daniel J. Goldhagen. S. 32；Martin Kött, Goldhagen in der Qualitätspress. Eine Debatte über „Kollektivschuld" und „Nationalcharakter" der Deutschen. S. 18.

③ Johannes Heil und Rainer Erb（Hrsg.），Geschichtswissenschaft und Öffentlichkeit. Der Streit um Daniel J. Goldhagen. S. 32.

④ Julius H. Schoeps（Hrsg.），Ein Volk von Mördern? Die Dokumentation zur Goldhagen-Kontroverse um die Rolle der Deutschen im Holocaust. S. 55.

⑤ Julius H. Schoeps（Hrsg.），Ein Volk von Mördern? Die Dokumentation zur Goldhagen-Kontroverse um die Rolle der Deutschen im Holocaust. S. 17, 33, 66 – 67.

缺陷，亦即对 19 世纪以来反犹主义在德国和欧洲的发展缺少充分论证和比较视野，对反犹主义思想和大屠杀之间的机制联系过于简单化，此外还忽略了纳粹德国历史中的各种正面形象（如抵抗运动、帮助犹太人的普通人等）。① 一向持反德立场的犹太政论家雅克比·海尔布鲁恩（Jacob Heibrunn）则在德国媒体上发表了两篇批评性的文章，对戈德哈根在结论中的乐观评价表示不满。②

出版社从这些争议中抓住了商机，决定深化推广策略。4 月初，在它的资助下，美国大屠杀纪念博物馆（United States Holocaust Memorial Museum）专门为戈德哈根的著作举行了研讨会，除作者外，特别邀请了四位大屠杀研究者——美国人克里斯托弗·布洛宁、奥地利人康拉德·克万特（Konrad Kweit）、德国人汉斯–海因里希·威廉（Hansi-Heinrich Wilhelm）和以色列人耶华达·鲍尔（Yehuda Bauer）。总体而言，这四人对戈德哈根的著作均持批判态度，鲍尔甚至还进一步质疑哈佛大学的教授评价水平，因为在他看来，这篇论文根本无法通过评审。③ 然而十分有意思的是，当专家们提出批评时，观众席或者保持沉默，或者发出嘘声；相反，不论戈德哈根做出怎样的回应，都得到了观众们的热烈掌声。④

连篇累牍的书评⑤和研讨会效应，在英语世界中产生了巨大的影响力，充满好奇心的普通读者使该书的销售量很快提高。在《纽约时报》的排行榜中，该书曾连续两周位列前茅，甚至曾占据首位，被视作 1996 年"最好的著作之一"。它的英国版本也创造了销售纪录，在两周内卖出了 1000 本以上。⑥

戈德哈根著作在美国的热销，除了出版社的推广策略外，自然也同美国文化密切相关。从 1960 年代起，伴随德国的法兰克福审判、以色列的艾

---

① Julius H. Schoeps（Hrsg.），Ein Volk von Mördern? Die Dokumentation zur Goldhagen-Kontroverse um die Rolle der Deutschen im Holocaust. S. 18，26，28 – 30，35 – 37，46，49，60，75 – 76.

② 这两篇文章分别刊登在 Der Tagespiegel，10. 03. 1996 和 Die Woche，19. 04. 1996。

③ Johannes Heil und Rainer Erb（Hrsg.），Geschichtswissenschaft und Öffentlichkeit. Der Streit um Daniel J. Goldhagen. S. 32 – 33.

④ Geoff Eley，ed.，The „Goldhagen Effect". History，Memory，Nazism-Facing the German Past，p. 154；Robert R. Shandley，ed.，Unwilling Germans? The Goldhagen Debate，p. 3.

⑤ 仅在 1996 年《纽约时报索引》（New York Times Index）上，便有 42 篇文章指向该书。参见 Norman G. Finkelstein und Ruth Bettina Birn，Eine Nation auf dem Prüfstand. Die Goldhagen-These und die historische Wahrheit. S. 24。

⑥ Julius H. Schoeps（Hrsg.），Ein Volk von Mördern? Die Dokumentation zur Goldhagen-Kontroverse um die Rolle der Deutschen im Holocaust. S. 81.

希曼审判和中东战争的出现，美国司法界和公众心理都开始受到"大屠杀意识"的影响，"美国的自由和民主价值观战胜德国黑暗"的叙述得到强化。到 1990 年代，有关大屠杀的各类作品每年出版量数以万计。[①] 在这种背景下，戈德哈根的作品便符合了这种文化心态和时代精神，反映并延伸了美国公众对于大屠杀的兴趣，其结论（德国战后文化受到美国的改造，因而不会再出现屠犹事件）则增强了读者对美国文化的自信心。

自然，人们接下去可以想象的是，当这本著作登陆拥有另一种文化记忆的国度，尤其是作为该书研究对象的德国时，它必定会遭遇与美国市场并不完全相似的情景。

第三节　争论始末

在其著作出版前，戈德哈根与德国的联系，除了反映在他作为"大屠杀幸存者之子"的身份上之外，还出现在他为了收集论文资料而在德国生活的一段时间。据称，戈德哈根在德国逗留期间，与当地的学者交流频繁，而且相处融洽。后来成为戈德哈根著作激烈批判者的斯图加特大学近代史教授埃伯哈德·耶克尔（Eberhard Jäckel）便坦言，他当时把戈德哈根视作"聪明的、拥有同情心的年轻人"，并同他"进行过深入的交谈"。[②]

不过，这种融洽很快随着戈德哈根著作在美国的出版而消解。该书的德文版在出版上便首先面临短暂困境，因为像菲舍尔出版社这样的老牌学术出版社拒绝接受该书。直到该书在美国出现销售奇迹时，另一个学术出版社希德勒（Siedler）才决定接手。[③] 3 月 31 日，《每日镜报》（Der Tagesspiegel）首先报道该书在美国出版的消息。4 月 12 日，《时代周报》编辑福克尔·乌尔里希（Volker Ullrich）以《希特勒的志愿谋杀者，一本书挑起了一场新的历史学家之争：德国人都有罪责吗？》为题[④]，正式拉开了德国社

---

① Geoff Eley, ed., The "Goldhagen Effect": History, Memory, Nazism-Facing the German Past, p. 40, 153.

② Eberhard Jäckel, Einfach ein schlechtes Buch, in: Zeit-dokument: Die Goldhagen-Kontroverse. S. 14 – 15, hier S. 14.

③ Geoff Eley, ed., The "Goldhagen Effect". History, Memory, Nazism-Facing the German Past, p. 111.

④ Volker Ullrich, Hitlers willige Mordgesellen. Ein Buch provoziert einen neuen Historikerstreit: Waren die Deutschen doch alle schuldig? in: Zeitdokument: Die Goldhagen-Kontroverse. S. 4 – 5, hier S. 4.

会与戈德哈根著作之间复杂互动的序幕。

据统计，在 1996 年，德国各大报刊上有关戈德哈根著作的文章超过 700 篇。① 若以这些文章的内容来看，大致可以从时间上把这些报道评述划分为四个阶段。

第一阶段从 4 月 12 日《时代周报》宣布开启"新的历史学家之争"到 5 月底，德国媒体与学界通力合作，一边倒地形成了所谓针对戈德哈根理论的"自发性、广泛性的防御统一战线"。② 各大报刊的责任编辑首先发动攻势，并定下了基本论调，如《时代周报》的福克尔·乌尔里希批判该书"缺乏新意""存在反对德国的倾向……因为很多美国人对德国的重新统一感到不满"，以致"让我们可能永远无法翻过我们过去中最令人恐惧的那一章节"；《法兰克福评论报》（Frankfurter Rundschau）的马蒂亚斯·阿尔宁（Matthias Arning）直斥戈德哈根对德国社会进行了"挑衅"，而且把那些赞誉该书的美国书评作家们都视为"犹太非历史学家"；《南德意志报》的约瑟夫·约菲（Josef Joffe）预测该书将接受"激烈的、尖锐的、受到鄙视的"批判；《明镜周刊》的鲁道夫·奥格斯坦把戈德哈根称为"犹太专栏作家"，这位"非历史学家""进行了他所不合适进行的大屠杀研究"，而且"过于自大"，实则完成了一本"毫无意义的著作"；《法兰克福汇报》的弗兰克·希尔马赫尔（Frank Schirrmacher）批判该书"让不了解德国历史的读者停留在中世纪"；《世界报》的约斯特·诺尔特（Jost Nolte）讽刺该书是一种热心的"宣传手册"，表现出"旧约气息的怒火"。③

这些报刊都邀请了各路学者（以历史学家为主）参与批判行动。《时代周报》在开启讨论的首日，便发表了美国大屠杀研究者布洛宁此前在大屠杀纪念博物馆研讨会上的发言稿，指出戈德哈根的著作使用了"把德国人恶魔化"的方式，却没有对屠犹做出合理解释。慕尼黑当代史研究所的诺贝尔特·弗莱（Norbert Frei）从根本上否定了该书的创新之处，认为它不过是特殊道路论的老调重弹。他甚至怀疑根本没有专家会对该书"极端决定论式的评价"感兴趣，以至"不会出现异常新的、更为尖锐的历史学家

①　Johannes Heil und Rainer Erb（Hrsg.），Geschichtswissenschaft und Öffentlichkeit. Der Streit um Daniel J. Goldhagen. S. 17.

②　Martin Kött, Goldhagen in der Qualitätspress. Eine Debatte über „Kollektivschuld" und „National-charakter" der Deutschen. S. 13.

③　Die Zeit, 12. 04. 1996；Frankfurter Rundschau, 12. 04. 1996；Süddeutsche Zeitung, 13. 04. 1996；Der Spiegel, 15. 04. 1996；Frankfurter Allgemeine Zeitung, 15. 04. 1996；Die Welt, 16. 04. 1996.

之争"。波茨坦大学近代史教授兼欧洲犹太研究中心主任尤利乌斯·H. 肖普斯（Julius H. Schoeps）指责戈德哈根把反犹主义与德国政治文化联系在一起的想法是"荒谬的"。斯图加特大学近代史教授埃伯哈德·耶克尔直截了当地称之为"一本烂书"。电影编辑玛丽姆·纽若曼德（Mariam Niroumand）把该书形容为"三级好莱坞电影"，粗制滥造，毫无新意，"不过是陈旧的'德国集体罪责'理论的再现"。值得关注的批判者还包括美国的德国史专家戈登·A. 克莱格（Gordon A. Craig）。此前，他在美国发表的书评由于褒多贬少，而受到了《时代周报》主编玛丽昂·道恩豪夫女伯爵的指责。5 月 10 日，他在《时代周报》发表了符合德国学界口味的书评，指责戈德哈根的理论"缺乏历史的说服力"。①

虽然德国报刊也刊登了一些读者来信，特别是来自美国学界为戈德哈根的辩护文章，如美国政治学家丹尼尔·威尔森（Daniel Wilson）的文章，但这些声音在震耳欲聋的大批判中犹如小石块落入大湖一般，仅仅掀起了片片涟漪而已。②

第二阶段从 5 月底到 8 月初，德国历史学家的学理分析超过了媒体记者们的感性评论，一边倒的批判倾向也逐渐被更具有辩证性的思考所取代。在这一阶段，各刊编辑主要担当组稿和进行中期回顾的使命，而评论者大多是学者。持完全否定态度者仍然存在，如历史学家阿尔弗雷德·德·查亚斯（Alfred de Zayas）把戈德哈根视作"美国右翼"，其著作充满着"种族主义的歧视"。③但辩证性地看待该书优缺点的文章明显增多。5 月 24 日，德国近现代史研究巨擘、比勒菲尔德大学荣退教授汉斯－乌尔里希·韦勒以六大好处与六大问题来描述戈德哈根的著作这一"肉中刺"，即该书在对预备役警察营、劳动营、死亡行军、妇女在大屠杀中的角色、个体凶手研究以及反犹主义在德国人精神中的作用等六方面存在创新之处；但它把任何问题缩减为反犹主义以致把学术问题简单化，把中世纪以来的德国人归结为糟糕的人类类型以致引发有关民族劣根性和特殊道路的争议，用高高在上的美国文化自信来随便评述德国人以致存在种族歧视的嫌疑，比较研究缺少科学依据，为大屠杀建立了单一的因果联系，忽略了除犹太人之外

---

① Die Zeit, 12. 04. , 26. 04. , 10. 05, 17. 05. 1996；Süddeutsche Zeitung, 13. 04. 1996；die tageszeitung, 13. 04. 1996.

② Frankfurter Rundschau, 19. 04. 1996.

③ Frankfurt Allegemeine Zeitung, 12. 06. 1996.

的其他遭到大屠杀的群体。两周后，韦勒的同事、普遍史教授英格丽德·基尔歇－霍尔特（Ingrid Gilche-Holtey）虽然同样不能接受戈德哈根的结论，但对该书的"最新文化社会学的问题意识"与人类学的视角持开放态度。弗莱堡大学现当代史教授乌尔里希·赫尔贝特（Ulrich Herbert）发现，此前两个月德国媒体上所纠结的"集体罪责"理论其实并未出现在戈德哈根的著作中。莱茵哈德·库恩尔（Reinhard Kühnl）提出了如何在材料上去扩展这种"理想化历史解释"的史实基础。历史哲学家约恩·吕森（Jörn Rüsen）甚至肯定了反犹主义理论是一种"世界体验中拥有心灵深度的解释模式"，只不过戈德哈根在实证研究上还缺少对历史背景和条件的关注，因而他呼吁学界"不要只盯住和批判戈德哈根的解释"，而应该沿着这一思路"继续推进有关大屠杀的辩论"。纳粹研究的权威汉斯·蒙森指责该书让研究水平倒退回1950年代，不过其理论"不是挑衅，而是挑战"。[①]

在此背景下，外籍学者为戈德哈根辩护的文章便不会让人感到十分突兀。美国政治学家安德雷·S. 马克维茨（Andrei S. Markovits）表示，戈德哈根"只是说出了我们所有人曾经亲身经历过的事情"。他逐一驳斥了德国学界提出的缺陷，如原创性问题（"难道只有运用一手材料，才能说合法性和原创性吗？"）或家谱问题（"难道大屠杀幸存者的身份一定会牵涉客观性吗？"），强调了该书所获奖项的含金量，甚至以反话的方式表示"戈德哈根曾对当代德国反犹主义倾向保持乐观。而现在，我相信，他会收回这一条"。克罗地亚文学家斯拉文卡·德拉库里奇（Slavenka Drakulic）把该书与维克托·克伦佩雷尔日记相提并论，提醒德国读者在大屠杀问题上必须反思所有人的道德责任。[②]

同样值得一提的是，这场争论开始受到政界关注。6月16日，时任总理科尔在慕尼黑颇有目的性地强调"我们德国人完全有理由为我们的民族而感到自豪"。极右翼的德国民族民主党（Nationaldemokratische Partei Deutschlands，NPD）也打出口号，说爱国主义"总是正确地根源于家乡与出身"。[③]

---

① Die Zeit, 24. 05., 07. 06., 14. 06. 1996；Junge Welt, 24. 06. 1996；Frankfurter Rundschau, 25. 06. 1996；Sueddeutsche Zeitung, 20. 07. 1996.

② Blätter für deutsche und internationale Politik, Juni；Martin Kött, Goldhagen in der Qualitätspress. Eine Debatte über „Kollektivschuld" und „Nationalcharakter" der Deutschen, S. 72.

③ Ulrike Becker, u. s. w., Goldhagen und die deutsche Linke, oder Die Gegenwart des Holocaust. S. 64 – 65.

第三阶段从 8 月到 10 月，伴随德文版的出版（8 月 6 日）和戈德哈根的德国之旅，以该书为评价对象的书评数量急剧下降。在仅有的几篇书评中，除汉斯·蒙森继续从内容上来驳斥戈德哈根外，其余人主要批评该书的文风和立意：说它类似于"恐惧的色情文学"，使用了"恐怖电影的美学"，在描述中达到了"不可描述的边界"；它试图用"道德至上的讨论"来传播美国的自由观，或在精神层面上宣扬一种有关大屠杀的教条理论，以法官的方式和道德研究伤害了德国人。[①]

与此同时，反思该书出现销售奇迹的原因和反省 4 月以来的辩论背后的德国心态的文章成为主流。在前两个阶段中，类似的主题也曾出现过，但数量不多，而且大多是由各刊责任编辑或外国学者来完成。[②] 在这一阶段，除了这两类作者外，德国学者也成为反思"戈德哈根现象"的参与者：汉斯·蒙森把戈德哈根拥有广泛读者的原因归为"新一代的敏感性"；左翼历史学家库尔特·帕特佐尔德（Kurt Pätzold）讽刺德国历史学界是"给自己找麻烦"，或许是戈德哈根的著作"对其成果的漠视"导致了此类"失控现象"；反犹主义研究专家约翰内斯·海尔（Johannes Heil）认为戈德哈根成功地让这本政治著作"成为一场媒体事件"，让"历史的公众化"来掩饰其理论上的各种问题；自由作家埃伯哈德·许布纳（Eberhard Hübner）提出，该书激活了年青一代的"道德兴趣"，使人们对自己的行动可能性提出问题；历史学家兼政论家约翰内斯·威尔姆斯（Johannes Willams）称颂了该书在语言传播上的良好效果。[③]

值得关注的是，戈德哈根自己的努力也是德国社会立场变化的原因之一。在前两个阶段，戈德哈根也曾以公开回应的方式，反驳了"批评者的失误"，但几乎没有影响到总体趋势。[④] 而此时，戈德哈根可以通过访谈与在汉堡、柏林、法兰克福和慕尼黑的数场辩论，直接表达自己的想法。尽管他面对的都是德国历史学界的"顶尖大腕"，但现场情况犹如美国大屠杀

① Die Zeit, 31. 08., 06. 09. 1996；Frankfurter Zeitung, 07. 09. 1996；Frankfurter Rundschau, 08. 08., 16. 08. 1996；Süddeutsche Zeitung, 28. 08. 1996；Sozialistische Zeitung, September.

② Die Zeit, 26. 04. 1996, Redakteur；Frankfurter Rundschau, 14. 05. 1996, Israel；Die Zeit, 14. 06. 1996, Redakteur；die tageszeitung, 16. 07. 1996, USA.

③ Frankfurter Allgemeine Zeitung, 16. 08. 1996；Neues Deutschland, 17 – 18. 08. 1996；Süddeutsche Zeitung, 19. 08. 1996；die tageszeitung, 27. 09. 1996；Süddeutsche Zeitung, 15. 10. 1996.

④ Die Zeit, 08. 05. 1996；Die Zeit, 02. 08. 1996.

纪念博物馆讨论会一样，戈德哈根受到的批评越激烈，观众对他的支持也越强烈。他的口才及其同观众之间的互动能力，显然是这种成功的先决条件之一。①

不过，在1996年秋天，德国历史学家大会却坚持不把这场争议纳入会议日程中，大会主席甚至认为，大屠杀研究已经不再是学术研究的重点方向。②

第四阶段从1996年10月到1997年初，大规模论战已宣告结束，这场历史争议进入扫尾阶段。指责该书存在性别歧视（忽视女性在反犹主义中的作用），是该时期颇有新意的批判视角，但并未带来后续讨论。③同样，来自巴伐利亚州极右翼政治家的指责也未引起共鸣。④

相反，在1996年12月底，《德国和国际政治通讯报》宣布将授予戈德哈根"民主奖"。此前，这份政治期刊仅在1990年把同样的奖项授予一位民主德国民主运动的领袖。从这一点来看，"民主奖"的政治意义显然远远大于它的学术价值。在1997年3月10日的发奖仪式上，一直以来力挺戈德哈根的汉堡社会研究所所长扬·菲利普·里姆斯玛便坦承戈德哈根获奖的原因"并非他的简单化理论战胜了历史学家的复杂化理论"，而是在于强调"真相若以道德的方式加以巩固，那么便不容易和谎言共存"，因此戈德哈根的著作"对讨论历史事实做出了贡献，而且这种贡献在未来绝对不会被遗忘"。曾在1980年代"历史学家之争"中大发异彩、却在这场争论中不置一词的哈贝马斯作为颁奖嘉宾，终于以《历史的功用问题》为题，表扬了戈德哈根清晰的辩论策略和该书的教育意义。他提醒后者既不能忘记德国学界在大屠杀研究中的作用，也不要忘记反犹主义群体中的教授阶层。戈德哈根提供的证据虽然不足以证明屠犹就是一种德国的"民族方案"，但假如"我们作为这个共和国的公民"，愿意来"参加对话"，并"进入知识分子的角色中"，那么这就是一种进步。⑤

---

① 有关戈德哈根在德国的巡回辩论，可参见 Die Zeit, 13. 09. 1996 的报道。

② Robert R. Shandley, ed., *Unwilling Germans? The Goldhagen Debate*, p. 20.

③ Ulrike Becker, u. s. w., Goldhagen und die deutsche Linke, oder Die Gegenwart des Holocaust. S. 64; Robert R. Shandley, ed., *Unwilling Germans? The Goldhagen Debate*, p. 21.

④ Robert R. Shandley, ed., *Unwilling Germans? The Goldhagen Debate*, p. 21.

⑤ Robert R. Shandley, ed., *Unwilling Germans? The Goldhagen Debate*, pp. 261 – 273.

第四节　争论的特点

戈德哈根的著作同样被翻译为法文、荷兰文、意大利文、希伯来文，甚至中文，但它在这些语区的国家中的反应平平。即便在同属于德语区的奥地利，该书也没有引起如德国版的巨大震荡。①

与美国的反应（横向）或 1980 年代"历史学家之争"（纵向）相比，这场历史争议至少存在着以下几点特征。

首先，来势迅猛。主要批判都出现在 1996 年 3 月 29 日英文版出现之后，和同年 8 月 6 日德文版出现之前。换言之，大部分评论者都是在未见著作的情况下，便"赤膊上阵"。进一步而言，在这些"急就章"中，以毁灭性评价居多，如研究基础薄弱（不关注德国学者的研究，一手材料不足，错误解读），片面评价（"冰山一角"，"如法官那样"，蓄谋论和情绪化的评述，缺少比较视角），理论偏狭（复活集体罪责理论，追随德意志特殊道路论，反对结构史），叙述问题（突破不可言说性，"色情描写"，"过多描写了凶手的残忍性"，"迎合读者对好莱坞式暴力场景的需求"），目的不纯（为市场而不是学术），未能"移情"（缺少对极权主义统治下民众行动空间的设想）等。

其次，迂回往复。不少评论并没有针对论著本身，而是或针对戈德哈根进行人身攻击（大屠杀幸存者之子缺少客观性），或针对想象中而非实际存在于该书中的观点（"集体罪责"或"民族性格"），或转移到抨击美国文化的问题中（犹太人在美国媒体中的掌控力，快餐文化），或始终停留在自己的研究框架中，在这一方面，蒙森最明显，他在所有讨论中都以自己的结构主义研究为基础，实际上并没有厘清戈德哈根的研究路径。

然后，公开透明。整件事情延循着公共争议的基本路径，以公共媒体为平台，由报刊记者公开挑起冲突，制造冲突场景；随后，所有参与方都借用同样的平台，进行批判和回应；其间，以研讨会方式进行的公开辩论，不仅进行电视直播或文字报道，而且还邀请观众直接参与互动。1997 年，

---

① 关于该书在这些国家中的反应，可参见 Johannes Heil und Rainer Erb（Hrsg.），Geschichtswissenschaft und Öffentlichkeit. Der Streit um Daniel J. Goldhagen. S. 227ff.；Geoff Eley，ed.，*The "Goldhagen Effect". History*，*Memory*，*Nazism-Facing the German Past*，pp. 37 – 71，131。

希德勒出版社甚至推出了各类倾向的读者来信和戈德哈根的回复。①

再次，左右合流。与1980年代的"历史学家之争"不同，这场争议并没有鲜明地划出左右阵营。在前两个阶段中，持批判态度的德国学者涵盖了从左到右的所有阵营。右翼不满戈德哈根剥夺再统一后德意志民族自信心的做法，左翼则认为他抹杀了抵抗运动的贡献。

最后，反思同步。几乎从第一阶段开始，对于这场争议的反思性描述就没有停止过。正因如此，这场围绕在戈德哈根著作上的争议，很快便超越了大屠杀研究的学术层面，而进入到美、德两国的文化差异或代际心态变迁等更为宏观的社会文化史的领域中。与此同时，这种反思也很好地控制住争辩过程中的情绪化倾向，逐步挖掘出争论背后更具深度的意义。

在这场争议过后不久，德国学术界便提出了"戈德哈根之后"的命题。② 这并不意味着德国学术界试图与戈德哈根之间达成和解。事实上，1997年后，对于戈德哈根著作的批评继续存在，例如大屠杀研究者迪特尔·波尔（Dieter Pohl）在德国顶尖学术刊物《当代史季刊》上发表长篇书评，从学术史角度对该书的论点、结构、描述和论证进行了全面驳斥；③ 德国媒体还以某种幸灾乐祸的口吻报道了戈德哈根所申请的哈佛大学大屠杀研究教席被暂时推迟的消息。④

但超越这场历史争议本身的思考和行动已经陆续出现。人们开始接受凶手研究的必要性，因为这的确是大屠杀研究的新方向，甚至连左翼后来也承认反犹主义同样存在于德国共产党内部；⑤ 人们进而反思学界与大众之间的关系问题，"为什么德国的历史学家不为人所知？"；⑥ 人们还学会认识大众舆论的作用，"所谓戈德哈根辩论的核心在于，它是由科学和媒体舆论这两种社会分系统混杂所造成的，因为它们各自按照不同的逻辑（学术逻

---

① 参见 Briefe an Goldhagen, Eingeleitet und beantwortet von Daniel Jonah Goldhagen. Berlin, 1997。

② Martin Kött, Goldhagen in der Qualitätspress. Eine Debatte über „Kollektivschuld" und „Nationalcharakter" der Deutschen. S. 19.

③ Dieter Pohl, Die Holocaust-Forschung und Goldhagens Thesen, in: Vierteljahrshefte für Zeitgeschichte, 45. Jahrg. , 1. H. , 1997, S. 1 – 48.

④ Martin Kött, Goldhagen in der Qualitätspress. Eine Debatte über „Kollektivschuld" und „Nationalcharakter" der Deutschen. S. 19.

⑤ Ulrike Becker, u. s. w. , Goldhagen und die deutsche Linke, oder Die Gegenwart des Holocaust. S. 51.

⑥ Johannes Heil und Rainer Erb（Hrsg. ）, Geschichtswissenschaft und Öffentlichkeit. Der Streit um Daniel J. Goldhagen. S. 93.

辑—冲突逻辑）来运行”。① 从根本上而言，这场争议巩固了屠犹作为德国历史“记忆场所”的地位，并有助于推动它成为欧洲历史记忆的对象。

当然，对于“戈德哈根之争”所产生的社会影响，任何过于乐观的正面评价仍然是有违历史事实的。且不论伴随这场争议而发生的“武装部队罪行展览之争”和三年后的“柏林犹太人大屠杀纪念碑之争”，仍然暴露出渴望“正常化”的右翼势力并没有偃旗息鼓的事实。仅仅显性存在的大量反犹思想与行动，便足以提供相反的图景，例如1997年5月1日晚，右翼极端分子焚毁了犹太人的住所；1998年底的调查发现，20%的德国公民拥有“稳定的反犹倾向”；1999年8月，《世界报》报道说，只有不到一半的德国人会明确拒绝接受如“犹太人的影响太大了”“犹太人并不特别适合我们德国人”一类的反犹言论；到2002年，调查者惊异地发现，在个人记忆中，德国人是“一个抵抗者的民族”反倒成为多数人的选项。②

小　结

对于“戈德哈根之争”的定位，如同这一事件本身那样，同样是一个具有争议性的话题。从大屠杀研究的学术层面而言，这场争议可被归类为历史学（强调特殊性，运用归纳）与社会学（倾向于类型学，使用推理）之间的学科碰撞。从争议发生发展的机制来看，它反映了史学公众化（直接而简单）与史学专业化（间接而复杂）之间的文化权力争夺，其间又带着明显的“媒体骚动”的特点，即如德特勒夫·克劳森（Detlev Claussen）所言，这场争议连同戈德哈根的著作本身已经成为一种“媒体现象”，是“大屠杀贸易”的反应。③ 从参与方的构成来看，它似乎又带有明显的代际矛盾特征（中老年人多持反对立场，青年人多为“粉丝”）。

事实上，这场争议反映了一系列冲突的集合，拥有着复杂多面的特性。

---

① Johannes Heil und Rainer Erb（Hrsg.），Geschichtswissenschaft und Öffentlichkeit. Der Streit um Daniel J. Goldhagen. S. 131.

② Ulrike Becker, u. s. w. , Goldhagen und die deutsche Linke, oder Die Gegenwart des Holocaust. S. 178；Michael Klundt, Geschichtspolitik. Die Kontroversen um Goldhagen, die Wehrmachtsausstellung und das „Schwarzbuch des Kommunismus". S. 30；Hans Erler, Einleitung: Erinnern und politisches Gedächtnis in Deutschland. S. 100.

③ Ulrike Becker, u. s. w. , Goldhagen und die deutsche Linke, oder Die Gegenwart des Holocaust. S. 46.

其核心并不仅限于上述要素，而是指向了统一后的德国的身份认同困境。正如大卫·阿尔特（David Art）所言，公共历史争议的意义在于它"创造和固定了'框架'，以此影响政治行为、促成精英观念的转变，并改变了合法性讨论的空间"，即确定了什么是"合法的；政治正确的"，什么不是"禁忌话题"。① 当我们把这一事件放在两德统一后初期的历史场景中时，便会发现，所有的争议要素都带有明确的政治色彩，即"犹太人大屠杀"这一事件在多大程度上可以成为新德国形成政治合法性与民族自豪感的文化记忆？无论是理论（德国人是否都是志愿行刑者？德国人是否从来都是反犹主义者？）还是叙述（屠犹场景的再现），攻辩双方都围绕着"共和国的历史意识"② 而展开。

进一步而言，正是在身份认同问题上非此即彼的逻辑假设，才造成了这场争议几乎陷入无解的吊诡之中。且不论戈德哈根在其著作中存在多少事实错误，但其结论并不反对统一后德国的政治文化；恰好相反，正如《明镜周刊》主编鲁道夫·奥格斯坦在同作者的访谈中所承认的那样，后者对当代德国的乐观态度远甚于一般德国人。③ 不过，戈德哈根的缺陷在于，他为了证明美国对德国进行改造的贡献，进而显示美国文化的优越性，不惜以先抑后扬的方式，夸大了德国历史中的反犹主义，从而激起了德国社会的激烈反应。另一方面，在德国记忆中，人们总是带着"个人内心中的防御机制"，④ 来尽可能地回避历史中的负面形象，这一点尤其反映在大屠杀研究中。尽管从 1960 年代开始，德国社会不再否认大屠杀的事实，但无论是蓄谋论还是功能论，都不过是在"歹徒理论"上进行的衍化，亦即主要罪责由纳粹高层来承担，以为如此便能维护德意志民族的整体名誉。这种心境伴随着再统一而愈加强烈，反驳戈德哈根理论几乎成为保障自尊心的同义词。殊不知，坦承罪责并不会减轻人们对德意志民族的尊重，1970 年代勃兰特总理在华沙的惊人一跪便是明证。从这一维度而言，这场"戈德哈根之争"没有胜利者，但为各民族面对自己历史上的污点问题，留下了足以参鉴的先例。

① David Art, *The Politics of the Nazi Past in Germany and Austria*, pp. 1 - 2.

② Die Zeit, 12. 04. 1996.

③ Der Spiegel, 12. 08. 1996.

④ Ulrike Becker, u. s. w. , Goldhagen und die deutsche Linke, oder Die Gegenwart des Holocaust. S. 107.

第八章　关于 1940—1945 年盟军
大轰炸的争论

希特勒发动第二次世界大战给欧洲各国人民造成深重灾难的种种事实，世人皆知。鲜有披露的却是：在战争过程中，英、美等反法西斯同盟国家也犯有诸如空袭德国城市、滥炸无辜平民等严重过失。二战结束后，虽然幸免于难的亲历者记忆深刻，梦魇缠身，但因纳粹德国罪孽深重、东西方"冷战"长期僵持，他们含冤莫白，有苦难言。直至冷战结束、两德统一，从"受害者"角度书写"大轰炸"的作品才开始喷涌而出，并在国际国内引发了激烈争论。

那么，究竟应当如何评价同盟国对德国城市实施的"大轰炸"？如何看待德国民众在轰炸中遭受的生命财产损失？昔日的交战国究竟怎样做才能真正实现和解？在民粹主义肆虐全球的当今时代，这些问题尤其值得深思和研究。

第一节　英、美空军对德国的"战略轰炸"

从 1940 年 5 月 11 日到 1945 年 4 月 16 日，反法西斯同盟国空军对德国本土及其占领区进行了长达 5 年之久的"战略轰炸"（strategic bombing），共出动轰炸机 44.4 万架次，战斗机 268 万架次，投弹 270 万吨，堪称世界军事历史上规模最大、时间最长的空中战争。① 而在具体实施这一政策的过程中，除了军事目标，英、美空军，特别是英国皇家空军轰炸机部队也对德国 61 个城市进行了轰炸，炸毁、烧毁 360 多万户住宅，炸死、烧死 57 余

---

① 钟华编著《世界空军武器装备》，国防科技大学出版社，2001，第 1 页。

万人，88.5 万人伤残，750 万人成为无家可归者，[①] 还有大量防御工事、飞机场、工厂以及历史文化遗迹和建筑精品，如音乐厅、剧院、博物馆、艺术馆和图书馆等被永久摧毁。而杀伤力较大、后果较为严重的大轰炸主要有以下数例。

（一）轰炸吕贝克

1942 年 2 月 14 日，英国空军参谋部下达"区域轰炸指令"（Area Bombing Direktive），明确规定英国轰炸机部队未来的主要目标是：通过区域轰炸"摧毁敌国民众的斗志，尤其是产业工人的斗志"。[②] 3 月 28—29 日夜，英国皇家空军派出 234 架轰炸机轰炸位于波罗的海沿岸、特拉夫河入海口的德国历史名城吕贝克，并且首次"成功地"实施了对德国城市的"区域轰炸"战术。

从 3 月 28 日 23 点 18 分开始，到 3 月 29 日 2 点 58 分，英国轰炸机从 600 米的高度分三波向吕贝克市内投掷了 400 吨高爆炸弹和燃烧弹，其中燃烧弹占 1/2，共计 25000 枚。结果，320 人被炸死或烧死，3 人失踪，783 人受伤，1468 栋房屋被彻底损坏，15000 人无家可归。[③] 还有一些不可复制的建筑精品也毁于一旦，例如始建于 12 世纪的吕贝克大教堂和大量市民别墅

---

① 关于德国人员伤亡和财产损失的各种统计数据不尽相同，本文所用数据见于彭征明《世界战略空军发展的历史与趋势》（《军事历史》2010 年第 3 期，第 56 页）。其他说法有：从 1939 年 10 月至 1945 年 5 月，同盟国空军曾对德国 60 多个城市投下 150 万吨炸弹，30 万人死亡，78 万人受伤。该说参见钮先钟《第二次世界大战的回顾与省思》，广西师范大学出版社，2003，第 249 页。乌尔里希·施瓦茨（Ulrich Schwarz）认为有 161 个德国城市遭到了轰炸，参见 Ulrich Schwarz, „Überall Leichen, überall Tod", in：Stephan Burgdorff und Christian Habbe（Hrsg.）, Als Feuer vom Himmel fiel. Die Bombenkrieg in Deutschland. München, 2003, S. 70 – 84, hier S. 71。约琛·比尔舍（Jochen Boelsche）则说燃烧弹和炸弹落到了几乎每一个拥有 5 万名居民的城市，以及其他 850 个较小的地方，而到战争结束时，至少有 45 万名德国人死于大轰炸，还有人估计死亡人数为 60 万人，其中包括 8 万名儿童。参见 Jochen Boelsche, „So muss die Hoelle aussehen", in：Stephan Burgdorff/Christian Habbe（Hrsg.）, Als Feuer vom Himmel fiel. Die Bombenkrieg in Deutschland. München, 2003, S. 18 – 38, hier S. 19。

② 为了排除误解，英国空军参谋长查尔斯·波特尔（Charles Portal）还补充说道："新的目标显然是居民点，而非诸如造船厂或飞机制造厂。这一点必须要讲得很清楚才行。"此项指令得到了英国首相兼国防大臣温斯顿·丘吉尔（Winston Churchill）的支持，也受到 1942 年 2 月 22 日接任英国轰炸机部队司令的空军中将阿瑟·哈里斯（Arthur Harris）努力执行。参见 Jochen Boelsche, „So muss die Hoelle aussehen", in：Stephan Burgdorff/Christian Habbe（Hrsg.）, Als Feuer vom Himmel fiel. Die Bombenkrieg in Deutschland. S. 29。

③ 参见 Luftangriff auf Lübeck am 29. März 1942, https：//de. wikipedia. org/wiki/Luftangriff_ auf_ Lübeck_ am_29. _ März_1942，最后访问日期：2017 年 9 月 13 日。

都不复存在；德国著名作家、吕贝克人托马斯·曼（Thomas Mann）曾经描写过的布登勃洛克家族豪宅（Haus der Buddenbrooks）也未能幸免。

（二）轰炸科伦

1942年5月30日—31日夜，英国空军又对德国另一座历史名城科伦发动了"千机大空袭"（Operation Millennium），即一次动用1000多架轰炸机对一个特定目标进行狂轰滥炸。①

5月30日22点30分，英国空军第1、3、4、5、91、92中队驾驶1047架轰炸机从遍布英国的53个机场陆续起飞，准备轰炸科伦。同时起飞的还有113架其他飞机，其任务是袭击位于科伦附近的德军夜间战斗机基地。5月31日零时47分，装备最好的第1、3中队飞到科伦上空，15分钟内，将大量燃烧弹投掷到科伦老城区新市场南北两面的1英里范围内，把该处变为"火炬"，后续飞来的英国空军第4、5、91、92中队则以此为识别标志，迅速将各自携带的炸弹和燃烧弹倾泻一空。

此次空袭，英国空军在98分钟内向科伦投掷高爆炸弹和燃烧弹1455吨，其中2/3为燃烧弹，共计46万枚。科伦市中心区的一半建筑被炸塌、焚毁：在非居民建筑中，3300栋完全被毁，2090栋遭严重破坏，7420栋被轻微破坏；在住宅建筑中，13010栋被毁，6360栋遭严重破坏，22270栋轻微破坏。469人被炸死或烧死（其中平民411人，军人58人），5027人受伤，45132人无家可归。② 城市景观面目全非，街道消失，废墟遍地，瓦砾成堆。所幸科伦市的标志性建筑物，即科伦天主教主教座堂，这座欧洲北部最大的教堂和哥特式教堂建筑中最完美的典范依然完好。而英国空军也借此大肆宣扬其轰炸的准确性，极力反对那些指责区域轰炸战术的言论。

英国空军还对埃森和不来梅进行过"千机大轰炸"，只是虽号称千机，实际动用飞机都只有900余架。号称千机只是虚张声势，但在以后的战争进行过程中，科伦又遭到了262次空袭，这一点却是确凿无疑的。

（三）"鲁尔战役"（Battle of the Ruhr）

位于德国西部的鲁尔地区是德国，也是世界最重要的工业区。面积广阔，水陆交通发达，人口众多，城市密集。

---

① Ulrich Schwarz, „Überall Leichen, überall Tod", in: Stephan Burgdorff und Christian Habbe (Hrsg.), Als Feuer vom Himmel fiel. Die Bombenkrieg in Deutschland. S. 72.

② 参见 Operation Millennium，https://de. wikipedia. org/wiki/Operation_ Millennium，最后访问日期：2017年9月13日。

1943 年 3 月 5 日—7 月 9 日，英国空军发起"鲁尔战役"，对位于鲁尔地区的埃森、多特蒙德、波鸿、杜伊斯堡、杜塞尔多夫和盖尔森基兴等城市进行了为期 5 个月、总数 43 次的空袭，共出动轰炸机 1.8 万架次，投弹 5.8 万吨，大约 1.5 万名德国民众和外国强制劳工惨遭不幸。其中埃森遭遇了 7 次大规模空袭，市中心被炸成一片废墟，克虏伯工厂也受到重创。5 月以后，美国空军也参加了大轰炸，尽管主要以军火工业为袭击目标，并且实行白日有战斗机护航的精准轰炸战术。①

除此之外，英国空军还派出一支由 14 架经过改制的"兰开斯特"轰炸机组成的特种部队，在 1943 年 5 月 16 日—17 日夜间携带巨型"弹跳炸弹"实施"惩戒行动"（Operation Chastise），炸毁了默内河谷大坝和埃德河谷大坝。

在默内河下游，大约 80 平方公里的土地被洪水淹没，1284—1900 人被淹死，其中有 800 余人是被羁押在集中营的外来劳工；在埃德河下游则有 58 人丧生。洪水还摧毁了无数的桥梁、房屋、工厂、矿坑、铁路路轨和车厢并卷走了无数的牲畜和家禽。曾经坐落在水坝脚下的水力发电厂连同它的重型涡轮机被摧毁，鲁尔河谷扬水站的电动设备也被泥沙埋没，水电供应一度中断，幸存居民的生活陷入极大的困难。②

（四）"蛾摩拉行动"（Operation Gomorrha）③

汉堡是德国的第一大港口城市和商业城市，最重要的造船厂及潜艇基地，同时也是英、美空军战略轰炸重点打击的目标之一。

1943 年 7 月 24 日—8 月 3 日，英、美空军联合实施轰炸汉堡的"蛾摩拉行动"，力图将汉堡这座"罪恶之城"彻底毁灭。④ 而在具体行动中，英国空军对汉堡进行了 5 次夜间空袭，美国空军进行了 2 次白天空袭，英、美空军共出动飞机 3000 多架次，投掷高爆炸弹和燃烧弹 9000 多吨，摧毁房屋 27.7 万栋，几乎占汉堡市全部民居的一半，大约有 3.5 万—4 万平民惨遭不幸。

---

① 参见 Luftangriffe auf das Ruhrgebiet, https://de. wikipedia. org/wiki/Luftangriffe_ auf_ das_ Ruhrgebiet，最后访问日期：2017 年 9 月 13 日。

② 参见 Operation Chastise, https://de. wikipedia. org/wiki/Operation_ Chastise，最后访问日期：2017 年 9 月 13 日。

③ Gomorrha，蛾摩拉，圣经故事中的罪恶之城，与另一座罪恶之城索多玛（Sodom）一起被上帝用"天火"焚毁。

④ 哈里斯的指令如此说。参见 Ulrich Schwarz, "Überall Leichen, überall Tod", in: Stephan Burgdorff und Christian Habbe（Hrsg.）, Als Feuer vom Himmel fiel. Die Bombenkrieg in Deutschland. S. 79。

其中 7 月 27 日—28 日夜为"火焰风暴之夜"（Nacht des Feuersturms）。是夜，英国空军 739 架轰炸机向汉堡市中心区域投掷了 10 万余枚燃烧弹，并借助高温、干燥的天气条件，制造了一场势头凶猛、吸力巨大的大火，其火柱高达数千米，核心温度接近华氏 1500 度，风力达时速 17—35 公里。许多躲在防空洞里的人因极度高温或严重缺氧而昏死，而走出防空洞的人又被带火的大风暴烧成灰烬。一夜之间就有 18474 人丧生。[①]

（五）"柏林战役"（Battle of Berlin）

柏林是纳粹德国的政治、文化中心，轰炸柏林更是同盟国空军战略的重中之重。从 1940 年 8 月 25 日到 1945 年 4 月 19 日，英、美空军总共对柏林市发动空袭 310 次，其中重大空袭 69 次，投掷炸弹和燃烧弹 45517 吨，炸死烧死平民 2 万—5 万人[②]，摧毁房屋 30 万余栋，丧失住所者多达 150 万人。

特别是在 1943 年 11 月 18 日—1944 年 3 月 25 日近 5 个月的时间里，英、美空军发起了号称"柏林战役"的大规模轰炸，参与轰炸的飞机多达 1674 架；单是英国空军就对柏林实施了 16 次夜间轰炸，炸死 6166 人。纳粹党权力中心、总理府和政府各部机关以及人口密集的居民区都受到了轰炸。美国空军则辅以白日轰炸，攻击工业目标，并且引诱德国战斗机升空作战。

"柏林战役"可谓第二次世界大战中规模最大、持续时间最长的一场空袭。英、美空军向柏林投掷的炸弹、燃烧弹远多于其他城市，但因街道宽敞，有很多露天场所，英、美空军轰炸柏林并没有引发大火灾，对柏林造成的损害也只相当于汉堡受损程度的 1/3。在柏林，公共交通和服务业自始至终得以维系，并在 1945 年 4 月柏林地面战期间仍然发挥作用。

（六）"霹雳行动"（Operation Thunderclap）

1944 年 4—6 月，为了配合诺曼底登陆，英、美空军上层下令暂停轰炸

---

①　参见 Operation Gomorrha, https://de. wikipedia. org/wiki/Operation_Gomorrha，最后访问日期：2017 年 9 月 13 日。

②　约尔格·弗里德里希（Jörg Friedrich）估计死亡人数为 11367 人，参见 Jörg Friedrich, Der Brand. Deutschland im Bombenkrieg 1940 – 1945. München, 2002, S. 365。奥拉夫·格律勒尔（Olaf Groehler）估计死亡人数为 29000—30000 人，参见 Laurenz Demps (Hrsg.), Luftangriffe auf Berlin. Die Berichte der Hauptluftschutzstelle 1940 – 1945（= Schriftenreihe des Landesarchivs Berlin. Bd. 16）. Berlin, 2012, S. 98。有一位高级保安警察的私人记录提供的数字是 49600 人，参见 Werner Girbig, Im Anflug auf die Reichshauptstadt. Stuttgart, 2001, S. 227。

机部队轰炸德国城市的行动，改为以德国控制下的法国铁路网、海防线、炮台、通讯站和弹药库等为主要攻击目标的战略战术。但到 1944 年 10 月，随着"第二战场"的开辟，英、美空军又制订"霹雳行动"计划，恢复了对德国城市的大轰炸。"霹雳行动"中最令人恐怖的一幕是 1945 年 2 月 13 日—15 日由英、美空军联合进行的对德累斯顿的大轰炸。[①]

德累斯顿是前萨克森王国的首都，德国东部仅次于纳粹德国首都柏林的第二大城市，因有数百年的繁荣历史和众多精美的巴洛克建筑，素享"易北河上的佛罗伦萨"（Elbflorenz）之美誉。虽然也有部分军工企业，并且是纳粹德国三大铁路枢纽之一，但从总体上看，其军事价值不大，防空力量十分薄弱。二战爆发后，德累斯顿一直身处战火之外，居民生活比较安稳，也成为战争难民理想的聚集地。然而，就在战争接近尾声之时，这一座挤满了难民的历史文化名城却遭到了同盟国空军的突然袭击，大量平民不幸遇难，许多文化艺术珍品毁于一旦。

1945 年 2 月 13 日 22 点 3 分，英国空军第 83 中队在德累斯顿上空投下无数镁光照明炸弹。两分钟后，9 架德·哈维兰"蚊式"轰炸机将红色目标指示弹投向位于市中心北部边缘的一座体育场。22 点 13 分—28 分，英国空军第 5 中队的 244 架"兰开斯特"轰炸机接连投下重达 900 吨的炸弹，其中包括高爆炸弹 529 颗、燃烧弹 1800 颗。市中心多处燃起大火。

14 日凌晨 1 点 23 分，英国空军第 1、3、8 中队和加拿大空军第 6 中队共计 529 架"兰开斯特式"轰炸机，发动了第二轮空袭。到 1 点 54 分，共投下 65 万枚、重达 1500 吨的燃烧弹。着火区域迅速扩大，大火也因高温而形成巨大冲天气流，成为一股可怕的"火焰风暴"，墙倒屋塌，空气中弥漫着尘埃和烟雾。躲在地下室或防空洞的人，因为呼吸困难，纷纷逃出，但有不少人或者被吸入火中烧死，或者被焦油烫死。未能出逃的人也大都被浓烟熏死。目击者自顾不暇，根本无法救援。

继英国空军的夜间空袭之后，美国空军又在 14 日对德累斯顿进行了白日轰炸。12 点 17—31 分，300 余架轰炸机投下 1800 枚、重达 474.5 吨的高爆炸弹和 136800 枚、重达 296.5 吨的燃烧弹。其攻击目标原为军工企业、火车站和位于德累斯顿弗里德里希城区的机车大修厂，但在实际上，除了这些目标外，当地的医院和附近城区也受到了轰炸。2 月 15 日 11 点 51 分

---

① 参见 Luftangriffe auf Dresden, https://de. wikipedia. org/wiki/Luftangriffe_ auf_ Dresden，最后访问日期：2017 年 9 月 13 日。

至 12 点 1 分，211 架美国轰炸机又从烟雾笼罩的空中投下 460 吨炸弹，分散落在位于迈森（Meißen）和皮尔纳（Pirna）之间的整个地区。

英、美空军连续 4 轮的大轰炸使德累斯顿这座历史文化名城遭到了毁灭性的破坏，老城区成为一片废墟，茨温格尔宫（Zwinger）、宫廷教堂（Hofkirche）、圣母教堂（Frauenkirche）、塞姆佩尔美术馆（Semperoper）、日本宫（Japanisches Palais）等巴洛克文化遗产被彻底摧毁。公共交通完全中断，很多医院、学校和其他公共设施荡然无存，水电、煤气供应陷入瘫痪，绝大多数商场和零售商店无法正常营业。

大量平民死于非难，并且多为临时建成的医院里的伤兵、同盟国战俘、来自东部战争地区的逃难者。但其具体数目，长期以来说法不一、争议不断，根据最新的研究结果，死亡人数为 22700—25000 人。[①] 而对于那些幸免于难的亲历者来说，大轰炸所造成的悲惨场景也在他们的心里蒙上了一层挥之不去的阴影，梦魇与其终生相伴。

第二节　战后初年及冷战时期的辩护、推责和禁忌

大轰炸并非同盟国首创，纳粹德国早在 1930 年代西班牙内战期间就对格尔尼卡进行过大轰炸，二战爆发后又先后对波兰的华沙、荷兰的鹿特丹以及英国的伦敦和考文垂实施空袭，仅在英国就造成 4 万人死亡。但在德累斯顿大轰炸发生后，希特勒和约瑟夫·戈培尔等纳粹首领立即利用此事大做文章，声称“英、美空军强盗无情地对德国难民进行了一次邪恶的恐怖袭击”，[②] 其目的是彻底毁灭德国人民及其所有财产。

英、美等同盟国媒体最初大都对战略轰炸政策予以积极评价，例如

---

① 2004 年 11 月，德累斯顿市长因格尔弗·罗斯贝格（Ingolf Roßberg）倡导组建了以拉尔夫-迪特尔·穆勒（Rolf-Dieter Müller）为首的历史学家委员会（Historikerkommission），计划在 2006 年德累斯顿建置 800 周年以前，确定尽可能准确可靠的总死亡数值，以便杜绝各种各样的历史伪造。经过深入细致的调研取证和分析研究，该委员会在 2009 年 11 月确定最低死亡人数为 18000 人，最高死亡人数为 25000 人。2010 年 3 月 17 日，委员会公布了最终研究报告，断言根据各种文献记载，共有 22700 名死者被埋葬，其中 20100 名死者可以查证姓名，2600 名死者姓名不详。到 2010 年 4 月，委员会发表声明，订正了 2009 年估算的最低数字，最高数字保持不变。参见 Abschlussbericht der Historikerkommission Dresden 2010，http://www.dresden.de/media/pdf/infoblaetter/Historikerkommission _ Dresden1945 _ Abschlussbericht_V1_14a.pdf，最后访问日期：2017 年 9 月 13 日。

② Tony Joel, The Dresden Firebombing: Memory and the Politics of Commemoration Destruction. New York, 2013, p. 67.

《泰晤士报》就直言"盟军轰炸机沉重打击了德国城市，摧毁作为铁路枢纽和工业重镇的德累斯顿，对阻碍德军防卫和协助苏联胜利进军具有重要意义"，① 但在获悉巨大的死亡人数之后，不少人又开始不安起来，批评谴责的声音也日益高涨。自觉理亏的英国首相丘吉尔力图摆脱自己与德累斯顿大轰炸的干系，遂在 1945 年 3 月 28 日以电报的形式向英军总参谋长发去一份备忘录，声称要重新审查仅仅出于散播恐怖的目的轰炸德国城市的问题，要把军事打击目标更多地集中到诸如紧邻作战区的储油库和交通枢纽。② 美国政府也对来自前线的新闻报道采取严格管制，小心翼翼地向公众隐瞒德国民众遭遇的不幸。

二战结束后，丘吉尔继续回避与战略轰炸相关的问题。就是在 1945 年 5 月 13 日庆祝反法西斯战争胜利的广播讲话中，他也特意不提"战略轰炸"的功绩。与之相应，英国政府在嘉奖二战中立有战功的军事指挥官时，也未将轰炸机司令部的官员列入授勋名单，而其最高长官哈里斯很晚才被擢升为贵族。

英国史学家虽然发表了许多关于战略轰炸的著作，但其论述大都带有辩护性质，不仅肯定同盟国空军反侵略战争的正义性，而且强调其有效性。只有少数非主流的新闻记者、作家和业余历史学家，如弗里德里克·弗兰维尔（Frederick Veale）、大卫·伊尔温（David Irving）和亚历山大·麦基（Alexander McKee，1918—1992）等人，对英、美空军的战略轰炸持否定态度，但其言论大都过于偏激，且经常错误地利用和解说资料，很难得到认可和赞同。③

在美国，二战结束后，"范西塔特主义"盛行一时，"除了纳粹德国以外别无其他德国，德国人民集体有罪"④ 的观点广为传播，希特勒发动侵略战争、设立集中营、屠杀犹太人的罪行受到普遍关注，而对于德国民众在战争中遭遇的苦难，却几乎无人关心。德累斯顿大轰炸亲历者库尔特·冯

---

① "Smashing Blows at Dresden," in *The Times*, 15 Feb. 1945, p. 1.
② Sir Charles Webster and Noble Frankland, *The Strategic Air Offensive against Germany*. London: Naval & Military Press Ltd, 1961, vol. 3, p. 117.
③ 参见 Frederick Veale, Der Barbarei entgegen. Hamburg: Nölke, 1954; David Irving, *The Destruction of Dresden*. London, Parforce, 1963; Alexander McKee, *Dresden 1945: The Devil's Tinderbox*. New York: E. P. Dutton, 1982.
④ 卡尔·迪特利希·埃尔德曼：《德意志史》第四卷《世界大战时期（1914—1950）》下册，第 177 页。

内古特（Kurt Vonnegut，1922—2007）以描写德国民众的不幸为主题的小说《第五号屠宰场》[①]，虽然早已写成，却屡遭退稿。直到越南战争爆发、反战运动兴起后，才得以出版发行。

对于英、美空军空袭德国城市的军事行动，斯大林和苏联军方是知情的，甚至表示过认可。[②] 但在战后初年，苏联与美、英、法三国联合组建军事管制委员会，对德国实施分区占领，并把铲除法西斯残余势力作为苏占区的工作重点，明令禁止德国民众公开讨论西方国家的罪责问题。而在纽伦贝格国际军事法庭审判中，苏联也与美、英、法三国意见一致地未把空袭当作纳粹德国的主要罪行之一予以起诉。[③]

冷战开始后，昔日的反法西斯盟友反目成仇，东西方意识形态对立极为严重。不少西方学者为了诋毁苏联，转嫁罪责，大肆宣扬苏联领导人"精心策划"了大轰炸之说，声称轰炸德累斯顿并非英、美战略轰炸的升级，而是西方盟国与苏联协商的结果，苏联应为此次空袭所产生的负面影响承担责任。[④]

苏联方面则反唇相讥，将针对城市的大轰炸说成西方国家穷兵黩武的表现，也是"残忍的帝国主义势力"用以恐吓苏联的手段；英、美空军对德累斯顿的袭击在军事战略上毫无效果和意义，在行动方式上则是野蛮的反文化暴行。[⑤] 苏联官方还把大轰炸的历史用作阶级斗争的工具，强调法西斯主义与社会主义的对立，指责法西斯主义者在二战结束后的西方国家依

---

① Kurt Vonnegut, *Slaughterhouse Five or The Children's Crusade.* New York：Delacorte Press 1969. 中译本库尔特·冯内古特《五号屠场》，云彩等译，译林出版社，1998。冯内古特曾在 1945 年作为战俘被关押在德累斯顿一个废弃的屠宰场里，在轰炸过程中因为躲进了地下储藏室才逃过一劫，也因此目睹了这次大轰炸造成的惨状。

② 1942 年夏天，斯大林在莫斯科会见丘吉尔，指责英国袖手旁观苏德战争，根本不管苏联的存亡。丘吉尔则向斯大林介绍了战略轰炸计划，承诺英国空军将"摧毁每座德国城市的每幢住宅"。据说斯大林闻讯后曾面露微笑，予以肯定。参见 Jochen Boelsche, "So muss die Hoelle aussehen", in：Stephan Burgdorff/Christian Habbe（Hrsg.），Als Feuer vom Himmel fiel. Die Bombenkrieg in Deutschland. München，2003，S. 18 – 38，hier S. 27 – 28。

③ Richard Overy, *The Post-War Debate. Firestorm：The Bombing of Dresden 1945.* London，2006，p. 125.

④ Richard Overy, *The Post-War Debate. Firestorm：The Bombing of Dresden 1945.* p. 133.

⑤ Gilad Margalit, Dresden und die Erinnerungspolitik der DDR, https：//www. historicum. net/de/themen/bombenkrieg/themen-beitraege/aspekte/artikel/dresden-und-die/，最后访问日期：2017 年 9 月 13 日。

然占据统治地位，并且想要发动第三次世界大战。①

在德国，无论是在西占区和后来的联邦德国还是在苏占区和后来的民主德国，大轰炸的幸存者以及死难者的亲友都很难从自身经受的痛苦中解脱出来。他们对防空警报、炸弹爆破、大火和烟雾、恐惧和死亡等遭受空袭的场景，历历在目，记忆犹新。为了追悼死者，安抚幸存者，地方当局也悉力保留大轰炸遗迹，筑立警示性纪念碑；每逢年节或周年，便在教堂废墟上举行悼念仪式。在德累斯顿，每年的 2 月 13 日 21 点 45 分（大轰炸前防空警报拉响之时），所有教堂都敲响钟声，全体居民肃立默哀。德累斯顿圣十字大教堂唱诗班导演和作曲家鲁道夫·毛斯贝格尔（Rudolf Mauersberger，1899—1971）还在 1947 年创作了《德累斯顿安魂曲》（Dresdner Requiem），用教堂音乐的形式纪念城市的毁灭。

然而，民主德国的政治家和历史学家以德国共产党反法西斯抵抗斗争的继承者自居，不认为自己与纳粹罪行有关系，更不愿意承担因纳粹罪行而产生的历史责任。相反，他们大都紧跟苏联的宣传，谴责英、美空军轰炸德国城市，特别是对德累斯顿犯下的罪行，揭露西方国家的帝国主义和法西斯主义本质。对于德国国家民主党（National-Demokratische Partei Deutschlands，NDPD）② 主席罗塔·波尔兹（Lothar Bolz，1903—1986）来说，摧毁德累斯顿是"美国军火工业亿万富翁与纳粹主义有密切关系"的明证，"无论在思想上还是在行为上，他们两者都是极其野蛮的；对于城市的废墟和被埋葬在废墟之下的尸体，我们要感谢美国和英国才是"。③ 民主德国政治家、原萨克森州州长马克斯·塞德维茨（Max Seydewitz，1892—1987）也在 1955 年声称盟国对德累斯顿的空袭与其对日本的原子弹轰炸一样，完全是"美帝国主义为争夺世界霸权所发动的一场为新的战争所作准

① Richard Schroeder, Grauen und Gerechtigkeit（Einleitung），in：Stephan Burgdorff u. Christian Habbe（Hrsg.），Als Feuer vom Himmel fiel. Der Bombenkrieg in Deutschland. München，2003，S. 11 – 17，hier S. 11.

② 与 1964 年在联邦德国成立的极右派政党"德国民族民主党"（Nationaldemokratische Partei Deutschlands，NPD）不同，此党系 1948 年在民主德国成立的一个政党，当时的成员主要是手工业者、知识分子、个体商人、小业主以及当年希特勒国防军中没有战争罪行和正确吸取了历史教训的军官和职业士兵。该党承认工人阶级及马克思列宁主义政党的领导作用，并参与建设社会主义的事业。

③ Jürgen Danyel, Die Erinnerung an die Wehrmacht in beiden deutschen Staaten. Vergangenheitspolitik und Gedenkrituale, in：Rolf-Dieter Müller, Hans-Erich Volkmann（Hrsg.），Die Wehrmacht. Mythos und Realität. München, 1999, S. 1144.

备中最早的步伐之一"。① 新闻记者伯恩特·冯·屈格尔根（Bernt von Kügelgen，1914—2002）则在 1965 年大轰炸 20 周年之际，在《周日》（Sonntag）杂志上发表纪念文章，声称德累斯顿是广岛、长崎、河内的先例，也是帝国主义残忍体制的直接后果。二战期间，西方国家与纳粹德国一样犯有反人类的罪行。②

与之不同，联邦德国强调自己是历史德国的法律继承人，自愿承接纳粹主义的历史负担，承认德国人所遭遇的苦难是因罪恶的纳粹统治导致的，德国人不应该记恨当年的战胜国。特别是那些在政治上倾向左翼自由主义或社会民主主义的政治和知识精英，坦诚对待本民族历史，逐步形成了一种勇于自我启蒙和自我批判的精神，并在若干重大历史问题上达成了"民主派共识"。他们充分认识到纳粹主义是 19 世纪以来德意志特殊道路的必然结果，是对德意志民族主义和反民主思想、军国主义和帝国主义、社会达尔文主义和反犹主义的继承和发展；纳粹分子对犹太人的大屠杀纯属种族意识形态的妄想，毫无"理性内核"可言；对于纳粹罪行，即使并非"全体德意志人"也是大多数德意志人都负有责任。不断成长的民主舆论更是把对纳粹历史的批判揭露视为当代政治和社会生活的一个基本元素，使之成为一种"精神修复工作"，甚至成为德意志人身份认同的一部分。纳粹罪行被看作"独一无二的、唯一性的"，绝不允许通过对自身所受苦难的强调，淡化甚至否定纳粹罪行。这样一来，英、美空军对德国城市的战略轰炸就成为一个"被禁止的课题"；战后初年曾经出版过的个别亲历者的日记和书信以及作家写作的小说，大都被遗忘了，其作者也几乎无人知晓了。③

第三节　冷战后受害者记忆的复苏与大轰炸争论

从 1989 年夏天开始，波兰、民主德国、捷克斯洛伐克、匈牙利、保加利亚、罗马尼亚等东欧国家和苏联的政治体制和社会性质发生根本性改变，

---

① Elizabeth C. Corwin, "The Dresden Bombing as Portrayed in German Accounts. East and West, " in *UCLA Historical Journal*, 8th, 1987, p.78.

② Elizabeth C. Corwin, "The Dresden Bombing as Portrayed in German Accounts. East and West, " in *UCLA Historical Journal*, 8th, 1987, p.81.

③ Volker Hage, Berichte aus einem Totenhaus, in: Stephan Burgdorff u. Christian Habbe (Hrsg.), Als Feuer vom Himmel fiel. Der Bombenkrieg in Deutschland. München, 2003, S.101 – 114, hier S.101.

斯大林模式的社会主义制度为欧美资本主义制度所取代；民主德国还在 1990 年 10 月分作 5 个州一起加入联邦德国，而苏联各个加盟共和国也纷纷宣布独立，最终导致苏联在 1991 年 12 月彻底解体。

苏东剧变和两德统一极大地刺激了联邦德国政治思潮的向右偏移，被压抑已久的民族思想复活，"保护与命运共同体"观念开始广泛流行，爱国主义成为许多德国人热切期盼的政治诉求。与此同时，随着档案的公开，许多鲜为人知的内幕、背景见诸天日，一些多年被淡忘的历史也渐渐浮出水面，从"受害者"角度来看待大轰炸、"检讨"盟军的"过失"甚至是"犯罪"行为的作品喷涌而出，诸如作家路德维希·哈里希（Ludwig Harig）、马丁·瓦尔泽（Martin Walser）、君特·德·布勒因（Günter de Bruyn）、汉斯·马格努斯·恩岑斯贝格尔（Hans Magnus Enzensberger）、君特·库纳特（Günter Kunert）、迪特尔·伏尔特（Dieter Forte）和君特·格拉斯（Günter Grass）等，都以文学作品的形式来展现他们的经历和思想。

瓦尔特·肯博夫斯基（Walter Kempowski，1929—2007）更是立志为个人和德意志民族保存历史记忆，制订了一个庞大的、编辑出版 19 世纪和 20 世纪的日记、书信、照片和其他同时代人见证材料的计划，并从 1993 年起出版四卷本《回波探测仪》（Echolot），其中第二卷的收集范围始于 1945 年 1 月 12 日，止于 2 月 14 日①。2001 年，肯博夫斯基又编辑出版了《大红公鸡——1945 年 2 月的德累斯顿》②，将搜集资料的时段扩大到 2 月 13 日—17 日，并且增加了许多文本。其中包括犹太科学家维克托·克伦佩雷尔（Victor Klemperer，1881—1960）的日记（克伦佩雷尔原本受到盖世太保的严密监控，大轰炸却使他逃脱了被关押到集中营的厄运）。

与密集的回忆相伴随，评价问题也不可避免地出现了。大轰炸是正义的、合法的和情有可原的吗？德国人是否也是一个"受害者"民族？沉默和禁忌被彻底打破，历史重新"令人不安地走近了"。③

2002 年 11 月，柏林自由作家、业余历史学家约尔格·弗里德里希

---

①　Walter Kempowski, Das Echolot. Fuga furiosa. Ein kollektives Tagebuch Winter 1945. 4 Bde. München, 1999.

②　Walter Kempowski, Der rote Hahn. Dresden im Februar 1945. München, 2001.

③　Peter Schneider, Deutsche als Opfer? Über ein Tabu der Nachkriegsgeneration, in: Lothar Kettenacker (Hrsg.), Ein Volk von Opfern? Die neue Debatte um den Bombenkrieg 1940–1945. Berlin, 2003, S. 158–165, hier S. 160.

（Jörg Friedrich）出版《大火：1940—1945 年大轰炸中的德国》① 一书，以历史学家的"缜密严谨"和作家的"语言才能"，从亲历者的角度，详细描写了 30 多个德国城市遭遇英、美空军战略轰炸的具体情形，以及德国平民经历的巨大灾难。在弗里德里希看来，盟军对于德国城市的轰炸至晚自 1944 年起就毫无军事意义而纯属报复性的残害平民行为了，因为此时纳粹德国军队已全面撤退，其空中防御力量已经崩溃。德累斯顿大轰炸造成大量平民死亡，就是按当时的法律标准来看，也该算是"战争犯罪"。丘吉尔自第一次世界大战结束后就怀有彻底毁灭德国的思想，二战爆发后，他极力敦促英国皇家空军轰炸德国城市，并在 1940 年 6 月发誓要通过"灭绝性的攻击"将德国变成"一片荒芜之地"。② 弗里德里希还用把盟军轰炸机飞行员比作纳粹德国"行动队"（Einsatzgruppen），把德国人躲避轰炸的地窖（Keller）比作奥斯维辛集中营的"火化场"（Krematorien）等类比手法，隐约地将大轰炸与纳粹对犹太人的大屠杀相提并论。

弗里德里希本人和他的出版社把这本书理解为填补关于"英国和美国针对德国城市系统计划和实施的灭绝性战役"的空白的现当代史著作；出版社在其广告中更是将此书宣扬为相关题材的"第一部全面深入的现当代史著作"。然而，弗著一出便引发了一场规模空前的重大史学争论。

英国媒体普遍将弗著视为一个丑闻。《每日电讯报》（*Daily Telegraph*）指责它是"前所未有的对同盟国战争行动的攻击"，一种非常危险的修正主义，而这种历史修正主义只会被极右势力利用，破坏英、德和解工作。③ 专栏作家大卫·阿罗诺维奇（David Aaronovitch）则在《独立日报》（*Independent*）上撰文说："德意志人开始行动了"，他们在经济崛起之后，又试图征服道德领域。④ 名望极高的历史学家考莱利·巴内特（Correlli Barnett）也在《每日邮报》（*Daily Mail*）上发文，怒斥弗里德里希与"危险的修正主义者"沆瀣一气，试图在丘吉尔对区域轰炸的支持和纳粹分子可怕的犯罪之间构造一种"道德等值"，其著作纯属"卑鄙下流且十分危险的胡

①　参见 Jörg Friedrich, Der Brand. Deutschland im Bombenkrieg 1940 – 1945. München, 2002。

②　Jörg Friedrich, Der Brand. Deutschland im Bombenkrieg 1940 – 1945. S. 61.

③　Lothar Kettenacker（Hrsg.）, Ein Volk von Opfern? Die neue Debatte um den Bombenkrieg 1940 – 1945. Berlin, 2003, S. Vorwort 13.

④　Lothar Kettenacker（Hrsg.）, Ein Volk von Opfern? Die neue Debatte um den Bombenkrieg 1940 – 1945. S. Vorwort 13.

言乱语"。①

历史学家理查德·奥弗里（Richard Overy）和安东尼·比佛（Anthony Beevor）和弗雷德里克·泰勒则着重批判了弗里德里希的这一命题：炸弹战争不仅在道义上站不住脚，在军事上也是毫无必要的。在奥弗里看来，战略轰炸虽然没有完全摧毁纳粹德国的经济，但阻止了它成为一个不可战胜的超级大国；虽然没有彻底粉碎德国民众的抵抗意志，但使得国内军事动员达到了一个临界点。近代以来，人们对如何进行战争的问题越来越敏感了，但起主要作用的还是具体的历史局势。大轰炸的确是一种"野蛮战略"，但绝非有预谋的屠杀平民行为，与希特勒屠杀犹太人完全不同。② 对于比佛来说，盟军之所以采纳大轰炸战术，主要是由于别无其他选择；盟国的错误主要是听从斯大林的意见分裂了欧洲。③

德国媒体和学者则意见纷呈，同情赞同者有之，反对否定者有之，深感忧虑、毁誉参半者亦有之。历史学家汉斯·蒙森称弗著为一部令人震惊和发人深思的著作。在他看来，虽然希特勒首先挑起战争并在战争进行过程中犯有种种暴行，但是英国人也以其针对无辜平民进行的大轰炸和"区域轰炸"制造了许多非人道的和纯属多余的伤害。弗里德里希"印象主义式"论述提供了详细的信息，虽然不能取代系统分析，却是"披露事实真相的"，它彻底否定了英国方面的"战略轰炸"论，也说明大轰炸并非摧毁民众对于独裁者的支持的合适手段，相反，民族社会主义共同体恰恰是在德国遭遇大轰炸的局势下才集结而成的。④

出生于防空洞的资深评论家福克尔·乌尔里希却对弗著"感情复杂"，既有认同又有批评。一方面，他认为该书确如出版社所说的那样，是相关题材第一部全面深入的专门研究，认为约尔格·弗里德里希详细描述了盟国的轰炸战略、"毁灭的地理学"、德国的防空疏漏、"轰炸战争的心理后果"以及文化遗产的悲惨命运。特别令人印象深刻的是他深刻阐述了"个

---

① Michael Sontheimer, „Sind wir Bestien?", in: Stephan Burgdorff u. Christian Habbe (Hrsg.) , Als Feuer vom Himmel fiel. Der Bombenkrieg in Deutschland. München, 2003, S. 122 – 128, hier S. 124.

② Richard Overy, Barbarisch, aber sinnvoll, in: Lothar Kettenacker (Hrsg.) , Ein Volk von Opfern? Die neue Debatte um den Bombenkrieg 1940 – 1945. Berlin, 2003, S. 183 – 187, hier S. 186 – 187.

③ 参见 Richard Evans, Vollendete Unfähigkeit. Antony Beevor unterzieht fast alle Militärführer des Zweiten Weltkrieges scharfer Kritik, in: Süddeutsche Zeitung, 30. September 2014, S. 15。

④ Hans Mommsen, Wie man eine Stadt anzündet, in: Die Welt, 23. November 2002.

人是如何经历大轰炸以及他是如何加工整理这些经历的"问题。另一方面，福克尔·乌尔里希也批评指出，弗里德里希没有把德国人在轰炸战争中经历的苦难放到盟国空战战略得以产生的"政治—军事背景"之中；毕竟希特勒 1939 年对华沙的轰炸、1940 年对鹿特丹和考文垂的轰炸早于盟国的炸弹进攻。此外，弗里德里希还有意掩盖了"所有与对事件做出历史—道义评价相关的东西"，他"从语义学上"把大轰炸与大屠杀等同起来了，把纳粹罪行与盟国的"罪行"相提并论，很容易产生混淆视听的误导作用。①

著名社会史家汉斯－乌尔里希·韦勒同样承认炸弹战争是残忍的，英国人在德国比德国人在英国制造了更多的灾难，但也批评弗里德里希很少关注空战的一般背景，没有将英国人的大轰炸放到整个事件中进行分析；批评弗里德里希在描写大轰炸的可怕后果时所使用的语言及其从语义学上将空战与纳粹对犹太人的大屠杀等同起来的做法。韦勒强调大屠杀的连续性，认为英、美等国的大轰炸虽然造成了非常严重的破坏性后果，应当追究其罪责，但纳粹屠杀波兰人、南斯拉夫人、俄罗斯人和犹太人的滔天罪行，足以使英、美对德国城市的炸弹战争造成的危害相对化。丘吉尔和希特勒虽然都是轰炸战争的发起者，但远不是同等级别的罪犯。弗里德里希不顾其他战争事件孤立地考察大轰炸，实际是要搞一种"时髦的受害者崇拜"。这种"受害者崇拜"一旦泛滥开来，德国舆论就会逐渐丧失几十年来所取得的宝贵成就，这就是对德国近现代历史进行自我批判性的研究和反思，唯有这种研究和反思才使德国人在当今世界有了立足之地，才能保证德国人未来的健康发展。②

海德尔贝格大学历史教授克里斯托夫·雅尔（Christoph Jahr）指出，平民受难是一个"跨民族的经历"，弗里德里希只把德国人描绘为受害者，只关注大轰炸对于德国民众造成的危害，没有清楚地说明，轰炸战争产生于民族社会主义。大轰炸的见证者对其亲身经历的报道虽然十分"感人"，也颇具说服力，但作者罗列得太多，令人徒增"阅读疲劳"之感。弗里德里希通过特定词语所表达的"悲哀和愤怒"很容易把人引入歧路，干扰正确的历史认识。他试图论证的英、美空军要对纳粹屠杀犹太人事件"至少负连带责任"，希特勒和纳粹党要让犹太人为大轰炸赎罪的观点，是完全错误的。③

---

① Volker Ullrich, Weltuntergang kann nicht schlimmer sein, in: Die Zeit, 28. November 2002.

② Hans-Ulrich Wehler, Jörg Friedrich: Der Brand, in: Deutschland Radio Berlin, 6. Dezember 2002.

③ Christoph Jahrs Rezensionsnotiz, in: Neue Zürcher Zeitung, 12. Dezember 2002.

　　还有一些历史学家对于弗里德里希的著作进行了比较严格的学术性审查。霍斯特·博格（Horst Boog）指出，弗里德里希原先是演员和导演，他写的书具有一种类似电影的戏剧性；弗里德里希很懂得从语言上制造效果，也懂得一些复杂的科学技术，能够生动形象地解说目标选择、目标发现和炸弹投掷等事项。但在史实方面，弗著没有提供比国内外有关二战史的历史著作更多的东西，其独出心裁的用语非但没有澄清事实，还经常造成一些混乱，一些重要文献也未被加以参考利用。总的说来，弗著不是客观论述，学术上极不可靠。[①]

　　拉尔夫·布兰克（Ralf Blank）同样质疑弗著的学术性，他也按照科学标准对它进行全面深入的检验，逐一指出了弗著存在着的大量遗漏、粗糙、欠准确和解释错误等硬伤，批评它是以二手文献而不是原始资料为依据的，也批评它对最新研究成果的无知。[②]

　　尽管受到了若干批评，弗著还是成为德国最畅销的图书之一，仅在出版一个月之后就卖出了 10 万余本。巴伐利亚州施魏因福特的“埃里希和爱尔纳·克罗瑙尔基金会”还在 2010 年授予弗里德里希历史著作奖。由此可见，德国人倾诉苦难的愿望还是很强烈的。

第四节　反思与批评

　　不能否认，第二次世界大战是由希特勒和纳粹德国发动的，其目的是对外侵略扩张，创建“大德意志国家”，征服、奴役甚至是屠杀其他民族。希特勒和纳粹德国还首先动用空军，采用空袭手段屠杀平民，犯下了罄竹难书的滔天罪行。反法西斯同盟国所进行的战争是与反人类的世界公敌希特勒和纳粹德国进行的，是反侵略的正义战争。但就同盟国空军对德国城市的大轰炸而言，无论战略战术上还是国际法上都有值得反思的价值。

　　从战略战术的角度来看，其效果正如美国军事史家斯蒂芬·A. 加勒特（Stephen A. Garrett）所说：“砍掉一个人的头来治好他的牙痛”[③]，是对空军作战能力的过分滥用。如果英国皇家空军在西部战场能够借助较为精良的

①　Horst Boogs Rezension Der Brand, in: Frankfurter Allgemeine, 10. Dezember 2002.

②　Ralf Blank, Rezension von: Der Brand, in: Start, Ausgabe 2（2002）, Nr. 12.

③　Stephen A. Garrett, *Ethics and Airpower in World War II: The British Bombing of German Cities*. New York: St. Martin's Press, 1993, p. 183.

雷达装置，有效轰炸军事目标，则会为同盟国陆军地面作战提供更大的支持，不仅可以减少对德国历史文化名城和无辜平民的伤害，也可以大大减少飞行员的伤亡。

从国际法的角度来看，英、美空军对德国城市的大轰炸有违当时的战争法。英国和德国都曾签字认可 1907 年《海牙第四公约：陆战法规和惯例公约》规定："严禁以任何手段和方式攻击或射击未设防的城市、村庄、居民区或建筑物"（第 25 款）。1922 年制定的关于限制军备的《华盛顿公约》也明确规定："凡以恐吓无辜平民、损坏平民财产为目的的空战是被禁止的"（第 2 章，第 22 条）；该公约虽然没有被批准为国际法条约，但在 1923 年以后围绕《海牙空战规则草案》展开的讨论中，却是有一种习惯法式的约束力的。国际社会一致主张要排除任何恐怖袭击，交战各方，无论哪一方，只要违背这些法律都应当追究责任，受到惩罚。1939 年 9 月 2 日，即在德军侵入波兰的次日，美国总统富兰克林·D. 罗斯福（Franklin D. Roosevelt，1882—1945）发表声明，宣示美国绝不会首先向平民和不设防城市发起轰炸。英、法、德三国政府也都宣布其轰炸将仅限于军事目标。即使纳粹德国背信弃义，首先采用了空袭行动，英国首相内维尔·张伯伦（Neville Chamberlain，1869—1940）也不主张以轰炸德国城市作为报复手段。他在 1940 年 2 月 15 日说："不管其他国家如何，英国政府绝不因为恐怖主义的目的而攻击后方平民。"[①] 在此，张伯伦所依据的恰恰是 1907 年的《陆战法规和惯例公约》。而在制订对德国战略轰炸计划时，英、美空军领导人也都十分清楚国际法的约束，知道大范围的区域轰炸属于违反国际法行为。1942 年 10 月，当英国空军参谋长查理·波特尔在上交的计划草案中注明该计划的实施将在两年内杀死近百万德国人并使 250 万德国人无家可归时，英国空军的一名官员就指出："没有必要，也不希望，在任何有关我们的轰炸战略文件中强调与国际法相背离的方面。"[②]

诚然，丘吉尔与希特勒不同，他并非有意屠杀平民。大轰炸的策划者和执行者也不是以屠杀和灭绝犹太人为首要任务的希姆莱和党卫军，但对大轰炸的野蛮手段及其所造成的严重后果，人们却没有理由视而不见。

---

① Michael Sontheimer, „Sind wir Bestien？", in: Stephan Burgdorff u. Christian Habbe（Hrsg.），Als Feuer vom Himmel fiel. Der Bombenkrieg in Deutschland. S. 124.

② Michael Sontheimer, „Sind wir Bestien？", in: Stephan Burgdorff u. Christian Habbe（Hrsg.），Als Feuer vom Himmel fiel. Der Bombenkrieg in Deutschland. S. 125.

也有不少人基于良心发现和自我批评的冲动，发表著作，质疑大轰炸的合法性。例如二战期间曾任英国空军轰炸机司令部分析员、后来成为著名物理学家和数学家的弗里曼·戴森（Freeman Dyson），就在看到被政府严格隐瞒的屠杀平民的真相之后，深感愧疚。他也深感自己有这样的道德义务，"跑到大街上，向英国民众说明，政府以其名义干了多么愚蠢的事情"。① 戴森在战时的工作是统计分析英国空军轰炸德国的结果，他把自己看作与纳粹党卫军一样的罪人，都曾在办公室里算计着如何更有效地杀人。唯一的区别是，党卫军军官们在战后被关押到监狱里了，有的还被处以绞刑，而他本人却依然是一个逍遥法外的自由人。对于英国新闻记者马克斯·黑斯廷斯（Max Hastings）来说，"盟军在 1945 年春天毁灭德累斯顿是一个永久的污点"。② 而美国作家马歇尔·德·布吕尔（Marshall de Bruhl）更是把德累斯顿大轰炸视为现代战争和轰炸战略的恐怖象征。③ 英国肯特大学空战专家马克·康奈利（Mark Connelly）甚至建议英国政府对平民死亡之事表示道歉。④

英国政府和社会各界也曾采取一些行动，力图补偿过失，寻求和解。二战结束后不久，英国考文垂市安立甘宗社团（其圣米夏埃尔教堂在 1940 年纳粹德国空袭中被彻底摧毁），便与德累斯顿教会建立了联系。1956 年，两个城市缔结友好城市关系。1990 年，德累斯顿开始重建圣母教堂，英国则成立"德累斯顿基金会"（Dresden Trust），筹集资金，予以资助，英国王室、议会成员、各州首脑纷纷表示支持。考文垂钉子十字架（Cross of Nails）成为国际共同体的著名标志。2005 年 2 月 13 日，德累斯顿圣母教堂在完成全部重建工作之后，也加入了这一国际共同体。新的德累斯顿圣母教堂变成了民族谅解的象征。

但从总体上看，同盟国的历史反思还是很有限的。英国媒体虽然经常刊登有关二战史的文章，但主要是为了"再保险"，也就是说，通过回顾战

①　Michael Sontheimer, „Sind wir Bestien？", in：Stephan Burgdorff u. Christian Habbe（Hrsg.），Als Feuer vom Himmel fiel. Der Bombenkrieg in Deutschland. S. 124.

②　Michael Sontheimer, „Sind wir Bestien？", in：Stephan Burgdorff u. Christian Habbe（Hrsg.），Als Feuer vom Himmel fiel. Der Bombenkrieg in Deutschland. S. 128.

③　Hew Strachan, *Strategic Bombing and the Questions of Civilian Casualties up to 1945*, *Firestorm*：*The Bombing of Dresden 1945*. London：Pimlico, 2006, p. 1.

④　Michael Sontheimer, „Sind wir Bestien？", in：Stephan Burgdorff u. Christian Habbe（Hrsg.），Als Feuer vom Himmel fiel. Der Bombenkrieg in Deutschland. S. 128.

争时代英国人的英雄行为，消化人们对当前局势的不满，重振民族自豪感。大多数历史书也充斥着色彩单调的"好与坏截然对立"的黑白画。不少政治家和军事家还对德国人抱有很深的成见，认为德国人是一个好战的民族，而在现代的"总体战争"中，所有德国人都已成为战士，都应当受到打击。① 对于德国人在二战中遭遇的苦难，大多数英国人并不关心，而是认为德国人咎由自取。对于当前德国社会重新审视二战历史的新动向，不少英国人倒是十分警觉，认为重新统一后的德国人又开始张狂起来了。还有一些英国人仍然怀有强烈的反德情绪，言之凿凿：英国人可以向印度人和非洲人等所有遭受过大不列颠殖民帝国奴役的人民表示道歉，唯独不能向德国人道歉。②

历史不能重演，无法纠正，但对历史，后世之人应负不可推卸的道德责任。而在反思历史方面，联邦德国左派政治家和知识精英可以说为世人树立了一个值得学习的榜样。与从不承认日本军国主义给亚洲和世界带来的巨大灾难，却念念不忘原子弹受害者的日本右翼势力不同，联邦德国左派政治家和知识精英都能够本着对历史负责的态度，对纳粹德国的反人类罪行进行了深刻的理性思考，无情的自我解剖，勇敢地面对历史真相。他们的勇气令人钦佩，他们的反思同时也反映出，人类良知始终是制止战争、推动和平的一种巨大力量。

所有死于战争或遭受战争蹂躏的无辜平民，都是战争受害者，都应当受到纪念和安慰。③ 二战中的战胜国也应当像联邦德国左派政治家和知识精英那样诚实而正派地看待历史，认真对待并妥善处理历史遗留问题，反思战争，哀悼死者，慰藉受害者的家属和后人，主动寻求谅解与和解。要从反对战争、尊重人权、维护人类和平的大局出发，重建一种理性追求，避免将历史负担变成对未来的威胁。

而诸如约尔格·弗里德里希之流的"历史修正主义者"，极力主张检讨盟军的"过失"甚至是"犯罪"行为，突出德意志人遭受的苦难，其用心并非出于学术讨论而是要从政治上改变人们对第二次世界大战的看法，计

① Hew Strachan, *Strategic Bombing and the Questions of Civilian Casualties up to 1945*, *Firestorm*: *The Bombing of Dresden 1945*, p. 1.

② Michael Sontheimer, „Sind wir Bestien？", in: Stephan Burgdorff u. Christian Habbe（Hrsg.）, Als Feuer vom Himmel fiel. Der Bombenkrieg in Deutschland. S. 128.

③ Richard Schroeder, Grauen und Gerechtigkeit（Einleitung）, in: Stephan Burgdorff u. Christian Habbe（Hrsg.）, Als Feuer vom Himmel fiel. Der Bombenkrieg in Deutschland. S. 17.

算战争罪行，使纳粹德国的罪行相对化。他们非历史地、片面地将大轰炸与纳粹屠杀犹太人罪行等同起来，指责西方盟国是战争罪犯，甚至转换罪犯和受害者角色，将发动战争的罪行也转嫁到西方国家身上。而在右翼极端主义者那里，英、美空军对德国城市的大轰炸更是成为"恐怖袭击"或"炸弹屠杀"（Bombenholocaust）了。自 1998 年起，越来越多的右翼极端主义者利用德累斯顿一年一度的大轰炸周年纪念，频繁举行示威游行和集会，大肆宣扬反西方的民族保守主义主张。其他右翼极端主义政党和协会组织成员也纷纷前来助威。

　　"新右派"和"新纳粹"的所做所为是极其危险的，因为任何"摆脱"自身的过去的纠缠，"了结"清算，甩掉"历史包袱"，克服过去的做法，都无法改变纳粹德国的犯罪事实。为希特勒和纳粹分子开脱罪责，继续进行反犹活动，无异于玩火，而玩火者必自焚。联邦德国之所以能够在世界上获得今天的地位，在很大程度上取决于它对历史问题全面、深刻的反省，坚定地承担了历史责任。而在将来，德国人如何看待自身？世界如何看待德国？这些问题依然十分重要。

　　应当看到，联邦德国绝大多数政治家和民众还是能够保持高度道义感和历史责任心的。他们虽然忘不了德国人在二战中遭遇的不幸，但对"新纳粹"的倒行逆施却是坚决反对的。在德累斯顿，市政府、协会、教会、政党、工会、联合会和合伙人社团共同举行纪念所有战争和暴力行动受害者活动，强调不以他人的战争罪行抵消德国的战争罪责。在 2005 年德累斯顿大轰炸 60 周年纪念日时，他们竖立标牌，将包括纳粹德国曾经轰炸过的城市在内的所有受到轰炸的城市的名称一一列出，以示纪念。2007 年，大约 4000 人参加了号称"Geh Denken"的反对"新纳粹"集会的反游行活动。2010 年，大约有 1 万名德累斯顿居民围绕老城组成一道人墙，以便象征性地反对"新纳粹"集会。市长赫尔玛·奥罗兹（Helma Orosz）发表演讲，提醒人们牢记纳粹德国发动战争的事实，期望将德累斯顿建成"抵抗偏狭和愚蠢的堡垒"，粉碎右翼极端主义势力对纪念活动的滥用。[①]

　　毋庸置疑，这才是当代德国人对于二战历史应持的正确态度。只有这样，联邦德国才能与被害国和被害民族建立和巩固良好的双边关系，才能被国际社会和国际舆论广泛接纳，才能有更大和更美好的发展空间。任何

---

　　① 参见 Luftangriffe auf Dresden，https://de. wikipedia. org/wiki/Luftangriffe_ auf_ Dresden，最后访问日期：2017 年 9 月 13 日。

片面强调德国人的苦难，力图为纳粹罪行翻案，唤醒德国独断专行的幽灵，让德国再度称雄世界的言行，都是有害于人类的和平和安全的，而其最终结果不仅摆脱不了历史早已为德国定制的"宿命"，甚至"搬起石头砸自己的脚"。

小　结

毫无疑问，英、美空军对德国城市的大轰炸导致大量无辜平民死亡，许多珍贵的历史文化遗产荡然无存，无论在道义上还是在国际法上，这种战争过失都应当受到谴责，其受害者完全有权申诉其所遭遇的不幸和痛苦。因为即使是正义的战争，如被滥用，也会导致严重的犯罪。但是人们不能把这种痛苦变成神话，也不应当把反法西斯同盟国的过失与纳粹德国的犯罪行为相提并论，更不应当用这种过失使纳粹德国的罪恶相对化、淡化，甚至否认纳粹德国以种族灭绝为目标的屠杀犹太人的罪行。回忆德国民众的苦难，并非鼓励寻衅复仇，而是反省战争的残忍。德意志人既是其邪恶政府的牺牲品，也是交战各方违背道义和战争法行为的受害者。战争绝不是赚钱的买卖，不是有利可图之事。回忆并牢记大轰炸历史，其意义便在于敦促人们认识暴力、报复、仇杀以及其他种种不道义、不公正行为的巨大危害，尊重他人，珍惜和平，共谋人类社会和谐、稳定、健康发展之道。

总结与展望

应当看到，纳粹历史不是一般的历史，而是一种犯罪历史，具有高度的现实政治敏感性。与纳粹问题相关的史学争论也不是一般的学术争论，而是具有强烈政治色彩的历史政治大论战，其所涉及的主要问题是：纳粹主义产生的根源，它的本质特征、性质、作用和影响；希特勒发动侵略战争和屠杀犹太人的罪行；普通民众对纳粹暴行的参与及其应当承担的罪责；德意志民族的国家历史及其文化传统，当代德国人处理历史问题的立场态度，以及联邦德国的未来走向；等等。参与争论者可谓联邦德国不同政治立场的代言人，都具有某种政治倾向和党派立场，也都具有比较强烈的政治和社会诉求。尽管争论各方都主张学术自由和价值中立，但也深知历史科学的政治和社会功能，力图通过对历史解释权和历史意识塑造权的争夺，操控社会舆论，强化或更新特定的价值观、世界观和政治观，重塑或改变联邦德国的历史文化和政治文化，掌控德国的未来。

争论的发生和发展首先与联邦德国执政党的更替，历史政策的转换和围绕新历史政策展开的讨论有密切联系。二战结束后，美、英、法、苏四大战胜国对德国实行分区占领，并以法律手段对纳粹头目进行了严厉惩罚，在全德国范围内开展了大规模"非纳粹化"运动。面对德国战败的事实和在纽伦堡审判及其后续审判中揭露的大量罪行，许多德国人深感震惊。一些自由派人士、人道主义者和教会领袖也自觉承担起了自我反省和自我教育的重任，尖锐批评人性的软弱和自私，大力宣传民主自由思想，疾声呼唤精神和道德的复兴，努力洗刷整个民族所承受的耻辱。不少政治家也能够接受被占领的现实和为时势所要求的社会改革任务，愿意从过去的历史中吸取教训。然而，对于战胜国提出的"集体罪责"论，却只有少数人表示认同，大多数人不是坚决拒绝，就是利用各种各样的理由为自己辩解。还有一些人，特别是那些战后回归者——东部流亡者和被驱逐者、复员的或者从战俘营释放的士兵，只关心自己遭遇的不幸，自认为是受害者和失败者、被凌辱者和被欺骗者。地方官员和当地居民也普遍反对在他们的社区保留纳粹犯罪遗迹，建造反纳粹统治和二战受害者纪念馆等措施。右翼激进势力还极力为在占领国审判程序中以被判处死刑的被控告者进行辩护，极力复活纳粹主义的阴魂。

而在1949年建国后，民主德国政治家多以反法西斯抵抗斗争的英雄自居，很少反思纳粹德国发动侵略战争、屠杀犹太人的罪行，也不愿为纳粹罪行进行忏悔，承担道歉、赔偿义务。联邦德国的政治家虽然以"历史德国的法律继承人"自居，也相应地承接了纳粹主义的历史负担，承担了反思纳粹罪行、赔偿受害人损失的义务，但在不同时期，各政党和政治团体针对纳粹问题的历史政策并不完全一致，就是某个政治家本人，其立场态度也经常发生变化。在1950—1960年代，执政的联盟党以温和与遮掩的姿态对待纳粹历史，推行排斥纳粹历史和整合纳粹人员并行的双重策略：一方面放弃军国主义和战争政策，采用西方民主政治制度，与西方国家和解，加入西方经济和军事集团，赔偿受害人损失；另一方面又大赦和重新任用纳粹官员，淡化甚至掩盖其罪行。正是在这种背景下，以弗里茨·菲舍尔为代表的对联邦德国政治制度持批判态度的民主派历史学家，发表了一些新风格的政治史著作，反对为法西斯主义辩护，揭露普鲁士军国主义、法西斯主义和复仇主义之间的继承性，并由此引发了联邦德国第一次重大史学争论。1960—1970年代，社会民主主义主导历史阐释，以批判反思纳粹历史为核心的"克服过去"运动广泛开展起来，揭露纳粹罪行，承担历史责任，向受害者认罪、道歉和赔偿的态度，终于在联邦德国的历史政治中占据了上风。1970年12月，联邦德国总理勃兰特在访问波兰时，吊唁了华沙犹太人隔离区的殉难者，并下跪在纪念碑前，悲戚万分地表达了德国政府和人民对纳粹政权所犯下的罪行的道歉和忏悔。这一发自内心的忏悔举动，标志着联邦德国政治家反思历史的一个高峰，也鼓励了以汉斯－乌尔里希·韦勒为首的"批判的社会史学派"提出批判性的"德意志特殊道路"命题，从长时段的历史发展和历史形成的社会结构角度分析纳粹主义产生的根源。

1982年以后，以赫尔穆特·科尔为首的联盟党全力推行以"正常化"为导向的历史政策，力图通过强调德意志历史中的积极方面，终结对纳粹时期的历史政治争论，实现"精神和道德转折"，引导年轻一代的德国人摆脱纳粹历史的阴影，重塑民族自豪感和国家认同。受其鼓舞，一些虽然认同民主政治，但具有较强烈的民族保守主义情绪、向往权威政治的学者和知识分子开始批评"永恒的左派"，要求打破"禁忌"，摧毁"神话"，走出"历史阴影"，致力于将纳粹主义"历史化"，将对犹太人的大屠杀从可为联邦德国提供认同性的历史观念中排挤出去，使德意志民族成为一个有自我意识的"正常"民族。

从 1989 年夏天开始，东欧剧变和两德统一更进一步刺激了联邦德国政治思潮的向右偏移，被压抑已久的民族思想复活，"保护与命运共同体"观念开始广泛流行，爱国主义成为许多德国人热切期盼的政治诉求。与此同时，新右派历史修正主义再度盛行，右翼极端主义也在社会中快速显露出来，毁坏犹太人墓地、会堂和纪念碑等反犹主义案件大量增加。在围绕着"武装部队罪行展览"而展开的史学争论中，左派政治家、知识分子和广大民众反对右翼极端主义的斗争构成了主要内容之一。

但也应当看到，新右派的历史修正主义仅仅是联邦德国政治文化中的一股逆流，一股不统一的右倾思潮；右翼极端主义也只是极个别的现象。联邦德国绝大多数政治和知识精英以及广大民众，依然能够保持高度的道义感和历史责任心，自觉抵制和反对各种各样为纳粹主义辩护和为德意志民族推卸责任的做法，承认德国对于纳粹的罪行，对于第二次世界大战中的受害者，特别是大屠杀的受害者负有"永恒的责任"，德国人的历史反思必须一代一代保留下去，以确保种族主义和反犹主义无法卷土重来。

争论的发生和发展也与联邦德国的史学革新以及史学界内部的持久分裂紧密相关。同整个西方史学一样，二战结束以来联邦德国的史学也发生了很大变化，即经历了从"旧史学"向"新史学"的转变。但与英、法、美诸国相比，联邦德国史学的重新定向不仅起步晚，其研究课题和理论方法论也有自己鲜明的特点和重点。重建时期，在联邦德国历史学界占统治地位的是那些早在魏玛共和国和第三帝国时期已经成名，或已经开始学术活动的保守派历史学家，他们虽然意识到在个别的历史观点上对德国传统史学进行修正，同自己的邻居，特别是西方在精神世界"做富有成效的对话"的必要性，但继续坚持"德意志历史主义"和以政治史为主要内容、以个别化方法为主要手段的历史编纂。只有一些进步的、具有左翼改良主义色彩的民主派历史学家敢于大胆揭露普鲁士军国主义、法西斯主义和复仇主义之间的继承性，包括垄断组织在建立法西斯专政中的作用，并在历史方法论上，由德意志历史主义转向了"新实证主义"，有的还具有一定的唯物主义倾向。受其激励，一部分社会学家和历史学家逐渐背离了保守派史学家专注政治人物史、严格坚持个别化方法的做法，转向了同兰普希特和韦伯的方法论有一定联系的社会史，或者更确切地说，社会结构史提出了把历史科学与社会学、个别化方法与类型化方法综合起来的主张。到1970 年代，借助于1968 年大学生运动的气势，1969 年上台的社会民主党－自由民主党执政联盟的政治改革措施以及当时大学的扩建，年轻一代的批判史学家迅速在联邦德国史学界立足，并于1970 年代初形成了一个以"历史社会科学"为核心概念的"批判的社会史学派"。批判的社会史学家坚决反对传统的以历史阐释和表意符号为基准的历史学，批判传统史学以首先研究国家和政治外交史为目标，放弃对历史做社会解释和从社会的角度看历史的尝试的做法，主张同"德意志历史主义"彻底决裂，扩大问题的提出、研究领域和方法范围，以便合适地从政治、社会、经济和文化诸方面把握历史实际。批判的社会史学家还大力提倡与系统的社会科学，特别是与社会学、政治科学和经济学以及心理学密切合作，主张把历史—阐释学的方法与社会科学分析的方法创造性地结合起来，运用社会科学的概念和理论来分析、编纂历史，从而实现了从传统政治史到新型社会史的转型。

然而，联邦德国的史学革新并非一帆风顺，恰恰相反，在新旧学派和不同学派之间，对抗冲突也十分激烈，而导致对抗冲突的主要因素除了政治理念和党派立场的差异，还有史学理论方法论的分歧，并且主要体现在如何对待纳粹主义历史的问题上。1960 年代的"菲舍尔争论"和1970 年代的"关于德意志特殊道路命题的争论"都在很大程度上反映了联邦德国历史科学内部的学派斗争，理论方法论的争议与更替，以及各学派对学术资源、权利和声望的争夺。通过这些争论，不仅新学派得以创建和巩固，传统史学也发生了更新，"新历史主义"和"现代政治史"史学派逐渐形成。

1980 年代以后，日常生活史、妇女史、文化史和全球史异军突起，为联邦德国史学园地增添了新的活力。也有一些历史学家无法从学术理念上分门归类，只可以其政治倾向判为左派或右派。这样一来，联邦德国史学呈现极其多元的态势，各种各样新理论、新观点层出不穷，但无任何一种理论观点占据绝对优势。与之相应，在有关德国近现代史，特别是有关纳粹历史的编纂和解说方面，历史学家之间的争论也日趋激烈，左右派的分野和对抗更加突出。

　　发生在1986—1987年的"历史学家之争"虽然起因于诺尔特于1986年6月6日在《法兰克福汇报》上发表的题为《不愿过去的过去》的文章，根源却在新右派的历史修正主义。

　　"新右派"力图从民族保守主义立场观点出发重新解说德国历史，修正左派史学家有关纳粹主义、第二次世界大战、反犹主义和种族大屠杀等历史问题的观点，为那些被说成要对德国走上独裁、战争和大屠杀的灾难之路承担责任的力量、思想和概念"洗刷罪名"，为将纳粹主义"历史化"提供新的动力。

　　对于"德国现当代史编撰中的辩护倾向"，左派历史学家和知识分子见微知著，迎头痛击。他们坚决强调奥斯维辛是"理解的边界"，纳粹罪行的"唯一性"不容动摇，德国人的战争罪责不容怀疑，绝不允许任何以"历史化"为借口，"排除""低估""抵消""理解"罪责甚至为之进行辩护的做法。左派还把接受"西方的政治文化"，实行议会民主制，看作联邦德国所取得的"最大成就"，反对新右派进行民族宣传，实现民族"正常化"的努力。哈贝马斯还提出了以联邦德国《基本法》为依据的"宪法爱国主义"。在他看来，德国历史不能给当代德国人提供认同，旧的历史资源已被证明是不能成为认同基础的，必须创造新的传统，在此基础上建构一个新的民族认同。这个新的传统的基础就是现今已经在联邦德国生根发芽的民主政治体制及其相应的民主政治文化。二战后的联邦德国通过吸收美国的政治文化确立了民主政治文化原则，接受了启蒙的政治文化，认识到了彻底的民主精神和那形成多元立场的力量。联邦德国的《基本法》体现了西方理性主义的民主政治文化精神。它抛弃了专制政治的传统，规定了明确的民主政治体制。它也对以奥斯维辛屠杀为象征的纳粹罪行进行了无条件的谴责。德国人最重要的任务是认同民主宪法，支持民主制度，发展和健全民主的政治文化。认同《基本法》，即所谓"宪法爱国主义"，是新的民族认同的根本所在。在涉及德国人身份的问题上，重要的是首先做一个民主公民，然后才可考虑自己是否德国人。如果说德国历史给德国人留下了遗产，那么最主要的遗产就是对德国专制主义传统的充分认识以及对奥斯维辛的反省和悔过。

　　在左派的猛烈攻击下，新右派历史修正主义者一度身败名裂，狼狈不堪。但在始料未及的东欧剧变和两德统一之后不久，新右派的历史修正主义死灰复燃，逞性妄为。相形之下，左派立场严重受挫，锐气大减，其解释权和道德自信一落千丈。在 1996 年围绕丹尼尔·戈德哈根著《希特勒的志愿行刑者》一书展开的史学争论中，左派学者同右派学者一样对屠犹是一种德国的"民族方案"的命题，德意志人的"灭绝性反犹主义"开辟了通往奥斯维辛之路的命题持批判态度。而在 2005 年"关于 1940—1945 年大轰炸的争论"中，历史学家汉斯·蒙森也对新右派历史修正主义者约尔格·弗里德里希著《大火：1940—1945 年大轰炸中的德国》一书大加赞扬，称之为一部令人震惊和发人深思的著作，认为弗里德里希"印象主义式"论述提供了详细的信息，虽然不能取代系统分析，却是"披露事实真相的"。当然，绝大多数左派历史学家还是一如既往地坚持斗争，坚决反对的。

联邦德国关于纳粹问题的重大史学争论有的是由亲社会民主党、绿党以及在政治上倾向进步的，具有改良主义思想的左派史学家的著作和观点引起的，如"菲舍尔争论"、"德意志特殊道路争论"和"武装部队罪行展览之争"等，有的则是由亲基督教民主联盟 - 基督教社会联盟，在专业和高校政策上持民族保守主义立场的保守的右翼史学家的著作和观点引起的，如"历史学家之争""关于 1940~1945 年大轰炸的争论"等。

左派史学家在政治上倾向于左翼自由主义或社会民主主义，颠覆传统，"抛弃所有帝国或帝国思想方式"，坦诚对待本民族历史，接受西方价值观，坚决反对任何推卸责任甚至为纳粹罪行进行辩护的企图，深刻揭露德意志历史文化传统的缺陷，积极探讨纳粹主义产生的原因，谆谆告诫广大民众反省、承认、铭记纳粹主义的暴政，以史为鉴，悔过自新。相反，右翼史学家继续坚持民族保守主义观点和"德意志民族主义"思想，坚持为本国历史文化传统进行辩护，煞费苦心地淡化纳粹罪行或使之相对化，低估甚至淡化德意志民族所承担的责任，力图切断"西方纽带"，捍卫历史传统和民族价值，恢复德意志人"对自我历史的乐趣"，重塑德意志民族的民族自豪感，主张在国际事务中扮演与"新德国"的实力相称的国际角色。

争论需要策略。左派采取的是"道德化"批判的策略，坚守道德底线，力图通过谴责纳粹主义来摆脱这一负面遗产，甚至为了彻底反思历史，不惜放弃民族概念，以宪法认同取代民族认同，用"宪法爱国主义"作为联邦德国自我理解的基础。右派则采取"去道德化"辩护的策略，力图通过重新解说、"漂白"德意志民族的历史文化传统，人为地制造一些可以继承和与之连接的纯洁的、优秀的和珍贵的历史传统。这两种策略针锋相对，体现了"非民族化"和"回归种族民族主义"的思想分歧。左派否定民族国家历史和民族主义，右派则坚持从种族划分上界定"德国人"的做法，强调德意志民族的"正常化"。

左翼政治家、知识分子和媒体，坚持历史研究的唯道德论和"政治正确"，勇于自我启蒙和自我批判，反对历史修正主义和"辩护趋势"，表现出了令世人敬佩的巨大勇气和高风亮节，但也不免有"道德上的矫枉过正"之嫌，人为地制造了若干禁忌，限制了视野和研究领域，忽略和遮蔽了一些甚至不乏重要性的历史事实，使得德国人对自身在二战中经历的苦难不可言说，其民族情感无法表露，爱国主义难以伸张。

右翼反对通过道德上的施压来谋求德国当代史阐释之霸权的做法，拒绝"非白即黑"的笼统化、简单化的评价体系，极力主张"去意识形态化"、言论自由和学术多元化，反对用政治上的"对"与"错"、"进步"与"落后"来衡量学术观点的有效性，主张通过深入细致的区分，辨明"历史真相"，同对待所有已经过去的时代完全一样的客观、冷静地论述1933—1945年的历史。然而，对于纳粹主义这种犯罪的历史，学术探讨的自由空间实际是十分狭小的，客观公正不仅难以做到，而且在很大程度上也是为了辩护而打出的幌子。

卡尔·波普尔曾言："科学，尤其是科学的进步，不是孤立的努力的结果，而是思想的自由竞争的结果。因为科学始终需要各个假说之间的竞争和严格的检验。各个相互竞争的假说有需要由人来代表，比方说，它们需要辩护律师，需要法官，需要公众。"① 联邦德国史学家很早就认识到了这一点，并始终在实践中遵循着这一准则。由此产生的直接后果就是，在德国史学的发展史上，从来都不缺少争论。联邦德国的史学史在一定程度上甚至可以作为"争论史"来加以追述。② 在这其中，历史研究中的"寂静"和"孤独"，历史学家埋首于档案馆和资料室中的勤奋，写作时突如其来的灵光乍现都暂时隐退了，整个学科都笼罩在派别对立和言辞对抗的浓浓硝

---

① 卡尔·波普尔：《历史决定论的贫困》，杜汝楫、邱仁宗译，上海人民出版社，2009，第122页。

② 参见 Martin Sabrow/Ralph Jessen/Klaus Große Kracht（Hrsg.），Zeitgeschichte als Streitgeschichte. Große Kontroversen seit 1945. München，2003；Klaus Große Kracht，Die zankende Zunft. Historische Kontroversen in Deutschland nach 1945. Göttingen，2005；Jürgen Elvert/Susanne Krauß（Hrsg.），Historische Debatten und Kontroversen im 19. und 20 Jahrhundert. Wiesbaden，2003；Volker Dotterweich（Hrsg.），Kontroversen der Zeitgeschichte. Historische-politische Themen im Meinungsstreit，München，1998；Hartmut Lehmann（Hrsg.），Historikerkontroversen. Göttingen，2000。

烟中。尤其是二战后，历史与现实的双重作用使得联邦德国历史科学的争论传统从动力、平台、主体到行为模式和影响因了都发生了显著的变化。

首先，一般性的学术反对意见发展为一种更为独立的批判形式，即书评。大部分的学术反对意见往往是寥寥数语——也许是论文的某个注释或者某句话后的一个"但是"。这种批判方式与其说是为了给读者提供新的指向，毋宁说是为了展现评价者自己的学术立场。这种简短的批评无法引发互有往来的、大规模的、长期的争论。书评作为反对意见发声的传统场所，对研究工作的优劣做全面的考量，给出专业的评价，并且证明撰写者的专家身份和考察能力。从书评中，人们不仅能够了解被评论的作品，而且能够了解评论家。两者的信息量往往不相上下，因为"在书评与评论性杂文中，评论者仿佛允许对其书桌的审视。他表明自己如何阅读、感知、接受、归类和评价。他比在其他学术文章中更大地打开了通向其思维工坊的大门"。① 书评往往会成为争论的导火索，持异见者从一开始就划定了讨论的范围，择定了对手，并且清晰地表达了其已准备好投入一场公开讨论的意愿。但是，单方面的批判也无法构成争论。并非每个严厉的批评、每篇激烈的书评、每种意见分歧或者每次观念修正都可以被视为争论性的或者可以引发争论的。所谓争论是，在某一问题上，至少两位公开代表不同立场的专家互相展开批判。它必须满足两个条件：第一，在某个确定的研究范围内，两位以上的研究者带着各自不同的假说彼此对立；第二，他们之间存在交互对话。

其次，历史学争论的阵地从学术沙龙、大学课堂、专业期刊一直延伸到大众媒体。按照皮埃尔·布尔迪厄（Pierre Bourdieu）的理论，它的生存空间就是整个的"历史学场域"，就是不同的力量团体凭借各种手段为追求各自的认同而展开争夺的开放性场地。② 在这当中，争论的主体不再仅仅服膺于学术伦理和职业自我认知，因为在争论的过程中往往有更多社会、政治、美学等非科学的要素干涉其中。而只有在政治、社会、个人等众多因素与事实论点的纵横交错之处，史学争论才展现出其典型特点，这就是，它们不仅是当时专门的学科水平的反映，而且是当时普遍的历史文化的反

---

① Friedrich Wilhelm Graf, Einleitung, in: Ernst Troeltsch, Kritische Gesamtausgabe, Bd. 4, Berlin und New York 1998, S. 1 - 70, hier S. 3.

② Pierre Bourdieu/Lutz Raphael, Über die Beziehungen zwischen Geschichte und Soziologie in Frankreich und Deutschland, in: Geschichte und Gesellschaft 22 (1996), S. 62 - 89, hier S. 66f.

映。尤其是在当代史争论中，鉴于争论主体不仅是以观察者，而且更是以经历者的身份出现，所以科学与非科学之间、作为历史学家的"公"与作为个体的"私"之间的界限更易被模糊。①

最后，史学争论根据不同的发生情境分为"学术论争"和"公共论战"两类。一般而言，科学研究活动可以分为三个情境：（1）"发现的情境"（context of discovery），指一个新的科学假说、理论等是如何被设想或提出的；（2）"证明的情境"（context of justification），指科学假说、理论是如何得到确证或辩护的；（3）"说服的情境"（context of persuasion），指科学知识是如何在科学体系外得到认可的。简而言之，在"证明的情境"中发生的史学争论是"学术论争"，而在"说服的情境"中发生的史学争论则是"公共论战"。具体而言，如果说学术论争是在狭小范围内对经验性的命题和理论性的假说科学地进行有效性检验，那么公共论战就是在广阔范围内对学术问题和研究成果的政治与道德维度进行判定。② 前者主要发生在专业公共领域和学术期刊上，而后者则主要发生在公共领域和大众媒体上。因此，参与学术论争需要主体具备对经验性研究对象进行学术审查的能力和权限，也就是说参与者不仅要受过严格的专业训练，拥有专业内部认可的执业资格，而且还必须享有一定的学术声望和学术地位。与之相比，公共论战的准入标准则要低得多，因为它往往不需要更多超越普通民众文化素养之外的专业历史知识储备。在公共论战中，不是两个专家或专家团体互相争论，而是一个无法明确框定界限的争论群体各抒己见，它往往由不同学科与领域的研究者（包括但不限于历史学家、政治学家、社会学家和哲学家等）、政治家、政论家、作家、记者、编辑甚至是普通民众组成。基于这种参与主体范围的扩大，随之而来的就是对具有争议的实质性研究问题进行解释和澄清的可能性的降低了。争论已经跳出对经验性的具体问题进行"证明"的范围，转而关注对讨论对象进行政治性的、伦理性的和规范性的评定，从而"说服"更广泛的受众去接受它。当然，由于参与主体往往具备多重身份，一场史学讨论经常兼具学术论争与公共论战的双重特色，或者在两者之间进行转化。

---

①　Lutz Niethammer, Über Kontroversen in der Geschichtswissenschaft, in: ders. , Deutschland danach. Postfaschistische Gesellschaft und nationales Gedächtnis. Berlin 1999, S. 414 – 423.

②　Klaus Große Kracht, Kritik, Kontroverse, Debatte. Historiographiegeschichte als Streitgeschichte, in: Jan Eckel/Thomas Erzemüller, Neue Zugänge zur Geschichte der Geschichtswissenschaft. Göttingen 2007, S. 255 – 283, hier S. 262.

　　从联邦德国关于纳粹问题的重大史学争论来看，其横跨多个领域、兼具数个情境的特点尤为突出。一方面，对经验性的具体问题进行"证明"的纯学术论争依然大量存在；另一方面，对讨论对象进行政治性的、伦理性的和规范性的评定，从而"说服"更广泛的受众去接受它的公共论战也崭露头角。在这些争论中，学术论争的比重日益下降，而公共论战的比重日益上升。

　　争论爆发和推进的主战场从专业的历史学期刊和一些综合性的知识分子杂志转移到了日报、周报等大众平面媒体以及广播电台、电视台上了。专业公共领域与大众公共领域之间的界限逐渐变得模糊。历史学家开始大批量地向日报和周报的副刊投稿。这些大众媒体的出版方式所遵循的是市场运行机制，但与传统的专业交流模式相比，它能够使专业史家更为迅速而简明扼要地对问题发表看法，从而在讨论中占据有利的位置，发挥更大的影响。掌握大众媒体的报人扮演了主要角色，发挥着重要的，甚至从某种程度上可谓决定性的作用。"学术权威"的"解说垄断"被彻底打破了。大众媒体可以决定哪些历史研究成果和学术论争可以出现在公众的视野中，可以挑选属意的主题、文章和撰稿人，决定争论文章发表的时间，由此控制读者、听众和观众的注意力以及争论的进程。而在挑选具有新闻价值的历史对象时，大众媒体一般遵循三个原则：（1）现实相关性，即对象是否与当下有直接的密切关系；（2）可讨论性，即广大公众是否愿意并且能够对对象产生兴趣；（3）可伦理规范化，即是否可以对对象做出道德评价。①这些与科学性毫无关系的标准必然与历史科学的诉求产生矛盾，使论战最终的走向和意义远远超越了单纯就某些学术观点展开讨论的界限。对于历史学家以学科内部评价为基础的学术声誉，大众媒体不再无条件地认同，它们希望以自己的评价标准为基础，构建历史学家新的媒体威望。历史学家想要获得媒体威望，就必须参与公共领域的争论。媒体知名度与媒体威望日益成为一种象征资本，在研究资源的分配与占有中发挥不小的作用。正如哈贝马斯在"历史学家之争"中所言："我们以第一人称的视角进行围绕正确答案的争论。我们不应把这个我们可能人人参与的舞台与学者们的讨论相混淆，他们在工作中必须采取第三人称的观察视角。联邦德国的政治文化无疑受到历史学家和其他人文科学学家的……工作的触动，但是只

---

　　① Klaus Große Kracht, Kritik, Kontroverse, Debatte, a. a. O. , S. 264.

有通过中介和大众媒体的闸门，科研工作的成果才凭借回归参与者视角成功进入传统习得的公共河流。"① 不少报刊的主编和发行人还亲自撰文，主动参与到论战中去，摆脱专家的监控，追求一种不仅满足史学专业标准，而且表达了社会自我认知的历史图景，把争论推向一个又一个新高潮。

历史学家不再是唯一能够开启历史大门的人，他们对于历史知识之管理和加工的垄断权和在公共领域中的话语权日益被削弱。参与争论者的话语立场不仅受其专业关系的影响，而且也受其非专业关系尤其是与大众媒体之合作关系的影响，说服民众、动员民众成为一个重要目标。争论的结果也往往取决于公共舆论，未受过专业培训的普通民众成为裁判。历史学的外行人开始信任大众媒体和政治家更甚于历史学家。争论观点的粗糙和扭曲失真，争论者的大肆渲染和两极分化，公众注意力的本末倒置，真正的历史对象的隐退等问题时有发生。

但也有些专业历史学家并不完全屈从于大众媒体市场的运行机制，恰恰相反，他们比以往任何时候都要清醒地认识到历史科学在公共领域的这种兴趣取向上的导向作用。在关于纳粹问题的公共论争中，有不少专业历史学家自始至终都致力于把公众的注意力引导到历史对象本身上去，以事实为中心，从专业方面进行审查，不能只借公共舆论之手对争论的核心问题做出定论，避免做出某种简单化的结论。但与学科内部的纯学术论争相比，有社会公共领域参与的历史争论遵循不同的价值体系、行为准则和评判标准。专业史家们能做的，只有为了使其科学规范和理性准则获得更多听众而不断做出新的努力。

历史科学与公共领域之间的争执、误解和分歧促使历史学家们去正视专业话语的交流能力与有效范围。通过中介和大众媒体的闸门，科研工作的成果凭借回归参与者视角成功进入传统习得的公共河流，活跃了历史学科的争论文化。但因影响史学争论的因素十分复杂，历史学家已经很难掌控局面了，尤其是随着争论的推进，它的科学维度逐渐淡化，而政治伦理维度则逐渐强化。

史学争论还在一定程度上反映了代际差异、矛盾和冲突。战后重建时期，在联邦德国学术界和思想界占主导地位的是"战时的一代"，他们早在魏玛共和国和第三帝国时期已经成名，或已经开始学术活动，除了部分人

---

① Jürgen Habermas, Vom öffentlichen Gebrauch der Historie, in: Die Zeit, 07. 11. 1986.

因受种族主义迫害曾流亡国外现在又返回以外，大多数人加入过纳粹党，在1933年以后未被纳粹政权解职，在1945年以后也未受到由"非纳粹化"运动所造成的人事变动后果的冲击。他们继承了"德意志历史主义"的基本特点，信奉"国家主义"，崇拜国家，专注政治人物史，严格坚持个别化方法，只在个别的历史观点上对德国的传统史学进行了某种程度的修改，主张抛弃至今作为一种政治发展因素的德国历史科学基础的某些习惯概念，同自己的邻居，特别是西方精神世界做富有成效的对话。个别倡导社会史研究的历史学家因为过去曾追随"大德意志历史观"，同纳粹政权进行过"合作"，不敢触动纳粹历史，也不愿意公开检讨自己的问题。只有菲舍尔等背离了纳粹党并发展成为坚定的自由主义者的进步历史学家勇于对德国历史进行批判性研究。

到1970年代，二战后期出生的一代人已经成长起来，成为大学里的学术骨干，不断影响着联邦德国包括历史话语在内的整个知识分子文化。他们的童年和青少年时期主要在民族社会主义统治下度过，曾或多或少亲历了第二次世界大战，但并没有像其父兄那样投身德国本土以外的战斗，没有背负纳粹主义的历史，在围绕纳粹问题展开争论时不必顾虑重重。由于父辈的阵亡、负伤或者被俘，这些历史学家们不得不过早地承担起对自己以及对社会的责任，他们自身也具有强烈的责任意识，积极地就国家教育和文化政策的许多基本问题发表意见，即便这些问题往往超越了他们个人专业的界限。

但在这一代人当中，又有左派和右派之分。两派在政治立场、历史观和史学研究方法上大相径庭，各不相让。可以说，联邦德国当代史作为公开的争论史就是由这一代历史学家所推动的，他们不仅仅是作为专业学者，而且也是作为公共领域的知识分子参与争论，虽然他们并未完全垄断当代史话题的阐释权。

左翼历史学家接受自由主义和民主主义思想，自认为是"道德良心"。他们亲近西方和资本主义，憧憬"人道的、合理的社会"，呼吁诸如人权等一般价值，期望把历史研究与社会实践结合起来，制定"适用于实践的现代理论"，促进"个人和集体的合理行动"，使德国的政治放弃超出领土现状的扩张主义目标，维护欧洲的和平。

这一代人中的右派史学家也被称为"新右派""知识分子右派""民主的右派""温和的右派"。他们具有强烈的民族保守主义倾向，但也认同民主政治，拥护联邦德国的民主共和制度。他们与敌视民主政治、完全否认纳粹罪行甚至从事暴力活动的极右派并不一样，只是其拥抱德国至上论，服膺现实主义、实力政治，以及德国地缘政治需求的立场态度，与右翼极端主义和右翼激进主义又没有多大差别，其偏右倾向也无严格界限，其观点很容易滑向极右派，或被极右派加以利用。

到1980年代，更新一代年轻人对"第三帝国"时代的记忆诉求日益增多，而且其态度也经常与老师辈历史学家的观点发生严重对立。例如在1996年围绕丹尼尔·约纳·戈德哈根著《希特勒的志愿行刑者》一书而展开的争论中，年纪较大的历史学家（无论左派还是右派）大都对戈德哈根的著作持拒绝态度，年轻一代的学者和民众则给予其前所未有的关注并且绝大部分为其提供支持，旗帜鲜明地站在戈德哈根一边而反对德国史学家。他们不赞同使用批判的观点去教育当代青年，不愿意继续打击民族自豪感，与此同时，他们也绝对不同意偏离战后的基本立场，即使面临"比较难的心理上的承受力"，也要勇于承担责任，通过多元化的历史教育手段，运用"人性叙述"的方式，让德国的青年一代从历史中吸取教训。

参与史学争论的不仅仅是联邦德国历史学家、时政评论家、新闻记者和普通民众，英国、美国和东欧国家学者也参与"关于德意志特殊道路命题的争论"、"关于武装部队罪行展争之"和"戈德哈根辩论"。但与大卫·卡里欧、大卫·布莱克波恩和杰夫·艾里等英、美史学家参与"关于德意志特殊道路命题争论"的情形不同，在"戈德哈根辩论"中，外国学者与德国学者的意见分歧不仅涉及学术观点的不同，还涉及文化差异。在美国，自1960年代起，伴随着德国的法兰克福审判、以色列的艾希曼审判和中东战争的出现，"大屠杀意识"普遍流行，有关大屠杀的作品也十分畅销，所谓美国的自由和民主价值观战胜了"德国黑暗"的观点深入人心。不仅如此，美国社会还特别关注大屠杀在认识和评价德国历史中的地位，关注普通德国人与大屠杀之间关系。两德统一后，美国社会对右翼势力的复活十分敏感，虽然大都赞成德国重新统一，但对德国的担忧也不断增加。美国青年学者丹尼尔·约纳·戈德哈根完全顺应了这种文化心态和时代精神，其著作《希特勒的志愿行刑者》一书也在很大程度上反映并延伸了美国公众对于大屠杀的兴趣，其结论，即德国战后文化受到美国的改造，因而不会再出现屠犹事件，则增强了读者对美国文化的自信心。

在联邦德国，有关纳粹屠杀犹太人的历史的研究早已有之，各种官僚机构，如党卫军、集中营看守、盖世太保、占领军等在其中扮演的角色也得到了认真讨论。1986—1987 年"历史学家之争"同样牵涉"大屠杀"的唯一性问题。这场风波最终让德国上下达成了一种共识，即奥斯维辛是"理解的边界"。更为重要的是，在 1970 年代末美国电视系列片《大屠杀》热播后，这一话题也进入公众视野中。从 1980 年代末开始，大屠杀研究出现了全球化和结构化的倾向。一方面，除德国之外的其他国家在大屠杀中的参与，也开始被揭露出来，大屠杀与所谓"现代性的病态"理论结合在一起；另一方面，单一性的因果联系（如经济解释论或此前流行一时的反犹主义因素）都让位于功能主义式的结构分析（如中央机构和占领地区之间的矛盾、当地不同团队之间的合作问题、财政管理和劳动管理之间的分歧）。但对普通人与大屠杀之间关系的问题，德国学界却很少涉及。两德统一后，联邦德国历史观大幅度右转，右翼历史学家将奥斯维辛与鲍岑（原民主德国关押政治犯的监狱）或古拉格（苏联关押政治犯的监狱）相提并论；左翼既挖掘抵抗运动的历史，又反复强调大屠杀的"复数性"，因为犹太人之外的群体也曾是纳粹政权的受害者。还有人强调不少德国人曾经帮助过犹太人，并试图以此来挽救德国人的声誉。

戈德哈根对于"普通德国人"在反犹历史中所扮演的角色的论述（德国人的集体罪责）涉及整个德意志民族，关乎着整个德国的国家形象，因而深深地触动了德国社会的神经。美国的一些杂志评论戈德哈根的这本书时所用的标题，如"杀手之国""普通恶魔"，更是触目惊心。在经过激烈的争论之后，联邦德国民众，特别是青年一代较多地对戈德哈根持同情和支持态度，较为年长的学术权威和媒体大亨却并未试图与戈德哈根达成和解。这一点不仅反映了专业史学与大众史学之间的对立、年老一代与青年一代之间的代际冲突，也反映了联邦德国社会主流在文化记忆上与美国的巨大差异。

同样，柏林自由作家、业余历史学家约尔格·弗里德里希著《大火：1940—1945 年大轰炸中的德国》一书出版后，英国媒体普遍视之为丑闻。盖在二战结束后的很长时间内，英、美、苏等战胜国的领导人都以反纳粹主义的英雄自居，坚持认为自己所进行的战争是正义的战争，是对纳粹德国的非正义战争的坚决抵抗。他们也只强调纳粹德国的罪行，力主对战后德国实行军事占领和审判战犯的强制措施，辅之以"非纳粹化"的再教育政策。对于同盟国在战争进行过程中的过失，他们不是刻意回避，就是矢口否认。而在战胜国的史学界，民族主义的英雄崇拜也长期占据主导地位，广大民众更是毫不怀疑大轰炸的合法性。不少英国人还对德国人抱有很深的成见，认为他们是一个好战的民族，而在现代的"总体战争"中，所有德国人都已成为战士，都应当受到打击。对于德国人在二战中遭遇的苦难，许多英国人并不关心，而是认为德国人咎由自取。他们可以向印度人和非洲人等所有遭受过大不列颠殖民帝国奴役的人民表示道歉，唯独不能向德国人道歉。

争论的本质问题是，德国人以批判自省的方式对待自己的历史有何优劣，而最重要的问题是德意志民族的认同性问题，包括对德意志文化、民族和国家的不同认识和评价，对联邦德国未来发展的不同期待。争论的结果是历史学家对历史细节的研究逐渐深入，使纳粹历史更完整的原貌越来越清晰地呈现，不仅促进了历史研究的发展，而且也对德意志民族的认同性产生了巨大的塑造作用。

然而，关于纳粹问题的史学争论不是静止的、一劳永逸的，鉴于它巨大的政治敏感性，纳粹主义的"历史化"是很难实现的。展望未来，主要有下列问题值得深思。首先是历史记忆问题。没有历史，任何民族都难以生存，但是对于"犯罪的历史"应当如何记忆？其次是德意志民族的认同性问题。抛弃传统的把民族看作血缘和命运共同体的观念，依靠宪法和制度的约束能否建立持久的民族认同性？

任何民族要认识自身都是一件不易的事，尤其当它面对一段耻辱与羞愧的往事时，它往往会产生沉重的心理负担。然而漠视乃至回避这段往事，却不如正视并接受它来得更有价值。战争罪责与民族自豪感之间并非截然对立、非此即彼的选择。聪明的民族与国家，只有厘清了其中的关系，方能放下历史包袱，作为"正常国家"，面对未来。

应当承认，联邦德国对本民族的历史，尤其是不光彩的历史的追忆、研究和总结的确达到了相当高的水平，然而大量史学争论的反复出现也表明，德国社会对纳粹罪行的看法很不一致，德意志人的"内在统一"依然缺乏，极端势力的危害依然严峻。这种复杂的意见不一，严重阻碍了统一的德意志民族认同的形成。而一个民族如果缺乏最基本的共识，其未来的发展方向和前景也就难以预料了。如何从历史文化角度论证民族认同性，在德国仍是一个未决的问题。这就预示着对于纳粹历史的研究和争论还将继续进行下去，而对于未来发展方向的指引，则取决于哪一派势力真正掌控了历史政治的话语权，并赢得民众的积极支持。

　　值得注意的是，在论述这些史学争论时，大多数西方学者都是以西方资本主义国家的意识形态为指导思想的，强调"自由""民主""人权""多元文化"等价值观念，即使那些思想比较激进的左派自由主义者和民主主义史学家也不例外。左派学者和政治家虽然具有较强的道德意识和责任感，反对推卸历史责任，为纳粹罪行进行辩护的企图，但也积极提倡"学术自由"，赞美"争论文化"，对于"非西方"的研究漠不关心，对社会主义制度和马克思主义恶语相向。对此，中国学者理应保持清醒的头脑，要在充分掌握资料、全面了解事实情况的基础上，做出有理有据的批判分析。

参考文献

德文

Acham, K. /W. Schulze (Hrsg.), Teil und Ganzes. München: Dt. Taschenbuch-Verl., 1990.

Adam, Uwe-Dietrich, Judenpolitik im Dritten Reich. Düsseldorf: Droste, 1972.

Ansprache des Bundespräsidenten Richard von Weizsäcker am 8. Mai 1985 in der Gedenkstunde im Plenarsaal des Deutschen Bundestages (DHG).

Assmann, Aleida/Frevert, Ute, Geschichtsvergessenheit. Geschichtsversessenheit. Vom Umgang mit deutschen Vergangenheiten nach 1945. Stuttgart: Deutsche Verlag-Anstalt, 1999.

Augstein, Rudolf, Der Soziologe als Scharfrichter, in: Der Spiegel (April 15, 1996), reprinted in: Schoeps, Julius H. (Hrsg.), Ein Volk von Mördern? Die Dokumentation zur Goldhagen-Kontroverse um die Rolle der Deutschen im Holocaust. Hamburg: Hoffman und Campe, 1996, S. 106 – 109.

Augstein, Rudolf, Der Soziologe als Scharfrichter, in: Der Spiegel, 15. 4. 1996.

Augstein, Rudolf, Die neue Auschwitz-Lüge, in: Der Spiegel 41 (1986), S. 62 – 63.

Augstein, Rudolf, Liebe Spiegel-Leser, in: Der Spiegel, 11. 3. 1964, S. 41 – 48.

Backes, Uwe/Jesse, Eckhard/Zitelmann, Rainer (Hrsg.), Die Schatten der Vergangenheit. Berlin: Ullstein Verlag, 1990.

Backes, Uwe/Henrik Steglich, (Hrsg.), Die NPD. Erfolgsbedingungen einer rechtsextremistischen Partei. Baden-Baden: Nomos-Verl-Ges., 2007.

Bald, Detlev/Klotz, Johannes/Wette, Wolfram, Mythos Wehrmacht. Nachkriegsdebatten und Traditionspflege. Berlin: ATV, 2001.

Balkenohl, Stephan, Die Kontroverse um die Ausstellung „Vernichtungskrieg. Verbrechen der Wehrmacht 1941 bis 1944" in Münster. Eine qualitative Auswertung der Reaktion, Mit einem Vorwort von Hans W. Gummersbach. Münster-Hamburg-London: Lit Verlag, 2000.

Baring, Arnulf, Und doch: Vergangenheit, die nicht vergehen will, in: Frankfurter Allgemeine Zeitung, 18. 9. 1996.

Bartov, Omer u. a. , Bericht der Kommission zur überprüfung der Ausstellung „Vernichtungskrieg. Verbrechen der Wehrmacht 1941 bis 1944", Nov. 2000.

Becker, Josef/Stammen, Theo/Waldland, Peter (Hrsg.), Vorgeschichte der Bundesrepublik Deutschland. München: Fink, 1979.

Becker, Ulrike, u. s. w. , Goldhagen und die deutsche Linke, oder Die Gegenwart des Holocaust. Berlin: Elefanten, 1997.

Beiheft zur Zeitschrift Geschichte in Wissenschaft und Unterricht. Bericht über die 26. Versammlung deutscher Historiker in Berlin (7. bis 11. Oktober 1964), Stuttgart 1965, 63 – 72.

Benz, Wolfgang, Zum Umgang mit der nationalsozialistischen Vergangenheit in der Bundesrepublick, in: Danyel, Jürgen (Hrsg.), Die geteilte Vergangenheit zum Umgang mit Nationalsozialismus und Widerstand in beiden deutschen Staaten. Berlin: Akad. Verl. , 1995, S. 47 – 60.

Berger – v. d. Heider, Thomas, Vom Münchener Abkommen bis zum Ende des Zweiten Weltkrieges. Ein Blick in neuere Geschichtsschulbücher der Sek. I. und II. , in: Maier, Robert (Hrsg.), Tschechen, Deutsche und der Zweite Weltkrieg. Von der Schwere geschichtlicher Erfahrung und der Schwierigkeit ihrer Aufarbeitung. Hannover: Hahn, 1997, S. 161 – 181.

Berghahn, Volker, Die Fischerkontroverse. 15 Jahre danach, in: Geschichte und Gesellschaft 6 (1983), S. 403 – 419.

Birn, Ruth Bettina/Rieß, Volker, Das Goldhagen-Phänomen oder: fünfzig Jahre danach, in: Geschichte in Wissenschaft und Unterricht 49 (1998), S. 80 – 95.

Blackbourn, D. /Eley, E. , Mythen deutscher Geschichtsschreibung. Die gescheiterte biirgerliche Revolution 1848. Frankfurt a. M. u. a. : Ullstein, 1980.

Blank, R. /Sollbach, G. E. , Das Revier im Visier. Bombenkrieg und „Heimatfront" im Ruhrgebiet 1939 – 1945. Hagen: Lesezeichen, 2005.

Blank, Ralf, Rezension von: Der Brand, in: Start, Ausgabe 2 (2002), Nr. 12.

Boehme, Helmut, Deutschlands Weg zur Grossmacht. Köln u. Berlin: Kiepenheuer & Witsch, 1966.

Boelsche, Jochen, „So muss die Hoelle aussehen", in: Stephan Burgdorff/ Christian Habbe (Hrsg.), Als Feuer vom Himmel fiel. Die Bombenkrieg in Deutschland. München: Deutsche Verlag-Anstalt, 2003, S. 18 – 38.

Bolesch, Cornelia, Historie oder Hysterie, in: Süddeutsche Zeitung, 06. 09. 1996.

Bösch, Fank, Film, NS-Vergangenheit und Geschichtswissenschaft. Von „Holocaust" zu „Der Untergang", in: Vierteljahrshefte für Zeitgeschichte 55 (2007), S. 1 – 32.

Bracher, Karl Dietrich, Die Auflösung der Weimar Republik: eine Studie zum Problem des Machtverfalls in der Demokratie. Villingen/Schwarzwald: Ring-Verl. , 1955.

Bracher, Karl Dietrich, Vorspiel zur deutschen Katastrophe, in: Neue Politische Literatur, Bd. 7, 1962, Sp. 471 – 482.

Brand, W. , Erinnerungen. Frankfurt a. M. und Berlin: Propylaeen, 1989.

Brandt, Willy, Erklärung des Bundeskanzlers zum Reichsgründungstag, in: Bulletin des Presse-und Informationsamtes der Bundesregierung, Nr. 5, 1971.

Brandt, Willy, Verpflichtung zum Frieden und Wahrung von Freiheit und Recht, in: Bulletin des Presse-und Informationsamtes der Bundesregierung, Nr. 1970, S. 591 – 592.

Bredthauer, K. D. /Heinrich, A. (Hrsg.), Aus der Geschichte lernen. Bonn: Blätter Verlag, 1997.

Briefe an Goldhagen, Eingeleitet und beantwortet von Daniel Jonah Goldhagen. Berlin: Siedler, 1997.

Broszat, M. u. a. (Hrsg.), Deutschlands Weg in die Diktatur. Internationale Konferenz zur Nationalsozialistischen Machtübernahme. Referate und Diskussionen. Ein Protokoll. Berlin: Siedler, 1983.

Broszat, Martin/Friedländer, Saul, Um die „Historisierung des Nationalsozialismus". Ein Briefwechsel, in: Vierteljahrshefte für Zeitgeschichte 2 (1988), S. 339 – 372.

Bruckmann, Klaus, Erster Weltkrieg. Ursachen, Kriegsziele, Kriegsschuld. Firitz Fischers Thesen in deutschen Geschichtsbüchern. In: Geschichte in Wissenschaft und Unterricht 32 (1981) S. 600 – 617.

Calleo, David P. , Legende und Wirklichkeit der deutschen Gefahr. Neue Aspekte zur Rolle Deutschlands in der Weltgeschichte von Bismarck bis heute. Bonn: Keil Verl, 1980.

Christoph Jahrs Rezensionsnotiz, in: Neue Zürcher Zeitung, 12. 12. 2002.

Coeckelberghs, Hilde, Das Schulbuch als Quelle der Geschichtsforschung. Methodologische überlegungen, in: Internationales Jahrbuch für Geschichts-und Geographie-Unterricht, Band 13, 1977/1978, S. 8 – 9.

Conze, Eckart, „Moderne Politikgeschichte". Aporien einer Kontroverse, in: Müller, Guido (Hrsg.), Deutschland und der Westen. Internationale Beziehungen im 20. Jahrhundert. Festschrift für Klaus Schwabe. Stuttgart: Steiner, 1998, S. 19 – 30.

Conze, W. , Die Strukturgeschichte des technisch-industriellen Zeitalters als Aufgabe für Forschung und Unterricht. Köln u. Opladen: Westdentscher Verl. , 1957.

Conze, Werner, Sozialgeschichte, in: Hans-Ulrich Wehler (Hrsg), Moderne deutsche Sozialgeschichte. Köln und Berlin: Kiepenheuer & Witsch, 1970, S. 19 – 26.

Conze, Werner, Sozialgeschichte, in: Religion in Geschichte und Gegenwart. Bd. 6. Tübingen: Mohr, 1963.

Cornelißen, Christoph, Gerhard Ritter. Geschichtswissenschaft und Politik im 20. Jahrhundert. Düsseldorf: Droste, 2001.

CSU attackiert das Rathaus, in: Süddeutsche Zeitung, 15. 02. 1997.

Dahrendorf, Ralf, Gesellschaft und Demokratie in Deutschland. München: Piper, 1966.

Danyel, Jürgen (Hrsg.), Die geteilte Vergangenheit zum Umgang mit Nationalsozialismus und Widerstand in beiden deutschen Staaten. Berlin: Akad.

Verl. , 1995.

Danyel, Jürgen, Die Erinnerung an die Wehrmacht in beiden deutschen Staaten. Vergangenheitspolitik und Gedenkrituale, in: Rolf-Dieter Müller/Volkmann, Erich (Hrsg.), Die Wehrmacht. Mythos und Realität. München: Oldenbourg, 1999.

Das Deutsche Reich und der Zweite Weltkrieg, B. 1 – 10, hrsg. vom Militärgeschichtlichen Forschungsamt. Stuttgart: Dt. Verl. – Anst. , 1979 – 2008.

Dehio, Ludwig, Deutschlands Griff nach der Weltmacht. Zu Fritz Fischers Buch über den Ersten Weltkrieg, in: Der Monat 14, H. 161 (Feb. 1962), S. 65 – 69.

Dehio, Ludwig, Gleichgewicht oder Hegemonie. Betrachtungen über ein Grundproblem der neueren Staatengeschichte. Krefeld: Scherpe-Verl. , 1948.

Demagogische Inszenierung, in: Bayernkurier, 01. 03. 1997.

Demps, Laurenz (Hrsg.), Luftangriffe auf Berlin. Die Berichte der Hauptluftschutzstelle 1940 – 1945 (= Schriftenreihe des Landesarchivs Berlin. Bd. 16). Berlin: Ch. Links, 2012.

Denecke, Burghild u. s. w. (Hrsg.), Durchblick. GSW Geschichte/Politik 9/10 Realschule Niedersachsen. Braunschweig: Westermann, 1998.

Der Besuch des Bundeskanzlers im Statte Israel, in: Bulletin des Presse-und Informationsamts der Bundesregierung, Nr. 13 vom 2. 2. 1984, S. 109 – 120.

Deutsch-französische Vereinbarungen über strittige Fragen europäischer Geschichte, in: Geschichte in Wissenschaft und Unterricht 3 (1952), S. 288 – 299.

Diwald, Hellmut, Geschichte der Deutschen. Frankfurt a. M. und Berlin: Propyläen, 1978.

Diwald, Hellmut, Mut zur Geschichte. Bergisch Gladbach: Lübbe, 1983.

Donat, Helmut/Strohmeyer, Arn (Hrsg.), Befreiung von der Wehrmacht? Dokumentation der Auseinandersetzung über die Ausstellung „Vernichtungskrieg-Verbrechen der Wehrmacht 1941 bis 1944" in Bremen 1996/97. Bremen: Donat, 1997.

Donat, Helmut/Koch, Diether/Rohkrämer, Martin, Bibliographie zum „Historikerstreit", in: Donat, Helmut/Wieland, Lothar (Hrsg.), Auschwitz erst möglich gemacht? Überlegung zur jüngsten konservativen Geschichtsbewältigung.

Bremen: Donat, 1991, S. 150 – 214.

Dorn, Wolfram, NPD-Neuer Anfang eines furchtbaren Endes? Köln: Markus-Verl. , 1969.

Dorpalen, Andereas G. , Gerhard Ritter, in: Hans-Ulrich Wehler (Hrsg.), Deutsche Historiker. Band I. Göttingen: Vandenhoeck & Ruprecht, 1971, S. 86 – 99.

Dotterweich, Volker (Hrsg.), Kontroversen der Zeitgeschichte. Historische-politische Themen im Meinungsstreit. München: Vögel, 1998.

Dubiel, H. , Niemand ist frei von der Geschichte. Die nationalsozialistische Herrschaft in den Debatten des Deutschen Bundestages. München & Wien: Hanser, 1999.

Dudek, P. , Vergangenheitsbewältigung. Zur Problematik eines umstrittenen Begriffs, in: Aus Politik und Zeitgeschichte, 1992, B1 – 2, S. 43 – 53.

Düsterberg, Rolf, Soldat und Kriegserlebnis. Deutsche militärische Erinnerungsliteratur (1945 – 1961) zum Zweiten Weltkrieg. Motive, Begriffe, Wertungen. Tübingen: Niemeyer, 2000.

Ein Protestbrief, in: Die Zeit, 24. 04. 1964.

Elvert, Jürgen/Krauß, Susanne (Hrsg.), Historische Debatten und Kontroversen im 19. und. 20 Jahrhundert. Stuttgart: Steiner, 2003.

Enzensberger, Hans Magnus, Aussichten auf den Bürgerkrieg. Frankfurt a. M: Suhrkamp, 1993.

Erdmann, Karl Dietrich (bearb.), Der Erste Weltkrieg. Die Weimarer Republik. Stuttgart: Union Verlag, 1973.

Erler, Hans, Einleitung: Erinnern und politisches Gedächtnis in Deutschland, in: Ders (Hrsg.), Erinnern und Verstehen. Der Völkermord an den Juden im politischen Gedächtnis der Deutschen. Frankfurt a. M und New York: Campus-Verl. , 2003, S. 9 – 19.

Ernst, Fritz, Geschichtsschreibung als Selbstreinigung, in: Stuttgarter Zeit. , 15. August 1962.

Evans, Richard, Vollendete Unfähigkeit. Antony Beevor unterzieht fast alle Militärführer des Zweiten Weltkrieges scharfer Kritik, in: Süddeutsche Zeitung, 30. 09. 2014.

Fahlbusch, Michael, Wissenschaft im Dienst der nationalsozialistischen Politik? Die „volksdeutschen Forschungsgemeinschaften" von 1931 bis 1945, abgedruckt bei Das Personenlexikon zum Dritten Reich. Wer war was vor und nach 1945. Zweite aktualisierte Auflage. Frankfurt a. M. : Fischer Taschenbuch Verlag, 2005.

Fascher, Eckhard, Modernisierter Rechtsextremismus? Ein Vergleich der Parteigründungsprozesse der NPD und der Republikaner in den sechziger und achziger Jahren. Berlin: Köster, 1994.

Faulenbach, Bernd, „Deutscher Sonderweg". Zur Geschichte und Problematik einer zentralen Kategorie des deutschen geschichtlichen Bewusstseins, in: Aus Politik und Zeitgeschichte, 33, 1981, S. 3 – 21.

Faulenbach, Bernd, Eine Variante europäischer Normalität? Zur neuesten Dikussion über den „deutschen Weg" im 19. und 20. Jahrhundert, in: Tel Aviver Jahrbuch für deutsche Geschichte, 1987, 16, S. 285 – 309.

Faulenbach, Bernd, Historische Tradition und politische Neuorientierung. Zur Geschichtswissenschaft nach der „deutshen Katastrophe", in: Peter, W. H. /Sillem, P. (Hrsg.), Wissenschaft im geteilten Deutschland. Restauration oder Neubeginn nach 1945. Frankfurt a. M. Fischer-Taschenbuch-Verl. , 1992, S. 191 – 204.

Faulenbach, Bernd, Probleme der Neuinterpretation der Vergangenheit angesichts des Umbruchs 1989/91, in: Bernd Faulenbach/Stadelmaier, M. (Hrsg.), Diktatur und Emanzipation: zur russischen und deutschen Entwicklung 1917 – 1991. Essen: Klartext, 1993.

Faulenbach, Bernd/Stadelmaier, M. (Hrsg.), Diktatur und Emanzipation: zur russischen und deutschen Entwicklung 1917 – 1991. Essen: Klartext, 1993.

Fest, Joachim, Die geschuldete Erinnerung. Zur Kontroverse über die Unvergleichbarkeit der nationalsozialistischen Massenverbrechen, in: Frankfurter Allgemeine Zeitung, 29. 8. 1986.

Fest, Joachim, Nachwort, 21. April 1987, in: Piper, Eugen Rudolf (Hrsg.), Historikerstreit. Die Dokumentation der Kontroverse um die Einzigartigkeit der nationalsozialistischen Judenvernichtung. München und Zürich: Piper, 1987, S. 388 – 390.

Finke, Friedrich, Revisionismus zieht weitere Kreise. Professor Ernst Nolte fördert Revision der Zeitgeschichte, in: Deutschland in Geschichte und Gegenwart 34 (1986), Heft 3, S. 1 – 3.

Finkelstein, Norman G. / Birn, Ruth Bettina, Eine Nation auf dem Prüfstand. Die Goldhagen-These und die historische Wahrheit. Hildesheim: Claassen, 1998.

Fischer, Fritz, Der Erste Weltkrieg und das deutsche Geschichtsbild: Beitr. zur Bewältigung e. histr. Tabus. Aursätze u. Vortr. aus 3 Jahrzehnten. Düsseldorf: Droste, 1977.

Fischer, Fritz, Deutsche Kriegsziele. Revolutionierung und Separatfrieden im Osten 1914 – 1918, in: Historische Zeitschrift 188 (1959), S. 249 – 310.

Fischer, Fritz, Griff nach der Weltmacht. Die Kriegszielpolitik des kaiserlichen Deutschland 1914/1918. Düsseldorf: Droste, 1961.

Fischer, Fritz, Krieg der Illusionen. Die deutsche Politik von 1911 bis 1914. Düsseldorf: Droste, 1969.

Fischer, Fritz, Vom Zaun gebrochen-nicht hineingeschlittert. Deutschlands Schuld am Ausbruch des Ersten Weltkriegs, in: Die Zeit, 3. September 1965.

Fischer, T. / Lorenz, M. N. Hrsg. , Lexikon der „Vergangenheitsbewältigung" in Deutschland. Debatten-und Diskursgeschichte des Nationalsozialismus nach 1945. Bielefeld: transcript, 2009.

Fleischer, Helmut, Die Moral der Geschichte. Zum Disput über die Vergangenheit, die nicht vergehen will, in: Piper, Eugen Rudolf (Hrsg.), Historikerstreit. Die Dokumentation der Kontroverse um die Einzigartigkeit der nationalsozialistischen Judenvernichtung. München und Zürich: Piper, 1987, S. 123 – 131.

François, Etienne/Schulze, Hagen (Hrsg.), Deutsche Erinnerungsorte. Bonn: Bundeszentrale für Politische Bildung, 2005.

Frei, Norbert, 1945 und wir. Das Dritte Reich im Bewusstseinder Deutschen. München: dtv, 2005, pp. 26 – 39.

Frei, Norbert, Ein Volk von „Endlösern"? Daniel Goldhagen bietet eine alte These in neuem Gewand, in: Süddeutsche Zeitung, 13. /14. 4. 1996.

Frei, Norbert, NS-Vergangenheit unter Ulbricht und Adenauer. Gesichtspunkte einer Vergleichenden Bewältigungsforschung, in: Danyel, Jürgen (Hrsg.), Die geteilte Vergangenheit. Zum Umgang mit Nationalsozialismus und Widerstand in beiden deutschen Staaten. Berlin: Akad. Verl. , 1995, S. 125 – 132.

Frei, Norbert, Vergangenheitspolitik in den fünfziger Jahren, in: Loth, Wilfried/Rusinek, Bernd A. (Hrsg.), Verwandlungspolitik. NS-Eliten in der westdeutschen Nachkriegsgesellschaft. Frankfurt a. M. und New York: Campus-Verl. , 1998, S. 79 – 92.

Frei, Norbert, Vergangenheitspolitik. Die Anfänge der Bundesrepublik und die NSVergangenheit. München: dtv, 2003.

Frei, Norbert/Sybille Steinbacher (Hrsg.), Beschweigen und Bekennen. Die deutsche Nachkriegsgesellschaft und der Holocaust. Göttingen: Wallstein, 2001.

Freund, Michael, Bethmann-Hollweg, der Hitler des Jahres 1914? Zu einer Spätfrucht des Jahres 1914 in der Geschichtsschreibung, in: Frankfurter Allgemeine Zeitung, 28. 3. 1964.

Friedrich, Jörg, Der Brand. Deutschland im Bombenkrieg 1940 – 1945. München: Propyläen, 2002.

Friedrich, Jörg, Die kalte Amnestie. NS-Täter in der Bundesrepublik. München u. Zürich: Piper, 1994.

Fröhlich, Claudia, Vergesst Habermas nicht. DIE ZEIT im Historikerstreit, in: Hasse, Christian/Schildt, Axel (Hrsg.), DIE ZEIT und die Bonner Republik. Eine meinungsbildende Wochenzeitung zwischen Widerbewaffnung und Widervereinigung. Göttingen: Wallstein, 2008, S. 200 – 217.

Fromme, Friedrich Karl, Was bleibt: die Schuld, in: Frankfurter Allgemeine Zeitung, 26. 02. 1997.

Funke, Manfred u. a. (Hrsg.), Demokratie und Diktatur: Geist und Gestalt politischer Herrschaft in Deutschland und Europa. Festschrift für Karl Dietrich Bracher. Düsseldorf: Droste, 1987.

Gauger, Hans-Martin, Zum Stil Golo Manns, in: Hartmut Hentig/Nitschke, August (Hrsg.), Was die Wirklichkeit lehrt. Golo Mann zum 70. Geburtstag. Frankfurt a. M. : S. Fischer, 1979, S. 313 – 351.

Geiss, Imanuel, Auschwitz, asiatische Tat, in: Piper, Eugen Rudolf (Hrsg.), Historikerstreit. Die Dokumentation der Kontroverse um die Einzigartigkeit der nationalsozialistischen Judenvernichtung. München und Zürich: Piper, 1987, S. 220 – 222.

Geiss, Imanuel, Der Holzweg des deutschen Sonderwegs, in: Kirchliche Zeitgeschichte, 7 (1), 1994, S. 191 – 208.

Geiss, Imanuel, Der polnische Grenzstreifen 1914 – 1918. Ein Beitrag zur deutschen Kriegszielpolitik im Ersten Weltkrieg. Lübeck u. a. ; Matthiesen, 1960.

Geiss, Imanuel, Die Deutsche Geschichte aus der Feder von Heinrich August Winkler. Thesengeschichte ohne Synthese – „Westen" und „deutscher Sonderweg" als historische Leerformeln, in: Neue politische Literatur 46 (2001), S. 365.

Geiss, Imanuel, Die Fischer-Kontroverse. Ein kritischer Beitrag zum Verhältnis zwischen Historiographie und Politik in der Bundesrepublik, in: Ders, Studien über Geschichte und Geschichtswissenschaft. Frankfurt a. M. : Suhrkamp, 1972, S. 108 – 198.

Geiss, Imanuel, Leserbrief, in: Der Spiegel, 20. 10. 1986.

Geiss, Imanuel, Unsere „Neue Orthodoxie" ist heute viel illiberaler als ihre akademischen Väter nach 1945, in: Hohls, Rüdiger/Jarausch, Konrad H. (Hrsg.), Versäumte Fragen. Deutsche Historiker im Schatten des Nationalsozialismus. Stuttgart u. a. : Dt. Verl. – Anst. , 2000, S. 218 – 239.

Geiss, Imanuel, Zum Historiker-Streit, in: Piper, Eugen Rudolf (Hrsg.), Historikerstreit. Die Dokumentation der Kontroverse um die Einzigartigkeit der nationalsozialistischen Judenvernichtung. München und Zürich: Piper, 1987, S. 373 – 380.

Geiss, Imanuel/Wendt, Bernd Jürgen, Deutschland in der Weltpolitik des 19. und 20. Jahrhunderts. Fritz Fischer zum 65. Geburtstag. Düsseldorf: Bertelsman-Universitätsverl. , 1973.

Gensing, Patrick, Bundesländer stellen Dokumentation vor: Die NPD bekämpft aktiv die Verfassungsordnung, in: tagesschau. de. 4. Mai 2009.

George, David Lloyd, Mein Anteil am Weltkrieg. Kriegsmemoiren. Bd. 1. Berlin: Fischer, 1933.

Gerstenmaier, Eugen, Die Schuld, in: Bulletin des Presse-und Informationsamtes der Bundesregierung, 4. September 1964.

Gessenharter, Wolfgang, Kippt die Republik? Die Neue Rechte und ihre Unterstützung durch Politik und Medien. München: Knaur, 1994.

Gießmann, Thomas/Marciniak, Rudolf (Hrsg.), „Fast sämtliche Kinder sind jetzt Weg. " Quellen und Zeitzeugenberichte zur Kinderlandverschickung aus Rheine 1941 – 1945. Münst u. a. : Waxmann, 2001.

Gilcher-Holtey, Ingrid, Die Mentalität der Täter, in: Die Zeit, 07. 06. 1996.

Gillessen, Günther, Die Ausstellung zerstört nicht eine Legende. sie baut eine neue auf, in: Frankfurter Allgemeine Sonntagszeitung, 06. 04. 1997.

Giordano, R., Die zweite Schuld oder von der Last Deutscher zu sein. Hamburg: Rasch und Roehring, 1987.

Goldhagen, D. J., Täter aus freien Stücken, Warum die Deutschen als Kollektiv schuldig wurden, in: Die Zeit, 5. 8. 1996.

Goldhagen, Daniel Jonah, Hitlers willige Vollstrecker. Ganz gewönliche Deutsche und der Holocaust. Aus dem Amerikanischen übers. von Klaus Kochmann. Berlin: Siedler Verlag, 1996.

Goldhagen, Erich, Weltanschauung und Endlösung. Zum Antisemitismus der nationalsozialistischen Führungsschicht, in: Vierteljahrshefte für Zeitgeschichte, 24. Jahrg., 4. H. (Oct., 1976), S. 379 – 405.

Grebing, Helga (Hrsg.), Der „Deutscher Sonderweg" in Europa 1806 – 1945. Eine Kritik. Stuttgart u. a.: Konlhammer, 1986.

Grebing, Helga, Deutscher Sonderweg oder zwei Linien historischer Kontinuität in Deutschland? in: Büttner, Ursula (Hrsg.), Das Unrechtsregime. Internationale Forschung über den Nationalsozialismus. Festschrift für Werner Jochmann. Band 1. Hamburg: Christians, 1986, S. 2 – 21.

Habermas, J., Gerschichte ist ein Teil von uns, in: Die Zeit, 14, 3. 1997.

Habermas, Jürgen (Hrsg.), Stichworte zur „Geistigen Situation der Zeit", Bd. 1 u. 2. Frankfurt a. M.: Suhrkamp, 1979.

Habermas, Jürgen, Eine Art Schadensabwicklung. Die apologetischen Tendenzen in der deutschen Zeitgeschichtsschreibung, in: Die Zeit, 11. 07. 1986.

Habermas, Jürgen, Entsorgung der Vergangenheit, in: Die Zeit, 17. 05. 1985.

Habermas, Jürgen, Vom öffentlichen Gebrauch der Historie. Das offizielle Selbstverständnis der Bundesrepublik bricht auf, in: Die Zeit, 07. 11. 1986.

Habermas, Jürgen, Vom öffentlichen Gebrauch der Historie. in: Piper, Eugen Rudolf (Hrsg.), Historikerstreit. Die Dokumentation der Kontroverse um die Einzigartigkeit der nationalsozialistischen Judenvernichtung. München und Zürich: Piper, 1987, S. 243 – 255.

Hage, Volker, Berichte aus einem Totenhaus, in: Burgdorff, Stephan/ Habbe, Christian (Hrsg.), Als Feuer vom Himmel fiel. Der Bombenkrieg in

Deutschland. München: Deutsche Verlag-Anstalt, 2003, S. 101 – 114.

Hamburger Institut für Sozialforschung (Hrsg.), Vernichtungskrieg. Verbrechen der Wehrmacht 1941 bis 1944 (Katalog). Hamburg: Hamburger Edition, 1996.

Hamburger Institut für Sozialforschung (Hrsg.), Eine Ausstellung und ihre Folgen. Zur Rezeption der Ausstellung „Vernichtungskrieg. Verbrechen der Wehrmacht 1941 bis 1944". Hamburg: Hamburger Edition, 1999.

Hartmann, C. , Verbrecherischer Krieg-verbrecherische Wehrmacht? Überlegungen zur Struktur des deutschen Ostheeres 1941 – 1944, in: Vierteljahrhefte für Zeitgeschichte 52, 2004, S. 1 – 75.

Hartmann, Christian/Hürter, Johannes/Jureit, Ulrike, Verbrechen der Wehrmacht. Bilanz einer Debatte. München: Verlag C. H. Beck, 2005.

Heer, H. , Vom Verschwinden der Täter. Die Auseinandersetzung um die Ausstellung „Vernichturgskrieg. Verbrechen der Wehrmacht 1941 bis 1944", in: Zeitschrift für Geschichtswissenschaft 50 (2002), 869 – 898.

Heer, Hannes/Manoschek, Walter/Pollak, Alexander/Wodak, Ruth (Hrsg.), Wie Geschichte gemacht wird. Zur Konstruktion von Erinnerungen an Wehrmacht und Zweiten Weltkrieg. Wien: Czerning Verlag, 2003.

Heil, Johannes/Erb, Rainer (Hrsg.), Geschichtswissenschaft und Öffentlichkeit. Der Streit um Daniel J. Goldhagen. Franffurt a. M. : Fischer, 1998.

Heinemann, G. W. , 100. Jahrestag der Reihhsgründung des Deutschen Reiches. Ansprache des Bundespräsidenten zum 18. Januar 1871, in: Bulletin des Presse-und Informationsamtes der Bundesregierung 1971, 5, S. 33 – 35.

Heinloth, Bernhard u. s. w. (Hrsg.), Oldenbourg Geschichte für Gymnasien 10. München: Oldenbourg, 1992.

Helbling, Hanno, Suchbild der Vergangenheit. Was vom deutschen Geschichtsbuch erwartet wird, in: Piper, Eugen Rudolf (Hrsg.), Historikerstreit. Die Dokumentation der Kontroverse um die Einzigartigkeit der nationalsozialistischen Judenvernichtung. München und Zürich: Piper, 1987, S. 151 – 155.

Henkys, Reinhard, Die nationalsozialistischen Gewaltverbrechen. Geschichte und Gericht. Stuttgart und Berlin: Kreuz Verl. , 1964.

Hentig, Hartmut/Nitschke, August (Hrsg.), Was die Wirklichkeit lehrt.

Golo Mann zum 70. Geburtstag. Frankfurt a. M. : S. Fischer, 1979.

Herbert, Ulrich, Aus der Mitte der Gesellschaft, in: Die Zeit, 14. 06. 1996.

Herbert, Ulrich, Der Historikerstreit. Politische, wissenschaftliche, biographische Aspekte, in: Sabrow, Martin/Jessen, Ralph/Kracht, Klaus Große (Hrsg.), Zeitgeschichte als Streitgeschichte. Große Kontroversen seit 1945. München: Beck, 2003, S. 94 – 113.

Herzfeld, Hans, Zur deutschen Politik im ersten Weltkriege. Kontinuität oder permanente Krise? in: Historische Zeitschrift 191 (1960), S. 67 – 82.

Heuss, Alfred, Versagen und Verhängnis. Vom Ruin deutscher Geschichte und ihres Verständnisses. Berlin: Siedler, 1984.

Hildebrand, K. , Das vergangene Reich. Deutsche Aussenpolitik von Bismarck bis Hitler, 1871 – 1945. Stuttgart: Dt. Verl. – Anst. , 1995.

Hildebrand, Klaus, Der deutsche Eigenweg. Über das Problem der Normalität in der modernen Geschichte Deutschland und Europas, in: Funke, Manfred u. a. (Hrsg.), Demokratie und Diktatur: Geist und Gestalt politischer Herrschaft in Deutschland und Europa. Festschrift für Karl Dietrich Bracher. Düsseldorf: Droste, 1987, S. 15 – 34.

Hildebrand, Klaus, Geschichte oder „Gesellschaftsgeschichte"? Die Notwendigkeit einer politischen Geschichtsschreibung von den internationalen Beziehungen, in: Historische Zeitschrift 223 (1976), S. 328 – 357.

Hildebrand, Klaus, Wer dem Abgrund entrinnen will, muss ihn aufs genaueste ausloten, in: Piper, Eugen Rudolf (Hrsg.), Historikerstreit. Die Dokumentation der Kontroverse um die Einzigartigkeit der nationalsozialistischen Judenvernichtung. München und Zürich: Piper, 1987, S. 281 – 292.

Hillgruber, Andreas, Der geschichtliche Ort der Judenvernichtung. Eine Zusammenfassung in: Jäckel, Eberhard, Rohwer, Jürgen (Hrsg.): Der Mord an den Juden im Zweiten Weltkrieg. Frankfurt a. M. : Fischer, 1987, S. 213 – 224.

Hillgruber, Andreas, Die Auflösung der Weimarer Republik. Hannover: Verl. für Literatur und Zeitgeschehen, 1963.

Hillgruber, Andreas, Für die Forschung gibt es kein Frageverbot, in: Piper, Eugen Rudolf (Hrsg.), Historikerstreit. Die Dokumentation der Kontroverse um die Einzigartigkeit der nationalsozialistischen Judenvernichtung. München und

Zürich: Piper, 1987, S. 232 – 242.

Hillgruber, Andreas, Jürgen Habermas, Karl-Heinz Janßen und die Aufklärung Anno 1986, in: Piper, Eugen Rudolf (Hrsg.), Historikerstreit. Die Dokumentation der Kontroverse um die Einzigartigkeit der nationalsozialistischen Judenvernichtung. München und Zürich: Piper, 1987, S. 331 – 351.

Hillgruber, Andreas, Kontinuität und Diskontinuität in der deutschen Außenpolitik von Bismarck bis Hitler, in: Ders., Großmachtpolitik und Militarismus im 20. Jahrhundert. 3 Beiträge zum Kontinuitätsproblem. Düsseldorf: Droste, 1974, S. 11 – 36.

Hillgruber, Andreas, Mein „Schlußwort" zum sogenannten „Historikerstreit", 12. Mai 1987, in: Piper, Eugen Rudolf (Hrsg.), Historikerstreit. Die Dokumentation der Kontroverse um die Einzigartigkeit der nationalsozialistischen Judenvernichtung. München und Zürich: Piper 1987, S. 393 – 395.

Hillgruber, Andreas, Politische Geschichte in moderner Sicht, in: Historische Zeitschrift 216 (1973), S. 529 – 552.

Hillgruber, Andreas, Zweierlei Untergang: Die Zerschlagung des Deutschen Reiches und das Ende des europäischen Judentums. Berlin: Siedler, 1986.

Höft, Andrea, Nationalsozialismus im Schulunterricht, in: Fischer, Torben/ Lorenz, Matthias N. (Hrsg.), Lexikon der „Vergangenheitsbewältigung" in Deutschland. Debatten-und Diskursgeschichte des Nationalsozialismus nach 1945. Bielefeld Transcript, 2007.

Höhle, Erwin, Griff nach der Weltmacht?, in: Das Historisch Politische Buch, Bd. 10, 1962, S. 65 – 69.

Hohls, Rüdiger/Jarausch, Konrad H. (Hrsg.), Versäumte Fragen. Deutsche Historiker im Schatten des Nationalsozialismus. Stuttgart: Dt. Verl. – Anst., 2000.

Hölzle, Erwin (Hrsg.), Quellen zur Entstehung des Ersten Weltkrieges. Internationale Dokumente 1901 – 1914. Mit einem Geleitwort von Winfried Baumgart. Darmstadt: Wissenschaftliche Buchgesellschaft, 1995, 2. erg. Aufl.

Hölzle, Erwin, Die Selbstentmachtung Europas. Das Experiment des Friedens vor und im Ersten Weltkrieg. Buch 2. Vom Kontinentalkrieg zum weltweiten Krieg. Das Jahr 1917. Fragment. Göttingen: Musterschmitt, 1976.

Hömberg, Walter/Reiter, Christiane, Die Wehrmachtsausstellung im Meinungskampf, in: Wilke, Jürgen (Hrsg.), Massenmedien und Zeitgeschichte. Konstanz: UVK Medien, 1999, S. 234 – 246.

Horn, Sabine/Sauer, Michael (Hrsg.), Geschichte und Öffentlichkeit. Orte-Medien-Institutionen. Göttingen: Vandenhoeck & Ruprecht, 2009.

Hornung, Klaus, Das totalitäre Zeitalter. Bilanz des 20. Jahrhunderts. Frankfurt a. M. u. Berlin: Propyläen, 1993.

Horst Boogs Rezension Der Brand, in: Frankfurter Allgemeine, 10. Dezember 2002.

Iggers, Georg, Geschichtswissenschaft im 20. Jahrhundert. Ein kritischer Uberblick im internationalen Zusammenhang. Göttingen: Vandenhoeck & Ruprecht, 1993.

Iggers, Georg, Neue Geschichtswissenschaft. Vom Historismus zur Historischen Sozialwissenschaft: Vandenhoeck & Ruprecht, Göttingen 1978.

Institut für Zeitgeschichte (Hrsg.), Deutscher Sonderweg. Mythos oder Realität? München u. a. : Oldenbourg, 1982.

Jäckel, Eberhard, Einfach ein schlechtes Buch, in: Die Zeit, 17. 5. 1996.

Jäckel, Eberhard, Faktisches Prius und kausaler Nexus. Trübes Verwirrspiel um den Mord an den Juden, in: Die Zeit, 12. 9. 1986.

Jäger, Wolfgang, Historische Forschung und politische Kultur in Deutschland. Die Debatte 1914 – 1980 über den Ausbruch des Ersten Weltkrieges. Göttingen: Vandenhoeck & Ruprecht, 1984.

Janssen, Karl-Heinz, Als Soldaten Mörder wurden, in: Die Zeit, 17. 3. 1995.

Janßen, Karl-Heinz, Gladiatoren, Claque und Galerie. Deutsche Historiker in Berlin, in: Die Zeit, 16. 10. 1964.

Jarausch, Konrad H. , Der nationale Tabubruch. Wissenschaft, Öffentlichkeit und Politik in der Fischer-Kontroverse, in: Sabrow, Martin/Jessen, Ralph/Kracht, Klaus Grosse (Hrsg.), Zeitgeschichte als Streitgeschichte. Grosse Kontrobersen nach 1945. München: Beck, 2003, S. 24 – 25.

Jarausch, Konrad H. /Sabrow, Martin (Hrsg.), Die historische Meister-Erzählung. Deutungslinien der deutschen Nationalgeschichte nach 1945. Göttingen: Vandenhoeck & Ruprecht, 2002.

Jarausch, Konrad/Sabrow, Martin (Hrsg.), Verletztes Gedächtnis. Erinnerungskultur und Zeitgeschichte im Konflikt. Frankfurt a. M. : Campus, 2002.

Jaspers, Karl, Die Schuldfrage, Heidelberg und Zürich: Schneider, 1946.

Jeismann, Karl-Ernst, „Identität" statt „Emanzipation"? Zum Geschichtsbewusstsein in der Bundesrepublik, in: Ders. , Geschichte und Bildung. Beiträge zur Geschichtsdidaktik und zur Historischen Bildungsforschung. München u. a. : Schöningh, 2000, S. 122 – 146.

Jeismann, Karl-Ernst, Geschichte und Bildung. Beiträge zur Geschichtsdidaktik und zur Historischen Bildungsforschung. München u. a. : Schöningh, 2000.

Jeismann, Michael, Einführung in die neue Weltbrutalität. Zweimal „Verbrechen der Wehrmacht": Von der alten zur neuen Bundesrepublik, in: Sabrow, M. /Jessen, R. /Kracht, K. Grosse (Hrsg.), Zeitgeschichte als Streitgeschichte. Grosse Kontroverse seit 1945. München: Beck, 2003.

Jeismann, Michael, Gegenverkehr. Anthropologische Wende: Der 41. Historikertag in München, in: Frankfurter Allgemeine Zeitung, 23. 9. 1996.

Jessen, Ralph, Zeithistoriker im Konfliktfeld der Vergangenheitspolitik, in: Jarausch, Konrad/Sabrow, Martin (Hrsg.), Verletztes Gedächtnis. Erinnerungskultur und Zeitgeschichte im Konflikt. Frankfurt a. M. : Campus, 2002, S. 153 – 175.

Joffe, Josef, Das Goldhagen-Phänomen, in: Süddeutsche Zeitung, 11. 9. 1996.

Kailitz, Steffen (Hrsg.), Die Gegenwart der Vergangenheit. Der „Historikerstreit" und die deutsche Geschichtspolitik. Wiesbaden: VS, Verl. für Sozialwiss. , 2008.

Kailitz, Steffen, Die nationalsozialistische Ideologie der NPD, in: Backes, Uwe/Steglich, Henrik (Hrsg.), Die NPD. Erfolgsbedingungen einer rechtsextremistischen Partei. Baden-Baden: Nomos-Verl. – Ges. , 2007.

Kailitz, Steffen, Die politische Deutungskultur im Spiegel des „Historikerstreits". What's right? What's left? Wiesbaden: Westdeutscher Verlag, 2001.

Kempowski, Walter, Das Echolot. Ein kollektives Tagebuch Januar und Februar 1943. 4 Bde. München: Knaus, 1993.

Kempowski, Walter, Das Echolot. Fuga furiosa. Ein kollektives Tagebuch

Winter 1945. 4 Bde, München: Knaus, 1999.

Kempowski, Walter, Der rote Hahn. Dresden im Februar 1945, München: btb, 2001.

Kettenacker, Lothar (Hrsg.), Ein Volk von Opfern? Die neue Debatte um den Bombenkrieg 1940 – 1945. Berlin: Rowohlt, 2003.

Kirchheimer, Otto, Von der Weimarer Republik zum Faschismus: Die Auflösung der demokratischen Rechtsordnung. Frankfurt a. M. : Suhrkamp, 1976.

Klee, Ernst, Das Personenlexikon zum Dritten Reich. Wer war was vor und nach 1945. Zweite aktualisierte Auflage. Frankfurt a. M. : Fischer Taschenbuch Verlag, 2005.

Klein, Fritz, Neuere Veröffentlichungen in der BRD zur Geschichte und Vorgeschichte des ersten Weltkrieges, in: Zeitschrift für Geschichtswissenschaft, Jg. 20 (1972), S. 203 – 216.

Klemperer, Victor, Ich will Zeugnis ablegen bis zum letzten. Tagebücher. Berlin: Aufbau-Verlage, 1995.

Klepper, O., Der Geist der Furcht, in: Frankfurter Allgemeine Zeitung, 8. Mai. 1950.

Klotz, J., Die Ausstellung „Vernichtungskrieg. Verbreclzen der Wehrmacht 1941 his 1944 ". Zwischen Ceschlchtswissenscbaft und Geschichtspolitik, in: Bald, D. /Klotz, J. /Wette, W., Mythos Wehrmacht. Nachkriegsdebatten und Traditionspflege, Berlin: ATV, 2001.

Klueting, Harm, „Vernunftrepublikanismus " und „Vertrauensdiktatur " : Friedrich Meinecke in der Weimarer Republik, in: Historische Zeitschrift 242 (1986), S. 69 – 98.

Klundt, Michael, Geschichtspolitik. Die Kontroversen um Goldhagen, die Wehrmachtsausstellung und das „Schwarzbuch des Kommunismus ". Köln: Rapy Rossa, 2000.

Kock, Gerhard, „Der Führer sorgt für unsere Kinder... " Die Kinderlandverschickung im Zweiten Weltkrieg. Paderborn u. a. : Schöningh, 1997.

Kocka, Jürgen (Hrsg.), Theorien in der Praxis des Historikers. Göttingen: Vandenhoeck & Ruprecht, 1977.

Kocka, Jürgen, Geschichte und Erklärung. Göttingen: Vandenhoeck & Ruprecht, 1989.

Kocka, Jürgen, Nur keinen neuen Sonderweg. Jedes Stück Entwestlichung wäre als Preis für die deutsche Einheit zu hoch, in: Die Zeit, 19. 10. 1990.

Kocka, Jürgen, Sozialgeschichte-Strukturgeschichte-Historische Sozialwissenschaft. Vorüberlegungen zu ihrer Didaktik, in: Geschichtsdidaktik, 1977/2.

Kocka, Jürgen, Theorien in der Sozial-und Gesellschaftsgeschichte, in: Geschichte in Wissenschaft und Unterricht, 1975/1, S. 9 – 42.

Kocka, Jürgen, Wir sind ein Fach, das nicht nur für sich selber schreibt und forscht, sondern zur Aufklärung und zum Selbstverständnis der eigenen Gesellschaft und Kultur beitragen sollte, in: Hohls, Rüdiger/Jarausch, Konrad H. (Hrsg.), Versäumte Fragen. Deutsche Historiker im Schatten des Nationalsozialismus. Stuttgart: Dt. Verl. – Anst., 2000, S. 383 – 403.

Kohl, Helmut, Regierungserklärung des Bundeskanzlers vor dem Deutschen Bundestag, in: Bulletin des Presse-und Informationsamts der Bundesregierung, Nr. 93, S. 853 – 868.

Kohl, Helmut, Regierungserklärung des Bundeskanzlers vor dem Deutschen Bundestag, in: Bulletin des Presse-und Informationsamts der Bundesregierung, Nr. 43, S. 397 – 412.

Köhler, Otto, Die FAZ und der Historikerstreit, in: Pfeiffer, Hermannus (Hrsg.), Die FAZ. Nachforschungen über ein Zentralorgan. Köln: Pahl-Rugenstein, 1988, S. 144 – 163.

Kohlstruck, Michael, Zwischen Erinnerung und Geschichte. Der Nationalsozialismus und die jungen Deutschen. Berlin: Metropol, 1997.

König, H. u. a. (Hrsg.), Vergangenheitsbewältigung am Ende des zwanzigsten Jahrhunderts. Opladen und Wiesbaden: Westdeutscher Verlag, 1998.

König, H., Die Zukunft der Vergangenheit. Der Nationalsozialismus im politischen Bewusstsein der Bundesrepublik. Frankfurt a. M.: Fischer Taschenbuch, 2003.

König, H., Von der Diktatur zur Demokratie oder Was ist Vergangenheitsbewältigung, in: Ders u. a. (Hrsg.), Vergangenheitsbewältigung am Ende des zwanzigsten Jahrhunderts. Opladen und Wiesbaden: Westdeutscher Verlag, 1998, S. 371 – 392.

Koselleck, R., Werner Conze. Tradition und Innovation, in: Historische Zeitschrift 245 (1987), S. 529 – 543.

Koselleck, R./Mommsen, W. J. Rüsen, J. (Hrsg.), Objektivität und Parteilichkeit. München: Dt. Taschenbuch Verl., 1977.

Kött, Martin, Goldhagen in der Qualitätspress. Eine Debatte über „Kollektivschuld" und „Nationalcharakter" der Deutschen. Konstanz: UVK Medien, 1999.

Kracht, Klaus Große, Der „Historikerstreit": Grabenkampf in der Geschichtskultur, in: Ders., Die zankende Zunft. Historische Kontroversen in Deutschland nach 1945. Göttingen: Vandenhoeck & Ruprecht, 2005, S. 115 – 138.

Kracht, Klaus Große, Kontroverse Zeitgeschichte. Historiker im öffentlichen Meinungsstreit, in: Horn, Sabine/Sauer, Michael (Hrsg.), Geschichte und Öffentlichkeit. Orte-Medien-Institutionen. Göttingen: Vandenhoeck & Ruprecht, 2009, S. 15 – 23.

Kracht, Klaus Große, Kritik, Kontroverse, Debatte. Historiographiegeschichte als Streitgeschichte, in: Eckel, Jan/Erzemüller, Thomas (Hrsg.), Neue Zugänge zur Geschichte der Geschichtswissenschaft. Göttingen: Wallstein-Verl., 2007, S. 255 – 283.

Kracht, Klaus, Die zankende Zunft: Historische Kontroversen in Deutschland nach 1945. Göttingen: Vandenhoeck & Ruprecht, 2005.

Krischer, Markus/Vernier, Robert, Nur zur Illustration. Wie das Reemtsma-Institut nach dem Fälschungsvorwurf Bilddokumente entwertet, in: Focus, 21. 04. 1997.

Kronenberg, Volker (Hrsg.), Zeitgeschichte, Wissenschaft und Politik. Der „Historikerstreit". 20 Jahre danach. Wiesbaden: VS, Verl. für Sozialwiss., 2008.

Lademacher, Horst, Rez. F. Fischer, „Griff nach der Weltmacht", in: Blätter für deutsche und internationale politik, Bd. 7, 1962, S. 471 – 475.

Langewiesche, D., Über das Umschreiben der Geschichte. Zur Rolle der Sozialgeschichte, in: Ders, Zeitwende. Geschichtsdenken heute. Göttingen: Vandenhoeck & Ruprecht, 2008, S. 56 – 68.

Langewiesche, D., Zeitwende. Geschichtsdenken heute. Göttingen: Vandenhoeck & Ruprecht, 2008.

Lehmann, Hartmut (Hrsg.), Historikerkontroversen. Göttingen: Wallstein-Verl., 2000.

Lehnert, Herbert, „Was wir von Goldhagen lernen können", *The German Quarterly*, Vol. 70, No. 1 (Winter, 1997), S. 57 – 64.

Leicht, Robert, Ein Urteil, kein Gutachten, in: Die Zeit, 6. 9. 1996.

Lepsius, Johannes/Bartholdy, Albrecht Mendelssohn/Thimme, Friedrich (Hrsg.), Die Grosse Politik der europäischen Kabinette 1871 – 1914. Sammlung der Diplomatischen Akten des Auswärtigen Amtes. Im Auftrage des Auswärtigen Amtes. 40 Bände. Berlin: Dt. Verl. – Ges. für Politik und Geschichte, 1922 – 1927.

Loth, Wilfried/Rusinek, Bernd A. (Hrsg.), Verwandlungspolitik. NS-Eliten in der westdeutschen Nachkriegsgesellschaft. Frankfurt a. M. und New York: Campus-Verl., 1998.

Lübbe, H., Der Nationalsozialismus im politischen Bewusstsein der Gegenwart, in: Broszat, M. u. a. (Hrsg.), Deutschlands Weg in die Diktatur. Internationale Konferenz zur Nationalsozialistischen Machtübernahme. Referate und Diskussionen. Ein Protokoll. Berlin: Siedler, 1983, S. 329 – 349.

Lynar, E. W. Graf (Hrsg.), Deutsche Kriegsziele 1914 – 1918. Eine Diskussion. Frankfurt a. M. und Berlin: Ullstein Bücher, 1964.

Maetzke, Heinrich, Wessen Schuld? Vom Historikerstreit zur Goldhagen-Kontroverse by Wolfgang Wippermann, in: Historische Zeitschrift, Bd. 267, H. 1 (Aug. 1998), S. 134 – 135.

Maier, Robert (Hrsg.), Tschechen, Deutsche und der Zweite Weltkrieg. Von der Schwere geschichtlicher Erfahrung und der Schwierigkeit ihrer Aufarbeitung. Hannover: Hahn, 1997.

Manemann, Jürgen, Weil es nicht nur Geschichte ist. Die Begründung der Notwendigkeit einer fragmentarischen Historiographie des Nationalsozialismus aus politisch-theologischer Sicht. Münster u. Hamburg: LIT, 1995.

Mann, Golo, Der Griff nach der Weltmacht, in: Neue Zürcher Zeitung, 28. 04. 1962.

Manoschek, Walter/Wodak, Alexander/Heer, Hannes (Hrsg.), Wie Geschichte gemacht wird. Zur Konstruktion von Erinnerungen an Wehrmacht und

Zweiten Weltkrieg. Wien: Czernin, 2003.

Meier, Ch. , Zum sogenannten Historikerstreit, in: Mitteilungsblatt des Verbands der Historiker Deutschlands 1 (1987), S. 3 – 5.

Meier, Christian, Eröffnungsrede zur 36. Versammlung deutscher Historiker in Trier, 8. Oktober 1986, in: Piper, Eugen Rudolf (Hrsg.), Historikerstreit. Die Dokumentation der Kontroverse um die Einzigartigkeit der nationalsozialistischen Judenvernichtung. München und Zürich: Piper, 1987, S. 204 – 214.

Meier, Christian, Kein Schlußwort, in: Piper, Eugen Rudolf (Hrsg.), Historikerstreit. Die Dokumentation der Kontroverse um die Einzigartigkeit der nationalsozialistischen Judenvernichtung. München und Zürich: Piper, 1987, S. 264 – 274.

Meinecke, Fridrich, Irrwege in unserer Geschichte? in: Der Monat 2, 1949/50, S. 3 – 6.

Meinecke, Friedrich, Die deutsche Katastrophe: Betrachtungen und Erinnerungen. Wiesbaden: Brockhaus, 1946.

Meyer, Thomas, Was ist Politik? Opladen: Leske + Budrich, 2000.

Minkenberg, Michael, Die Neue Radikale Rechte im Vergleich. USA, Frankreich, Deutschland. Opladen und Wiesbaden: Westdeutscher Verlag, 1998.

Mohler, A. , Der Nasenring. Die Vergangenheitsbewältigung vor und nach dem Fall der Mauer. München: Langen Müller, 19962, p. 141.

Mohler, Armin, Das Ende des Historikerstreits, in: Criticón 20 (1990), S. 285 – 288.

Möller, Horst, Aufklärung und Demokratie. Historische Studien zur politischen Vernunft. München: Oldenbourg, 2003.

Möller, Horst, Es kann nicht sein, was nicht sein darf. Plädoyer für die Versachlichung der Kontroverse über die Zeitgeschichte, in: Piper, Eugen Rudolf (Hrsg.), Historikerstreit. Die Dokumentation der Kontroverse um die Einzigartigkeit der nationalsozialistischen Judenvernichtung. München und Zürich: Piper, 1987, S. 322 – 330.

Moller, Sabine, Die Entkonkretisierung der NS-Herrschaft in der Ära Kohl. Hannover: Offizin-Verl. , 1998.

Mommsen, Hans, Daraus erklärt sich, daß es niemals zuvor eine derartige Vorherrschaft alter Männer gegeben hat wie in der Zeit von 1945 bis in die 60er Jahre, in: Hohls, Rüdiger/Jarausch, Konrad H. (Hrsg.), Versäumte Fragen. Deutsche Historiker im Schatten des Nationalsozialismus. Stuttgart: Dt. Verl. – Anst., 2000, S. 163 – 190.

Mommsen, Hans, Die dünne Patina der Zivilisation, in: Die Zeit, 30. 8. 1996.

Mommsen, Hans, Geschichtsunterrichte und Identitätsfindung in der Bundesrepublik, in: Geschichtsdidaktik 3 (1978), S. 291 ff.

Mommsen, Hans, Neues Geschichtsbewußtsein und Relativierung des Nationalsozialismus, in: Piper, Eugen Rudolf (Hrsg.), Historikerstreit. Die Dokumentation der Kontroverse um die Einzigartigkeit der nationalsozialistischen Judenvernichtung. München und Zürich: Piper, 1987, S. 174 – 188.

Mommsen, Hans, Schuld der Gleichgültigen, in: Süddeutsche Zeitung, 20. / 21. 7. 1996.

Mommsen, Hans, Suche nach der „verlorenen Geschichte"? Bemerkungen zum historischen Selbstverständnis der Bundesrepublik, in: Piper, Eugen Rudolf (Hrsg.), Historikerstreit. Die Dokumentation der Kontroverse um die Einzigartigkeit der nationalsozialistischen Judenvernichtung. München und Zürich: Piper, 1987, S. 156 – 173.

Mommsen, Hans, Wie man eine Stadt anzündet, in: Die Welt, 23. November 2002.

Mommsen, W. J., Gegenwärtige Tendenzen in der Geschichtschreibung der Bundesreupublik, in: Geschichte und Gesellschaft 7 (1981), S. 149 – 188.

Mommsen, Wolfgang J., Die Jungen wollen ganz unbefangen die alte Generation in die Pfanne hauen, in: Hohls, Rüdiger/Jarausch, Konrad H. (Hrsg.), Versäumte Fragen. Deutsche Historiker im Schatten des Nationalsozialismus. Stuttgart: Dt. Verl. – Anst., 2000, S. 190 – 217.

Mommsen, Wolfgang J., Die Urkatastrophe Deutschlands. Der Erste Weltkrieg 1914 – 1918, Stuttgart: Klett-Cotta, 2002.

Mommsen, Wolfgang J., Wir sind wieder wer. Wandlungen im politischen Selbstverständnis der Deutschen, in: Habermas, Jürgen (Hrsg.), Stichworte zur „Geistigen Situation der Zeit", Bd. 1. Frankfurt a. M.: Suhrkamp, 1979, S. 185 – 109.

Müller, Rolf-Dieter/Schönherr, Nicole/Widera, Thomas (Hrsg.), Die

Zerstörung Dresdens am 13. /15. Februar 1945: Gutachten und Ergebnisse der Dresdner Historikerkommission zur Ermittlung der Opferzahlen (Berichte und Studien). Göttingen V&R unipress, 2010.

Musial, Bogdan, Bilder einer Ausstellung. Kritische Anmerkungen zur Wanderausstellung „Vernichtungskrieg. Verbrechen der Wehrmacht 1941 bis 1944", in: Vierteljahrshefte für Zeitgeschichte, 47, 10. 1999, S. 563 – 591.

Mütter, Bernd, Geschichtsdidaktik als Dimension der Geschichtswissenschaft. Ein Beispiel aus der Lehrbucharbeit (Geschichtsbuch 4), in: Internationale Schulbuchforschung, Band 14, 1992.

Naumann, K. , Das nervöse Jahrzehnt. Krieg, Medien und Erinnerung am Beginn der Berliner Republik, in: Mittelweg 36, 2001, S. 25 – 44.

Niethammer, Lutz, Deutschland danach. Postfaschistische Gesellschaft und nationales Gedächtnis. Bonn: Dietz, 1999.

Niethammer, Lutz, Über Kontroversen in der Geschichtswissenschaft, in: Ders. , Deutschland danach. Postfaschistische Gesellschaft und nationales Gedächtnis. Bonn: Dietz, 1999, S. 414 – 423.

Nipperdey, Thomas, 1933 und die Kontinuität der deutschen Geschichte, in: Historische Zeitschrift, 227 (1978), S. 85 – 111.

Nipperdey, Thomas, Über Relevanz, in: Geschichte in Wissenschaft und Unterricht 23 (1972), S. 577 – 596.

Nipperdey, Thomas, Unter der Herrschaft des Verdachts. Wissenschaftliche Aussagen dürfen nicht an ihrer politischen Funktion gemessen werden, in: Die Zeit, 17. 10. 1986.

Nipperdey, Thomas, Wehlers „Gesellschaftsgeschichte", in: Geschichte und Gesellschaft 14 (1988), S. 403 – 415.

Nipperdey, Thomas, Wehlers „Kaiserreich", in: Geschichte und Gesellschaft, 1 (1975), S. 539 – 560.

Nolte, Ernst, Der Europäische Bürgerkrieg 1917 – 1945. Nationalsozialismus und Bolschewismus. Frankfurt a. M. und Berlin: Propyläen, 1987 (1989).

Nolte, Ernst, Die Sache auf den Kopf gestellt. Gegen den negativen Nationalismus in der Geschichtsbetrachtung, in: Piper, Eugen Rudolf (Hrsg.), Historikerstreit. Die Dokumentation der Kontroverse um die Einzigartigkeit der nationalsozialistischen Judenvernichtung. München und Zürich: Piper, 1987, S. 223 – 231.

Nolte, Ernst, Die Vergangenheit, die nicht vergehen will. Eine Rede, die geschrieben, aber nicht gehalten werden konnte, in: Frankfurter Allgemeine Zeitung, 6. Juni 1986.

Nolte, Ernst, Streitpunkte. Heutige und künftige Kontroversen um den Nationalsozialismus. Frankfurt a. M. u. Berlin: Propyläen, 1993.

Nolte, Ernst, Was ist bürgerlich? und andere Artikel, Abhandlungen, Auseinandersetzungen. Stuttgart: Klett-Cotta, 1979.

Nolte, Ernst, Zwischen Geschichtslegende und Revisionismus, in: Frankfurter Allgemeine Zeitung, 24. 07. 1980.

Nolte, Paul, Die Historiker der Bundesrepublik. Rückblick auf eine „lange Generation", in: Merkur 53/5 (1999), S. 413 – 432.

Olechowski, Richard (Hrsg.), Schulbuchforschung. Frankfurt a. M.: Lang, 1995.

Overy, Richard, Barbarisch, aber sinnvoll, in: Kettenacker, Lothar (Hrsg.), Ein Volk von Opfern? Die neue Debatte um den Bombenkrieg 1940 – 1945. Berlin: Rowohlt, 2003, S. 183 – 187.

Peter, Matthias/Schröder, Hans-Jürgen, Einführung in das Studium der Zeitgeschichte. Paderborn u. a. : Schöningh, 1994, S. 68 – 82.

Peukert, D. J. H. , Die Weimarer Republik. Krisenjahre der Klassischen Modernen. Frankfurt a. M. : Suhrkamp, 1987.

Pfeiffer, Hermannus (Hrsg.), Die FAZ. Nachforschungen über ein Zentralorgan. Köln: Pahl-Rugenstein, 1988.

Piper, Eugen Rudolf (Hrsg.), Historikerstreit. Die Dokumentation der Kontroverse um die Einzigartigkeit der nationalsozialistischen Judenvernichtung. München und Zürich: Piper, 1987.

Plessner, H. , Verspätete Natiion. Über die politische Verführbarkeit bürglichen Geistes. Stuttgart: Kohlhammer, 1959.

Pohl, Dieter, Die Holocaust-Forschung und Goldhagens Thesen, in: Vierteljahrshefte für Zeitgeschichte, 45. Jahrg. , 1. H. , 1997, S. 1 – 48.

Prantl, Heribert (Hrsg.), Wehrmachtsverbrechen. Eine deutsche Kontroverse. Hamburg: Hoffmann und Campe, 1997.

Rathgeb, Eberhard, Die engagierte Nation: Deutsche Debatten 1945 – 2005. München u. a. : Hanser, 2005.

Raulff, Ulrich, Herz der Finsternis, in: Frankfurter Allgemeine Zeitung, 16. 8. 1996.

Reichel, Peter, Auschwitz, in: François, Etienne/Schulze, Hagen (Hrsg.), Deutsche Erinnerungsorte. Bonn: Bundeszentrale für Politische Bildung, 2005, S. 309 – 331.

Reichel, Peter, Vergangenheitsbewältigung in Deutschland. Die Auseinandersetzung mit der NS-Diktatur von 1945 bis heute. München: C. H. Beck, 2001.

Reinhard, O. /Neutzner, M. Hesse, W. (Hrsg.), Das rote Leuchten. Dresden und der Bombenkrieg. Dresden: Ed. Söchsische Zeitung, 2005.

Riecker, Joachim, Statistik des Todes: Beim Angriff auf Dresden gab es mindestens 22700 Opfer, in: Neue Zürcher Zeitung, 15. 04. 2010, abgerufen am 18. August 2014.

Riezler, Kurt, Tagbücher, Aufzätze, Dokumente, eingel. u. hrsg. v. Karl Dietrich Erdmann, Göttingen: Vandenhoeck & Ruprecht, 1972.

Ritter, Gerhard, Brief an Gerhard Schröder, Freiburg, 17. 1. 1964, in: Schwabe, Klaus/Reichardt, Rolf (Hrsg.), Gerhard Ritter. Ein politischer Historiker in seinen Beriefen. Boppard am Rhein: Boldt, 1984, S. 585 – 588.

Ritter, Gerhard, Die Dämonie der Macht. Betrachtung der Geschichte und Wesen des Machtproblems im politischen Denken der Neuzeit. Stuttgart, 1947.

Ritter, Gerhard, Eine neue Kriegschuldthese? Zu Fritz Fischers Buch „Griff nach der Weltmacht", in: Historische Zeitschrift 196 (1962), S. 646 – 668.

Ritter, Gerhard, Europa und die deutsche Frage. Betrachtungen über die geschichtliche Eigenart des deutschen Staatsdenkens. München: Münchener Verl. , 1948 (1958).

Ritter, Gerhard, Gegenwärtige Lage und Zukunftaufgaben deutscher Geschichtswissenschaft. Eröffnungsvortrag des 20. Deutschen Historikertags in München am 12. September 1949, in: Historische Zeitschrift, Band 10, 1950.

Ritter, Gerhard, Geschichte als Bildungsmacht. Ein Beitrag zur historisch-politischen Neubesinnung. Stuttgart: Dt. Verl. – Anst. , 1947.

Ritter, Gerhard, Griff Deutschland nach der Weltmacht? Zu Fritz Fischers umstrittenem Werk über den Ersten Weltkrieg, in: Hannoversche Allgmeine Zeitung, 19. /20. 5. 1962.

Ritter, Gerhard, Staatkunst und Kriegshandwerk. Band I. München: Oldenbourg, 1954.

Ritter, Gerhard, Staatskunst und Kriegshandwerk. Die Tragödie der Staatskunst. Band 3. München: Oldenbourg, 1964.

Röhl, John C. G. , Deutschlands „erhebliche Verantwortung" für 1914, in: Die Welt, 21. 10. 2011.

Röhr, Werner, Die neue Ausstelleung „Verbrechen der Wehrmacht", in: Bulletin für Faschismus-und Weltkriegsforschung, Nr. 18, 2002.

Roll, Evelyn, Eine These und drei gebrochene Tabus, in: Süddeutsche Zeitung, 9. 9. 1996.

Rürup, Reinhard, Viel Lärm um nichts? D. J. Goldhagens "radikale Revision" der Holocaust-Forschung, in: Neue Politische Literatur 41 (1996), S. 357 – 363.

Sabrow, Martin/Jessen, Ralph/Kracht, Klaus Grosse (Hrsg.), Zeitgeschichte als Streitgeschichte. Grosse Kontrobersen nach 1945. München: Beck, 2003.

Saurwein, Karl-Heinz, Antisemitismus als nationales Identitätsprojekt? in: Gephart, Werner/Saurwein, Karl-Heinz (Hrsg.), Gebrochene Identitäten: zur Kontroverse um kollektive Identiäten in Deutschland, Israel, Südafrika, Europa in im Identitätskampf der Kulturen. Opladen: Leske und Budrich, 1999, S. 61 – 96.

Schacht, Ulrich/Schwilk, Heimo, Für eine Berliner Republik. Streitschriften, Reden, Essays nach 1989. München: Langen Müller, 1997.

Schieder, Wolfgang (Hrsg.), Erster Weltkrieg. Ursachen, Entstehung und Kriegsziele. Köln 1969.

Schilling, R. , „Kriegshelden". Deutungsmuster heroischer Männlichkeit in Deutschland 1813 – 1945. Paderborn u. a. : Schöningh, 2002.

Schirrmacher, Frank, Hitlers Code, in: Frankfurter Allgemeine Zeitung, 15. 4. 1996.

Schirrmacher, Frank, Starke Thesen viel zu leicht, in: Frankfurter Allgemeine Zeitung, 30. 4. 1996.

Schleier, H. , Vergangenheitsbewältigung und Traditionserneuerung? Geschtswissenschaft nach 1945, in: Peter, W. H. /Sillem, P. (Hrsg.), Wissenschaft im geteilten Deutschland. Restauration oder Neubeginn nach 1945. Frankfurt a. M. : Fischer-Taschenbuch-Verl. , 1992, S. 205 – 219.

Schmidt-Neuhaus, Dieter, Die Tarnopol-Stellwand der Wanderausstellung „Vernichtungskrieg. Verbrechen der Wehrmacht 1941 bis 1944". Eine Falluntersuchung zur Verwendung von Bildqellen, in: Geschichte in Wissenschaft und Unterricht, 10, 1999, S. 596 – 603.

Schneider, Michael, „Volkspädagogik" von rechts: Ernst Nolte, die Bemühungen um die „Historisierung" des Nationalsozialismus und die „selbstbewußte Nation". Bonn: Bibliothek der FES, 1998.

Schneider, Michael, Die „Goldhagen-Debatte". Ein Historikerstreit in der Mediengesellschaft. Bonn: Forschungsinstitut der Friedrich-Ebert-Stiftung, Historisches Forschungszentrum, 1997.

Schneider, Peter, Deutsche als Opfer? Über ein Tabu der Nachkriegsgeneration, in: Kettenacker, Lothar (Hrsg.), Ein Volk von Opfern? Die neue Debatte um den Bombenkrieg 1940 – 1945. Berlin: Rowohlt, 2003, S. 158 – 165.

Schoellgen, Gregor, Griff nach der Weltmacht? 25 Jahre Fischer-Kontroverse, in: Historisches Jahrbuch 106 (1986) S. 386 – 406.

Schoeps, Julius H. (Hrsg.), Ein Volk von Mördern? Die Dokumentation zur Goldhagen-Kontroverse um die Rolle der Deutschen im Holocaust. Hamburg: Hoffman und Campe, 1996.

Schoeps, Julius H. , Vom Rufmord zum Massenmord, in: Die Zeit, 26. 4. 1996.

Schönhoven, Klaus, Die Goldhagen-Rezeption in Deutschland. Über die öffentliche Resonanz der Holocaust-Forschung, in: Vogel, Hans-Jochen/Ruck, Michael (Hrsg.), Klaus Schönhoven. Arbeiterbewegung und soziale Demokratie in Deutschland. Ausgewählte Beiträge. Bonn: Dietz, 2002, S. 460 – 470.

Schröder, Richard, Grauen und Gerechtigkeit (Einleitung), in: Stephan Burgdorff, Stephan/Habbe, Christian (Hrsg.), Als Feuer vom Himmel fiel. Der Bombenkrieg in Deutschland. München: Deutsche Verlag-Anstalt, 2003, S. 11 – 17.

Schubert, S. , Abschied vom Nationalstaat? Die deutsche Reichsgründung 1871 in der Geschichtspolitik des geteilten Deutschlands von 1965 bis 1974, in:

Winker, H. A. (Hrsg.), Griff nach der Deutungsmacht. Zur Geschichte der Geschichtspolitik in Deutschland. Göttingen: Wallstein, 2004, S. 230 – 265.

Schulin, Ernst (Hrsg.), Deutsche Geschichtswissenschaft nach dem zweiten Weltkrieg (1945 – 1965). München: Oldenbourg, 1989.

Schulze, Hagen, Fragen, die wir stellen müssen. Keine historische Haftung ohne nationale Identität, in: Die Zeit, 26. 9. 1986.

Schulze, Winfried, Der Neubeginn der deutschen Geschichtswissenschaft nach 1945. Einsichten und Absichtserklärungen der Historiker nach der Katastrophe, in: Schulin, Ernst (Hrsg), Deutsche Geschichtswissenschaft nach dem zweiten Weltkrieg (1945 – 1965). München: Oldenbourg, 1989, S. 1 – 38.

Schulze, Winfried, Vom „Sonderweg" bis zur „Ankunft im Westen". Deutschland Stellung in Europa. in: Geschichte in Wissenschaft und Unterricht, 4, 2002, S. 226 – 240.

Schwalm, E. , Geschichte, Geschichtslehrer, in: Geschichte in Wissenschaft und Unterricht, H. 3, 1977.

Schwarz, Ulrich, „Überall Leichen, überall Tod", in: Burgdorff, Stephan/ Habbe, Christian (Hrsg.), Als Feuer vom Himmel fiel. Die Bombenkrieg in Deutschland. München: Deutsche Verlags-Anstalt, 2003, S. 70 – 84.

Schwilk, Heimo/Schacht, Ulrich (Hrsg.), Die selbstbewußte Nation. „Anschwellender Bocksgesang" und weitere Beiträge zu einer deutschen Debatte. Frankfurt a. M. und Berlin: Ullstein, 1994.

Seibt, Gustav, Kritisches Goldrähmchen. berlinonline. de, 12. Dezember 1998, abgerufen am 24. November 2009.

Sethe, Paul, Als Deutschland nach der Weltmacht griff, in: Die Zeit, 17. 11. 1961.

Seuthe, Rupert, „Geistig-moralische Wende"? Der politische Umgang mit der NS-Vergangenheit in der Ära Kohl am Beispiel von Gedenktagen, Museums-und Denkmalprojekten. Frankfurt a. M. : Lang, 2001.

Seydewitz, Max, Zerstörung und Wiederaufbau von Dresden. Berlin (Ost): Kongress-Verl. , 1955 (ab 3. Auflage: Die unbesiegbare Stadt).

Sontheimer, Kurt, Maskenbildner schminken eine neue Identität, in: Piper, Eugen Rudolf (Hrsg.), Historikerstreit. Die Dokumentation der Kontroverse um die Einzigartigkeit der nationalsozialistischen Judenvernichtung. München und Zürich: Piper, 1987, S. 275 – 280.

Sontheimer, Michael, „Sind wir Bestien? ", in: Burgdorff, Stephan/ Habbe, Christian (Hrsg.), Als Feuer vom Himmel fiel. Der Bombenkrieg in Deutschland. München: Deutsche Verlag-Anstalt, 2003, S. 122 – 128.

Später Ruhm. br-online, 16. September 2008, abgerufen am 7. September 2009.

Staud, Toralf, Moderne Nazis. Die neuen Rechten und der Aufstieg der NPD. Köln: Kiepenheuer & Witsch, 2005.

Striefler, Christian, Kampf um die Macht. Kommunisten und Nationalsozialis-ten am Ende der Weimarer Republik. Frankfurt a. M. und Berlin: Propyläen, 1993.

Stürmer, Michael, „Man muß die Weltgeschichte nicht immer mit den Nazis beginnen lassen. ", in: Rüdiger Hohls, Konrad H. Jarausch (Hrsg.), Versäumte Fragen. Deutsche Historiker im Schatten des Nationalsozialismus. Stuttgart u. a. : Dt. Verl. – Anst. , 2000, S. 358 – 368.

Stürmer, Michael, Geschichte im geschichtslosen Land. (FAZ, 25. April 1986), in: Piper, Eugen Rudolf (Hrsg.), Historikerstreit. Die Dokumentation der Kontroverse um die Einzigartigkeit der nationalsozialistischen Judenvernich-tung. München und Zürich: Piper, 1987, S. 36 – 38.

Stürmer, Michael, Geschichte in geschichtslosem Land, in: Frankfurter Allgemeine Zeitung, 25. April 1986.

Süss, D. , Massaker und Mongolensturm. Anmerkungen zu Jörg Friedrichs umstrittenem Buch: „Der Brand. Deutschland im Bombenkrieg 1940 – 1945 ", in: Historisches Jahrbuch 124 (2004), S. 521 – 543.

Syring, Enrico, Hitler. Seine politische Utopie. Die Studie behandelt doch nur die Zeit von 1924 bis 1933. Frankfurt a. M. und Berlin: Propyläen, 1994.

Sywottek, Arnold, Die Fischer-Kontroverse. Ein Beitrag zur Entwicklung his-torisch-politischen Bewusstseins in der Bundesrepublik, in: Geiss, Imanuel/ Wendt, Bernd Jürgen (Hrsg.), Deutschland in der Weltpolitik des 19. und 20. Jahrhunderts. Düsseldorf: Bertelsmann-Universitätsverl. , 1973, S. 19 – 47.

Taylor, Frederick, Dresden, Dienstag 13. Februar 1945. Militärische Logik oder blanker Terror? München Pantheon, 2004.

Taylor, Frederick, Strategische Bedeutung des alliierten Bombenkrieges. Der Umgang mit dem Verhängnis, in: Fritze, Lothar/Widera, Thomas (Hrsg.): Alliierter Bombenkrieg: das Beispiel Dresden. Göttingen: V & R unipress 2005, S. 33 – 56.

Thamer, Hans-Ulrich, Das Dritte Reich. Interpretationen, Kontroversen und Probleme des akutellen Forschungsstandes, in: Bracher, Karl Dietrich (Hrsg.), Deutschland 1933 – 1945. Düsseldorf: Droste, 1992.

Thamer, Hans-Ulrich, Die Erosion einer Säule. Wehrmacht und NSDAP, in: Müller, Rolf-Dieter/Volkmann, Hans-Erich, Die Wehrmacht Mythos und Realität. Im Auftrag des Militärgeschichtlichen Forschungsamtes. München: Oldenbourg, 1999, S. 420 – 435.

Tharner, H. – U., Vom Tabubruch zur Historisierung? Die Auseinandersetzung um die „Wehrmachtausstellung", in: Sabrow, M. Jessen, /R. /Kracht, K. Grosse (Hrsg.), Zeitgeschichte als Streitgeschichte. Grosse Kontroverse seit 1945. München: Beck, 2003, 177 – 186.

Thiele, Hans-Günther (Hrsg.), Die Wehrmachtsausstellung. Dokumentation einer Kontroverse. Dokurnentation der Fachtagung in Bremen am 26. Februar 1997 und der Bundestagsdebatte am 13. März und 24. April 1997. Bremen: Edition Temmen, 1997.

Thorsten Schmitz, „Der unfreiwillige Zeuge", in: Sueddeutsche Zeitung, 15. 03. 1997.

Treml, Manfred u. s. w. (Hrsg.), Oldenbourg Geschichte für Gymnasien 13. München: Oldenbourg, 1994.

Ullrich, Volker, „Völlig unreife Thesen". Die Fischer-Kontroverse um die Mitschuld der Deutschen am Ersten Weltkrieg wurde vor 50 Jahren der erste Große Historikerstreit der Bundesrepublik, in: Die Zeit, 44, November 2011.

Ullrich, Volker, Daniel J. Goldhagen in Deutschland: Die Buchtournee wurde zum Triumphzug, in: Die Zeit, 13. 9. 1996.

Ullrich, Volker, Eine produktive Provokation. Die Rolle der Medien in der Goldhagen-Kontroverse, in: Sabrow, Martin/Jessen, Ralph/Kracht, Klaus Große (Hrsg.), Zeitgeschichte als Streitgeschichte. München: Beck, 2003, S. 152 – 170.

Ullrich, Volker, Hitlers willige Mordgesellen. Ein Buch provoziert einen neuen Historikerstreit: Waren die Deutschen doch alle schuldig? in: Zeit-dokument: Die Goldhagen-Kontroverse, S. 4 – 5.

Ullrich, Volker, Weltuntergang kann nicht schlimmer sein, in: Die Zeit, 28. 11. 2002.

Ulrich, Volker, Hitlers willige Mordgesellen, in: Die Zeit, 12. 04. 1996.

Ungváry, Krisztián, Echt Bilder-problematische Aussagen. Eine quantitative und qualitative Fotoanalyse der Ausstellung „Vernichtungskrieg. Verbrechen der Wehrmacht 1941 bis 1944", in: Geschichte in Wissenschaft und Unterricht, 10, 1999, S. 596 – 603.

Veale, Frederick, Der Barbarei entgegen. Hamburg: Nölke, 1954.

Vogel, Hans-Jochen/Ruck, Michael (Hrsg.), Klaus Schönhoven. Arbeiterbewegung und soziale Demokratie in Deutschland. Ausgewählte Beiträge, Bonn: Dietz, 2002.

von Krockow, Christian Graf, Zwei Pole, die das Verhängnis bargen. Anständigbleiben inmitten der Verbrechen? in: Die Welt, 05. 04. 1997.

von Schrenck-Notizing, Caspar, Die Endlose Geschichte eines (Historiker –) streits. Nach der „Einmischung und Schlichtung" R. v. Weizsäckers, in: Criticón 19 (1989), S. 21 – 24.

von Thadden, Adolf, Heuchelei in der Geschichtsschreibung? Hintergründe des „Historikerstreits", in: Deutsche Wochen-Zeitung, 1. Dezember 1987.

Walther, Peter Th., Emigrierte deutsche Historiker in den USA, in: Berichte zur Wissenschaftsgeschichte, 7, 1984, S. 41 – 52.

Wehler, Hans-Ulrich (Hrsg.), Deutsche Historiker. Göttingen: Vandenhoeck & Ruprecht, 1973.

Wehler, Hans-Ulrich, „Deutscher Sonderweg" oder allgemeine Probleme des westlichen Kapitalismus? Zur Kritik an einigen „Mythen deutscher Geschichtsschreibung", in: Merkur 35 (1981), S. 478 – 487, S. 757 – 760.

Wehler, Hans-Ulrich, „Deutscher Sonderweg" oder Allgemeine Probleme des westlichen Kapitalismus? in: Ders, Politik in der Geschichte. München: Beck, 1998, S. 78 – 92.

Wehler, Hans-Ulrich, „Moderne" Politikgeschichte? Oder: Willkommen im

Kreis der Neorankianer vor 1914, in: Geschichte und Gesellschaft, 22 (1996), S. 257 – 266.

Wehler, Hans-Ulrich, Bismarck und der Imperialismus. Köln und Berlin: Kiepenheuer & Witsch, 1969.

Wehler, Hans-Ulrich, Das deutsche Kaiserreich: 1871 – 1918. Göttingen: Vandenhoeck & Ruprecht, 1973.

Wehler, Hans-Ulrich, Eine lebhafte Kampfsituation. Ein Gespräch mit Manfred Hettling und Cornelius Torp. München: Beck, 2006.

Wehler, Hans-Ulrich, Entsorgung der Vergangenheit? Ein polemischer Essay zum „Historikerstreit". München: Beck, 1988.

Wehler, Hans-Ulrich, Geschichte als Historische Sozialwissenschaft. Frankfurt a. M.: Suhrkamp, 1973.

Wehler, Hans-Ulrich, Geschichtswissenschaft heute, in: Piper, Eugen Rudolf (Hrsg.), Historikerstreit. Die Dokumentation der Kontroverse um die Einzigartigkeit der nationalsozialistischen Judenvernichtung. München und Zürich: Piper, 1987, S. 709 – 753.

Wehler, Hans-Ulrich, Historiker sollten auch politisch zu den Positionen stehen, die sie in der Wissenschaft vertreten, in: Hohls, Rüdiger/Jarausch, Konrad H. (Hrsg.), Versäumte Fragen. Deutsche Historiker im Schatten des Nationalsozialismus. Stuttgart: Dt. Verl. – Anst., 2000, S. 240 – 266.

Wehler, Hans-Ulrich, Jörg Friedrich: Der Brand, in: Deutschland Radio Berlin, 6. 12. 2002.

Wehler, Hans-Ulrich, Krisenherde des Kaiserreichs 1871 – 1918. Studien zur deutschen Sozial-und Verfassungsgeschichte. Göttingen: Vandenhoeck & Ruprecht, 1970.

Wehler, Hans-Ulrich, Kritik und kritische Antikritik, in: Historische Zeitschrift 225 (1977), S. 347 – 384.

Wehler, Hans-Ulrich, Vom Unsinn geostrategischer Konstanten oder „Deutschland verkeilt in der Mittellage", in: Der Monat, Bd. 3, 1982, S. 64 – 67.

Wehler, Hans-Ulrich, Wie ein Stachel in Fleisch, in: Die Zeit, 24. 5. 1996.

Wehrmacht und Nationalsozialismus. Vortrag des Bielefelder Historikers Hans-Ulrich Wehler zur Eröffnung der Ausstellung „Verbrechen der Wehrmacht. Dimen-

sionen des Vernichtungskrieges 1941 – 1944" am 27. Januar 2002 in der Ravens-
berger Spinnerei Bielefeld auf der Seite der Universität Bielefeld.

Wei, Matthias, Sinnliche Erinnerung. Die Flime „Holocaust" und „Schindlers
Liste" in der bundesdeutschen Vergegenwrtigung der NZ-Zeit, in: Frei, Norbert/
Steinbacher, Sybille (Hrsg.), Beschweigen und Bekennen. Die deutsche Nach-
kriegsgesellschaft und der Holocaust. Göttingen 2001, S. 71 – 102.

Weingart, Peter/Pansegrau, Petra/Winterhager, Matthias (Hrsg.), Arbe-
itsbericht zum Lehrforschungsprojekt: „Die Bedeutung von Medien für die Reputa-
tion von Wissenschaftlern". Bielefeld 1998.

Weißmann, Karlheinz, Der Weg in den Abgrund. Deutschland unter Hitler
von 1933 – 1945. Frankfurt a. M. u. Berlin: Propyläen, 1995.

Wer auf die Pauke haut, wird von Neonazis gehört. OB Christian Ude wirft
der CSU vor, der organiserten Rechten ein politisches Forum geboten zu haben,
in: Süddeutsche Zeitung, 25. 02. 1997.

Werle, Gerhard, Die Bestrafung von NS-Unrecht in Westdeutschland, in:
Marxen, Klaus/Miyazawa, Koichi/Werle, Gerhard (Hrsg.), Der Umgang mit
Kriegs – und Besatzungsunrecht in Japan und Deutschland, Berlin: Berliner-Verl.
Spitz, 2001.

Wiegel, Gerd, Die Zukunft der Vergangenheit: Konservativer Geschichtsdis-
kurs und kulturelle Hegemonie. Vom Historikerstreit zur Walser-Bubis-Debatte.
Köln: Papy Rossa, 2001.

Wilke, Jürgen (Hrsg.), Massenmedien und Zeitgeschichte. Konstanz: UVK
Medien, 1999.

Winker, H. A. (Hrsg.), Griff nach der Deutungsmacht. Zur Geschichte der
Geschichtspolitik in Deutschland. Göttingen: Wallstein, 2004.

Winkler, Heinrich August, Auf ewig in Hitlers Schatten? Zum Streit über das
Geschichtsbild der Deutschen, in: Frankfurter Rundschau, 14. 11. 1986.

Winkler, Heinrich August, Der Lange Weg nach Westen. Bd. 1 – 2. München:
Beck, 2001.

Winkler, Heinrich August, Kehrseitenbesichtigung. Zehn Jahre danach: Ein
Rückblick auf der deutschen Historikerstreit, in: Die Frankfurter Rundschau, 29.
Oktober 1996.

Winkler, Heinrich August, Schlagt nach bei Marx. Eine Rede, die geschrieben, aber fast nicht gehalten werden konnte, in: Frankfurter Allgemeine Zeitung, 19. Juni 1998.

Winkler, Heinrich August, Warum haben wir nicht den Mut gehabt, kritische Fragen zu stellen?, in: Hohls, Rüdiger/Jarausch, Konrad H. (Hrsg.), Versäumte Fragen. Deutsche Historiker im Schatten des Nationalsozialismus. Stuttgart u. a. : Dt. Verl. – Anst. , 2000, S. 367 – 382.

Wippermann, Wolfgang, Wessen Schuld? Vom Historikerstreit zur Goldhagen-Kontroverse. Berlin: Elefanten, 1997.

Wirsing, Giselher, … auch am Ersten Weltkrieg schuld? in: Christ und Welt, 8. 5. 1964.

Wolfrum, E. , Geschichte als Waffe. Vom Kaiserreich bis zur Wiedervereinigung. Göttingen: Vandenhoeck & Ruprecht, 2001.

Wolfrum, E. , Geschichtspolitik in der Bundesrepublik Deutschland. Der Weg zur bundesrepublikanischen Erinnerung1948 – 1990. Darmstadt: Wissenschaftliche Buchgesellschaft, 1999.

Zechlin, Egmont, Krieg und Kriegsrisiko. Zur deutschen Politik im Ersten Weltkrieg. Aufsätze. Düsseldorf: Droste, 1979.

Zehntausend bei Anti-Neonazi-Kette: Dresden stemmt sich gegen die Geschichtsklitterer, in: Der Spiegel, 13. 02. 2010.

Zielcke, Andreas, NS-Vorwürfe gegen Habermas-Verleumdung wider besseres Wissen, in: Süddeutsche Zeitung, 27. 10. 2006.

Zitelmann, Rainer, Hitler. Selbstverständnis eines Revolutionärs, Hamburg u. a. : Berg, 1987.

Zitelmann, Rainer/Karlheinz Weißmann/Michael Grossheim (Hrsg.), Westbindung. Chancen und Risiken für Deutschland. Frankfurt a. M. und Berlin: Propyläen, 1993.

英文

Albertini, Luigi, *The Origins of the War of 1914*. Vol. 1 – 3. Oxford: Oxford University Press, 1952 – 1957.

Alford, C. Fred, "Hitler's Willing Executioners: What does ' willing' mean?"

Theory and Society, Vol. 26, No. 5 (Oct., 1997), pp. 719 – 738.

Antler, Joyce, "The Americanization of the Holocaust," *American Theatre*, Vol. 12 (2), February, 1995.

Art, David, *The Politics of the Nazi Past in Germany and Austria*. Cambridge: Cambridge University Press, 2006.

Ash, Mitchell G., "American and German Perspectives on the Goldhagen Debate: History, Identity, and the Media," *Holocaust and Genocide Studies*, VII, No. 3, Winter 1997, pp. 396 – 411.

Ball, Karyn, "Disciplining Traumatic History: Goldhagen's Impropriety," *Cultural Critique*, No. 46, *Trauma and Its Cultural Aftereffects* (Autumn, 2000), pp. 124 – 152.

Barnes, Harry E., *The Genesis of the World War. An Introduction to the Problem of War Guilt*. New York: Knopf, 1926.

Benghahn, Volker, *Germany and the Approach of the War in 1914*. London: Macmillan, 1973.

Berman, Russell A., "An Imagined Community: Germany According to Goldhagen," *The German Quarterly*, Vol. 71, No. 1 (Winter, 1998), pp. 63 – 67.

Bessel, Richard, "Functionalists vs. Intentionalists: The Debate Twenty Years on or Whatever Happened to Functionalism and Intentionalism?" *German Studies Review*, Vol. 26, No. 1 (Feb, 2003), pp. 15 – 20.

Birn, Ruth Bettina/Riess, Volker, "Revising the Holocaust," *The Historical Journal*, Vol. 40, No. 1 (Mar., 1997), pp. 195 – 215.

Blackbourn, D./Eley, E., *The Peculiarities of German History. Bourgeois Society and Politics in 19th Century Germany*. Oxford und New York: Oxford University Press, 1984.

Bonfil, Robert, "A Time to Keep Silent and a Time to Speak, A Moral Reckoning: The Role of the Catholic Church in the Holocaust and Its Unfulfilled Duty of Repair by Daniel J. Goldhagen," *The Jewish Quarterly Review*, New Series, Vol. 94, No. 2 (Spring, 2004), pp. 361 – 375.

Browning, Christopher R., "Daniel Goldhagen's Willing Executioners," *History and Memory*, Vol. 8, No. 1 (Spring-Summer, 1996), pp. 88 – 108.

Browning, Christopher Robert, *Ordinary Men: Reserve Police Battalion 101 and the Final Solution in Poland.* Harpel Perenial, 1992 (Harper Collins, 1993).

Brunner, Jose, " 'Oh Those Crazy Cards Again': A History of the Debate on the Nazi Rorschachs, 1946 - 2001, " *Political Psychology*, Vol. 22, No. 2, Special Issue: Psychology as Politics (June, 2001), pp. 233 - 261.

Brunner, Jose, "Pride and Memory: Nationalism, Narcissism and the Historians' Debates in Germany and Israel, " *History and Memory*, Vol. 9, No. 1/2, Passing into History: Nazism and the Holocaust beyond Memory. In Honor of Saul Friedlander on His Sixty-Fifth Birthday (Fall 1997), pp. 256 - 300.

Corwin, Elizabeth C., "The Dresden Bombing as Portrayed in German Accounts, East and West, " *UCLA Historical Journal*, 8th, 1987.

Craig, Gordon A., "How Hell Worked, " *The New York Review of Books*, April 18, 1996, pp. 4 - 8.

Curtis, Michael, "Antisemitism: Different Perspectives, " *Sociological Forum*, Vol. 12, No. 2 (Jun., 1997), S. 321 - 330.

Daum, Andreas, "German Historiography in Transatlantic Perspective: Interview with Hans-Ulrich Wehler," *Bulletin of the GHI* (Washington D. C.), Nr. 26, Frühjahr 2000.

Day, L. Edward/Vandiver, Margaret, "Criminology and genocide studies: Notes on what might have been and what still could be, " *Crime, Law & Social Change* 34, 2000, pp. 43 - 59.

Eley, Geoff, ed., *The "Goldhagen Effect"*: *History, Memory, Nazism. Facing the German Past.* Ann Arbor: The University of Michigan Press, 2000.

Eley, Geoff, "Nazism, Politics and the Image of the Past: Thought on the West German Historikerstreit 1986 - 1987," *Past and Present*, No. 121 (Nov., 1988), pp. 171 - 208.

Fay, Sidney B., *The Origins of the First World War*, Vol. 1 - 2. New York: Macmillan, 1928.

Finkelstein, Norman G./Bauer, Yehuda, "Goldhagen's Hitler's Willing Executioners: An Exchange of Views, " *The Jewish Quarterly Review*, New Series, Vol. 89, No. 1/2 (Jul. - Oct., 1998), pp. 123 - 126.

Finkelstein, Norman G./Birn, Ruth Bettina, *A Nation on Trial: The Goldhagen Thesis and Historical Truth.* New York: Henry Holt and Company, 1998.

Friedlander, Henry, "Hitler's Willing Executioners: Ordinary Germans and the Holocaust by Daniel Jonah Goldhagen," *German Studies Review*, Vol. 19, No. 3 (Oct., 1996), pp. 578 – 580.

Friedrich, Jörg, *The Fire: the bombing of Germany, 1940 – 1945.* New York: Columbia University Press, 2006.

Garrett, Stephen A., *Ethics and Airpower in World War II: The British Bombing of German Cities.* New York: St. Martin's Press, 1993.

Gatzke, Hans Wilhelm, *Germanys Drive to the West. A Study of Germanys Western War Aims during the First World War.* Baltimore: Johns Hopkins Pr., 1950.

Gilman, Sander L., "America and the Newest Jewish Writing in German," *The German Quarterly*, Vol. 73, No. 2 (Spring, 2000), pp. 151 – 162.

Goldhagen, Daniel Jonah, *Hitler's Willing Executioners. Ordinary Germans and the Holocaust.* New York: Alfred A. Knopf, 1996 (Vintage, 1997).

Goldhagen, Daniel Jonah, The Nazi Executioners: A Study of their Behavior and the Causation of Genocide. Ph. D. diss., Harvard University 1992.

Gooch, George P., Harold Temperley, eds., *British Documents on the Origins of the War 1898 – 1914*, 11 Volume. London, 1926 – 1936.

Hagen, William W., "Before the 'Final Solution': Toward a Comparative Analysis of Political Anti-Semitism in Interwar Germany and Poland," *The Journal of Modern History*, Vol. 68, No. 2, (Jun. 1996), pp. 351 – 381.

Hamilton, R. F., "Hitler's Electoral Support: Recent Findings and Theoretical Implications," *Canadian Journal of Sociology*, 1986, 11, pp. 1 – 34.

Harding, Luke, "German Historian Provokes Row over War Photos," *The Guardian, 21.* Oktober 2003. Abgerufen am 10. Mai 2011.

Hartman, Geoffrey H., ed., *Bitburg in Moral and Political Perspective.* Bloomington: Indiana Vniversity Press, 1986.

Hastings, Max, *Bomber Command. Michael Joseph.* Zenith Press, 1979.

Hay, Colin, "Willing Executioners of Hitler's Will? The Goldhagen Controversy," *Political Analysis and the Holocaust Politics* 2000, 20 (3), pp. 119 – 128.

Helmreich, William B., *Against All Odds: Holocaust Survivors and the Successful Lives They Made in America.* New York: Simon and Schuster, 1922.

Herbert, Ulrich, "Academic and Public Discourses on the Holocaust: The

Goldhagen Debate in Germany," *German Politics and Society*, 1999, pp. 1 – 12.

Herzstein, Robert E. , "Daniel Jonah Goldhagen's 'Ordinary Germans': A Heretic and his Critics, " *The Journal of the Historical Society* II: 1 Winter 2002, pp. 89 – 122.

Hilberg, Raul, "The Goldhagen Phenomenon," *Critical Inquiry*, Vol. 23, No. 4 (Summer 1997), pp. 721 – 728.

Hinton, Alex, "Why Did the Nazis Kill?: Anthropology, Genocide and the Goldhagen Controversy, " *Anthropology Today*, Vol. 14, No. 5 (Oct. , 1998), pp. 9 – 15.

"Hitler's Willing Executioners," Goldhagen, Daniel Jonah, interviewed by Maurice Wohlgelernter, *Society*, January/February 1997, pp. 32 – 37.

Hoffmann, Stanley, "Hitler's willing Executioners: Ordinary Germans and the Holocaust by Daniel Jonah Goldhagen, " *Foreign Affairs*, Vol. 75, No. 3 (May-Jun. 1996), pp. 144 – 145.

Iggers, Georg, *New Directions in European Historiography*. Middletown, Conn. : Wesleyan University Press, 1975.

"Interview with David Blackbourn and Geoff Eley," *German History*, 2004, 2, pp. 229 – 245.

Irving, David, *The Destruction of Dresden*. London: Parforce, 1963.

Jahoda, Gustav, " 'Ordinary Germans' before Hitler: A Critique of the Goldhagen Thesis Hitler's Willing Executioners: Ordinary Germans and the Holocaust by Daniel Jonah Goldhagen," *The Journal of Interdisciplinary History*, Vol. 29, No. 1 (Summer, 1998), pp. 69 – 88.

Joel, Tony, *The Dresden Firebombing: Memory and the Politics of Commemoration Destruction*. New York: I. B. Tauris, 2013.

Jones, Adam, *The Scourge of Genocide: Essays and Reflections*. Routldege, 2013.

Kamber, Richard, "The Logic of the Goldhagen Debate, " *Res Publica*, 2000, 6, pp. 155 – 177.

Kautz, Fred, *The German Historians: Hitler's Willing Executioners and Daniel Goldhagen*. Black Rose Books, 2002.

Kocka, Jürgen, "German History before Hitler: The Debate about the German Sonderweg," *Journal of Coutemporary History*, 1988, 23, pp. 3 – 16.

Kord, Catherine, "Hitler's Willing Executioners by Daniel Jonah Goldhagen," *The Antioch Review*, Vol. 54, No. 3 (Summer, 1996), pp. 359 – 360.

Körner, Axel, "The Arrogance of Youth: A Metaphor for Social Change?: The Goldhagen-Debate in Germany as Generational Conflict," *New German Critique*, No. 80, Special Issue on the Holocaust (Spring-Summer 2000), pp. 59 – 76.

Krug, Mark M. , "The Teaching of History at the Center of the Cold War: History Textbooks in East and West Germany," *The School Review*, 1961, 4, pp. 461 – 487.

Lacapra, Dominick, "Revisiting the Historians' Debate: Mourning and Genocide," *History and Memory*, Vol. 9, No. 1/2, pp. 80 – 112.

Langdon, John W. , *July 1914. The Long Debatte, 1918 – 1990.* New York and Oxford, 1991.

Lehnert, Herbert, "Reply: Being a Jewish American Germanist after Goldhagen: A Response to Herbert Lehnert, 'Was wir von Goldhagen lernen können'," *The German Quarterly*, Vol. 70, No. 2 (Spring, 1997), pp. 174 – 177.

Lehnert, Herbert, "The Heart of Our Mission," *The German Quarterly*, Vol. 72, No. 1 (Winter, 1999), pp. 75 – 77.

Levy, Richard S. , "The 'Goldhagen Effect': History, Memory, Nazism: Facing the German past by Geoff Eley," *German Studies Review*, Vol. 25, No. 1 (Feb. , 2002), pp. 177 – 178.

Littell, Franklin, ed. , *Hyping the Holocaust: Scholars Answer Goldhagen.* Merion Station, PA : Merion Westfield Press International, 1997.

Lubich, Frederick Alfred, "Rafael Sligmann's 'Der Musterjude': A Master Parody of German-Jewish Führer Phantasies," *German Studies Review*, Vol. 27, No. 2 (May, 2004), pp. 229 – 248.

Mahoney, James/Ellsberg, Michael, "Goldhagen's Hitler's Willing Executioners: A Clarification and Methodological Critique, " *Journal of Historical Sociology*, Vol. 12 No. 4, (Dec. 1999), pp. 422 – 436.

Maier, Charles S. , *The Unmasterable Past: History, Holocaust, and German National Identity.* Cambridge: Cambridge University Press, 1997.

Markovits, Andrei S. /Reich, Simon, *The German Predicament. Memory and*

Power in the New Europa. Ithaca and London: Cornell University Press, 1997.

McKee, Alexander, *Dresden 1945: The Devil's Tinderbox.* New York: E. P. Dutton, 1982.

Meyer, Henry Cord, *Five Images of Germany, Half a Century of American Views.* Washiongton D. C., Service Center for Teachers of History, 1960.

Mommsen, W. J., "The Debatte on German War Aims," *JCH*, 1, 1996, 47ff.

Monroe, Kristen R., "Hitler's Willing Executioners: Ordinary Germans and the Holocaust. By Daniel Jonah Goldhagen," *The American Political Science Review*, Vol. 91, No. 1 (Mar., 1997), pp. 212 – 213.

Moses, A. D., "Structure and Agency in the Holocaust: Daniel J. Goldhagen and His Critics," *History and Theory*, Vol. 37, No. 2 (May, 1998), pp. 194 – 219.

Moses, John A., *The Politics of Illusion. The Fischer Controversy in German Historiography.* London, 1975.

Neusner, Jacob, "Hype, Hysteria, and Hate the Hun, " Littell, Franklin, ed., Hyping the Holocaust: Scholars answer Goldhagen. Merion Station, PA : Merion Westfield Press International, 1997, pp. 147 – 157.

Niven, Bill, *Facing the Nazi Past: United Germany and the Legacy of the Third Reich.* Taylor & Francis, 2001.

Overy, Richard, *The Post-War Debate. Firestorm: The Bombing of Dresden 1945.* London: Pimlico, 2006.

Peck, Jeffrey M., "Being a Jewish American Germanist after Goldhagen: A Response to Herbert Lehnert, 'Was wir von Goldhagen lernen Können'" *The German Quarterly*, Vol. 70, No. 2 (Spring, 1997), pp. 168 – 174.

Rieger, Bernard, "Daniel in the Lion's Den? The German Debate about Goldhagen's 'Hitler's Willing Executioners'," *History Workshop Journal*, No. 43 (Spring, 1997), pp. 226 – 233.

Rosenfeld, Gavriel D., "The Controversy That Isn't: The Debate over Daniel J. Goldhagen's Hilter's Willing Executioners in *Comparative Perspective*", *Contemporary European History*, Vol. 8, No. 2 (Jul., 1999), pp. 249 – 273.

Rosenfeld, Gavriel D., "The Historian as Judge, The Jewish Quarterly Review," *New Series*, Vol. 94, No. 2 (Spring, 2004), pp. 376 – 385.

Scarre, Geoffrey, "Understanding the Moral Phenomenology of the Third

Reich," *Ethical Theory and Moral Practice*, Vol. 1, No. 4, Solidarity and the Welfare State (Dec., 1998), pp. 423 –445.

Shandley, Robert R., ed., *Unwilling Germans? The Goldhagen Debate.* Minneapolis and London: University of Minnesota Press, 1998.

Showalter, Dennis, "Germany's War and the Holocaust: Disputed Histories by Omer Bartov," *Central European History*, Vol. 38, No. 2 (2005), pp. 327 –329.

"Smashing Blows at Dresden," *The Times*, 15 Feb. 1945.

Stern, Fritz, "The Goldhagen Controversy: One Nation, One People, One Theory?" *Foreign Affairs*, Vol. 75, No. 6 (Nov. –Dec., 1996), pp. 128 –138.

Strachan, Hew, *Strategic Bombing and the Questions of Civilian Casualties up to 1945*, *Firestorm: The Bombing of Dresden 1945.* London: Pimlico, 2006.

Taylor, Frederick, *Dresden: Tuesday 13 February 1945.* New York: Harper Collins, 2004.

Tenenbaum, Joseph, *Race and Reich: The Story of an Epoch.* New York, 1956.

von Borries, Bodo, "The Third Reich in German History Textbooks since 1945," *Journal of Contemporary History*, J. 1, 2003, pp. 45 –62.

Vonnegut, Kurt, *Slaughterhouse Five or The Children's Crusade.* New York: Delacorte Press, 1969.

Wachsmann, Nikolaus, "After Goldhagen. Recent Work on the Genesis of Nazi Genocide Ethics and Extermination: Reflections on Nazi Genocide" *Jounal of Contemporary History*, Vol. 34, No. 3 (Jul., 1999), pp. 477 –487.

Webster, Sir Charles/Frankland, Noble, *The Strategic Air Offensive against Germany*, Vol. 3. London: Naval & Military Press Ltd, 1961.

Weil, Frederick, "The Imperfectly Mastered Past: Anti-Semitism in West Germany since the Holocaust" *New German Critique*, No. 20, Special Issue 2: Germans and Jews (Spring-Summer, 1998), pp. 135 –153.

Weingart, Peter/Pansegrau, Petra, "Reputation in Science and Prominence in the Media: the Goldhagen Debate," *Public Understanding of Science* 1998 8: 1, pp. 1 –17.

Wesley, Frank, *The Holocaust and Anti-Semitism: The Goldhagen Argument and its Effects.* International Scholars Publications, 1999.

Wittmann, Rebecca Elizabeth, Holocaust on Trial? The Frankfurt Auschwitz Trial in Historical Perspective, Ph. D. diss., University of Toronto, 2001.

Zank, Michael, "Historians' Nightmare and Popular Hero: The Reception of Daniel Goldhagen's 'Hitler's Willing Executioners in Germany'," *Religious Studies Review*, Jul. (1998), pp. 231 – 238.

中文

埃里克·霍布斯鲍姆:《民族与民族主义》,李金梅译,上海人民出版社,2006。

艾德勒:《普通德国人与大屠杀》,力文译,摘自美国《新闻周刊》1996 年 4 月 29 日,转载于《现代外国哲学社会科学文摘》1996 年第 7 期。

爱德华·莫迪默、罗伯特·法恩主编《人民·民族·国家》,刘泓、黄海慧译,中央民族大学出版社,2009。

安东尼·史密斯:《民族主义——理论·意识形态·历史》,叶江译,上海人民出版社,2006。

彼得·伯克:《图像证史》,杨豫译,北京大学出版社,2008。

博多·冯·博里斯:"历史意识";弗里德里希·耶格尔:"历史教学",斯特凡·约尔丹主编《历史科学基本概念辞典》,孟钟捷译,北京大学出版社,2012。

博多·冯·博里斯:《1949 年以来在两个德国教科书中记录的毁灭性战争与犹太大屠杀》,邓白桦、孟钟捷译,《新史学·第五辑》,大象出版社,2006。

布衣:《罪孽的报应:日本和德国的战争记忆与反思 (1945—1993)》,戴晴译,社会科学文献出版社,2006。

曹意强:《可见之不可见性——论图像证史的有效性与误区》,《新美术》2004 年第 2 期。

陈恒、耿相新主编《新史学·第八辑》,大象出版社,2007。

陈启能主编《二战后欧美史学的新发展》,山东大学出版社,2005。

丹尼尔·乔纳·戈德哈根:《希特勒的志愿行刑者》,贾宗谊译,新华出版社,1998。

迪特尔·拉夫:《德意志史》,波恩 Inter Nationes 出版,1987。

厄内斯特·盖尔纳:《民族与民族主义》,韩红译,中央编译出版社,2002。

范丁梁:《复杂语境中的德国"历史学家之争"》,《史学理论研究》

2013 年第 1 期。

范丁梁:《二战后联邦德国史学争论传统的路径演变》,《史学史研究》2015 年第 1 期。

范丁梁:《事件与记忆之间的德国"历史学家之争"》,硕士学位论文,浙江大学人文学院历史系,2008。

弗里茨·斯特恩:《非自由主义的失败:论现代德国政治文化》,孟钟捷译,商务印书馆,2013。

弗朗西斯·福山:《历史的终结及最后之人》,黄胜强、许铭原译,中国社会科学出版社,2003。

弗里茨·费舍尔:《争雄世界:德意志帝国 1914—1918 年战争目标政策》,何江、李世隆等译,商务印书馆,1987。

弗里德里希·耶格尔、约恩·吕森:《德国历史中的回忆文化》,孙立新译,《书写历史》第 1 辑,上海三联书店,2003。

戈德哈根:《普通德国人与大屠杀》,力文译,摘自美国《新共和》周刊 1996 年 12 月 23 日,转载于《现代外国哲学社会科学文摘》1997 年第 11 期。

格奥尔格·G. 伊格尔斯:《德国的历史观》,彭刚、顾杭译,南京,译林出版社,2006。

格奥尔格·G. 伊格尔斯:《欧洲史学新方向》,赵世玲、赵世瑜译,华夏出版社,1989。

格茨·阿利:《希特勒的民族帝国:劫掠、种族战争和纳粹主义》,刘青文译,译林出版社,2011。

格洛茨:《仇恨没有专利》,《新闻周刊》1996 年 4 月 29 日,转载于《现代外国哲学社会科学文摘》1996 年第 7 期。

哈贝马斯等:《希特勒,永不消散的阴云?——德国历史学家之争》,逄之、崔博等译,三联书店,2014。

亨利希·李凯尔特:《历史上的个体》,白锡堃译,王太庆校,张文杰编《历史的话语:现代西方历史哲学译文集》,中国人民大学出版社,2012。

洪邮生:《谁是屠杀犹太人的真正元凶》,《南京大学学报》1997 年第 1 期。

胡安·诺格:《民族主义与领土》,徐鹤林、朱伦译,中央民族大学出版社,2009。

胡涤非:《民族主义与近代中国政治变迁》,知识产权出版社,2009。

J. S. 密尔:《代议制政府》，汪瑄译，商务印书馆，1982。

江建国:《二战：不能"历史化"的过去》，《人民日报》2005 年 04 月 29 日，第 7 版。

江宜桦:《自由主义、民族主义与国家认同》，扬智文化事业股份公司，1998。

金成晓:《两种"范式"之争与中国经济学的构建》，《财经问题研究》1997 年第 3 期。

景德祥:《20 世纪末联邦德国史学流派争议》，《世界历史》2005 年第 1 期。

景德祥:《二战后德国反思纳粹历史的曲折过程》，《学习月刊》2005 年第 7 期。

景德祥:《二战后德国史学的发展脉络与特点》，《史学理论研究》2007 年第 3 期。

景德祥:《关于联邦德国第一代史学家的争论》，《史学理论研究》2004 年第 1 期。

景德祥:《联邦德国社会史学派与文化史学派的争议——20 世纪末联邦德国史学流派争议（续）》，《史学理论研究》2005 年第 3 期。

景德祥:《在西方道路与东方道路之间——关于"德意志独特道路"的新思考》，《史学理论研究》2003 年第 4 期。

靖春晓、孙立新:《战后德国史学的发展》，陈启能主编《二战后欧美史学的新发展》，山东大学出版社，2005。

卡尔·波普尔:《开放社会及其敌人·第二卷——预言的高潮：黑格尔、马克思及余波》，郑一明等译，中国社会科学出版社，1999。

卡尔·波普尔:《历史决定论的贫困》，杜汝楫、邱仁宗译，上海人民出版社，2009。

卡尔·迪特利希·埃尔德曼:《德意志史》第四卷《世界大战时期（1914—1950）》下册，华明等译，商务印书馆，1986 年。

康拉德·阿登纳:《阿登纳回忆录 1945—1953》（一），上海人民出版社，1976。

康拉德·阿登纳:《阿登纳回忆录 1953—1955》（二），上海人民出版社，1975。

科佩尔·S. 平森:《德国近现代史——它的历史和文化》下册，范德一等译，商务印书馆，1987。

克·哈普雷希特编《维利·勃兰特——画像与自画像》，复旦大学资本主义国家经济研究所译，上海人民出版社，1976。

克劳斯·费舍尔：《德国反犹史》，钱坤译，江苏人民出版社，2007。

克利福德·格尔茨：《文化的解释》，韩莉译，译林出版社，1999。

克利福德·格尔茨：《文化的解释》，纳日碧力戈等译，上海人民出版社，1999。

库尔特·冯内古特：《五号屠场》，云彩等译，译林出版社，1998。

拉明·贾汉贝格鲁：《伯林谈话录》，杨祯钦译，译林出版社，2002。

乐山主编《潜流：对狭隘民族主义的批判与反思》，华东师范大学出版社，2004。

李伯杰：《"一个麻烦的祖国"——论德意志民族的德国认同危机》，《清华大学学报》2010年第2期。

李工真：《德意志道路——现代化进程研究》，武汉大学出版社，1997。

李乐曾：《评德国和日本不同的二战史观》，《德国研究》1997年第2期。

李乐曾：《战后对纳粹罪行的审判与德国反省历史的自觉意识》，《德国研究》2005年第2期。

李占荣：《宪法的民族观——兼论"中华民族"入宪》，《浙江大学学报》2009年第3期。

理查·沃林：《非理性的魅惑——向法西斯靠拢。从尼采到后现代主义》，阎纪宇译，立绪文化出版社，2006。

林斌：《"大屠杀后叙事"与美国后现代身份政治：论犹太大屠杀的美国化现象》，《外国文学》2009年第1期。

刘向：《德国谴责伊朗总统否认纳粹大屠杀》，《新华每日电讯》2005年12月18日。

刘向：《看德国历史教科书如何"反纳粹"》，《廉政展望》2005年第7期。

刘中民、左彩金、骆素青：《民族主义与当代国际政治》，世界知识出版社，2006。

吕一民、范丁梁：《"克服过去"：联邦德国如何重塑历史政治意识》，《学术前沿》2014年第10期。

罗纳德·德沃金：《认真对待权利》，信春鹰、吴玉章译，中国大百科全书出版社，2002。

马超、娄亚：《塑造公民文化——联邦德国的政治文化变迁》，《德国研究》2005 年第 1 期。

《马克思恩格斯选集》（第 1 卷），人民出版社，1995。

曼菲尔德·海宁森：《大屠杀与记忆：战后德日两国对战争的反思》，王山峰译，《南京大屠杀史研究》2012 年第 4 卷。

梅尼克：《德国的浩劫》，何兆武译，三联书店，1991。

孟钟捷：《从德国范式看公众史学争议的起因、进程与影响》，《江海学刊》2014 年第 2 期。

孟钟捷：《德国中学历史教学实践中的"历史意识"》，《中学历史教学参考》2012 年第 3 期。

孟钟捷：《历史思维素质培养的深度与广度：来自德国的经验》，《历史教学》（中学版）2011 年第 19 期。

孟钟捷：《统一后德国的身份认同与大屠杀历史争议——1996 年的"戈德哈根之争"》，《世界历史》2015 年第 1 期。

孟钟捷：《新世纪以来德国历史研究趋向刍议——以历史学家大会为考察对象的分析》，《史学史研究》2015 年第 2 期。

孟钟捷：《公共历史教育和德国的战争罪责观——以 1990 年代末"武装部队罪行展览之争"为中心的考察》，《历史教学问题》2015 年第 2 期。

尼尔·格雷戈尔：《纳粹屠杀与南京暴行的研究：范式转变与比较启示》，杨夏鸣译，《南京大学学报》2010 年第 3 期。

钮先钟：《第二次世界大战的回顾与省思》，广西师范大学出版社，2003。

彭征明：《世界战略空军发展的历史与趋势》，《军事历史》2010 年第 3 期。

乔治·霍兰·萨拜因：《政治学说史》下册，刘山等译，商务印书馆，1986。

塞缪尔·亨廷顿：《文明的冲突与世界秩序的重建》，周琪等译，新华出版社，2010。

施罗德：《回忆战争是永久性的道德义务》，《科技文萃》2005 年第 7 期。

宋健飞、刘沁卉：《知耻后勇，面向未来——解读德国总统克勒纪念二战结束 60 周年的讲话》，《德国研究》2005 年第 4 期。

宋钟璜、方生：《希特勒"国家社会主义"应是"民族社会主义"》，

《世界史研究动态》1982 年第 2 期。

孙传钊：《普通的德国人与种族灭绝》，《读书》2003 年第 2 期。

孙立新：《1990 年以来联邦德国重大史学争论概述》，《理论学刊》2013 年第 10 期。

孙立新：《于尔根·科卡：德国的批判史学与社会史研究》，《史学理论研究》1992 年第 3 期。

孙立新：《联邦德国“新右派”历史修正主义批判》，《史学史研究》2014 年第 4 期。

孙立新：《联邦德国极右派政党探研——以“德国民族民主党”为中心》，《武汉大学学报（人文科学版）》2015 年第 3 期。

孙立新、黄怡容：《德国政界对第二次世界大战的历史反思》，《史学史研究》2010 年第 2 期。

孙立新、张浯：《英国马克思主义史学家蒂莫西·梅森纳粹德国史研究述评》，《黑龙江社会科学》2012 年第 6 期。

孙燕：《纳粹屠犹之大众心理症结——评〈希特勒的志愿行刑者〉》，《辽宁行政学院学报》2007 年第 12 期。

孙智昌：《德国中学历史课程、教科书和教学》，《历史教学》2000 年第 2 期。

唐海军：《甩不掉的历史包袱——美德舆论界关于纳粹罪行的一场辩论》，《当代世界》1996 年第 7 期。

特奥多尔·豪斯：《公正有助于一个民族的兴旺》，朱根主编《世界国家元首政府首脑演说精粹》，百花洲文艺出版社，1995。

汪行福：《历史意识与“历史的公用”——哈贝马斯的历史哲学》，《学海》2004 年第 6 期。

王建华、董进泉等编著《历史学》，四川人民出版社，1989。

王珂：《民族与国家：中国多民族统一国家思想的系谱》，冯谊光译，中国社会科学出版社，2001。

王泽：《自愿的刽子手》，《读书》1996 年第 11 期。

维利·勃兰特：《会见与思考》，张连根等译，商务印书馆，1979。

沃尔夫冈·席德尔：《德国史学界关于民族社会主义研究的回顾》，孟钟捷、唐晓婷译，《德国研究》2002 年第 4 期。

吴友法：《1945 年前德国资本主义社会演变的特点及政治与经济的不同

步性》，《武汉大学学报》1997 年第 6 期。

吴友法：《德国 1945 年前政治与经济不同步发展原因探析》，《世界历史》1998 年第 4 期。

吴友法：《联邦德国政治与经济相对同步性的确立及对社会发展的影响》，《史学月刊》1998 年第 3 期。

徐贲：《刽子手与制度之恶》，《读书》2008 年第 5 期。

徐迅：《民族主义》，中国社会科学出版社，2005。

扬－维尔纳·米勒：《另一个国度：德国知识分子、两德统一及民族认同》，马俊、谢青译，新星出版社，2008。

杨玉生：《功绩与启示：维纳尔·康策及其社会历史学思想》，《史学理论丛书》编辑部编《八十年代的西方史学》，中国社会科学出版社，1990。

耶尔·塔米尔：《自由主义的民族主义》，陶东风译，上海译文出版社，2005。

耶尔恩·吕森：《纳粹大屠杀、回忆、认同——代际回忆实践的三种形式》，哈拉尔德·韦尔策编《社会记忆：历史、回忆、传承》，季斌等译，北京大学出版社，2007，第 185~186 页。

以赛亚·柏林：《决定论、相对主义和历史的判断》，陈荣生译，涂纪亮校，张文杰编《历史的话语：现代西方历史哲学译文集》，广西师范大学出版社，2002。

尤尔根·哈贝马斯：《后民族结构》，曹卫东译，上海人民出版社，2002。

于尔根·科卡：《全球化时代的社会史研究》，景德祥译，《史学理论研究》2007 年第 1 期。

于尔根·科卡：《社会史：理论与实践》，景德祥译，上海人民出版社，2006。

徐健：《21 世纪德国学界关于第一次世界大战责任和起源问题的讨论》，《世界历史》2015 年第 6 期。

张广智、张广勇：《现代西方史学》，复旦大学出版社，1996。

张沛：《德意志特殊道路及其终结》，《华东师范大学学报》2004 年第 4 期。

张沛：《凤凰涅槃——德国西占区民主化改造研究》，博士学位论文，华东师范大学历史系，2003。

张沛、胡笑冰：《略论战后初期西占区德国民族的历史反思》，《历史教学问题》2001 年第 1 期。

张浩:《20 世纪 20—30 年代德国大选新探》,《中国海洋大学学报（社会科学版）》2013 年第 6 期。

钟华编著《世界空军武器装备》,国防科技大学出版社,2001。

朱根主编《世界国家元首政府首脑演说精粹》,百花洲文艺出版社,1995。

报纸杂志

Aus Politik und Zeitgeschichte

Badische Zeitung

Bayernkurier

Blätter für deutsche und internationale Politik

Bulletin of the GHI（Washington DC）

Bulletin des Presse-und Informationsamtes der Bundesregierung

Christ und Welt

Crticón

Daily Mail

Daily Telegraph

Das Historisch Politische Buch

Der Spiegel

Der Tagespiegel

Deutsche Wochen-Zeitung,

die tageszeitung

Die Welt

Die Woche

Die Zeit

Focus

Frankfurter Allgemeine

Frankfurter Rundschau

Frankfurter Zeitung

Geschichte in Wissenschaft und Unterricht

Geschichte und Gesellschaft

Geschichtsdidaktik

Hannoversche Allgmeine

Historische Zeitschrift

Historisches Jahrbuch

Independent

Jüdische Allgemeine

Junge Welt

Neue Zürcher Zeitung

Neues Deutschland

New York Time

New York Times Index

Sonntag

Sozialistische Zeitung

Stuttgarter Zeit.

Süddeutsche Zeitung

The Guardian

The New York Review of Books

The Times

Vierteljahrshefte für Zeitgeschichte

Zeitschrift für Geschichtswissenschaft

网络资源

http://de. wikipedia. org/wiki/Fünf-Prozent-Hürde_ in_ Deutschland.

http://de. wikipedia. org/wiki/Geschichtsrevisionismus.

http://de. wikipedia. org/wiki/Jörg_ Friedrich.

http://de. wikipedia. org/wiki/Liste_ in_ Deutschland_ verbotener_ rechtsex-
tremer_ Organisationen.

http://de. wikipedia. org/wiki/Nationaldemokratische_ Partei_ Deutschlands.

http://de. wikipedia. org/wiki/Ring_ Nationaler_ Frauen.

http://de. wikipedia. org/wiki/Udo_ Voigt.

http://denktag2006. denktag – archiv. de/Das-NPD-Parteiprogramm. 1258. 0.
html.

http://en. wikipedia. org/wiki/Daniel_ Goldhagen.

http：//goldhagen. com.

http：//hdg. de/lemo/html/DasGeteilteDeutschland/KontinuitaetUndWandel/GegenwaertigeVergangenheit/npd. html.

http：//news. xinhuanet. com/ziliao/2005 – 05/11/content_2942362. htm.

http：//news. xinhuanet. com/ziliao/2005 – 05/11/content_2942362. htm.

http：//www. 022net. com/2013/1 – 28/432164382267608. html.

http：//www. 022net. com/2013/1 – 28/432164382267608. html.

http：//www. bpb. de/politik/extremismus/rechtsextremismus/170616/npdver-bot-pro.

http：//www. bpb. de/politik/extremismus/rechtsextremismus/170617/npdver-bot-contra.

http：//www. bpb. de/politik/extremismus/rechtsextremismus/41491/npd-in-sach-sen – 2008？ p = 0 – 1.

http：//www. dresden. de/media/pdf/infoblaetter/Historikerkommission_ Dres-den1945_ Abschlussbericht_ V1_ 14a. pdf.

http：//www. inkultura-online. de/weissmann. html.

http：//www. perlentaucher. de/buch/joerg-friedrich/der-brand. html.

http：//www. verbrechen-der-wehrmacht. de/docs/home. htm.

http：//www. verfassungsschutzgegenrechtsextremismus. de/VgR/main/ersche-inungsformendat/erscheinungsformendok/parteien. htm.

http：//www. zukunft-braucht-erinnerung. de/nachkriegsdeutschland/rechtsra-dikalismus-und-antisemitismus-nach – 1945/538. html.

https：//de. wikipedia. org/wiki/Luftangriff_ auf_ Lübeck_ am_29. _ März_1942.

https：//de. wikipedia. org/wiki/Luftangriffe_ auf_ das_ Ruhrgebiet.

https：//de. wikipedia. org/wiki/Luftangriffe_ auf_ Dresden.

https：//de. wikipedia. org/wiki/Luftangriffe_ auf_ Dresden.

https：//de. wikipedia. org/wiki/Operation_ Chastise.

https：//de. wikipedia. org/wiki/Operation_ Gomorrha.

https：//de. wikipedia. org/wiki/Operation_ Millennium.

https：//www. historicum. net/de/themen/bombenkrieg/themen-beitraege/aspe-kte/artikel/dresden-und-die/.

附录1　德国历史教科书中的
二战史叙述

　　1980 年代以来，"历史意识"已经成为德国历史教学中的核心理念。它把解释过去、感觉当下与期待未来联系起来，从而不仅使青年一代接受既定的知识，而且为他们提供身份认同、理解变迁与发现意义的导向。[①] 在这种记忆文化的塑造中，历史教科书反映了历史学与社会之间的相互作用，[②] 并被视作"传授普遍认可价值的常见媒介"和一种"社会仪式的时代文档"。[③]

　　对于德国而言，二战既无法回避，又是"不可征服的过去"（unmasterable past）。[④] 这一页"令人难堪"的历史究竟如何呈现在德国当代历史教科书中呢？它希望为德国青年人提供怎样的历史意识呢？历史教科书中的二战历史叙述怎样反映当代德国政治文化的变迁呢？这些问题曾引起一些历史研究者的兴趣，但实证性的个案研究仍然不多。[⑤] 这主要是由于德国实行

[①] 参见博多·冯·博里斯"历史意识"；弗里德里希·耶格尔"历史教学"，载斯特凡·约尔丹主编《历史科学基本概念辞典》，孟钟捷译，北京大学出版社，2012，第 82～88 页。关于德国历史教学中的"历史意识"，可参见孟钟捷《历史思维素质培养的深度与广度：来自德国的经验》，《历史教学》（中学版）2011 年第 19 期，第 53～56 页；孟钟捷《德国中学历史教学实践中的"历史意识"》，《中学历史教学参考》2012 年第 3 期，第 43～44 页。

[②] Bernd Mütter, Geschichtsdidaktik als Dimension der Geschichtswissenschaft. Ein Beispiel aus der Lehrbucharbeit (Geschichtsbuch 4), in: Internationale Schulbuchforschung, 14 (1992), S. 255.

[③] Richard Olechowski (Hrsg.), Schulbuchforschung. Frankfurt a. M., 1995, S. 184.

[④] Charles S. Maier, *The Unmasterable Past*: *History*, *Holocaust*, *and German National Identity*. Massachusetts, 1997, pp. 121 – 159.

[⑤] 针对德国历史教科书中的记忆文化，现有主要研究成果为：Thomas Berger-v. d. Heider, Vom Münchener Abkommen bis zum Ende des Zweiten Weltkrieges. Ein Blick in neuere Geschichtsschulbücher der Sek. I. und II., in: Robert Maier (Hrsg.), Tschechen, Deutsche und der Zweite Weltkrieg. Von der Schwere geschichtlicher Erfahrung und der Schwierigkeit ihrer Aufarbeitung. Hannover, 1997, S. 161 – 181；博多·冯·博里斯：《1949 年以来在两个德国教科书中记录的毁灭性战争与犹太大屠杀》，邓白桦、孟钟捷译，《新史学》第 5 辑，大象出版社，2006，第 305～328 页；刘向：《看德国历史教科书如何"反纳粹"》，《环球》2005 年第 7 期，第 46～47 页。

联邦体制，历史教学大纲与教科书均由各州自行决定和编写，以至于可供研究的文本太多，难以穷尽。然而，笔者也发现，各州历史教科书尽管各有千秋，但也保留着一些共同的特征，尤其在二战历史叙述方面，似乎有着惊人的共识。鉴于此，本文挑选了 1990 年代的 5 本历史教科书为例，[①]以管窥豹，尝试解答上述问题，并由此反思当代德国二战历史教育的一些特点。

一　历史教科书中二战历史叙述的演进与分歧

1945 年后，二战历史叙述逐渐成为德国历史教科书中的重要内容。但在不同的历史时期，它的呈现方式与叙事重心各有不同。

在被占时期，盟军的再教育政策产生了绝对性的影响。所有的旧历史教科书都被没收，而新教科书则必须首先得到盟军管理部门的许可。在此氛围中，对纳粹主义的历史反思开始成为历史课程的核心内容。1946 年，艾里希·维尼格（Erich Weniger）出版《历史课程中的新道路》（Neue Wege im Geschichtsunterricht）一书，旗帜鲜明地主张在历史教科书中呈现集中营的恐怖景象，以加强青年一代的历史批判意识。战后的第一批历史教科书便延循着上述思路，如 1949 年的《民族的道路》（Wege der Völker）就打破了以政治和人物为中心的叙事传统，详细论述了屠犹历史，并对其中存在的责任问题进行了讨论。[②]

然而，随着冷战开启和两德分裂局面的定型，历史教科书不再被视作民族历史的反省文本，反而成为本阵营合理性的历史辩护。[③] 于是，二战历史叙述便出现了完全不同的倾向和发展历程。

在联邦德国，二战历史叙述大致经历过三次重大变化。

① 它们是：Ludwig Bernlochner u. s. w.（Hrsg.），Erinnern und Urteilen. 10. Geschichte für Bayern. Stuttgart 1992；Bernhard Heinloth u. s. w.（Hrsg.），Oldenbourg Geschichte für Gymnasien 10. München 1992；Manfred Treml u. s. w.（Hrsg.），Oldenbourg Geschichte für Gymnasien 13. München 1994；Burghild Denecke u. s. w.（Hrsg.），Durchblick. GSW Geschichte/Politik 9/10 Realschule Niedersachsen. Braunschweig 1998；Bernhard Askani und Elmar Wagener（Hrsg.），ANNO. 4 Das 20. Jahrhundert. Braunschweig 1997。这 5 本教材兼顾了德国南北地区和不同的学校类型。以下简称："回 10"，"奥 10"，"奥 13"，"概 9/10" 和 "年 4"。

② Andrea Höft, Nationalsozialismus im Schulunterricht, in：Torben Fischer/Matthias N. Lorenz（Hrsg.），Lexikon der „Vergangenheitsbewältigung" in Deutschland. Debatten-und Diskursgeschichte des Nationalsozialismus nach 1945. Bielefeld, 2007, S. 172.

③ 参见 Mark M. Krug, "The Teaching of History at the Center of the Cold War：History Textbooks in East and West Germany," *The School Review* 1961, 4, pp. 461 – 487。

第一次发生在 1950 年代，二战历史叙述颇为模糊，目的在于减轻民众的罪责感。此前旗帜鲜明的反思教学消融在两种趋势中：一方面，大多数历史课程结束于一战或魏玛共和国，即便涉及二战，也主要局限于教师的个人战争经历或军事史视野下的纳粹主义；另一方面，纳粹主义被纳入当时方兴未艾的极权主义理论中，以讽喻共产主义对手，完成"融入西方"的政治教育目标。1953 年 12 月，文化部长会议通过了新的《历史课程标准》，建议把纳粹主义作为"独裁与二战"中的一部分，而不应视之为一种独特的政治体制。[①]

在这种思想的指导下，该时期的历史教科书通常只用 20 页左右的篇幅来描述二战，其中既把所有罪责推到希特勒一人身上，又对德军的各种恶行避而不谈或尽量少谈。例如 1957 年出版的《历史课程》（Geschichtliches Unterrichtswerk）一方面明确评论说"希特勒承认失败的责任"，另一方面又用极为模棱两可的话告诉学生们"在纽伦贝格……一个后来是美国法官的人这样说过：'有计划的大规模屠杀之事表明，其中有很大可能是超过上百人参与的事件。'"相反，一些教科书更愿意描述苏联士兵的"冷酷无情"，如指责苏联人"发动了可怕的复仇行动，他们侵入德国领土，……埋没了民族之间达成谅解的希望"。与此同时，战后德国人被驱逐的历史还成为凸显德国人作为受害者角色的重要内容。极富感染力的语言被用来描述那段历史："上百万的德国人被卷入可怕的痛苦之中，人们无法想象 20 世纪还会出现这样可怕的痛苦。成千上万的老人、妇女与儿童在波罗的海上溺死，望不到尽头的难民迁徙队中不断有人饿死、冻死。在德国两千年充满苦难艰辛的历史上，德国人民从未遭受过像 1945 年那样的苦难，这次苦难无论是对于敌人复仇行动中的逃难者还是对于留下的人都无法忍受。"[②]

第二次发生在 1960 年代初，二战历史叙述再次得到重视，但仅仅被视作政治任务，而缺乏明晰的历史教育目标。1959—1960 年，德国各地发生了涂抹纳粹标志和破坏犹太教会堂的"新纳粹主义"事件。一些历史教师开始主动讨论德国人的罪责问题。在此影响下，1960 年 2 月，文化部长会议通过决议，要求"在历史课与社会文化课上教授当代史"，其中讨论纳粹

---

① Andrea Höft, Nationalsozialismus im Schulunterricht, in: Torben Fischer/Matthias N. Lorenz (Hrsg.), Lexikon der „Vergangenheitsbewältigung" in Deutschland. Debatten-und Diskursgeschichte des Nationalsozialismus nach 1945. S. 173.

② 博多·冯·博里斯：《1949 年以来在两个德国教科书中记录的毁灭性战争与犹太大屠杀》，第 311～315 页。

主义成为政治教育的主要任务。1962 年 7 月，文化部长会议又建议为"当代史编修教科书"，以统合历史认识与政治行动。三天后，《课堂中教授极权主义的原则》得到通过。尽管如此，根据 1964 年对于青年人历史观的调查却发现，许多青年人仍然没有关于第三帝国的确切知识。新版的历史教科书继续把责任缩减到希特勒个人身上，希特勒与党卫军恶魔般的行径被揭露，而关于犹太人大屠杀的恐怖场面却仍然成为历史课的禁忌。[①]

第三次发生在 1960 年代中期后，二战历史叙述变得更具批判性。这种转变来源于两种动力：其一是 1963—1965 年的奥斯维辛审判，哲学家阿多诺特意做了极富感染力的广播谈话《奥斯维辛之后的教育》（Erziehung nach Auschwitz），"杜绝奥斯维辛再现"成为历史教育的主要目标；[②] 其二，1968 年的学生运动强化了代际争议，年轻一代的历史教育者"有意识地从反面同纳粹主义划清界限"，更为批判性地看待所谓的"道德肿块"。[③] 1978 年 4 月，文化部长会议顺应时势地要求开设"课堂中的纳粹主义教学"，让学生们获得政治判断的能力，并充分展示第三帝国的独裁、大屠杀和非人性的一面。次年，联邦德国与以色列召开联合教科书会议，屠犹问题被重点提出。[④] 由此，联邦德国的历史教科书进入一个崭新的发展时期。

在该时期，历史教科书已经把视野扩大到整个二战，并清楚描述了屠犹的惨象。如 1973 年的《历史》（Geschichte）提到了追捕犹太人的开端，并把它定性为"东方的恐怖"；1982 年的《为了明天的历史》（Geschichte für Morgen）用大约 8 页的篇幅来论述"对犹太人的迫害"，而且对种族灭绝的过程与方法都进行了清晰详细的叙述。纳粹迫害的对象也不局限于犹太人，对斯拉夫人、吉卜赛人、外籍劳工与游击队员的迫害都被写入教科

---

① Andrea Höft, Nationalsozialismus im Schulunterricht, in: Torben Fischer/Matthias N. Lorenz（Hrsg.）, Lexikon der „Vergangenheitsbewältigung" in Deutschland. Debatten-und Diskursgeschichte des Nationalsozialismus nach 1945. S. 174.

② 关于奥斯维辛审判的进程及其影响，可参见 Rebecca Elizabeth Wittmann, Holocaust on Trial? The Frankfurt Auschwitz Trial in Historical Perspective. Ph. D. Diss. , University of Toronto, 2001; Peter Reichel, Auschwitz, in: Etienne Fran? ois/Hagen Schulze（Hrsg.）, Deutsche Erinnerungsorte. Bonn, 2005, S. 309—331。

③ 耶尔恩·吕森：《纳粹大屠杀、回忆、认同——代际回忆实践的三种形式》，哈拉尔德·韦尔策编《社会记忆：历史、回忆、传承》，季斌等译，北京大学出版社，2007，第 185~186 页。

④ Andrea Höft, Nationalsozialismus im Schulunterricht, in: Torben Fischer/Matthias N. Lorenz（Hrsg.）, Lexikon der „Vergangenheitsbewältigung" in Deutschland. Debatten-und Diskursgeschichte des Nationalsozialismus nach 1945. S. 174.

书中。当然，教科书编写者仍然不愿意让罪责大众化，纳粹党与党卫队继续成为以上罪行的主要承担者。如 1971 年出版的一本教材特别引用了华沙驻军将领的一封来信，以强调所谓"清白武装部队的神话"。该信用下划线注明："那些少数从事屠杀、抢劫的人玷污了德意志人的名称，假如我们不能立即停止他们的恶劣行径的话，这将成为整个德意志民族的灾难。"①

相对于联邦德国而言，民主德国的历史教科书修订少、版本不多，而且在二战历史叙述中保持了明显的延续性。在其历史观中，民主德国的合法性源自纳粹时期的抵抗运动与苏联红军的解放行为，因而关于二战历史的回忆属于胜利者的叙事。在大约 50 页左右的篇幅中，二战历史叙述包含着三大要素：纳粹政权的专制与扩张；抵抗运动的英勇；苏联红军受到的巨大损失及获得的重大功绩。

纳粹政权的特征叙述是为揭示战争源于帝国主义与社会主义之间生死斗争这一理论而服务的。在这种诠释框架中，西班牙战争、慕尼黑会议和吞并捷克斯洛伐克等事件都充分显示了纳粹政权的疯狂与西方国家"祸水东引"的阴谋。战争中的各种罪行得以详细列举，如反社会主义的攻击、剥削、抢劫、毁灭和对斯拉夫民族的大屠杀等。纳粹官员、党卫军与武装部队都被统称为"法西斯的屠杀部队"。此外，民众的责任问题也被略带提及："我们的民众必须惭愧地被告知，不少纳粹武装部队的士兵掠夺沦陷国家居民的财产而大发横财，纳粹主义有意识地使最广大的人民群众堕落。"就这一点而言，民主德国历史教科书的反省力度远远大于同时期的联邦德国。

在民主德国历史教科书中，犹太人并非受到迫害最严重的群体。1979年出版的一本教科书这样写道："共产党的所有成员、苏军的政治委员会、苏联国家机关的工作人员、所有反抗者和游击队员都受到死亡的威胁。"令人感动的抵抗行动随处可见，尤其是 19 岁女游击队员索娅的照片与临终口号都被特意渲染。抵抗运动是值得纪念的事件，因此，教科书自豪地告诉学生们："共产党、社会党、资产阶级、宗教界、军界和贵族圈子在德国的代表，全都为拒绝服从希特勒付出了代价：牺牲了自由乃至生命。"②

苏联是民主德国二战历史叙述中的拯救者。1939 年《苏德互不侵犯条

---

① 博多·冯·博里斯：《1949 年以来在两个德国教科书中记录的毁灭性战争与犹太大屠杀》，第 315～318 页。

② 布衣：《罪孽的报应：日本和德国的战争记忆与反思（1945—1993）》，戴晴译，社会科学文献出版社，2006，第 191 页。

约》被视作斯大林的备战手段。苏联在波兰的行动则是为了解放西部白俄罗斯和乌克兰，以便在法西斯的大屠杀中保护它们。苏联卫国战争中的死亡人数得到了精确计算。而对于苏联的指责仅仅保留在一个隐晦的事实中，即苏联曾使用不必要的恐怖方式空袭德国普通民众。[①]

总体而言，在 1991 年再统一之前，两德历史教科书各自形成了不同的二战历史叙述重点：联邦德国偏重于屠犹，民主德国偏重于纳粹政权的内外政策与苏德战争。对于这种模式化的叙述风格，两地都曾有过争论。在联邦德国，人们担忧屠犹及其背后的"罪恶情结"会让青年一代迷失了前进动力。1975 年，时任联邦总统的瓦尔特·谢尔（Walter Scheel，1909—2016）也曾直言不讳地提到"我们面临着变成一个没有历史的国家的危险"。10 年后，历史学家米夏埃尔·施图尔默为联邦德国有可能发生精神真空和失去民族方向而发愁。[②] 在民主德国，一些历史教师也曾偷偷地反思屠犹问题。1970 年代末美国电视系列片《大屠杀》曾在联邦德国公映，边境上的民主德国居民可以私自收看。一位教师承认，尽管历史教育回避了屠犹问题，但是该剧仍然在青年人中产生了心照不宣的效果。至于苏德密约和卡廷事件，更让教师们感到无法自圆其说。[③]

两德统一后，历史教科书在面临重新整合时，也获得了进一步修正与反思的契机。关于二战前因后果与大屠杀问题的叙述出现了一些新现象，值得我们关注。

二　关于二战前因后果的叙述

1990 年代后的历史教科书普遍拉长了对于二战历史的叙述。一些教材的二战篇幅多达 60 页，如果加上战争后期对于德国的处理，则接近 80 页（"奥 13"）。其他教材也在 60 页以上（如"年 4"有 67 页；"概 9/10"有 64 页）。

在对二战爆发的原因分析中，新教科书着力突出三个要素。

第一，希特勒的个人责任不可推卸。奥登伯格教科书详细列举了希特勒上台前后的政治目标，以论证战争被视作纳粹政治的合法手段，并为学

[①] 博多·冯·博里斯：《1949 年以来在两个德国教科书中记录的毁灭性战争与犹太大屠杀》，第 307～310 页。
[②] 布衣：《罪孽的报应：日本和德国的战争记忆与反思（1945—1993）》，第 189 页。
[③] 布衣：《罪孽的报应：日本和德国的战争记忆与反思（1945—1993）》，第 91、183 页。

生呈现了三份重要的原始资料：希特勒在《第二本书》中的外交政策论述、1936 年希特勒关于四年计划的"秘密备忘录"和 1937 年 11 月 5 日的"霍斯巴赫备忘录"（"奥 13"，第 11、17~20 页）。不少教科书特意选择了希特勒伪装和平卫士的讽刺画：希特勒身上长着和平鸽的翅膀，手里拿着象征着和平的橄榄枝，但背后却掩藏着飞机、大炮和军人（"如奥 13"，第 12 页；"年 4"，第 93 页；"概 9/10"，第 36 页）。

第二，希特勒的外交扩张政策得到了社会各阶层的支持。奥登伯格教科书在正文中没有谈论集体罪责问题，但附录 4 用《历史学家评论中的纳粹外交政策》来引导学生们进行讨论。针对"谁应该为战争政策负责？"的问题，一位历史学家提出，那些"代表着民族国家传统延续性的资产阶级民族阶层以及他们在外交部、武装部队、经济和科学界的代表"应该承担责任，因为他们有意识地复活了军国主义与霸权政治，为战争做好了准备，支持了纳粹政权的扩张政策（"奥 13"，第 21~22 页）。与此不同，《年代》在正文中就明确地写道，希特勒修改《凡尔赛条约》的各种举动都得到了"普遍支持"，并进一步鼓励了他的冒险心理（"年 4"，第 93 页）。

第三，欧洲大国的绥靖政策也是不可回避的因素。各书都提到了"绥靖政策"（Appeasementpolitik）一词。《概览》在问题设计中这样写道："外国针对希特勒政策的行为被称作绥靖。请讨论，你们是否认为欧洲国家的行为是正确的？为什么？"为配合学生思考，该书还提供了三张不同场面的照片：德国进驻莱茵区、德国吞并奥地利、德国占领苏台德地区（"概 9/10"，第 35 页）。《年代》在客观叙述了慕尼黑会议后——"1938 年 9 月 29 日，为了避免战争，英、法、意、德在没有布拉格政府的参与下，在《慕尼黑协议》中割让了苏台德地区"——也提到了"绥靖政策"："这种绥靖政策把希特勒的要求容忍地视作合理修正《凡尔赛条约》的举动，它受到了英国反对派丘吉尔在 1938 年 10 月 5 日下议院中的批评"。在该页上，张伯伦回到伦敦时发表演说的照片、丘吉尔的下议院演说和德军占领苏台德地区受到欢迎的照片被放在一起。然而由于没有设计相应的问题，我们并不清楚编者的最终意图。奥登伯格教科书是把纳粹外交政策的发展置于国际政治的背景中进行讨论的。在论述完纳粹外交举动后，该书专列一目讲述"对于希特勒外交政策的国际举动"，其中不仅提到英国的绥靖政策，还涉及美国的中立政策与苏联态度（"奥 13"，第 15 页）。不过，值得注意的是，这三本教科书对于大国责任的认识并不完全相同。《概览》是一本插图和照片颇多的教材，但在绥靖政策部分，却没有一张照片；《年代》延续了多呈现少评价的风格，既放上了张伯伦的照片，也包括苏德签订密约的照片和当时最为流行的"希特勒与斯大林互相致礼"的漫画；奥登伯格教科书只放上了苏德签订密约和漫画，并且用更多篇幅来论述苏德密约的后果。

在走向战争的进程中，特别值得一提的是德国对捷克斯洛伐克的侵犯。这是当时最为严重的国际事件，也是反映纳粹对外扩张政策最不合理的历史事实。但是在 1990 年代以来的历史教科书中，该事件尚未得到特别关注。大部分教科书只是把捷克斯洛伐克的命运视作纳粹政权一连串外交行动的一个阶段而已。《年代》使用了一张德军占领布拉格的照片。《发现与理解》（Entdenken und Verstehen）则提到了苏台德地区的德意志人作为少数民族受到了捷克斯洛伐克政府的不公待遇。这虽然是事实，但在上下文的逻辑关系中，这种叙述内容似乎有为希特勒吞并行动做辩护的嫌疑。编者或许为了弥补这种写法可能会带来的负面后果，又在同一页加上了当时捷克斯洛伐克人对于德国入侵的感受。[①] 只有《概览》的编排颇有深虑。它引用了德国前总统罗曼·赫尔佐格（Roman Herzog，1934—2017）于 1997 年在捷克国会的公开演讲，以表示德国政府对于捷克人民的愧疚之情："今天，我们德国人都认识到历史的责任……这种责任就是去关注如 1938 年《慕尼黑协议》以及摧毁和占领捷克斯洛伐克共和国等政策，避免重蹈覆辙。这种责任就是去反对暴力统治与不公正。"（"概览 9/10"，第 36 页）

在关于二战后果的叙述中，新教科书的最大变化在于强化了德国难民与被驱逐者的内容。作为战后国际边界调整的结果，大约有 400 万名难民和550 万名被驱逐的德意志人从东欧集中回国。在战后初期的历史教科书中，该内容曾被特别突出，以显示德意志人也是战争受害者的一面。然而在此后的修订中，这一部分被有意识地缩减了。1979 年出版的《历史性的世界课程》（Geschichtliche Weltkunde）第 3 册仅仅有一张图片来呈现当时的难民（第 183 页）。但在 1990 年代后，新教科书无一例外地详细描述了德国人的战后命运，只不过方式各有不同。

第一种是多呈现事实、少做评述，如《概览》和《年代》。《概览》最

---

① Thomas Berger-v. d. Heider, Vom Münchener Abkommen bis zum Ende des Zweiten Weltkrieges. Ein Blick in neuere Geschichtsschulbücher der Sek. I. und II. , in: Robert Maier（Hrsg.）, Tschechen, Deutsche und der Zweite Weltkrieg. Von der Schwere geschichtlicher Erfahrung und der Schwierigkeit ihrer Aufarbeitung. S. 165.

为简单，它只用了 8 行字和 1 张照片来叙述（"概 9/10"，第 141 页）。《年代》把该问题列为一目，而且只使用了 6 行字进行叙述，却围绕这一问题，提供了 4 种不同角度的事实：《波茨坦公告》关于领土调整和德意志人归属的内容；1944—1950 年德国的难民和被驱逐者数据表；1945 年 2 月 18 日难民迁徙的照片；2 份见证者的回忆（"年 4"，第 143 页）。

第二种做法类似于第一种，但在附录的呈现中，负面评价的色彩更为浓烈，如奥登伯格教科书第 13 册的做法。它甚至没有把该问题列为单独一目，而是融入"'零点'的德国"一目中，用 25 行文字和 1 张驱逐图来说明"撤离：流浪与驱逐"。但是在两份附录中，该书却讨论了德意志人被驱逐的合理性问题。附录 1.4 提出了这样的问题："德意志人被驱逐——这是一种'违反人性'的罪行吗？"附录 1.5 则通过一座难民城市的建设历史来反映这些"无家可归者"的痛苦往事（"奥 13"，第 75～76、83～84 页）。

第三种做法最为普遍，即直截了当地讨论那些难民和被驱逐者的合法权益问题，如奥登伯格教科书第 10 册和《回忆与评价》的做法。两本教科书都把该问题单独列为一节，用了 3 页篇幅。前者的叙述相对简单，用了 4 张图片：难民与被驱逐出家园者（Heimatvertriebene，这是该书所特有的词语）的回家路线；苏台德地区德意志人等待回家的照片；难民家庭的照片和一座难民新城的照片。在附录中，值得关注的是 1950 年《被驱逐出家园者宪章》和让学生比较 20 世纪暴力性驱逐事件同二战结束时德国人被驱逐事件的提问（"奥 10"，第 10～12 页）。《回忆与评价》的叙述更为细致，从不同年龄层、社会阶层、来源地分别讨论了难民和被驱逐者的情况，而且还介绍了他们的现状。该书编者在课后提问中这样写道："（a）请比较……《波茨坦公告》所确定的'应该有秩序地、人道地运走（德意志人）'同实际报告中的区别。你们如何解释计划与执行之间的差别？"（"回10"，第 12～14 页）无论是叙述结构的安排还是问题意识，都能够体现两本书编者的价值观。

三 关于犹太大屠杀的叙述

犹太大屠杀是德国历史叙述必须面对的过去。正如德国历史学家克里斯蒂安·迈亚曾坦承的那样，"（德国人）必须自省、必须从骨子里反观的，就是奥斯维辛"。一位波兰导演安德兹·瓦达（Andrgej Vada）也提醒着德国人："奥斯维辛，和别的事物一道，对德国而言，是无法规避的。也就是说，歌德和有计划的种族灭绝；贝多芬和毒气室；康德和铁血统治，所有这些，都无可磨灭地属于德国遗产。"①德国的历史教育不得不向青年人解释这样的难题："为什么无法阻止希特勒？为什么暴力罪行恰好发生在德国？"②

自 1970 年代起，关于犹太大屠杀的叙述已经成为德国历史教科书中的重要内容。问题在于：如何在叙述该问题时，既突出大众的责任，又避免产生所谓"罪恶情结"的后果？这既是对以往历史叙述的反省，又是面对东部历史教育影响的必要反省。在这一方面，新时代各版教科书的做法相互交叉，综合起来，可以概括为两大特点。

首先，更为细节化地叙述犹太大屠杀的前因后果，但是把犹太大屠杀放在一个更大的罪行背景中进行分析。

几乎所有教科书都增加了屠犹的叙述比重：1979 年教科书仅有 2 页是关于"民族屠杀"问题的（《世界历史文化》第 3 册，第 160、162 页）；1990 年代教科书则扩展到一节 4 页（"年 4"，第 116～119 页），或一节 4 页外加延伸阅读"安妮日记"和 1 段关于"最后解决"的档案材料（"奥 13"，第 42～45、46～47、50～55 页），甚至一章 26 页来谈论"带着黄色五角星的人"（"概 9/10"，第 46～71 页）。

屠犹的细节被进一步公开呈现：《年代》高密度地使用了 8 张照片、1 张宣传画和 1 张地图，分别展示了纳粹政权对犹太人的污蔑（犹太人与苏联的关系）、禁锢（犹太人区）、奴役（犹太工人）、杀戮（欧洲屠犹地图和奥斯维辛牺牲者）等行动；奥登伯格教科书第 13 册特意选择了用"安妮日记"来呈现屠犹问题；《概览》先用两张触目惊心的照片（1 张是写着"犹太人"字样的黄色五角星，1 张是奥斯维辛牺牲者）配合着纳粹政府对犹太人的定义和希特勒预言屠犹的演讲等两段史料，随后分别详述了犹太人被污蔑（各种宣传画）、隔离（各种照片和法令原件）、驱逐（各种照片）、屠杀（超过 10 张照片），最后该书还联系到战后犹太人的记忆文化与"新纳粹主义"行径。在所有教科书中，武装部队的"清白形象"已经不复存在，军队在屠犹中的责任被凸显出来。

屠犹罪责被精心安排在不同的叙述结构中，以表示该行动只是众多纳粹罪行的一种而已。1998 年的《具体的历史》在提到屠杀犹太人的同时，

---

①　Peter Reichel, Auschwitz, in: Etienne François/Hagen Schulze (Hrsg.), Deutsche Erinnerungs-sorte. S. 331.

②　彼得·赖歇尔：《奥斯维辛》，第 331 页。

还列举了吉卜赛人、同性恋者、强制劳工、游击队员等其他受害的社会群体，"这种事情在 1949 年或 1959 年不可能被提到，当时只有对基督徒与精神病患者的迫害才有回忆的价值"。① 奥登伯格教科书第 13 册把屠犹现象放在"纳粹的占领政策和人类屠杀"一章中，把屠犹限定在东方行动的范围内，并且将之同纳粹的占领行动与"消灭无生存价值的生命"及少数民族相提并论。1997 年的《历史与事实》首先简单平实地述说德军"遵照上级的命令，屠杀了上百万的战俘与平民——在 570 万苏联战俘中，有 330 万没能熬过强制劳动、瘟疫和德国集中营中恶劣的饮食条件的考验，他们'死亡'了。仅仅苏联就总共有 2200 万人在战争中失去生命"，（这是战后教科书第一次出现如此详细的数据）然后才谈到"大屠杀"。②

其次，增加正面形象的塑造，以减轻屠犹给学生们带来的负面冲击。这主要通过两种手段：改变抵抗运动的叙述模式和强调战后集体记忆的消化过程。

为显示德意志人未被泯灭的良知，抵抗运动是抗衡屠犹等非人性行为的最好事例。新教科书一改以往相关叙述的缺失或晦暗不清，从篇幅、结构与论述三方面入手做了较大修改。奥登伯格教科书第 13 册可谓抵抗运动叙述中篇幅最多的一本书，它专列 1 节 6 页、1 个主题链接和 4 段原始资料（"奥 13"，第 56～67 页）。《年代》的相关论述虽然篇幅不大（4 页），但它别出心裁地把"犹太人被驱逐和屠杀"与"反对纳粹主义的抵抗运动"共同列入"恐怖与抵抗"一节中，在叙述结构上，给人留下了"屠犹—抵抗"逻辑的印象（"年 4"，第 120～123 页）。在论述中，两本教科书都有意识地划分抵抗运动的不同类别，如德国内外、学生、犹太人、宗教人士和保守派等，并分别讨论他们的目标、行动方式及其结果。另一个很有意思的细节是，奥登伯格教科书第 13 册在关于二战历史的叙述中，抵抗运动的篇幅虽然不是最长的，但关于抵抗运动的提问却是最多的（有 7 个），可见编者有意识地引导学生们在此处停留和反思。

战后集体记忆的消化过程也可以减轻屠犹问题带来的冲击，以显示当代德国社会已经付出的各种努力。在这一方面，做得较好的教科书是集历

---

① 博多·冯·博里斯：《1949 年以来在两个德国教科书中记录的毁灭性战争与犹太大屠杀》，第 320 页。

② 博多·冯·博里斯：《1949 年以来在两个德国教科书中记录的毁灭性战争与犹太大屠杀》，第 321 页。

史学和政治学于一身的《概览》。它在论述屠犹的章节（"带着黄色五角星的人"）中，便已穿插了 2 页的实践栏目"从过去中学习？"该栏目很有意地列举了 1997 年两个访谈的调查结果：您如何看待 1945 年尚未出生的德意志人必须为希特勒的暴行而负责？德国人是否应该彻底停止对纳粹主义的研究？这两个问题涉及记忆、责任和遗忘的复杂关联。该书还刊登了两张当代反犹主义的照片并引用"新纳粹"政党德国民族民主党（Nationaldemokratische Partei Deutschlands，NPD）的言论，引导学生反思和确认自己的立场（"概 9/10"，第 68～69 页）。在接下去的一章中，《概览》又进一步分析右翼极端主义的表现、产生根源和危害，引导学生理解战后身份认知政策的重要性，以及在这种政策之下德以关系的特殊性（"概 9/10"，第 70～101 页）。除此之外，任何一本教科书都会在此后关于 1970 年代联邦德国外交政策的章节上使用勃兰特总理的下跪照片，以显示国家层面的认罪努力。

四　当代德国政治文化变迁视野下的历史教科书

毋庸置疑，历史教科书中的二战叙述是德国政治文化变迁的产物，它反映的是一种"装载着规范的期待"的记忆文化。[①] 进一步而言，国家层面的历史政策与社会层面的历史意识之间的交往，决定着历史教科书的价值取向。

在 1950—1960 年代的联邦德国，基民盟－基社盟政府借朝鲜战争和"融入西方"之机，大赦纳粹罪犯，甚至让原纳粹官员恢复职位。这种试图掩盖历史的国家举动恰好满足了抵制"非纳粹化"的民众们的期待。在此背景下，以归罪于希特勒和党卫军、推卸大众罪责为主要特征的所谓"受骗论"大行其道。[②] 由此，在历史教科书的叙事结构中，"清白武装部队"神话得以渲染，东部的毁灭性战争与犹太大屠杀问题被含糊其辞，战后德意志人被驱逐和流放的历史反倒成为渲染受害者身份的绝佳事例。

自 1960 年代中期起，联邦德国的政治文化开始进入所谓"转折与突破阶段"。1963—1965 年的奥斯维辛审判与联邦议院关于纳粹罪行追诉时效的三次大辩论，在联邦德国掀起了一场规模浩大的反省浪潮，奥斯维辛连同

---

① 这一概念来自弗里德里希·耶格尔、约恩·吕森《德国历史中的回忆文化》，孙立新译，《书写历史》第 1 辑，上海三联书店，2003，第 144 页。

② 景德祥：《二战后德国反思纳粹历史的曲折过程》，《学习月刊》2005 年第 7 期。

背后的"集体罪责"意识从此进入德国人的历史意识中。这种变化带来了充满着代际冲突特征的 1968 年学生运动，而后者又反过来加强了一种"原罪"式的历史意识。勃兰特总理的谢罪举动和美国电视系列片《大屠杀》的公映，反映了联邦德国官方立场与主流媒体的价值观。① 由此，在历史教科书的叙事结构中，凸显犹太大屠杀，全面检讨屠犹的集体罪责成为最重要的内容，其他罪行乃至德意志人的战后命运则被归咎于自食其果。

在 1950 年代以来的民主德国，抵抗运动一直被视作"另一个德国"的象征，而苏联红军则是德国重生的唯一保证。由此，历史教科书需要凸显英雄主义的记忆文化，并致力于培养年轻一代对于苏联红军的感恩心理。至于纳粹的一切罪行，它们都是第三帝国的"坏德国人"所为，并不属于民主德国公民们需要反省的对象。②

以上三种历史教科书的编写模式显现了战后世界意识形态对立的鲜明影响，也蕴含着两个德国社会颇为纠结的复杂心理，即一方面希望用记忆来构建当下的民族精神，另一方面又希望用忘却来抹去历史的伤疤，并最终为政治文化而服务。

1980 年代初开始的联邦德国新一轮政治文化变迁持续到两德统一后。当政治和经济地位发生巨大变化时，德国人对历史身份重新定位的渴望也愈加明显。新总理科尔在 1982 年上台时便宣称将实现"政治与道德上的转折"，两年后又在以色列表明自己同纳粹历史毫无关系，说这是"上帝让其晚生的恩赐"。让历史"正常化"，告别罪责感的观念开始得到一大批学者的响应。历史学家希尔格鲁伯重新提起二战结束时东部德意志人被迫西迁的悲惨历史，以此指责盟国的德国政策；恩斯特·诺尔特把屠犹与苏联"大清洗"相提并论，以降低那些"罪责狂"的心态。上文提及的施图尔默呼吁创造一种全新的历史意识，来同联邦德国的责任相匹配。

这种修正历史的尝试遭到了以哈贝马斯为首的左翼知识分子的坚决抵制。他认为，"意识形态的策划者想要创造一种就民族意识之复苏达成一致的意见"，但"唯一使我们不与西方疏远的爱国主义是宪法爱国主义。遗憾的是，在德意志民族文化中，一种根植于信念中的、与普遍宪法原则之间

① 李乐曾：《战后对纳粹罪行的审判与德国反省历史的自觉意识》，《德国研究》2005 年第 2 期

② Jürgen Kocka, *Civil Society and Dictatorship in Modern German History.* Hannover/London, 2010, pp. 74 – 75.

的联系，只能在奥斯维辛之后——并且通过它——得以形成。谁若想用诸如'罪责迷恋'（施图尔默和奥本海默①语）这种空洞的辞藻来驱除对这一事实的赧颜，谁若想要使德意志人召回他们民族认同的传统形式，谁就摧毁了我们与西方相连的唯一可靠的基础"。这场所谓"历史学家之争"最终超越了学术领域，成为一场政治信念的斗争。② 1985 年 5 月 8 日，时任联邦总统的里夏德·冯·魏茨泽克在国会发言中再次强调，德国人不应记恨盟国，而应把自己的不幸遭遇归咎于罪恶的纳粹统治。③ 他的表态重新强调了官方历史政策的不可动摇性。

这种围绕在历史身份上的左右之争，随着两德统一而变得显性化。④ 一方面，有关集体罪责的历史研究得以推进，如美国历史学家戈德哈根揭示了普通德国人是屠犹的"心甘情愿的刽子手"；另一方面，强调德国人作为受害者角色的努力也引起了人们的关注，尤其是战争结束前德累斯顿遭到盟军的轰炸一事不断成为极端右翼分子的借口。⑤

政治文化中的纠结色彩不可避免地反映在 1990 年代的历史教科书中。通过前文对教科书中有关二战的前因后果和犹太大屠杀的调查，我们发现，二战叙述在承认集体罪责的前提下，出现了以下四种变化。

首先，罪责的分层化。早在战后初期，德国哲学家雅思贝尔斯就已经提出了罪责分层的思想。但是在历史教科书中，该思想直到 1990 年代后才有比较完整的体现。例如在走向二战的进程中，希特勒的蛊惑人心、德国社会的复仇心理与西方大国的绥靖政策都扮演着不同角色。

其次，罪责的消融化。罪责的消融并不意味着对于罪责的否定，而是"制造"历史场景来让学生们"理解"受害者的处境。在这一方面，尽管新版教科书提到了战后德国人被驱逐的历史，但并不忘记引导学生们历史地反思这一命运的渊源所在。

再次，罪责的当下化。新版历史教科书总是有意地引导学生对照历史

---

① 即罗伯特·奥本海默（Robert Oppenheimer, 1904—1967），美国犹太人物理学家，"原子弹之父"。

② 上述引文及"历史学家之争"，可参见范丁梁《事件与记忆之间的德国"历史学家之争"》，硕士学位论文，浙江大学人文学院历史系，2008，第 1～7 页。

③ 景德祥：《二战后德国反思纳粹历史的曲折过程》，《学习月刊》2005 年第 7 期。

④ 相关情况可参见扬－维尔纳·米勒《另一个国度：德国知识分子、两德统一及民族认同》，马俊、谢青译，新星出版社，2008，第 344～369 页。

⑤ 扬－维尔纳·米勒：《另一个国度：德国知识分子、两德统一及民族认同》，第 344～369 页。

上的反犹主义与当下身边的反犹行为，提醒学生们警惕右翼极端主义思想的影响。

最后，罪责的立体化。新版历史教科书最终上升到人的层面来反思二战的历史。它们总是赋予学生们多种角度的原始资料，展示人性的多面性，例如屠犹者与抵抗者共存，绥靖者与抗战者同在等复杂现象。

总　结

根据实证性的调查，二战后德国民众对于过去时代的怀念之情被慢慢削弱了，民主制度获得了普遍且更为坚定的支持。[1] 同样，在经验性的比较研究中，人们普遍赞同德国对于二战的认罪态度远远好于日本。[2] 就本文所关注的对象而言，德国历史教科书中的二战叙述的确符合德国政治文化变迁的上述趋势，从而被视为 60 年来德国二战记忆文化的一扇小窗。

正如德国政治文化变迁带有强烈的"融入西方"的政治导向那样，历史教科书的叙事模式也有着明显的政治教育色彩。一方面，当代历史教科书对于"奥斯维辛"所进行的符号化渲染，凸显它的屠犹色彩，而忽略其他受害者群体（例如苏联游击队等），无疑是违背历史真实且拥有过多政治负担的结果。这表明，德国的二战记忆还未形成所谓"特定的历史距离"，以致"跟民族的过去彻底和解"的希望依然十分遥远。[3] 另一方面，历史教科书对于二战的反思并没有延伸到德国历史上的所有战争行为。正因如此，有关殖民战争（如八国联军侵华）的描述依然带着明显的西方中心主义式的优越感，对于相关国家的歉意也付之阙如，而对于冷战期间的各种战争却继续遵循着极为明显的冷战思维。很显然，教科书的编写者并不认为德国需要为这些战争承担责任。这是未来德国历史教科书改革中值得深思的地方。进一步而言，德国历史教科书中的二战叙述还明显体现了欧洲中心论的逻辑，未能以全球史的眼光来审视中国等国家在二战中所受到的损失及其做出的贡献。[4]

当然，另一个值得讨论问题是：历史教科书反过来又在多大程度上影响着德国政治文化的变迁呢？在二战前，所谓"课堂的权力"是不可动摇

---

[1]　马超、娄亚：《塑造公民文化——联邦德国的政治文化变迁》，《德国研究》2005 年第 1 期。

[2]　李乐曾：《评德国和日本不同的二战史观》，《德国研究》1997 年第 2 期。

[3]　耶尔恩·吕森：《纳粹大屠杀、回忆、认同——代际回忆实践的三种形式》，第 188～189 页。

[4]　在有关二战伤亡统计表上，中国或者被忽略，或者注明"未知"。这一趋向在 21 世纪初的教材中仍然没有变化。

的，教科书成为"特定时期历史画面或时代精神"的主要塑造者。[1]　二战后，历史教科书仍然是一段时间内德国历史教育的重要手段之一，有益于青年一代形成健康的历史意识，从而巩固了德国与周边国家的关系，为德国赢得了国际美誉。不过，随着历史教育手段的多样化，再加上历史教科书的编写原则逐渐从"被动学习"转变为"探索发现"，[2]　教科书的直接影响力不可避免地下降许多。正因如此，对于历史教科书在二战后德国公民社会成长中的作用，仍然需要学界投入更多的关注和实证性研究。

---

[1]　Hilde Coeckelberghs, Das Schulbuch als Quelle der Geschichtsforschung. Methodologische Überlegungen, in: Internationales Jahrbuch für Geschichts-und Geographie-Unterricht, 13 (1977/1978), S. 8 – 9.

[2]　孙智昌：《德国中学历史课程、教科书和教学》，《历史教学》2000 年第 2 期。

附录2 联邦德国极右派政党初探

——以"德国民族民主党"为中心

联邦德国的"极右派政党"主要是指那些坚持并通过各种各样的组织工作和竞选活动，秘密地或公开地传播右翼激进主义和右翼极端主义，特别是民族主义、族民主义、复仇主义和历史修正主义意识形态的"主义政党"。自 1949 年建国以来，形形色色的极右派政治团体和政党就在联邦德国大量涌现，① 虽然规模不大，活动范围有限，在联邦德国政党谱系中仅处边缘地位，却是一种由来已久的政治现实，有着比较牢固的社会历史和思想文化根基。个别极右派政党还曾在多个州和城市议会选举中赢得 5% 以上的选票，② 成为"选举政党"，制造了形形色色的"极右场景"，甚至掀起了某种"极右运动"，对现行政治体制构成严重威胁。

对于联邦德国的极右派政党，国内仅有少量新闻报道，严谨翔实的专门研究长期阙如。中国学者在考察和论述联邦德国的政党政治时，往往只注意基督教民主联盟－基督教社会联盟、德国社会民主党、自由民主党和绿党等在联邦议会占有较多席位并先后参与执政的政党，只看重大党或"主流政党"的治国理念和方针政策，对于活跃于民间和社会上的众多小党，特别是极右派政党，则置若罔闻，视而不见。这种做法是很片面的，既不能揭示联邦德国政党政治的全貌，也无法深入精微，触及其核心问题。

---

① 根据《德国被禁止的右翼极端组织名单》，自 1949 年以来，在联邦德国已经被判为右翼极端主义组织而遭到禁止的政治团体和政党共有 89 个。联邦德国极右派数量之多由此可见一斑。参见 http://de. wikipedia. org/wiki/Liste_ in _ Deutschland _ verbotener _ rechtsextremer _ Organisationen。

② 按照联邦德国《基本法》的规定，任何政党必须在选举中赢得 5% 以上的选票才能进入议会，这是为了避免议会中党派林立，难以形成必要的议会多数而制定的特别条款。参见 http://de. wikipedia. org/wiki/Fünf-Prozent-Hürde_ in_ Deutschland。

本文试以"德国民族民主党"为例,对联邦德国极右派政党的历史和现状做一初步考察,丰富和加深国人对联邦德国政党政治的认识。

一　创建和竞选

德国民族民主党是于 1964 年 11 月 28 日在汉诺威成立的,主要由"德意志国家党"(Deutsche Reichspartei)、"德意志党"(Deutsche Partei)、"全德意志党"(Gesamtdeutsche Partei)、"德意志民族族民党"(Deutschnationale Volkspartei)和"祖国联盟"(Vaterländische Union)等民族保守主义、右翼极端主义政治团体和政党以及"自由民主党"(Freie Demokratische Partei)中的民族自由主义一翼组成,其创始人包括阿道夫·冯·塔登(Adolf von Thadden)、弗里德里希·蒂伦(Friedrich Thielen)、威廉·古特曼(Wilhelm Gutmann)和海因里希·法斯本德(Heinrich Fassbender)等右派和极右派政治家,而其成立的目的则是效仿魏玛共和国末期的"哈茨堡阵线"(Harzburger Front),联合联邦德国所有右翼势力,形成一个新的统一政党,以便在各级议会选举中赢得竞选成功。因为有 4 位原属德意志党的不来梅州议会议员参加了建党活动,所以德国民族民主党甫一成立就在联邦德国的一个州议会中拥有自己的代表了;不来梅州议会议员弗里德里希·蒂伦还当选为德国民族民主党首位联邦主席。

1965 年,德国民族民主党在联邦议会选举中获得 2.0% 的选票,尽管算不上"成功",但就一个新建的极右派政党来说,这样的结果已经相当可观了。1966 年,德国民族民主党在黑森和巴伐利亚的州议会选举中跨越 5% 选票障碍,成功进入了这两个州的议会。1967 年,德国民族民主党又在不来梅、莱茵兰 - 普法尔茨州、下萨克森州和石勒苏益格 - 赫尔施泰因州等的议会中赢得了席位。[①]

这个时期,德国民族民主党还没有充分显示出其极右派本质,因为其联邦主席弗里德里希·蒂伦尚属资产阶级政治家,党的路线方针也较为温和,貌似一个"民主的政党"。1967 年 5 月 9 日,蒂伦辞职,不久又宣布了退党,阿道夫·冯·塔登继任党主席职务,并且主持制定了一部带有强烈民族主义和历史修正主义色彩的党纲,德国民族民主党的极右派性质开始彰显,但其路线依然比较保守。

---

① Gerhard Ritter und Merith Niehuss, Wahlen in Deutschland 1946 – 1991. München, 1991, S. 158 – 170.

在 1968 年 4 月 28 日巴登－符滕姆贝格的州议会选举中，德国民族民主党获得 9.8％的选票，取得了该党在联邦德国跨地区选举中的最大成功。[①]此时，德国民族民主党已在联邦德国 7 个州的州议会中拥有 61 名议员，党员人数也从 1964 年的 13700 人增加到 1966 年的 25000 人和 1969 年的 28000人。[②] 有人甚至预测德国民族民主党将在 1969 年赢得大选，进入联邦议会。[③]

然而，在 1969 年联邦议会大选中，德国民族民主党仅获得 4.3％的选票，无缘进入联邦议会。而为竞选耗费的巨大资金又使它背上了高达 180 万马克的债务。这不啻一记沉重打击，致使党内派系和路线之争日趋激烈。有的人继续坚持比较温和的立场观点；有的人则视暴力为政治的工具，倾向采取激进行动；还有不少"明智成员"干脆宣布退党和脱党。德国民族民主党一度陷入了"无法领导的状态"。[④] 后来，保守派略占上风，他们在1970 年发布《维尔特海默声明》（Wertheimer Manifest），宣称"德国民族民主党是一个保守主义的政党"。[⑤] 为了对抗德国社会民主党维利·勃兰特政府的"新东方政策"和社会改革措施，他们也极力向德国基督教民主联盟和巴伐利亚基督教社会联盟示好，甘做其右翼代表。

1971 年，在霍尔茨明登德国民族民主党全国党代会上，马丁·慕斯格努（Martin Mußgnug）取代塔登成为党的新一任联邦主席，但未彻底改变较温和的路线。为了不影响基督教民主联盟在巴登－符滕姆贝格州议会中的绝对多数地位，德国民族民主党甚至放弃了 1972 年的竞选。

然而这一切都无济于事，在联盟党日趋右倾，并且赢得越来越多的选民支持之后，德国民族民主党显得纯属多余了。1972 年，在联邦议会选举中，德国民族民主党仅获得 0.6％的选票，再遭惨败，党内分离局面进一步加剧。一些主张武装斗争的极右派行动主义者开始向党的执行委员会施加更大压力，一些老党员则转入了崇尚民族民粹主义的"德意志族民联盟"

---

① Gerhard Ritter und Merith Niehuss, Wahlen in Deutschland 1946 – 1991. S. 172.

② Stefan Mannes, Die NPD in den 60'ern Geschichte und Ideologie. 参见 http://www.zukunft-braucht-erinnerung. de/nachkriegsdeutschland/rechtsradikalismus-und-antisemitismus-nach – 1945/538. html。

③ Eckhard Fascher, Modernisierter Rechtsextremismus? Ein Vergleich der Parteigründungsprozesse der NPD und der Republikaner in den sechziger und achziger Jahren. Berlin, 1994, S. 50.

④ Toralf Staud, Moderne Nazis. Die neuen Rechten und der Aufstieg der NPD. Köln, 2005, S. 37.

⑤ Toralf Staud, Moderne Nazis. Die neuen Rechten und der Aufstieg der NPD. S. 36.

（Deutsche Volksunion）。① 党员数量从 1971 年的 18300 人下降到 1972 年的 14500 人。②

在 1976 年联邦议会选举中，联盟党以其 "自由或社会主义"（Freiheit oder Sozialismus）口号几乎赢得了所有右翼选民的支持，德国民族民主党只获得了 0.3% 的选票，仅及上一次得票数的一半。③ 这个保守主义的，并不公开反对宪法的反对党遭到了彻底失败。到 1980 年，党员人数降至 7200 余人。④ 在激进派的强烈要求下，党的领导人一度改变合法主义路线，放弃竞选，采取类似于左派 "议会外反对派"（Außerparlamentarische Opposition）的激进行动。

在 1987 年德意志族民联盟转变成为政党之后，德国民族民主党获得了一个较为可靠的盟友，重新开始参加竞选，但也只在 1988 年巴登 - 符滕姆贝格州议会选举中取得值得一提的竞选成果；在此次竞选中，德国民族民主党获得了 2.1% 的选票。

1990 年 12 月 5 日，慕斯格努辞去德国民族民主党联邦主席职务。在瓦尔特·巴赫曼（Walter Bachmann）担任了 9 个月的代理联邦主席之后，原德国民族民主党联邦副主席君特·德克尔特（Günter Deckert）于 1991 年 8 月 8 日成为新任联邦主席。德克尔特是一位著名的历史修正主义者，上任后不久就对党的指导思想进行了改造，使其固有的民族社会主义元素得到了强化。但在大选中，德国民族民主党仍不见起色，其与德意志族民联盟的合作关系也暂告中止。⑤

两德统一之后，德国民族民主党积极插足 "中央德国"（Mitteldeutschland，即新联邦州），在原民主德国地区建立了多个地方协会，并且紧锣密鼓地开展了竞选活动。但在最初，效果并不明显。在 1990 年东部多个州

---

① 也称作 "Liste D"，1971 年由出版商格哈德·弗赖（Gerhard Frey）创建，原为一个注册协会，并不参加议会选举，1987 年变身为极右派政党。该党总共 9 次赢得州议会选举，在 1998 年萨克森 - 安哈尔特州议会选举中甚至赢得了 12.9% 的选票。

② Stefan Mannes, Die NPD in den 60'ern Geschichte und Ideologie. 参见 http://www.zukunft-braucht-erinnerung. de/nachkriegsdeutschland/rechtsradikalismus-und-antisemitismus-nach – 1945/538. html。

③ Toralf Staud, Moderne Nazis. Die neuen Rechten und der Aufstieg der NPD. Köln 2005, S. 37 – 38.

④ Stefan Mannes, Die NPD in den 60'ern Geschichte und Ideologie. 参见 http://www. zukunft-braucht-erinnerung. de/nachkriegsdeutschland/rechtsradikalismus-und-antisemitismus-nach – 1945/538. html。

⑤ Toralf Staud, Moderne Nazis. Die neuen Rechten und der Aufstieg der NPD. S. 40.

议会选举中，德国民族民主党得到的选票均低于1%；在同年12月举行的联邦议会选举中，也仅得0.3%的选票。赫尔穆特·科尔和基督教民主联盟以其特有的民族激情和社会国家许诺，几乎把所有原本有可能支持德国民族民主党的选民都争取过去了。①

1996年3月23日，在德国民族民主党巴特迪克海姆全国党代会上，乌多·福伊格特（Udo Voigt）当选新的联邦主席。在福伊格特的领导下，德国民族民主党加强了与更激进的民族极端主义组织如"新纳粹"（Neo-nazi）和"光头党"（Skinheads）的联系，并在原民主德国地区组建了若干网点，共同开展活动。它也采取了号称"三支柱概念"（Drei-Säulen-Konzept）的新战略，将"人头战"、"议会战"和"街头战"结合起来，经常组织发动示威游行等议会外反对活动，其暴力性越来越明显。② 除此之外，德国民族民主党还广泛吸纳无党派的右翼青年、文化人士和"自由伙伴"（freie Kameradschaften）③ 加盟，并开始了一系列横向联盟尝试，力图改善和加强与国外极右派政治团体和政党的合作。

现在，德国民族民主党以其"德意志族民阵线"（deutsche Volksfront）概念成为右翼极端主义阵营统一势力的中心，得到德意志党、德意志族民联盟、光头党、共和党人党④的许多党员和大量无党派人士的积极响应。因为族民煽动罪而受到惩罚的右翼极端主义者托斯滕·海泽（Thorsten Heise）被选入德国民族民主党联邦执行委员会。⑤ 因为组建犯罪团伙而受到起诉的光头党首领托马斯·萨泰尔贝格（Thomas Sattelberg）及其受到过同样惩罚的合作人托马斯·拉科夫（Thomas Rackow）也被吸纳到了党内。⑥

在2004年9月5日的萨尔州议会选举中，德国民族民主党获得了4%的选票，虽然未能进入议会，却也再显峥嵘。在同年9月19日举行的萨克森

---

① Toralf Staud, Moderne Nazis. Die neuen Rechten und der Aufstieg der NPD. S. 42.

② Verfassungsschutzgegenrechtsextremismus. de: Die Nationaldemokratische Partei Deutschlans. 参见 http://www.verfassungsschutzgegenrechtsextremismus.de/VgR/main/erscheinungsformendat/erscheinungsformendok/parteien.htm.

③ "自由伙伴"是指那些非正式组织起来的"新纳粹"团体，它们各自独立，但又密切交往，自视为所谓的右翼统一战线"民族抵抗"（nationales Widerstand）的一部分。在联邦德国，此类组织大约有150个，每一个的成员为5—20人。

④ 该党是由基督教社会联盟的部分成员于1983年在慕尼黑成立的一个右翼保守主义政党，曾被选入欧洲议会、柏林州议会的下院和巴登-符滕姆贝格州议会。

⑤ NPD holt geschasste Neonazis heim, in: die tageszeitung, taz. 27. Dezember 2004.

⑥ Ex-Skinheads in der NPD-Vom Schläger zum Kader, in: Spiegel online, 25. November 2011.

州议会选举中，德国民族民主党获得 9.2% 的选票，自 1968 年以来首次重新进入了一个州议会，并在议会中占据了 12 个席位；霍尔格·阿普费尔（Holger Apfel）成为该党的议会党团主席。在东萨克森的某些地方，特别是在萨克森施维兹，德国民族民主党获得了更大的竞选成功；在某些地方甚至获得 20% 的选票。在 2005 年联邦议会选举中，德国民族民主党再次与德意志族民联盟结成竞选联盟；德意志族民联盟的候选人的名字被列入德国民族民主党的候选人名单。结果，德国民族民主党获得 1.6% 的选票，虽然未能进入联邦议会，却也取得了自 1969 年以来在联邦议会选举中所取得的最好成绩。在 2006 年 9 月 17 日柏林下院的选举中，德国民族民主党虽然没有突破 5% 的选票界线，但同一天举行的柏林特雷普托 - 克佩尼克区议会选举中赢得三个议席。福伊格特成为德国民族民主党在该区议会中的议会党团的主席。而在 2006 年 9 月 17 日梅克伦堡 - 前波莫瑞州议会选举中，德国民族民主党获得 7.3% 的选票，并由此进入了联邦德国第二个州议会，建立了一个由六位议员组成的议会党团；乌多·帕斯托尔斯（Udo Pastörs）担任该州议会党团主席。①

2008 年 5 月底，德国民族民主党在班贝克举行全国党代会，福伊格特再次当选党主席。同年 6 月 8 日在萨克森州地方议会选举中，德国民族民主党获得 5.1% 的选票，几乎在萨克森州所有县市议会和地方理事会中都有代表。在萨克森施维兹（Sächsische Schweiz），德国民族民主党获得了 7.5% 的选票，比德国社会民主党的得票数还多 0.1 个百分点。在赖哈茨多夫 - 舍纳（Reinhardtsdorf-Schöna），德国民族民主党获得 25.2% 的选票，名次仅在进入议会的"自由选民党"（Freien Wählern）之后，远远超过了德国基督教民主联盟和"左派党"（Linker）。与此同时，德国民族民主党在除了汉堡之外的 15 州的市一级议会中拥有大约 300 名代表。②

在 2009 年 8 月 30 日的萨克森州议会选举中，德国民族民主党的得票虽有所减少，但还是超过了 5% 的选票界线，成功地再次进入了萨克森州议

---

① Nationaldemokratische Partei Deutschlands. 参见 http://de. wikipedia. org/wiki/Nationaldemokratische_ Partei_ Deutschlands。

② Armin Pfahl-Traughber, Bedeutung und Entwicklung der NPD nach den Kommunalwahlen in Sachsen 2008. 参见 http://www. bpb. de/politik/extremismus/rechtsextremismus/41491/npd-in-sachsen - 2008? p = 0 - 1。

会。这也是该党自成立以来第一次连续地在同一个州议会中拥有代表。①

2010 年 11—12 月，德国民族民主党和德意志族民联盟分别举行党代会，决定两党合并。在德国民族民主党方面有占总数 95.2% 的党员支持合并，而在德意志族民联盟方面，支持合并的党员只占全体党员的 87.5%。2010 年 12 月 29 日，德国民族民主党主席乌多·福伊格特和德意志族民联盟主席马蒂亚斯·福斯特（Matthias Faust）签署合并条约。2011 年 1 月 1 日，两党正式合并，号称"德国民族民主党－族民联盟"（Nationaldemokratische Partei Deutschlands-Die Volksunion），霍尔格·阿普费尔当选首任党主席。②

2013 年 4 月 20 日③，德国民族民主党－族民联盟在魏茵海姆－苏尔茨巴赫举行全国党代会，并且是在完全避开公众注意力的情况下举行的。阿普费尔重新当选党主席，但在同年 12 月 19 日就宣布辞职，不久又彻底退党。2014 年 1 月，乌多·帕斯托尔斯由代理主席当选为正式主席。在他的领导下，德国民族民主党④完全公开地与崇尚暴力的"自由伙伴"和"独立自主的民族主义者"（Autonome Nationalisten）组织进行合作，并且成为这些"新纳粹"组织的合法性保障了。

此时，德国民族民主党可谓联邦德国有组织的右翼极端主义势力中最强大和最有影响力的一支，它自诩"有信誉的民族力量"，虽仍极力掩饰侵略性的右翼极端主义立场观点，但与各种各样的"新纳粹"分子打得火热，经常举行被伪装成合法的政党活动的游行示威、足球比赛和摇滚音乐会。

二　组织结构和意识形态

德国民族民主党原为多个右翼和右翼激进主义政党的重新组合，在初次竞选成功之后才克服竞选联盟状态，逐渐发展成为一个封闭的政党，其组织结构主要采纳德意志国家党模式，但为了能够包容更多右翼政治势力，其政治纲领比较笼统，放弃了许多意识形态教条。

---

① Nationaldemokratische Partei Deutschlands. 参见 http://de. wikipedia. org/wiki/Nationaldemokratische_ Partei_ Deutschlands。

② Nationaldemokratische Partei Deutschlands. 参见 http://de. wikipedia. org/wiki/Nationaldemokratische_ Partei_ Deutschlands。

③ 这一天是希特勒的生日，按照德国民族民主党－族民联盟的说法，之所以在这一天开会纯属"偶然"，因为原先确定的在两周之前并且在另一个地方开会的计划，因故被取消了。

④ 为行文方便和突出德国民族民主党的地位，下列党名时仍沿用旧称。

从组织结构方面来看，德国民族民主党的最高决策机构是全国党代表大会，至少每两年召开一次。参加这一会议的主要是区和州协会代表。大会选举产生联邦主席团和联邦执行委员会；附属于联邦执行委员会的除了联邦主席团成员，还有州协会主席、联邦和州议会党团主席以及 15 位选举产生的列席者。联邦主席团负责持续的政治活动，贯彻落实党代会和执行委员会的决定，其成员包括联邦主席和副主席、秘书、司库，以及执行委员会 15 位列席者中的 3 位、秘书长和联邦事务负责人。在联邦和州的层面上设有党的仲裁法院，负责处理党内纠纷。

党的总部最初设在汉诺威，两德统一后迁到柏林。

党的青年组织称作"青年民族民主党人"（Junge Nationaldemokraten），1969 年成立，目前大约有 400 名成员。按照该组织原领导人霍尔格·阿普费尔的说法，青年民族民主党人"唯一的"榜样是武装部队和武装党卫队战士。[1] 党的妇女组织称作"民族妇女之环"（Ring Nationaler Frauen），成立于 2006 年 9 月中旬。它作为辅助组织，应当"使德国民族民主党内的妇女成为党的传声筒"和"有民族思想但未加入任何党派的妇女的谈话伙伴"。[2]

在 1960 年代至 1990 年代，德国民族民主党还设有号称"民族民主高校同盟"（Nationaldemokratische Hochschulbund）的高校组织，直接隶属于联邦执行委员会。后来，党的高校工作由青年民族民主党人的附属组织"民族教育小组"（Nationaler Bildungskreis）接管。

除此之外，德国民族民主党还在 2003 年成立了一个"地方政治联合会"（Kommunalpolitische Vereinigung），将党在地方议会中的所有议员都集中在一起，征集他们的经验，协调他们的活动。在党内，该组织是全体议会议员的利益代表，其主席为党的联邦执行委员会成员之一。[3]

德国民族民主党曾经创办过多种报纸，其党报最初为《德意志消息》（Deutsche Nachrichten），后来改名为《德意志声音》（Deutsche Stimme）；该报创刊于 1976 年，由德国民族民主党独自经营的德意志声音出版社股份有限公司经营，目前每月发行量为 10000 份。除此之外，德国民族民主党还出版发行诸如《萨克森声音》（Sachsen-Stimme）等地区和地方性出版物。

德国民族民主党的大多数党员和将近 90% 的党员干部来自"中间等

---

[1] Toralf Staud, Moderne Nazis. Die neuen Rechten und der Aufstieg der NPD. S. 115.

[2] http://de.wikipedia.org/wiki/Ring_Nationaler_Frauen.

[3] http://de.wikipedia.org/wiki/Nationaldemokratische_Partei_Deutschlands.

级"，包括独立经营者和职员，但也有近 1/3 的党员属于工厂工人。① 德国民族民主党领导层显著的中间等级性质表明该党并非一个利益政党，而是一个通过意识形态来加以维系的主义政党。

"族民集体主义"（Völkischer Kollektivismus）是德国民族民主党的思想基础。它把族民（Volk），而不是单个的人，视为国家社会的核心，认为只有通过族民才能形成文化，也只有依靠族民才能维护和保存文化。族民并非全体国家公民集合而成的一个整体，而是一个有机体，一个人种和种族同质的统一体，是从某个或多个部族中成长起来，通过"语言、血统、历史经验、宗教信仰、价值观念和个人意识"来确定的。一个德意志人之所以能够成为德意志人仅仅是因为他的德意志血统而不是因为他的德意志国家属性；应当将"族民德意志人"（Volksdeutscher）和"护照德意志人"（Passdeutscher）严格区别开来。人的尊严是与族民归属性相联系的，国家作为生活的原始形式对于个人拥有来源于它的本质的绝对分类和命令权。个人虽然是自由的，但必须在世界族民性历史—文化的组织结构中承担自己的责任。国家的所有权力均来自族民，国家也必须承担保护族民的神圣责任。②

从这一思想出发，德国民族民主党在不同历史时期，根据现实的需要，提出了多种多样的政治主张和要求。它质疑自由的价值，否定政党政治和民主制的多数决定原则，宣扬官厅国家的德意志传统，拥护绝对主义国家和领袖国家，拥戴"特别成熟的"独裁者，主张民选总统，加强总统的权力，废除建设性不信任投票制。它还特别推崇德意志家庭，强调家庭妇女和母亲的重要性，鼓励生育，反对流产和虐待儿童，反对除了家庭之外的"所有其他生活方式"。对于民族民主党人来说，家庭至关重要，因为它是维持族民生存和发展壮大的根本因素。为了促进家庭，国家有必要承认与职业相对立的妇女作为家庭妇女的工作，为家庭妇女和母亲发放工资，建立更多的幼儿园，提供更多的儿童补贴，严厉处罚奸杀妇女、虐杀儿童的罪犯。

对于移居德国的外国人，德国民族民主党却深表厌恶，百般仇视。它

---

① Stefan Mannes, Die NPD in den 60'ern Geschichte und Ideologie. 参见 http://www.zukunft-braucht-erinnerung.de/nachkriegsdeutschland/rechtsradikalismus-und-antisemitismus-nach – 1945/538.html。

② Das NPD-Parteiprogramm. 参见 http://denktag2006.denktag-archiv.de/Das-NPD-Parteiprogramm.1258.0.html。

抗拒种族混合，反对有色人种的大量移入，认为外国人和寻求庇护者无权要求任何社会福利，工作岗位应当首先给予德意志人，儿童补贴只付给德意志人家庭。为了消除德意志族民目前所面临的"种族杂乱"状况，德国民族民主党坚决要求废除避难法，取消庇护权，甚至将所有非德意志人都驱逐出德国，使德国重新成为德意志人的。

在经济方面，德国民族民主党强调"经济必须为德意志族民服务"，主张"以空间为导向的族民经济"。它声称"全部土地都是族民的财产"，除了租赁，"不允许外国人在德国占有地产"。它也批评全球化，认为它是导致大规模失业的直接原因。在民族民主党人看来，与其他国家的贸易仅仅是"本土经济的必要补充"，要维持国家的生存和发展，必须建立能够自给自足的族民经济体系。

民族民主党人还坚决抵制外国资本对于德国的经济渗透，攻击美国的投资和"经济征服"，认为美国想要对"欧洲主要工业实施全面统制"，使德国永久地处于经济和政治依附地位。欧洲共同体（EG）或欧洲联盟（EU）则是"没有任何族民基础的经济帝国"，欧元的引入是"朝灾难性方向发展的关键一步"，必须加以阻止。德国民族民主党因此呼吁恢复使用德国马克，保护德意志经济安全。

德国民族民主党强调农业经济的重要性，经常显露一种"农业浪漫主义"（Agrarromantik）。它认为，农业具有一种"天然的优先地位"，必须受到大力支持和资助。若无健康的农业，任何族民都会成为外国利益和政治的玩物，任人宰割，无法自立。德意志族民要摆脱经济困境，扩展政治势力，必须优先发展农业，奠定牢固的基础。

民族民主党人特别关注"中央德国"的经济。他们批评信托基金的做法，要求通过"为承担统一所需的特别任务而设立的联邦机构"（Bundesanstalt für vereinigungsbedingte Sonderaufgaben，BVS），有组织有计划地实现德意志工业和农业的重建。

同其他一些极右派组织一样，德国民族民主党也坚决反对大国帝国主义和美国霸权主义。它认为任何国家都有责任自己解决自己的问题，不存在国际性的、共同的世界责任，民族国家（Nationalstaat）是处理国际事务的最基本原则。它也拥护绝对的国家主权，极力要求伸张"各族民的自我决定权"（Selbstbestimmungsrecht der Völker），要求德国退出北大西洋公约组织和欧盟等国际联盟机构。

复仇主义和历史修正主义也是德国民族民主党意识形态的重要组成部分。德国民族民主党要求重新划定德国和波兰的边界，收回二战后被划归波兰的德国领土，使德国的疆域恢复到 1937 年末的状态。按照它的要求，西里西亚、东波莫瑞、东勃兰登堡、西普鲁士和东普鲁士都应当被纳入德意志"新帝国"之中。

对于"官方－正统的"关于纳粹主义的历史编纂，德国民族民主党更是极力反对，坚决主张进行彻底修正。虽然没有美化希特勒的独裁统治，没有否认纳粹分子对犹太人的大屠杀和德国的战争犯罪行为，却试图以"历史化"和"相对化"为手段，开脱责任，减轻罪行，"决不搞单方面的认罪"。它声称纳粹主义的罪行是从一种本身很好的制度身上长出的毒瘤，第二次世界大战是德国为抵抗英国和法国的挑衅而进行的一场防御战，德国在 1945 年并没有获得解放而是受到了外来统治。①

德国民族民主党承认《基本法》和自由－民主的基本制度，拒绝作为政治手段的战争，但认为，联邦德国的《基本法》纯属"西方战胜国的口授法规"，真正的民主从未在联邦德国实现过，所有的政治和社会承载阶层和所有在联邦议会占有席位的主流政党都是一样的，区别仅在于银行账号不同，交税有多有少。对于民族民主党人来说，"真正的"民主必须接受"族民统治"，必须推翻"实行寡头政治的政党卡特尔"的统治，由真正能够代表德意志族民利益的政党执政。德国民族民主党相信自己有能力替代当权者，为德意志族民创造一个美好的未来。"帝国是目标，德国民族民主党是道路"，德国民族民主党主席乌多·福伊格特如是说。②

三　支持者、反对者和党禁之争

支持德国民族民主党的主要是一些对现状心怀不满，反对执政党及其政策的"抗议选民"，其社会构成复杂多样，但主要是那些容易受到经济危机影响的职业团体的成员，收入较低和生活困难的人。

然而，同许多小党一样，德国民族民主党只拥有少量"忠诚选民"，尚未成为真正的选举政党，不能保持较高支持率。自 2004 年以来，德国民族民主党只在萨克森的个别地方站稳脚跟，拥有一定数量的忠实选民，在联

---

① Das NPD-Parteiprogramm. 参见 http://denktag2006. denktag-archiv. de/Das-NPD-Parteiprogramm. 1258. 0. html。

② Udo Voigt. 参见 http://de. wikipedia. org/wiki/Udo_Voigt。

邦德国其他地区，特别是在经济比较发达的西部，民族民主党人依然难成气候。在天主教居民中，德国民族民主党也只能获得有限的成功，首要原因在于这些选民具有较强的宗教倾向，而这一倾向使他们不会轻易地滑向极右派阵营。①

对于德国民族民主和其他极右派政党，联邦德国的主流政党、工会、协会以及大量私人倡议组织都表示坚决反对，其反对形式从声讨批判、示威游行、讽刺嘲弄到申请查禁等，不一而足。

早在 1960 年代，联邦德国主流政党、工会和公共舆论就对德国民族民主党在某些州议会和地方议会选举"获胜"的情形反应激烈，惊呼"希特勒纳粹党死灰复燃"，联邦德国的民主制度已经岌岌可危。② 在 1966 年德国民族民主党召开第二次党代会期间，工会发动了有 2 万人参加的反行游；③ 在 1969 年联邦议会选举期间，左派选民也举行了一系列抗议活动，并与德国民族民主党维持秩序者发生了武力冲突。④

自 2004 年以来，讽刺协会"德意志苹果阵线"（Front Deutscher Äpfel）在全德国范围内搜集德国民族民主党的各种组织标志和行为方式并加以讽刺性模仿。萨克森的"为了格尔利茨行动小组"（Aktionskreis für Görlitz）也在 2009 年萨克森州议会选举期间采取了一场轰动媒体行动，它架设了600 个宣传牌，上书"格尔利茨对德国民族民主党说不！"的标语口号。作为社会民主党青年社会主义者倡议组织的"右派终点站"（Endstation Rechts）是一个每日更新的信息门户网站，它也对右翼保守主义和右翼极端主义势力在梅克伦堡 - 前波莫瑞州和萨克森州的发展进行了跟踪报道，目的在于阻止德国民族民主党重新进入这两个州的州议会。新闻记者帕特里克·根森（Patrick Gensing）自 2005 年起就在自己的博客（Watchblog）定期批评报道德国民族民主党的活动，而在柏林 - 克佩尼克区的德国民族民

① Stefan Mannes, Die NPD in den 60'ern Geschichte und Ideologie. 参见 http://www.zukunft-braucht-erinnerung.de/nachkriegsdeutschland/rechtsradikalismus-und-antisemitismus-nach - 1945/538.html。

② Gegenwärtige Vergangenheit：NPD（Nationaldemokratische Partei Deutschlands）. 参见 http://hdg.de/lemo/html/DasGeteilteDeutschland/KontinuitaetUndWandel/GegenwaertigeVergangenheit/npd.html。

③ Toralf Staud, Moderne Nazis. Die neuen Rechten und der Aufstieg der NPD. S. 32。

④ Stefan Mannes, Die NPD in den 60'ern Geschichte und Ideologie. 参见 http://www.zukunft-braucht-erinnerung.de/nachkriegsdeutschland/rechtsradikalismus-und-antisemitismus-nach - 1945/538.html。

主党总部对面的建筑物则成了喷彩画和政治涂鸦的理想之地，并因此受到警察的监视。①

许多政治学家、历史学家和独立观察家指出德国民族民主党在纲领和语言方面与希特勒的纳粹党有着非常接近的亲缘关系，德国民族民主党的活动也与纳粹运动类似，其目标也同纳粹党的目标一样，不仅要建立一个强大的德意志族民帝国，而且还要推翻现行的宪政国家制度。爱尔福特大学政治学教授施泰芬·凯利茨（Steffen Kailitz）指出：德国民族民主党绝不仅仅是一个架设通往民族社会主义的桥梁的政党，它本身就是一个地地道道的纳粹党。当然，这一归类绝不意味着在历史上的纳粹党和德国民族民主党之间毫无差别。从纲领上看，德国民族民主党与纳粹党有着亲缘关系，虽然不是字词完全相同，但可以说德国民族民主党所宣传的意识形态堪称民族社会主义族民思想的变种。②

在《联邦宪法保护报告》中，德国民族民主党也被称作"怀有敌意的、敌视宪法的、反对现行制度的"政党。2004 年的《宪法保护报告》强调指出，自本年初以来，德国民族民主党明显地与更加顽固地坚持民族极端主义立场观点的势力接近。这个党以其"德意志族民阵线"概念成为右翼极端主义阵营的统一努力的中心。③ 2012 年的《联邦宪法保护报告》也指出，德国民族民主党追求的目标基于其"反多元化的、排他性的和反平等主义的特征"，是与"《基本法》民主的和法治国家的基本特征"不相容的。该党的意识形态立场"表达了一种封闭的右翼极端主义世界观"。④

40 多年来，几乎是自德国民族民主党创立之日起，联邦德国政界就有查禁该党的争论。1968 年春，联邦内务部长、基督教民主联盟党人恩斯特·本达（Ernst Benda）组织人员搜集了若干证据，准备向联邦宪法法院提出查禁申请，但在经过多方辩论之后，联邦政府出于种种政治考虑，最终放弃了查禁申请。⑤

---

① Nationaldemokratische Partei Deutschlands. 参见 http://de. wikipedia. org/wiki/Nationaldemokratische_ Partei_ Deutschlands。

② Steffen Kailitz, Die nationalsozialistische Ideologie der NPD, in: Uwe Backes und Henrik Steglich (Hrsg.), Die NPD. Erfolgsbedingungen einer rechtsextremistischen Partei. Baden-Baden, 2007, S. 352.

③ Verfassungsschutzbericht 2005 (PDF).

④ Verfassungsschutzbericht 2012 (PDF).

⑤ Wolfram Dorn, NPD-Neuer Anfang eines furchtbaren Endes? Köln, 1969, S. 80.

2001 年，鉴于德国民族民主党在全德国影响的扩大和其侵略性政治倾向的加强，在社会民主党人格哈德·施罗德领导下的联邦德国政府向联邦宪法法院提出了一份查禁德国民族民主党的申请，联邦议会和联邦参议会也分别提交了同样的查禁申请。然而，两年后，在远未做出决定之前，联邦宪法法院就中止了审理程序。其原因是，起诉书引用了一些被警察或宪法保护当局收买的民族民主党人提供的情报。法院无法澄清，哪些行动是德国民族民主党自动发起的，哪些行动是由国家信任的人倡议的。虽然国家安全部门反复强调，他们并没有通过提供情报者向该党施加影响，也没有探听审理程序中的辩护策略，法院还是排除了对德国民族民主党的司法审讯，对于该党是否符合宪法的问题也没有进行追究。①

2009 年，在"民族社会主义地下组织"（Nationalsozialistischen Untergr-und）策划实施的一系列恐怖性谋杀曝光之后，查禁德国民族民主党一事又被提上了议事议程，由基督教民主联盟－基督教社会联盟执政的各州内政部长和联邦政府内政部长决定重新推动查禁程序，并且联合提交了一份关于德国民族民主党及其活动的报告。② 该报告列举了大量未经过任何线人帮助就获得的证据，十分肯定地指出，德国民族民主党不仅敌视宪法，而且是违背宪法的。它对主要宪法原则的违逆不仅仅表现在理论性的抽象的意见分歧上，也表现在对宪法秩序的积极对抗上。"德国民族民主党以一种大大超越了在民主代议制中作为选举政党的本来作用的方式来追求其目标。它不是要进行对于政治生活来说完全正常和必要的改革，而是要有计划地并且持久地铲除自由民主的基本制度。这一点特别涉及它与暴力的关系。"③

此后，围绕是否应当查禁德国民族民主党问题，联邦德国政治家、学者和媒体再次开展了激烈的争论。主张查禁者认为，德国民族民主党绝不是一个民主的政党，它也不想成为这样的政党。按照其自我理解，它只是被迫地、暂时地装扮成一个民主的政党。它的真正目标是推翻民主制度和法治国家，并且也准备动用武力手段。德国民族民主党继承了纳粹党的衣钵，也与"新纳粹"的自由伙伴组织结成了紧密联盟。它煽动仇恨外国人

---

① BVerfG, 2 BvB 1/01 vom 18. März 2003：Entscheidung des Bundesverfassungsgerichts zum NPD-Verbotsantrag 2003.

② Patrick Gensing, Bundesländer stellen Dokumentation vor：Die NPD bekämpft aktiv die Verfassung-sordnung, in：tagesschau. de. 4. Mai 2009.

③ Patrick Gensing, Bundesländer stellen Dokumentation vor：Die NPD bekämpft aktiv die Verfassung-sordnung, in：tagesschau. de. 4. Mai 2009.

的情绪，鼓动种族偏见，诋毁民主制度，攻击欧洲价值共同体的基本原则，宣传民粹主义的、远离现实的解决社会问题的方案，是"新纳粹"犯罪行为的精神支柱。真正的民主应当禁止一个站在宪法框架之外的政党。查禁德国民族民主党属于反对右翼极端主义，捍卫民主和宽容的正当行为。查禁德国民族民主党是很有必要的，不仅可以使国家省却一笔政党补贴经费，还有利于从整体上削弱右翼极端主义势力，恢复联邦德国的国际声誉。查禁德国民族民主党也是有可能的，无论是联邦德国宪法法院还是欧洲法院都会予以支持。①

但也有不少人反对查禁。在这些人看来，查禁政党务必谨慎小心，那些主张查禁者在很大程度上高估了德国民族民主党对自由民主制度的危害；激进的标语口号构不成实际威胁，只有在它与违法行为相结合时才是危险的。查禁的主张缺乏法律依据，德国民族民主党的目标虽然是敌视宪法的，但口头上的激进与党羽们的暴力行为并不是一回事。民主制度之下，言论和结社自由为应有之义，即使是右翼极端主义者，只要遵守和平竞争的游戏规则，也应受到容忍。除此之外，还需精确判断个人刑事犯罪与某个政党的关系，但在很多情况下，这一点很难做到。再者，查禁某个政党不是一件简单的事，右翼极端主义思想观念和政治主张不会通过查禁而被铲除，"新纳粹"的数量不会因为查禁而减少，外来移民和其他"非白种"的外国人也不会在查禁后不再受到伤害、迫害和杀害。一旦查禁申请遭到宪法法院拒绝，右翼极端主义势力就会更加嚣张；即使成功了，也会引起一些原本对这个政党毫无兴趣的人的好奇心，变相地扩大了被查禁政党的思想影响。②

应当看到，反对查禁并不表示支持右翼极端主义，恰恰相反，绝大多数反对查禁者都明确表示要与德国民族民主党进行坚决的思想斗争，要通过公开的辩论，大胆揭露和批判右翼极端主义的思想内容；要通过认真细致的研究工作，科学地分析说明右翼极端主义产生的原因和存在的理由；要通过在学校和其他教育机构中的启蒙教育，发动全社会力量自觉抵制右翼极端主义的各种错误命题。一言以蔽之，用政治斗争手段挫败德国民族

---

① NPD-Verbot | Pro. 参见 http://www.bpb.de/politik/extremismus/rechtsextremismus/170616/npd-verbot-pro。

② NPD-Verbot | Contra. 参见 http://www.bpb.de/politik/extremismus/rechtsextremismus/170617/npd-verbot-contra。

民主党人的进攻。只要广大民众具备较高的思想觉悟和抵抗能力，所有右翼极端主义就不再会有容身之地，就会不攻自灭，自然萎缩和消失。① 应当说，这种主张也是很有道理的。查禁德国民族民主党只是与右翼极端主义做斗争策略之一，要真正战胜这些反动势力，必须彻底消除其思想影响，铲除其产生和生存的土壤，从根本上解决问题。

总　结

在联邦德国，右翼极端主义和极右派政党绝不是一种无关紧要现象，民族主义、族民主义、复仇主义和历史修正主义思想观念早已深入社会各个部分，一些极右派政党也开始运用富有侵略性的斗争手段来反对现行国家宪法和政治社会制度了，所谓的"右派危险"绝非危言耸听，但也应当看到，在经历了纳粹统治所带来的灾难后果之后，联邦德国政府和广大民众已大大提高了政治觉悟和抵抗能力，不能容忍任何继承纳粹传统的政党，也不允许历史的悲剧再次重演。这是值得肯定，也是令人欣慰的。

---

① NPD-Verbot | Contra. 参见 http://www.bpb.de/politik/extremismus/rechtsextremismus/170617/npd-verbot-contra。

人名译名索引

后　记

　　作为本项目主持人、本书作者之一和最后通稿者，写作本后记，我主要是要表达自己诚挚的谢忱。

　　首先感谢北京师范大学历史学院，特别是史学理论与史学史研究中心领导和同事以及项目评审专家的信任和支持。正是因为这种信任和支持，我有幸承担了2012年度教育部人文社会科学重点研究基地的重大项目，并在项目的进行过程中得到了历练和提高。

　　我也衷心感谢中国社会科学院世界历史研究所研究员景德祥博士、北京师范大学历史学院教授侯树栋博士、北京大学历史系教授徐健博士、中国人民大学副教授孟虹博士、湖南师范大学历史学院教授罗衡林博士、华东师范大学历史系教授孟钟捷博士、咸宁学院人文学院教授陈从阳博士、武汉理工大学教授李银波博士和山东大学历史文化学院副教授杨光博士，他们作为课题组成员，为项目的申报和进行付出了极大的努力。

　　时为浙江大学博士后，现为华东师范大学思勉高等研究院青年研究员的范丁梁博士专攻德国史学史，她的加盟为本研究的顺利完成提供了可靠保障。

　　德国明斯特大学哲学博士靖春晓女士、时为北京师范大学历史学院德国近现代史专业博士生张涯女士（现为中国社会科学出版社编辑）、时为北京师范大学历史学院德国近现代史专业博士生袁玮蔓女士（现在德国柏林自由大学攻读博士学位）以及时为北京师范大学历史学院世界现代史专业硕士研究生艾荔丰（现为陕西省神木中学教师）和陈瑜女士（现为北京郭沫若博物馆工作人员）也参与了大量研究工作。

　　时为北京师范大学历史学院世界现代史专业硕士生邢宽同学（现在德国莱比锡大学攻读博士学位）则在搜集资料、科研经费报销等方面提供了许多帮助。留德博士生刘宁也利用在德国学习的便利条件，为本课题搜集了大量一手资料。

北京师范大学历史学院教授张建华博士将本书纳入《京师世界近现代史研究丛书》，社科文献出版社近代史编辑室宋荣欣主任、李期耀博士和李秉羲则对本书稿进行了认真细致的审阅并提出了许多富有建设性的建议。

对于所有这些参与和帮助，本人感激不尽，铭记于心。

此外，我还想就本书采用的部分概念、译名和注释格式做简要说明。

首先是"民族社会主义"概念。这一概念的德文原文是"Nationalsozialismus"，其中"National"一词属多义词，既可以译为"国家的"，也可以译为"民族的"，因此国内不少译者选择前者，将"Nationalsozialismus"译为"国家社会主义"，将"Nationalsozialistische Deutsche Arbeiterpartei"译为"国家社会主义德国工人党"，然而这种翻译是十分错误的。对此，我国德国史研究前辈学者宋钟璜、方生两位先生早在 1980 年代就专门撰文予以纠正。① 只是言者谆谆，听者了了，书报界、舆论界乃至学术界同类错误一再出现，令人痛心。实际上，就产生的时代、内容和实质而言，"民族社会主义"与"国家社会主义"是两个完全不同的概念，根本不容混淆。"国家社会主义"主要是指以德国早期工人运动家费迪南·拉萨尔（Ferdinand Lassalle，1825—1864）和德国经济学家约翰·卡尔·洛贝尔图斯（Johann Karl Rodbertus，1805—1875）为代表的、企图利用国家权力进行社会改良的资产阶级思想，而"民族社会主义"则是"希特勒主义"或"德国法西斯主义"，是希特勒为夺取国家政权，实行专制统治、对外扩张、迫害和屠杀犹太人的主要舆论工具。把这两个概念混为一谈，既不利于理解德国社会主义思想发展的复杂曲折历程，也不能揭示希特勒政权的反动实质，因此本书作者坚决主张把"Nationalsozialismus"译为"民族社会主义"，并且恳切希望学界进行深入的理论研究，更清楚地认识希特勒"大德意志主义"民族纲领的危害。"Nationalsozialismus"的缩写是"Nazismus"，可以按照发音译为"纳粹主义"，只是"纳粹主义"绝非"国家社会主义"，而是"民族社会主义"。

其次，许多已经为人熟知的德语人名、地名，如腓特烈、符腾堡、科隆、纽伦堡等，都是过去根据英文转译而来，而在实际上与德文写法的读音相去甚远，我国专治德国史的学者早已呼吁改用德语音译，如腓特烈应

---

① 宋钟璜、方生：《希特勒"国家社会主义"应是"民族社会主义"》，《世界史研究动态》1982 年第 2 期。

译为"弗里德里希",因为其德文写法为 Friedrich，发音与"腓特烈"相差甚远；科隆的译名源自 Cologne，而德文写法为 Köln，按照发音译为"科伦"更为贴切；符腾堡应改写为"符滕姆贝格"，因为其德文写法为 Württemberg 和 Nürnberg，其词尾 – berg 的发音接近"贝格"，并且意为"山丘"，反映了这类城市初建于某个山麓的情况。但 Freiburg 可继续译作"弗莱堡"，不仅其词尾 – burg 的读音近似于"堡"，而且也有"城堡"的意思。本译者积极响应这一呼吁，在翻译和著述过程中尽量采用新的译法。

最后还需对本书征引德文文献的情况做一说明。本书参考、征引的外文资料主要来自德文文献。而在德国，文献注释格式与英语语区很不一样，并且也没有统一准则，基本是由各个出版社自行决定的，因此不同出版社出版的书籍，标点符号、标注方式多种多样，千变万化，我们在征引、加注和编制参考文献目录时，一方面主要按照德文文献的惯例进行操作，另一方面也尽量争取全书统一，但也难免出现一些偏差。大体上，德文的引号多用 „……" 的形式，没有必要改为 "……"。德文书名、杂志名等，如果不加引号或书名号，就用斜体字予以表示，我们在书中则是先译为中文，然后附加德文名称并加括号，这样一来，括号内的德文名称就不再用斜体表示了。德文著作注释一般依次注明：作者、书名、出版地点、出版时间、页码等，有的注释还在出版地点之后加出版机构，但大都只列出版地点，不列出版机构。为了节省篇幅，我们在页下注中外文文献一律不加出版机构，只在文献索引中添加，以备读者查阅。德国学者引用期刊中的析出文献较为烦琐，依次注明作者、文章名、刊物或文集名、卷期号、出版时间、所在刊物或文集中的页码、引用的页码，但也不尽然，不必强求统一。

文责自负。尽管已有诸多行家、编辑予以审阅、匡正，但因作者能力、水平和时间所限，书中不妥甚或错误之处大概仍有不少，敬请广大读者进一步批评指教。

孙立新

2018 年 5 月 15 日

于北京师范大学丽泽 10 楼

图书在版编目（CIP）数据

联邦德国史学研究：以关于纳粹问题的史学争论为
中心／孙立新，孟钟捷，范丁梁著. -- 北京：社会科
学文献出版社，2018.7
（京师世界近现代史研究丛书）
ISBN 978 - 7 - 5201 - 2382 - 2

Ⅰ.①联… Ⅱ.①孙… ②孟… ③范… Ⅲ.①德国国
家社会主义工人党 - 党史 - 研究 Ⅳ.①D751.664

中国版本图书馆 CIP 数据核字（2018）第 045696 号

京师世界近现代史研究丛书
联邦德国史学研究
    ——以关于纳粹问题的史学争论为中心

著　　者／孙立新　孟钟捷　范丁梁

出 版 人／谢寿光
项目统筹／宋荣欣
责任编辑／李期耀　李秉羲

出　　版／社会科学文献出版社·近代史编辑室（010）59367256
　　　　　地址：北京市北三环中路甲 29 号院华龙大厦　邮编：100029
　　　　　网址：www.ssap.com.cn
发　　行／市场营销中心（010）59367081　59367018
印　　装／三河市尚艺印装有限公司

规　　格／开 本：787mm × 1092mm　1/16
　　　　　印 张：20.5　字 数：344 千字
版　　次／2018 年 7 月第 1 版　2018 年 7 月第 1 次印刷
书　　号／ISBN 978 - 7 - 5201 - 2382 - 2
定　　价／95.00 元

本书如有印装质量问题，请与读者服务中心（010 - 59367028）联系